档案文献·甲

重庆大轰炸档案文献
财产损失
（厂矿公司部分）

编委会名单

主 任 委 员：李华强　陆大钺

副主任委员：郑永明　潘　樱

委　　　员：李华强　陆大钺　陈治平　李玳明
　　　　　　郑永明　潘　樱　唐润明　胡　懿

主　　　审：李华强　郑永明

主　　　编　唐润明

副 主 编　高　阳

编　　　辑　唐润明　胡　懿　罗永华　高　阳
　　　　　　温长松

重慶出版集團　重慶出版社

图书在版编目(CIP)数据

重庆大轰炸档案文献·财产损失(厂矿公司部分)/唐润明主编.—重庆：重庆出版社，2013.10
ISBN 978-7-229-06887-5

Ⅰ.重… Ⅱ.唐… Ⅲ.日本—侵华事件—档案资料—重庆市 Ⅳ.K265.606.3

中国版本图书馆CIP数据核字(2013)第201955号

重庆大轰炸档案文献·财产损失(厂矿公司部分)
CHONGQING DAHONGZHA DANG'AN WENXIAN · CAICHAN SUNSHI
(CHANGKUANG GONGSI BUFEN)
主编 唐润明　副主编 高 阳

出 版 人：罗小卫
责任编辑：曾海龙　林 郁
责任校对：李小君
装帧设计：重庆出版集团艺术设计有限公司　陈 永　吴庆渝

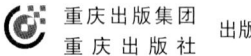 重庆出版集团
　　　　　　重庆出版社 出版

重庆长江二路205号　邮政编码：400016　http://www.cqph.com
重庆出版集团艺术设计有限公司制版
自贡兴华印务有限公司印刷
重庆出版集团图书发行有限公司发行
E-MAIL:fxchu@cqph.com　邮购电话：023-68809452
全国新华书店经销

开本：740mm×1030mm　1/16　印张：30.75　字数：485千
2013年10月第1版　2013年10月第1次印刷
ISBN 978-7-229-06887-5
定价：61.50元

如有印装质量问题,请向本集团图书发行有限公司调换：023-68706683

版权所有　侵权必究

《中国抗战大后方历史文化丛书》

编纂委员会

总 主 编：章开沅
副总主编：周　勇

编　　委：（以姓氏笔画为序）
山田辰雄　日本庆应义塾大学教授
马 振 犊　中国第二历史档案馆副馆长、研究馆员
王 川 平　重庆中国三峡博物馆名誉馆长、研究员
王 建 朗　中国社科院近代史研究所副所长、研究员
方 德 万　英国剑桥大学东亚研究中心主任、教授
巴 斯 蒂　法国国家科学研究中心教授
西村成雄　日本放送大学教授
朱 汉 国　北京师范大学历史学院教授
任　　竞　重庆图书馆馆长、研究馆员
任 贵 祥　中共中央党史研究室研究员、《中共党史研究》主编
齐 世 荣　首都师范大学历史学院教授
刘 庭 华　中国人民解放军军事科学院研究员
汤 重 南　中国社科院世界历史研究所研究员
步　　平　中国社科院近代史研究所所长、研究员
何　　理　中国抗日战争史学会会长、国防大学教授
麦 金 农　美国亚利桑那州立大学教授
玛玛耶娃　俄罗斯科学院东方研究所教授

陆大钺	重庆市档案馆原馆长、中国档案学会常务理事
李红岩	中国社会科学杂志社研究员、《历史研究》副主编
李忠杰	中共中央党史研究室副主任、研究员
李学通	中国社会科学院近代史研究所研究员、《近代史资料》主编
杨天石	中国社科院学部委员、近代史研究所研究员
杨天宏	四川大学历史文化学院教授
杨奎松	华东师范大学历史系教授
杨瑞广	中共中央文献研究室研究员
吴景平	复旦大学历史系教授
汪朝光	中国社科院近代史研究所副所长、研究员
张国祚	国家社科基金规划办公室原主任、教授
张宪文	南京大学中华民国史研究中心主任、教授
张海鹏	中国史学会会长，中国社科院学部委员、近代史研究所研究员
陈晋	中共中央文献研究室副主任、研究员
陈廷湘	四川大学历史文化学院教授
陈兴芜	重庆出版集团总编辑、编审
陈谦平	南京大学中华民国史研究中心副主任、教授
陈鹏仁	台湾中正文教基金会董事长、中国文化大学教授
邵铭煌	中国国民党文化传播委员会党史馆主任
罗小卫	重庆出版集团董事长、编审
周永林	重庆市政协原副秘书长、重庆市地方史研究会名誉会长
金冲及	中共中央文献研究室原常务副主任、研究员
荣维木	《抗日战争研究》主编、中国社科院近代史研究所研究员
徐勇	北京大学历史系教授
徐秀丽	《近代史研究》主编、中国社科院近代史研究所研究员
郭德宏	中国现代史学会会长、中共中央党校教授
章百家	中共中央党史研究室副主任、研究员
彭南生	华中师范大学历史文化学院教授
傅高义	美国哈佛大学费正清东亚研究中心前主任、教授

温贤美　四川省社科院研究员
谢本书　云南民族大学人文学院教授
简笙簧　台湾国史馆纂修
廖心文　中共中央文献研究室研究员
熊宗仁　贵州省社科院研究员
潘　洵　西南大学历史文化学院教授
魏宏运　南开大学历史学院教授

编辑部成员(按姓氏笔画为序)

朱高建　刘志平　吴　畏　别必亮　何　林　黄晓东　曾海龙　曾维伦

总 序

章开沅

我对四川、对重庆常怀感恩之心,那里是我的第二故乡。因为从1937年冬到1946年夏前后将近9年的时间里,我在重庆江津国立九中学习5年,在铜梁201师603团当兵一年半,其间曾在川江木船上打工,最远到过今天四川的泸州,而起程与陆上栖息地则是重庆的朝天门码头。

回想在那国破家亡之际,是当地老百姓满腔热情接纳了我们这批流离失所的小难民,他们把最尊贵的宗祠建筑提供给我们作为校舍,他们从来没有与沦陷区学生争夺升学机会,并且把最优秀的教学骨干稳定在国立中学。这是多么宽阔的胸怀,多么真挚的爱心!2006年暮春,我在57年后重访江津德感坝国立九中旧址,附近居民闻风聚集,纷纷前来看望我这个"安徽学生"(当年民间昵称),执手畅叙半个世纪以前往事情缘。我也是在川江的水、巴蜀的粮和四川、重庆老百姓大爱的哺育下长大的啊!这是我终生难忘的回忆。

当然,这八九年更为重要的回忆是抗战,抗战是这个历史时期出现频率最高的词语。抗战涵盖一切,渗透到社会生活的各个层面。记得在重庆大轰炸最频繁的那些岁月,连许多餐馆都不失"川味幽默",推出一道"炸弹汤",即榨菜鸡蛋汤。……历史是记忆组成的,个人的记忆会聚成为群体的记忆,群体的记忆会聚成为民族的乃至人类的记忆。记忆不仅由文字语言承载,也保存于各种有形的与无形的、物质的与非物质的文化遗产之中。历史学者应该是文化遗产的守望者,但这绝非是历史学者单独承担的责任,而应是全社会的共同责任。因此,我对《中国抗战大后方历史文化丛书》编纂出版寄予厚望。

抗日战争是整个中华民族(包括海外侨胞与华人)反抗日本侵略的正义战争。自从19世纪30年代以来,中国历次反侵略战争都是政府主导的片面战争,由于反动统治者的软弱媚外,不敢也不能充分发动广大人民群众,所以每次都惨遭失败的结局。只有1937年到1945年的抗日战争,由于在抗日民族统一战线的旗帜下,长期内战的国共两大政党终于经由反复协商达成第二次合作,这才能够实现史无前例的全民抗战,既有正面战场的坚守严拒,又有敌后抗日根据地的英勇杀敌,经过长达8年艰苦卓绝的壮烈抗争,终于赢得近代中国第一次胜利的民族解放战争。我完全同意《中国抗战大后方历史文化丛书》的评价:"抗日战争的胜利成为了中华民族由衰败走向振兴的重大转折点,为国家的独立、民族的解放奠定了基础。"

中国的抗战,不仅是反抗日本侵华战争,而且还是世界反法西斯战争的重要组成部分。

日本明治维新以后,在"脱亚入欧"方针的误导下,逐步走上军国主义侵略道路,而首当其冲的便是中国。经过甲午战争,日本首先占领中国的台湾省,随后又于1931年根据其既定国策,侵占中国东北三省,野心勃勃地以"满蒙"为政治军事基地妄图灭亡中国,独霸亚洲,并且与德、意法西斯共同征服世界。日本是法西斯国家中最早在亚洲发起大规模侵略战争的国家,而中国则是最早投入反法西斯战争的先驱。及至1935年日本军国主义者通过政变使日本正式成为法西斯国家,两年以后更疯狂发动全面侵华战争。由于日本已经与德、意法西斯建立"柏林—罗马—东京"轴心,所以中国的全面抗战实际上揭开了世界反法西斯战争(第二次世界大战)的序幕,并且曾经是亚洲主战场的唯一主力军。正如1938年7月中共中央《致西班牙人民电》所说:"我们与你们都是站在全世界反法西斯的最前线上。"即使在"二战"全面爆发以后,反法西斯战争延展形成东西两大战场,中国依然是亚洲的主要战场,依然是长期有效抗击日本侵略的主力军之一,并且为世界反法西斯战争的胜利作出了极其重要的贡献。2002年夏天,我在巴黎凯旋门正好碰见"二战"老兵举行盛大游行庆祝法国光复。经过接待人员介绍,他们知道我也曾在1944年志愿从军,便热情邀请我与他们合影,因为大家都曾是反法西斯的战士。我虽感光荣,但却受之有愧，因为作为现役军人，未能决胜于疆场，日本就宣布投降了。但是法国老兵非常尊重中国，这是由于他们曾经投降并且亡国，而中国则始终坚持英勇抗战，并主要依靠自己的力量赢得最后胜利。尽管都是"二战"的主要战胜国，毕竟分量与地位有所区别，我们千万不可低估自己的抗战。

重庆在抗战期间是中国的战时首都，也是中共中央南方局与第二次国共合作的所在地，"二战"全面爆发以后更成为世界反法西斯战争远东指挥中心，因而具有多方面的重要贡献与历史地位。然而由于大家都能理解的原因，对于抗战期间重庆与大后方的历史研究长期存在许多不足之处，至少是难以客观公正地反映当时完整的社会历史原貌。现在经由重庆学术界倡议，全国各地学者密切合作，同时还有日本、美国、英国、法国、俄罗斯等外国学者的关怀与支持，共同编辑出版《中国抗战大后方历史文化丛书》，这堪称学术研究与图书出版的盛事壮举。我为此感到极大欣慰，并且期望有更多中外学者投入此项大型文化工程，以求无愧于当年的历史辉煌，也无愧于后世对于我们这代人的期盼。

在民族自卫战争期间，作为现役军人而未能亲赴战场，是我的终生遗憾，因此一直不好意思说曾经是抗战老兵。然而，我毕竟是这段历史的参与者、亲历者、见证者，仍愿追随众多中外才俊之士，为《中国抗战大后方历史文化丛书》的编纂略尽绵薄并乐观其成。如果说当年守土有责未能如愿，而晚年却能躬逢抗战修史大成，岂非塞翁失马，未必非福？

2010年已经是抗战胜利65周年，我仍然难忘1945年8月15日山城狂欢之夜，数十万人涌上街头，那鞭炮焰火，那欢声笑语，还有许多人心头默诵的杜老夫子那首著名的诗："剑外忽传收蓟北，初闻涕泪满衣裳！却看妻子愁何在？漫卷诗书喜欲狂。白日放歌须纵酒，青春作伴好还乡。即从巴峡穿巫峡，便下襄阳向洛阳。"

即以此为序。

庚寅盛暑于实斋

（章开沅，著名历史学家、教育家，现任华中师范大学东西方文化交流研究中心主任）

序

  中国的抗日战争,是中国人民反对日本帝国主义侵略、争取民族独立和解放所进行的正义战争。抗日战争时期,重庆是中国国民政府的战时首都,是世界反法西斯战争在远东战场的指挥中心。重庆在中国人民抗日战争和世界反法西斯战争中建立了巨大的历史功绩,具有重要的历史地位。

  抗战爆发后,特别是抗战进入相持阶段以后,日军集中其陆军和海军的主要航空兵力,从1938年2月至1944年12月,对重庆进行长达7年的战略轰炸,妄图以此彻底"摧毁中国的抗战意志",达到"迅速结束中国事变"的目的。

  近年来,随着国际形势的变化,在中国人民抗日战争和世界反法西斯战争历史的研究和评价方面,国内外出现了一些值得注意的动向。这就要求中国学术界进一步挖掘史料,拿出成果,澄清疑虑,更好地为推动人类进步事业和祖国统一大业服务。这就要求我们既要加强对近代以来中华民族遭受侵略和奴役历史的研究,以进一步增强忧患意识和加快发展的紧迫感,又要深入研究日本侵略中国和亚太各国的历史,揭露日本军国主义的残暴罪行,戳穿日本右翼势力歪曲历史、美化侵略的谎言。

  重庆大轰炸历时之长,范围之广,所造成的灾难之深重,在二战期间和整个人类战争史上创下了新纪录。重庆大轰炸与七七卢沟桥事变、南京大屠杀、旅顺大屠杀、七三一部队细菌战等一样,给中华民族造成了惨痛的牺牲和巨大损失。这是日本军国主义发动侵华战争对中华民族犯下的滔天罪行和不容抵赖的铁证。但是时至今日,日军轰炸重庆的罪行并未受到法律的清算,这对深受战争侵害的重庆人民来说是极不公正的。随着时间的推移,文物资料的散失，幸存者和见证人的辞世将不可避免，特别是当前日本政府对其战争罪行的恶劣态度，因此，抢救文物资料，清算日本军国主义罪行，已经时不我待。否则，造成的损失将难以弥补。

抗日战争爆发70多年来，中外学者一直在对重庆大轰炸进行艰苦的研究。但是与对南京大屠杀、旅顺大屠杀、七三一细菌部队等日军罪行的研究相比，中外学术界对重庆大轰炸的研究相当滞后，研究基础薄弱，研究成果不多，基本上还处于分散自发研究、民间自发索赔的阶段。因此，日军轰炸重庆的情况不清，重庆人民伤亡和财产损失的数字不准，与重庆大轰炸的历史影响相比，我们的研究成果影响不大，特别是未能进入西方主流社会。为此，中外学术界都希望重庆学界对此高度重视，拿出一批研究成果，加入到揭露日军侵华暴行的行列之中。

正是基于这样的认识，我们重庆历史学界、档案学界的同仁，秉承"中国立场，国际视野，学术标准"的基本原则，从基础的档案文献史料的搜集整理入手，开始了对重庆大轰炸的深入研究。经过几年的努力，我们从大陆中国第二历史档案馆、重庆市档案馆、重庆市图书馆、四川省档案馆和台湾国史馆、中央研究院近代史研究所、国民党党史馆等单位搜集到一大批档案文献史料，采访并搜集了几百位受害者的证人证言，整理编辑成《重庆大轰炸档案文献史料丛书》出版。

《重庆大轰炸档案文献史料丛书》主要分为馆藏的档案文献、日志和证人证言三类。

馆藏的档案文献主要内容包括：重庆市档案馆、四川省档案馆、中国第二历史档案馆等和台湾国史馆、中央研究院近代史研究所、国民党党史馆等单位收藏的有关抗战时期日机轰炸重庆经过、人口伤亡、财产损失以及反空袭的档案史料，抗战时期有关区县档案馆所藏的日机轰炸档案史料。

证人证言主要内容包括：经调查采访征集到的有关重庆大轰炸受害者、见证人的证言证词等文字和图片资料等。

重庆大轰炸日志主要内容来自国内外公开出版发行和内部发行的有关重庆大轰炸历史的报、刊、图书文献资料。

我们希望以此为重庆大轰炸的研究提供最基础的史料,作出最实在的贡献。

我们相信,开展重庆大轰炸调查与研究工作,具有重大历史和现实意义,有助于揭露日本军国主义的残暴罪行,戳穿日本右翼势力歪曲历史、美化侵略的谎言,防止历史悲剧重演;有助于弘扬以爱国主义为核心的伟大民族精神,增强爱国主义情感;有助于深化中国抗战及世界反法西斯战争的研究,充分发挥历史研究"资政育人"的作用。

周　勇

2010年9月3日

抗日战争胜利纪念日

编 辑 说 明

1. 所辑档案资料,一般以一件为一题,其标题以"1.×××(题名+时间)"表示之,且其标题为编者重新拟定;同属一事,且彼此间有紧密联系者,以一事为一题,下属各单项内容,以"1)×××"表示之,且一般用原标题和时间。换言之,本档案资料的标题级数为三级:"一";"1.";"1)"。

2. 所辑档案资料,不论其原档案文本有无标点,均由编者另行标点;如沿用原有标点者,均加注说明。说明统一采用脚注形式。

3. 所有文稿中,编者如遇有其他问题或需要向读者解释和说明的地方,也一律采用脚注方式。

4. 所有文稿中,年份的使用尊重原文,如原文中为公元纪年的,采用公元纪年并用阿拉伯数字表示(如1939年5月3日);原文中为民国纪年的,采用民国纪年并用汉字表示(如民国二十八年五月三日);表格中的年份,虽原文为民国纪年且为汉字,但为排版方便计,一律改为其对应的公元纪年且改用阿拉伯数字。

5. 所有文稿中的数字(无论其原文中为阿拉伯数字"12345"或为汉字数字"一二三四五"),按照出版物的有关规定,均一律改为阿拉伯数字(12345);多位数字(如123456789)之间,不用分隔符。

6. 所辑档案资料,凡遇残缺、脱落、污损的字,经考证确认者,加□并在□内填写确认的字;无法确认者,则以□代之。错别字的校勘用〔〕标明之。增补漏字用[ ]标明之。修正衍文用( )标明,内注明是衍文。改正颠倒字句用( )标明,内注明是颠倒。整段删节者,以<上略>、<中略>、<下略>标明之;段内部分内容删节者,以<……>标明之;文件附件删略者,以<略>标明之。

7. 原稿中的如左如右,在左、右后面一律加<>,并在<>内加上"下、上"字,如原稿中的"如左",改为"如左<下>","如右"改为"如右<上>"。

8. 鉴于种种原因,原稿中的一些统计数字,其各分项之和与总数并不相符,为保持档案的原貌,未作改动。

9. 本书所辑录的档案资料,全部来自重庆市档案馆馆藏相关全宗。

10. 战时各工矿企业部分分厂所遭受的损失,虽然在地域上不属于"重庆大轰炸"的范畴,但其损失仍属总厂的一部分,为保持资料的完整和留存珍贵史料,我们也一并收录,此点是应向读者特别说明的。

编 者

2013 年 2 月

目 录

总序 ··· 章开沅

序 ··· 周 勇

编辑说明 ··· 1

一、四川水泥股份有限公司抗战财产损失部分

1. 四川水泥股份有限公司玛瑙溪厂徐宗涑为报告该厂5月3日空袭受损情形致四川水泥股份有限公司总经理文(1939年5月4日) ············ 1

2. 宁执中为报告5月3日空袭情形及厂中变压站高压线受损停工事致四川水泥股份有限公司总经理文(1939年5月4日) ············ 2

3. 四川水泥股份有限公司运输组主任李建勋为报告修建防空壕原因、用费等情形呈总经理、协理文(1939年7月19日) ············ 3

4. 四川水泥股份有限公司玛瑙溪厂席元林为报告7月11日宿舍被炸损失清单请鉴核呈厂主任文(1940年8月4日) ············ 3

5. 四川水泥股份有限公司玛瑙溪厂主任徐宗涑为报告职员宿舍8月11日被炸损坏事请备查致总经理文(1940年8月16日) ············ 5

6. 四川水泥股份有限公司玛瑙溪厂主任徐宗涑为报告8月20日被炸情形及厂中高压线被毁事致总经理文(1940年8月20日) ············ 6

7. 四川水泥股份有限公司制桶厂为报告8月20日该厂被炸损失情形致总经理、协理文(1940年8月22日) ············ 7

8. 四川水泥股份有限公司玛瑙溪厂主任徐宗涑为报告8月23日该厂被炸情形致总经理文(1940年8月23日) ············ 8

9. 四川水泥股份有限公司协理为报告8月23日被炸情形致董事会文稿(1940年8月25日) ············ 9

10. 四川水泥股份有限公司玛瑙溪厂刘有仁被炸震毁失散物品清单(1940年8月27日) ……………………………………………………………10

11. 四川水泥股份有限公司玛瑙溪厂刘学富被炸震毁失散物品清单(1940年8月27日) ……………………………………………………………10

12. 四川水泥股份有限公司玛瑙溪厂黄家骆8月19日、23日被炸损失清单(1940年8月27日) ………………………………………………………11

13. 四川水泥股份有限公司玛瑙溪厂彭万武8月19日、23日被炸损失清单(1940年8月27日) ………………………………………………………11

14. 四川水泥股份有限公司玛瑙溪厂朱义杰8月11日被炸损失物件清单(1940年8月28日) …………………………………………………………12

15. 四川水泥股份有限公司玛瑙溪厂樊其相为报告8月23日被炸损失请鉴核呈厂主任文(1940年8月28日) ……………………………………12

16. 四川水泥股份有限公司玛瑙溪厂毛福泉为报告8月23日被炸损失情形请鉴核呈厂主任文(1940年8月28日) …………………………………14

17. 四川水泥股份有限公司玛瑙溪厂李云泉为报告8月23日被炸损失情形请求救济致厂主任文(1940年8月28日) ……………………………15

18. 四川水泥股份有限公司玛瑙溪厂7026伙食团管理员为报告该团8月11日被炸损失呈厂主任清单(1940年8月28日) …………………………15

19. 四川水泥股份有限公司玛瑙溪厂主任徐宗涑为报告疏散该厂职员眷属房屋事致总经理文(1940年8月29日) …………………………………16

20. 四川水泥股份有限公司玛瑙溪厂主任徐宗涑为报告运输组工友入该厂防空洞事致总经理文(1940年8月30日) ………………………………17

21. 四川水泥股份有限公司玛瑙溪厂刘庆萱为报告8月11日、23日被炸损失呈厂主任文(1940年8月30日) ……………………………………17

22. 四川水泥股份有限公司玛瑙溪厂刘智凤8月11日、20日、23日被炸损失清单(1940年8月30日) …………………………………………………19

23. 四川水泥股份有限公司玛瑙溪厂7022宿舍张西缘8月11日被炸损失清单(1940年8月30日) …………………………………………………20

24. 四川水泥股份有限公司玛瑙溪厂茶役曾焕文为报告8月23日被炸损失情形请求救济致厂主任文(1940年8月30日) …………………………21

25. 四川水泥股份有限公司玛瑙溪厂7022伙食团负责人张西缘为报告该团8月11日被炸损失呈厂主任清单(1940年8月30日)……………………22

26. 四川水泥股份有限公司玛瑙溪厂主任徐宗涑为给该厂被炸起火时施救人员请奖事给总经理的报告(1940年8月30日)……………………23

27. 四川水泥股份有限公司玛瑙溪厂卢维久8月11日联幢宿舍被炸损失清单(1940年8月31日)…………………………………………………25

28. 四川水泥股份有限公司玛瑙溪厂鲁增辉为报告8月23日被炸损失情形请求救济呈厂主任文(1940年8月)……………………………………26

29. 四川水泥股份有限公司玛瑙溪厂杨双和为报告8月23日被炸损失情形请求救济致厂主任文(1940年9月1日)………………………………27

30. 四川水泥股份有限公司玛瑙溪厂周国钧为报告8月23日被炸损失情形请求救济事致厂主任文(1940年9月1日)……………………………28

31. 四川水泥股份有限公司玛瑙溪厂胡香农8月20日、23日敌机袭渝被打坏应用各物清单(1940年9月1日)………………………………………28

32. 四川水泥股份有限公司玛瑙溪厂李稚雄8月23日敌机袭渝宿舍被炸损失清单(1940年9月2日)……………………………………………29

33. 四川水泥股份有限公司玛瑙溪厂张兆珩为报告8月23日被炸损失清单呈厂主任文(1940年9月3日)……………………………………………29

34. 四川水泥股份有限公司玛瑙溪厂邵纯仁7028号住宅8月11日被炸震毁物件清单(1940年9月4日)…………………………………………30

35. 四川水泥股份有限公司玛瑙溪厂吴怀德被炸损失物品清单(1940年9月4日)……………………………………………………………………31

36. 四川水泥股份有限公司玛瑙溪厂王毖泉为报告8月11日宿舍被炸损失清单请鉴核呈厂主任文(1940年9月5日)……………………………32

37. 四川水泥股份有限公司玛瑙溪厂庞钧勋为报告8月11日被炸损失情形呈厂主任文(1940年9月5日)……………………………………………33

38. 四川水泥股份有限公司玛瑙溪厂汤兆裕8月11日被炸损失清单(1940年9月7日)……………………………………………………………34

39. 四川水泥股份有限公司玛瑙溪厂王汝秋8月11日、23日两次被炸毁各物清单(1940年9月7日)………………………………………………36

40. 四川水泥股份有限公司运输组周书田为报告8月20日、23日被炸损失请鉴核致管理员并逐级转呈总经理、协理文(1940年9月7日)……38

41. 四川水泥股份有限公司玛瑙溪厂施泽8月11日23号宿舍被炸损失估价单、报告单(1940年9月11日)……38

42. 四川水泥股份有限公司制桶厂为报告9月13日房屋被炸情形致总经理、协理文(1940年9月13日)……44

43. 四川水泥股份有限公司协理为报告9月13日被炸情形致董事会文稿(1940年9月14日)……45

44. 四川水泥股份有限公司制桶厂为报告职员被炸损失之详单请指示办法致总经理、协理文(1940年9月21日)……45

45. 四川水泥股份有限公司玛瑙溪厂汪德修为报告8月11日被炸损失情形呈厂主任文(1940年9月23日)……49

46. 四川水泥公司三汇石膏厂王大洪为报告8月21日被炸公私损失表请审核备查致总经理、协理文(1940年9月25日)……51

47. 四川水泥股份有限公司1940年四次被炸损失情形概要(1940年9月)……60

48. 四川水泥股份有限公司玛瑙溪厂张树云为报告8月20日、23日被炸损失情形请预支工资事呈厂主任文(1940年9月)……60

49. 四川水泥股份有限公司运输组周书田为报告8月20日、23日被炸损失请求救济事再次致管理员并逐级转呈总经理、协理文(1940年10月5日)……61

50. 四川水泥股份有限公司玛瑙溪厂宋祖芳为报告历次被炸损失情形请求预支救济致厂主任文(1940年10月10日)……62

51. 四川水泥股份有限公司船务组宁开倪为报告8月11日7029宿舍被炸损失情形请援例补救事呈总经理席、协理杨文(1940年11月16日)……65

52. 四川水泥股份有限公司运输组副领工王春廷妻为报告王春廷炸死后惨状请从优抚恤致胡主任并转总公司文(1940年12月27日)……66

53. 四川水泥股份有限公司文书组职员高慧生为报告8月23日被炸损失情形请援例救济事致总务主任黄新夏并转呈总经理、协理文(1941年1月10日)……66

54. 四川水泥股份有限公司玛瑙溪厂宁式毂为加注损失原价及补报损失

等致厂主任文(1941年1月31日)……67

55. 四川水泥股份有限公司贺清和1940年8月23日被炸损失物件估价清单(1941年2月13日)……70

56. 四川水泥股份有限公司玛瑙溪厂主任徐宗涑为被炸宿舍职员预支两月薪金事致总经理、协理文(1941年2月25日)……71

57. 四川水泥股份有限公司傅宏度空袭损失物件估价清单(1941年2月)……73

58. 张芷良为请求从优津贴以核销借支欠款事致四川水泥股份有限公司总经理、协理文(1941年3月26日)……74

59. 黄镜明为生活紧迫请求从优补助事呈四川水泥股份有限公司总务主任并请转呈总经理、协理文(1941年4月29日)……74

60. 四川水泥股份有限公司万廷海1940年度空袭损失清单(1941年6月30日)……75

61. 四川水泥股份有限公司何志凤空袭损失衣物清单(1941年6月)……75

62. 四川省银行总行为空袭时借防空洞躲避事复四川水泥公司函(1941年7月3日)……76

63. 四川水泥股份有限公司秦义全为报告工友赵明宣7月10日被炸受伤需款治疗请赈济事致管理员并转主任文(1941年7月10日)……76

64. 四川水泥股份有限公司船务组李建勋为转报李树云被炸情形致总务股并转总经理、协理文(1941年8月9日)……77

65. 四川水泥股份有限公司玛瑙溪厂8月14日被炸损失清册(1941年8月19日)……77

66. 四川水泥股份有限公司玛瑙溪厂主任徐宗涑为报告8月14日被炸损失物件估价清单致总经理、协理文(1941年8月19日)……78

67. 四川水泥股份有限公司制桶厂为报告8月14日被炸损失情形请鉴核致总经理、协理文(1941年8月27日)……102

68. 王薪之为报告1940年8月23日被炸损失情形请求援例救济事呈四川水泥股份有限公司总经理、协理文(1941年9月1日)……105

69. 四川水泥股份有限公司黄新夏、朱世通为呈报职员空袭损失津贴表请核致总经理、协理文(1941年9月6日)……108

70. 高慧生等为1940年8月23日空袭损失津贴事联名给四川水泥股份有限公司总务主任并转总经理、协理的签呈(1941年9月8日) ……110

71. 四川水泥股份有限公司为核给职员8月14日空袭损失救济费致徐宗涑、李伯华、傅伯进文稿(1941年9月11日) ……111

72. 四川水泥股份有限公司为报告8月14日空袭被灾职员损失救济费请备查事致董事会文稿(1941年9月12日) ……113

73. 四川水泥股份有限公司玛瑙溪厂施泽为报告被炸损失生活艰难请求借支事呈厂主任文(1941年9月12日) ……113

74. 四川水泥股份有限公司玛瑙溪厂钟伯庸等为报告8月11日与8月14日两次被炸之异同请求同等补助事呈厂主任并转呈总经理、协理文(1941年9月12日) ……114

75. 四川水泥股份有限公司制桶厂为转报池畔鸥补报之8月20日被炸损失情形请鉴核致总经理、协理文(1941年9月12日) ……116

76. 四川水泥股份有限公司为更正战时损失调查表请收转事给重庆市工业协会的公函(1947年9月22日) ……117

77. 四川水泥股份有限公司为报告1940年8月份被灾职员损失救济费请备查事致董事会文稿(1941年9月25日) ……119

78. 四川水泥股份有限公司为核发1940年8月份空袭损失救济费致公司各厂、组、股文稿(1941年9月25日) ……120

79. 高慧生等为物价上涨请求从速核发并提高救济津贴事给四川水泥股份有限公司总经理、协理的签呈(1941年9月) ……120

80. 黄新夏、艾森楷为报告职工空袭损失津贴事致四川水泥股份有限公司总经理、协理文(1941年9月) ……121

81. 四川水泥股份有限公司1940年8月份空袭损失情形(1941年9月) ……122

82. 四川水泥公司黄新夏等为调查职员被炸损失情形及救济办法致总经理、协理文(1941年9月) ……127

二、中国兴业股份有限公司抗战财产损失

1. 中国兴业公司机器部为报告6月28日敌机空袭该部被炸情形致公司总务处文(1940年6月28日) ……132

2. 中国兴业公司钢铁部为报告7月16日敌机空袭该部损毁情形致总经理、协理文(1940年7月16日) …………132

3. 中国兴业公司电业部为报告7月16日敌机空袭该部损毁情形请备查致总务处文(1940年7月17日) …………133

4. 中国兴业公司机器部为报告7月16日敌机空袭该部被炸损毁情形请查照致总务处文(1940年7月17日) …………133

5. 彭涪铁矿矿长郭楠为报告6月29日其眷属所居之房屋被炸损失情形请准予救济事呈经理薛并转呈总经理、协理文(1940年7月19日) …134

6. 中国兴业公司钢铁部为呈复空袭中员工之安全及文卷公物之保管情形请鉴核备案致总经理、协理文(1940年7月26日) …………134

7. 中国兴业股份有限公司钢铁部为该部钢厂所保陆地兵险保险单于7月16日被炸遗失请予查赔致中央信托局函稿(1940年7月31日) ……135

8. 中国兴业股份有限公司钢铁部为呈报7月31日空袭所受损失情形请鉴核致总经理、协理文(1940年7月31日) …………136

9. 中国兴业股份有限公司钢铁部为呈报临时打水木船被炸沉没及处理情形请备案致总经理、协理文(1940年8月1日) …………138

10. 陈家成为报告查勘被炸后华西公司承包该部各项工程损失情形请鉴核致主任胡并转陈经理室文(1940年8月8日) …………138

11. 中国兴业公司钢铁部涪厂赵伯华为报告7月31日该厂被炸受灾情形致协理、总工程师函(1940年8月8日) …………139

12. 华西兴业股份有限公司为送7月31日空袭损坏调查表请查照示复致中国兴业公司钢铁部文(1940年8月10日) …………139

13. 中国兴业公司钢铁部为呈报7月31日被炸损失详情请鉴核备案致总经理、协理文(1940年8月14日) …………140

14. 中国兴业公司机器部为造送8月20日空袭损失物产清册请鉴核备案致总经理、协理文(1940年8月31日) …………149

15. 中国兴业公司柳坪煤矿会计员周占长为惨遭敌机轰炸请赐予救济事呈矿长并转呈经理文(1940年9月6日) …………153

16. 中国兴业公司矿业部事务科文牍赵维文为住屋被炸损失甚巨请予救济事呈经理文(1940年9月17日) …………154

17. 中国兴业公司矿业部为该部赵维文、张天华被炸损失请予救济事给总经理、协理的签呈(1940年9月17日) …………………………… 156

18. 中国兴业公司钢铁部事务科庶务股为报呈损坏及炸坏器具请核销给主任并转经理室的签呈(1940年9月21日) ……………… 157

19. 中国兴业公司矿业部铁匠沟分矿主任谌象天为因病来渝医治于5月28日被炸请救济事呈矿业部经理文(1940年9月21日) …… 164

20. 中国兴业公司矿业部彭涪铁矿矿长陈庆枞为转报赵振励、陈尚权被炸损失请鉴核呈矿业部文(1940年9月30日) ……………… 165

21. 中国兴业公司火砖厂为报呈7月31日空袭火砖损失清册请核销呈经理室文(1940年12月24日) ……………………………… 167

22. 中国兴业公司大溪沟机器厂7月8日被炸损失清单(1940年) …… 169

23. 中国兴业公司机器部1940年度财产间接损失报告表(工业部分)(1941年1月14日) ………………………………………………… 169

24. 中国兴业公司钢铁部为填送抗战损失调查表请汇转事致秘书处文(1941年2月11日) ………………………………………………… 170

25. 中国兴业公司矿业部职员张天华为寓所5月16日被炸损毁请求救济事呈矿业部经理文(1941年5月17日) …………………… 172

26. 中国兴业公司矿业部职员严家骏等为报告被炸损失情形请求救济呈矿业部经理文(1941年5月) ……………………………… 173

27. 中国兴业公司钢铁部为转报该部机器厂6月10日被炸损失情形请备案呈总经理、协理文(1941年6月13日) …………………… 177

28. 中国兴业公司钢铁部为报呈6月29日被炸损失情形请备案呈总经理、协理文(1941年6月29日) ……………………………… 177

29. 重庆市工商各业空袭损害调查表(1941年7月18日) …………… 178

30. 中国兴业股份有限公司物料委员会为报呈7月5日被炸损失情形请备案事呈总经理、协理文(1941年7月23日) ……………… 178

31. 中国兴业股份有限公司电业部华明电厂经理为报告7月末被炸损失情形致该公司电业部文(1941年7月31日) ……………… 179

32. 中国兴业股份有限公司钢铁部为报呈8月8日被炸损失情形请备案致公司总经理、协理文(1941年8月8日) …………………… 179

33. 中国兴业股份有限公司机器部经理陆成爻为报呈 8 月 20 日被炸损失请备案事呈总经理、经理文(1941 年 8 月 21 日) ················180

34. 中国兴业公司钢铁部为报销 8 月 8 日空袭损失公物请鉴核备案致总经理、协理文(1941 年 8 月 29 日) ························180

35. 中国兴业公司钢铁部涪厂为造送该厂驻城办事处遭受轰炸损失清册请核备致总经理文(1941 年 9 月 2 日) ···············181

36. 中国兴业公司矿业部事务科办事员王振邦为报告 7 月 29 日被炸损失情形请予以救济呈经理文(1941 年 9 月 8 日) ·········182

37. 中国兴业股份有限公司电业部华明电厂为报呈 7 月 28 日、8 月 22 日被炸损失情形致该公司电业部文(1941 年 9 月 15 日) ·········184

38. 中国兴业股份有限公司钢铁部为核送 8 月 8 日被炸损失清单及接收书请代为交涉赔款事致华西兴业公司文(1941 年 9 月 17 日) ·········186

39. 中国兴业公司电业部为报送所属内江华明电厂抗战财产损失单致总经理、协理文(1941 年 12 月 3 日) ·················187

40. 中国兴业公司矿业部 1940 年重庆康宁路 3 号被炸财产损失报告单(1941 年) ····························189

41. 中国兴业公司矿业部财产间接损失报告表(工业部分)(1941 年) ··· 189

42. 中国兴业公司机器部 1940 年 8 月 20 日被炸财产损失报告单(1941 年) ··190

43. 中国兴业公司机器部财产间接损失报告表(工业部分)(1941 年) ···190

44. 中国兴业公司机器部 1941 年度财产间接损失报告表(工业部分)(1942 年 1 月 31 日) ························191

45. 中国兴业公司钢铁部为送呈更正后之抗战损失调查表请查照办理事致公司总务处文(1942 年 2 月 23 日) ··················191

三、军政部所属电信机械修造厂、交通机械修造厂等抗战财产损失

1. 军政部电信机械修造厂为呈报 6 月 27 日被炸经过及损失大概情形请派员履堪并准予备案事呈交通司文(1940 年 6 月 27 日) ······ 195

2. 军政部电信机械修造厂为呈报该厂 6 月 27 日被炸损失汇报表及人口伤亡调查表请鉴核备案呈交通司文(1940 年 7 月 4 日) ··········· 196

3. 军政部电信机械修造厂为送呈该厂员工等被炸损害调查表及证明文件请鉴核并准予分别救济呈交通司文稿(1940年7月19日) ……… 215

4. 军政部电信机械修造厂为报告8月12日被炸损失清册请鉴核备案呈交通司文稿(1941年9月9日) …………………………………… 219

5. 军政部电信机械修造厂为造送该厂员工空袭损害调查表及检送证明文件请鉴核并准予分别予以救济事呈交通司文稿(1941年10月4日) ……………………………………………………………………… 232

6. 军政部交通机械修造厂为报告该厂8月17日被炸损失情形请鉴核备案事呈交通司文稿(1938年8月24日) ………………………… 234

7. 军政部交通机械修造厂为造送该厂在桃源被炸损失材料数量清册请鉴核备案并转呈核销事给交通司的代电(1939年1月9日)……… 235

8. 军政部交通机械修造厂汽车第四分厂为报告抗战损失请鉴核备查转报呈厂长文(1939年12月31日) ………………………… 236

9. 军政部交通机械修造厂第二修理工场为具报6月27日该场被炸情形请鉴核备案给厂长的代电(1940年6月27日) …………… 243

10. 军政部交通机械修造厂新车修理班为报告6月27日旧料被炸损失情形请鉴核备案呈主任并转呈厂长文(1940年7月7日) ……… 244

11. 军政部交通机械修造厂第二修理工场为报告6月27日被炸焚烧情形并附清册请备案呈厂长文(1940年7月8日) ……………… 245

12. 军政部制呢厂为呈送该厂1940年度被炸震毁房屋修理费支出计算书等件请鉴核存转并乞拨款归垫呈军需署署长、副署长文稿(1940年10月28日) …………………………………………………………… 255

13. 军政部第一制呢厂附设纺织机器制造厂为呈报该厂8月10日、11日、22日、23日被炸损失情形请鉴核备查呈厂长文(1941年8月26日) ……………………………………………………………………… 257

14. 军政部第一制呢厂附设纺织机器制造厂为送呈空袭时消防有力人员名册并拟予分别奖励事呈厂长文(1941年9月4日) ………… 258

15. 军政部第一制呢厂官佐士兵1941年8月30日遭受空袭损害报告表(1941年9月) ……………………………………………………… 260

16. 军政部第一制呢厂技术职工1941年8月30日遭受空袭损害报告表

  (1941年9月) ·· 261
17. 军政部第一制呢厂技术职工1941年8月23日遭受空袭损害报告表
  (1941年9月) ·· 262
18. 军政部第一制呢厂财产间接损失报告表(1943年8月) ············· 267
19. 军政部第一制呢厂1938年11月广州沦陷财产直接损失报告单(1943
  年8月) ··· 268
20. 军政部第一制呢厂1939年2月4日日机轰炸贵阳财产直接损失报告
  单(1943年8月) ·· 268
21. 军政部第一制呢厂1938年1月15日日军进攻武汉财产直接损失报告
  单(1943年8月) ·· 269
22. 军政部军需署第一制呢厂少校课员王元年财产损失报告单(1945年
  10月7日) ··· 269
23. 军政部军需署第一制呢厂上尉课员尤岳士财产损失报告单(1945年
  10月7日) ··· 270
24. 军政部军需署第一制呢厂二等军需佐课员康一之财产损失报告单
  (1945年10月8日) ·· 271
25. 军政部军需署第一制呢厂中尉工务员陈毓奇财产损失报告单(1945
  年10月14日) ··· 272
26. 军政部军需署第一制呢厂荐一阶工程师王书田财产损失报告单(1945
  年10月16日) ··· 272
27. 军政部军需署第一制呢厂中校主任孙昌煜财产损失报告单(1945年
  10月16日) ··· 273
28. 军政部军需署第一制呢厂少校附员白涌波财产损失报告单(1945年
  10月16日) ··· 274
29. 军政部军需署第一制呢厂上尉附员范纯财产损失报告单(1945年10
  月17日) ··· 275
30. 军政部军需署第一制呢厂特务队上尉队长文清奇财产损失报告单
  (1945年10月18日) ·· 276
31. 军政部军需署第一制呢厂少尉队附徐荣达财产损失报告单(1945年
  10月19日) ··· 277

32. 军政部军需署第一制呢厂审核室少校审核员张惠轩财产损失报告单（1945年10月20日） ………………………………………………… 277

33. 军政部军需署第一制呢厂审核室四等工役李明光财产损失报告单（1945年10月20日） ………………………………………………… 278

34. 军政部军需署第一制呢厂中尉附员韩祺财产损失报告单（1945年10月28日） ……………………………………………………………… 279

35. 军政部军需署第一制呢厂中尉工务员南书田财产损失报告单（1945年10月28日） ……………………………………………………………… 280

36. 军政部军需署第一制呢厂厂长戴郢财产损失汇报表（1945年10月31日） ……………………………………………………………… 280

37. 军政部军需署第一制呢厂审核室少尉司书季润民财产损失报告单（1945年10月） ……………………………………………………… 281

38. 军政部军需署第一制呢厂审核室上校审核主任苗乃丰财产损失报告单（1945年10月） ……………………………………………………… 282

39. 军政部军需署第一制呢厂少校附员吴泰福财产损失报告单（1945年10月） ……………………………………………………………… 283

四、大川实业股份有限公司、大公铁工厂、郑州豫丰和记纱厂等抗战财产损失

1. 大川实业股份有限公司总经理尹致中为呈报该公司石棉厂、机器厂等所受空袭损失及积极恢复情形请求核备并赐予协助事呈经济部工矿调整处文（1941年8月10日） ……………………………… 284

2. 大川实业股份有限公司为通报8月9日空袭损失整理及抵押品损失情形致交通银行文（1941年8月31日） ……………………………… 293

3. 大川实业股份有限公司为呈报1941年8月9日被炸损失清册请备案事致所得税处文（1942年1月17日） ……………………………… 294

4. 大川实业股份有限公司为报告1944年采购之盘圆损失情形请准予转报办理事致迁川工厂联合会、中国全国工业协会文（1945年10月1日） …………………………………………………………… 297

5. 大川实业股份有限公司为填送抗战财产损失报告单请查照转呈致迁桂工厂联合会上海办事处文（1947年9月12日） …………… 298

6. 渝鑫钢铁厂经理为报呈10月25日被日机轰炸损失情形呈经济部钢铁管理处文(1940年10月26日) ………………………………………… 304

7. 金城银行信托部重庆分部职员周德惠访问渝鑫钢铁厂被炸情形报告(1940年10月29日) ……………………………………………………… 305

8. 渝鑫钢铁厂股份有限公司为函送战事及轰炸损失清单请汇办事致全国工业协会、迁川工厂联合会文(1945年8月2日) ……………………… 305

9. 渝鑫钢铁厂股份有限公司财产直接损失汇报表(1945年12月8日) ……………………………………………………………………………… 311

10. 渝鑫钢铁厂股份有限公司财产间接损失汇报表(1945年12月8日) …………………………………………………………………………… 312

11. 渝鑫钢铁厂股份有限公司为呈送财产损失报告单请鉴核存转呈经济部文(1945年12月) ……………………………………………………… 313

12. 抗战时期渝鑫钢铁厂遭受敌人损毁情形报告表(1945年) ……… 315

13. 大公铁工厂1940年5月29日遭受敌人损毁情形报告表(1940年5月29日) ………………………………………………………………………… 316

14. 大公铁工厂1940年6月27日遭受敌人损毁情形报告表(1940年6月27日) ………………………………………………………………………… 317

15. 大公铁工厂1940年6月29日遭受敌人损毁情形报告表(1940年6月29日) ………………………………………………………………………… 318

16. 郑州豫丰和记纱厂原动股为转报该股6月27日被炸员工损失清单请察核救济呈厂长文(1940年8月13日) …………………………………… 319

17. 郑州裕丰和记纱厂重庆分厂为呈报3月18日被炸损失情形请存转批示呈重庆市政府文(1941年4月5日) ……………………………………… 321

18. 郑州豫丰和记纱厂重庆分厂为送呈历年被敌机轰炸次数及损失情形详细表请出具证明事致第一区纺织业同业公会文(1947年4月25日) ……………………………………………………………………………… 324

19. 郑州豫丰和记纱厂重庆分厂为送呈1937年由郑州迁川及海防沦陷等之损失详细清单请出具证明事致第一区纺织业同业公会文(1947年4月28日) ……………………………………………………………………… 326

20. 第一区机器棉纺织工业同业公会关于裕丰纱厂在抗战期间被敌人侵害损失事给该厂的证明书(1947年5月) …………………………… 326

21. 豫丰纱厂战时损失报告书(1948年2月27日) …………………… 326
22. 裕华纺织公司渝厂1940年8月23日被炸房屋勘估报告书(1940年9月10日) …………………………………………………… 329
23. 裕华纺织公司渝厂JB工场1940年8月23日机器被炸损失堪估报告表(1940年9月) ……………………………………………… 332
24. 裕华纺织公司渝厂JA工场1940年8月23日机器被炸损失堪估报告表(1940年9月) ……………………………………………… 343
25. 裕华纺织股份有限公司为呈报抗战期间损失情形请予以证明致第一区棉纺织工业同业公会公函(1947年4月15日) …………… 348
26. 申新第四纺织公司为呈报8月11日被炸损失情形请查勘备案致直接税局重庆分局文(1941年8月12日) ………………………… 349
27. 中国毛纺织厂股份有限公司财产损失报告单(1942年7月) …… 350
28. 中国毛纺织厂股份有限公司为呈报抗战损失情形请鉴核登记呈财政部川康直接税局重庆分局文(1943年3月22日) …………… 353
29. 大明纺织染公司北碚工厂战争破坏状况损失表(1947年10月) … 354
30. 中央电工器材厂重庆办事处为呈报该处购置之菜园坝库房6月29日被炸损失情形请鉴核备查致资源委员会文稿(1940年7月31日) ……………………………………………………………… 356
31. 中央电工器材厂重庆办事处为函报该处送修之圆形挂钟被炸损毁请鉴核备案事致该厂总经理文稿(1940年8月31日) ………… 356
32. 中央电工器材厂重庆办事处为呈送菜园坝库房被炸之财产损失报告单请查核事呈总经理文稿(1941年2月12日) ………………… 357
33. 中央电瓷制造厂沅陵分厂为呈报该厂重庆办事处被毁公物财产损失报告单请鉴核存转致总厂文(1942年5月11日) …………… 357
34. 中央电瓷制造厂沅陵分厂为呈报财产损失报告单请鉴核存转给总厂的签呈(1942年6月11日) …………………………………… 359
35. 重庆中华制革厂总经理为支店于8月9日被炸损失甚巨暂停营业事请存查呈重庆社会局文(1940年8月14日) ………………… 363
36. 重庆中华制革厂为呈报该厂8月13日被炸损失及停工情形请存案备查致重庆市社会局文(1940年9月) ……………………………… 364

37. 重庆中华制革厂总经理为该厂厂址及营业点等8月20日被炸损失惨重暂停营业事请备查呈重庆市社会局文（1940年9月）……… 364

38. 大中建筑股份有限公司复堪中央信托局保险部保户汉口裕华纺织公司渝厂1940年8月23日被炸受损房屋报告书之第二、三号堆栈炸前估值（每座）单（1941年7月8日）…………………………………… 365

39. 大中建筑股份有限公司复堪中央信托局保险部保户汉口裕华纺织公司渝厂1940年8月23日被炸受损房屋报告书之第一号堆栈炸前估值单（1941年7月8日）……………………………………………… 365

40. 大中建筑股份有限公司复堪中央信托局保险部保户汉口裕华纺织公司渝厂1940年8月23日被炸受损房屋报告书之清花间炸前估值单（1941年7月8日）………………………………………………… 366

41. 大中建筑股份有限公司复堪中央信托局保险部保户汉口裕华纺织公司渝厂1940年8月23日被炸受损房屋报告书之新厂炸前估值单（1941年7月8日）………………………………………………… 366

42. 陪都机器锯木厂为函报该厂5月9日、10日被炸损失及设法复工情形致迁川工厂联合会文（1941年5月11日）……………… 367

43. 刘祥顺机器厂为该厂屡遭轰炸损失甚巨资金缺乏无力复业请转呈工矿调整处予以扶助事致迁川工厂联合会文（1941年5月11日）… 367

44. 合成机器厂、精华机器厂为报呈该厂等7月8日被敌机轰炸全部炸毁请转函中央信托局尽速赔偿事呈迁川工厂联合会文（1941年7月14日）………………………………………………………………… 368

45. 重庆天府营造厂股份有限公司为呈报8月8日被炸损失柏木□板等材料恳请派员勘验并援例照价补给事致重庆市防空洞工程处文（1941年8月12日）……………………………………………… 368

46. 上海永丰翻砂厂为报呈该厂8月份多次被炸损失惨重请转函工矿调整处扶助复工并救济全体工人事呈迁川工厂联合会文稿（1941年8月16日）……………………………………………………… 369

47. 馥记铁工厂为函报8月12日被炸损失情形请备案致迁川工厂联合会文（1941年8月28日）………………………………… 369

48. 美艺钢器公司为呈报该公司陕西路门市部被炸及损失修理等情形请备案并请转呈直接税局备案事致迁川工厂联合会文（1941年9月9

日)……………………………………………………………… 370

49. 洪发利机器营造厂8月11日被炸损失单(1941年)……………… 371

50. 嘉阳煤矿公司为函报抗战损失财产目录表请查照转报事给资源委员会的函(1941年9月2日)………………………………………… 400

51. 嘉阳煤矿公司为检报财产损失报告单及直接损失汇报表请查收核转事给资源委员会的复函(1942年2月20日)……………………… 403

52. 求新制皮厂财产直接、间接损失表(1945年7月)……………… 406

53. 申申皮件厂财产直接、间接损失表(1945年7月)……………… 407

54. 汉口舒永昌鞋厂财产直接、间接损失表(1945年7月25日)…… 408

55. 瑞华企业股份有限公司玻璃制造厂为函报抗战损失资料请汇转致重庆市玻璃商业同业公会文(1946年4月8日)……………………… 409

56. 民兴实业股份有限公司为该公司被炸请给予证明给重庆市土布工业同业公会的函(1946年8月16日)………………………………… 411

57. 晶精玻璃厂抗战财产直接、间接损失表(1946年4月29日)…… 412

58. 胜锠五金机器厂财产损失调查表(1945年10月)………………… 413

59. 上海鼎丰制造厂财产损失调查表(1945年10月14日)…………… 414

五、复兴面粉股份有限公司、统一面糊公司等抗战财产损失

1. 复兴面粉股份有限公司为呈报8月4日被炸损失麦船情形请备查呈重庆市政府文(1939年8月10日)…………………………………… 415

2. 重庆市社会局第二科科员熊珊关于复兴面粉股份有限公司7月31日被炸损失情形的调查报告(1940年8月3日)…………………… 415

3. 重庆市社会局第二科实习员王懋关于该科处理复兴面粉股份有限公司7月31日被炸损失事及遵办批示情形等的报告(1940年8月17日)
……………………………………………………………………… 416

4. 复兴面粉股份有限公司为呈报8月8日香国寺第二制造厂被炸损失情形请派员查勘呈财政部川康区直接税局重庆分局文(1941年8月9日)
……………………………………………………………………… 418

5. 复兴面粉股份有限公司为呈报8月8日第二制造厂房舍机械损失清册请鉴核备查呈财政部川康区直接税局重庆分局文(1941年9月

5日) …………………………………………………………………………… 418

6. 统一面糊公司经理叶树清为呈报8月20日被炸损失情形请救济呈重庆市政府市长文(1940年9月18日) ……………………………………… 420

7. 惠中股份有限公司为呈报8月20日被炸损失情形及损失清册呈财政部所得税重庆区分处文(1940年12月12日) ………………………… 421

8. 重庆岁丰面粉股份有限公司为呈报5月3日被炸损失情形请鉴核备查呈直接税局文(1941年6月5日) …………………………………… 422

9. 蜀益烟草股份有限公司为呈报8月20日被炸情形呈重庆市社会局文(1940年8月21日) ………………………………………………… 424

10. 蜀益烟草股份有限公司为呈报6月12日及8月20日被炸损失清册请备案存查呈重庆市社会局文(1940年9月) ……………………… 424

11. 芜湖三友实业社驻渝慎昌永公司为呈报10月25日被炸损失情形及迁移地址请备案呈重庆市社会局文(1940年10月26日) ………… 434

12. 芜湖三友实业社驻渝慎昌永公司为呈报复业请鉴核备案呈重庆市社会局文(1940年12月19日) ………………………………………… 435

13. 生生农产制贮股份有限公司为呈报6月2日被炸损失情形及损失详表呈财政部川康直接税局重庆分局文(1941年6月17日) ………… 435

14. 中胜汽车服务公司为呈报6月5日被炸损失情形请鉴核备案呈财政部川康直接税局重庆分局(1941年6月) ……………………………… 437

15. 民生实业公司代总经理魏文翰为呈报七月陷日被炸损失情形请救助事给重庆市警察局的代电(1941年7月30日) ……………………… 438

16. 民生实业公司董事会为函告8月23日海星轮被炸及处置经过致康心如函(1941年8月28日) ………………………………………… 438

17. 民生实业公司董事会为函告民宪、民政等轮被炸情形及处置经过致康心如函(1941年9月5日) ……………………………………… 439

18. 金山公司总店为呈报该店8月13日被炸损失情形请备案呈财政部川康直接税局重庆分局文(1941年8月14日) …………………… 439

19. 重庆中国国货股份有限公司为呈报该公司民权路支店被炸损失情形请鉴核备案呈财政部川康直接税局重庆分局文(1941年8月25日) …………………………………………………………………………… 440

20. 重庆中国国货股份有限公司为呈报该公司民权路新屋被炸损失确数请鉴核备案呈财政部川康直接税局重庆分局文(1941年8月25日) ·················· 441

21. 馥记营造厂重庆分厂为呈报1941年历次被炸损失情形请鉴核备案呈直接税局重庆分局文(1941年9月12日) ·················· 441

22. 重庆西川企业股份有限公司为呈报民族路支店6月7日被炸损失情形请鉴核备查呈重庆市社会局文(1941年9月25日) ·················· 442

23. 重庆振兴饼干厂为呈报资本增额及空袭损失情形请备案呈财政部川康直接税局重庆分局文(1941年11月4日) ·················· 443

24. 华丰地产股份有限公司为呈报1940年度空袭损失报告表请鉴核备查呈财政部川康直接税局重庆分局文(1941年11月14日) ·········· 445

25. 华丰地产股份有限公司为呈报木料损朽情形请鉴核备查呈财政部川康直接税局重庆分局文(1942年12月3日) ·················· 454

26. 上川实业股份有限公司为证明兴中贸易行于6月1日被炸事实给重庆市直接税局的函(1941年12月) ·················· 454

27. 重庆天府酿造厂经理曾玉章为补报被炸损失请鉴核备案呈财政部川康区重庆直接税局文(1941年4月) ·················· 455

28. 公记渝号为呈报6月1日被炸损失情形及证明请鉴核存查呈财政部直接税局重庆分局文(1942年1月8日) ·················· 455

后　记 ·················· 457

一、四川水泥股份有限公司抗战财产损失部分

1. 四川水泥股份有限公司玛瑙溪厂徐宗涑为报告该厂5月3日空袭受损情形致四川水泥股份有限公司总经理文（1939年5月4日）

昨日十三时后敌机袭渝，厂中及附近各处损失情形如下：

一弹落于观音滩上，距给水站甚近，幸人机均无恙；

一弹落于例行化验室东北坎边，致飞石击沉江边停泊船只3只，死3人，受伤21人，均不属本公司；

一弹落于变压机室近旁，其西面壁墙坍塌，高压线损断，水泥库下面及原料与栈务两组办公室玻璃均受震破碎；

一弹落于中华制革厂后面，该厂堆栈顶层已被炸毁，新宿舍第7504号（徐宗嗣君居住）及7510号（吕智民君居住）两宅屋顶被碎弹及岩石击坏，幸人无恙；

一弹落于运输组办公处前门外，未炸；

一弹落于桶厂外边，坎上房屋玻璃震毁；

一弹落于桶厂下面河坝，毁竹棚两间，无伤亡；

杨达三因公驾驶汽船至储奇门，适遇警报，拟开回暂避，因敌机在江心投弹，波浪大起，致被掀入江中，至今杳无音息。

上开情形，以高压线损坏电力中断本厂全部机器不能开动较为严重，虽修复需时，然尚易补救，实属不幸中之大幸。除已函请电力公司速为修理外，

特此报告，即请鉴察。此上：
总经理

徐宗涑　启

中华民国二十八年五月四日

附四川水泥股份有限公司总经理宁芷村批示于下：
已将受损情形节转水泥管理委员会矣。宁芷村，五月六日。

2. 宁执中为报告5月3日空袭情形及厂中变压站高压线受损停工事致四川水泥股份有限公司总经理文（1939年5月4日）

　　昨(三日)午刻十二钟四十分，忽闻警报，当往大陆药房防空洞躲避。约一钟左右，敌机共36架一部窜入市空，肆行投弹（炸弹及燃烧弹），被灾区域甚广，伤亡近千人。计市区方面，苍坪街、大梁子、至诚巷、左营街、打铁街、西四街、陕西街、饼子巷、新丰街、二府衙、东华观、神仙口、白象街等处；南岸方面，有铜元局、南坪场、黄葛渡等处。起火处以新丰街、西四街一带延烧最烈。

　　当晚接厂中53号旋窑开停报告，因空袭警报停，变压站门窗、墙壁及变压站门前高压电线均被炸坏，须修复方可开窑及其他各机器，等语；复据宁式毂报称，因高压线断电流，无法接济，包装、制桶两组均暂停工作，估计须半月始可修复，云云。查公司栈存水泥尚有9000余桶，拟即以此数应付已开出提单之顾客，暂停签发新提单。一面函请徐主任宗涑赶工修复，并将复工日期查酌具报，以凭应付客户及呈报管理委员会。厂中与公司电话线路因空袭受损，截至现在，尚未通话。职员、工友均幸平安。特此函陈，即请鉴察。此上：
总经理宁

宁执中　启

中华民国二十八年五月四日

3. 四川水泥股份有限公司运输组主任李建勋为报告修建防空壕原因、用费等情形呈总经理、协理文（1939年7月19日）

查自本年五月以来，本市警报频仍，迭遭轰炸，工人惶恐逃散，工作大受影响。本公司虽有防空壕2洞，但不能全数容纳，且有限制，乃拟就防空壕上层石崖罅隙略加挖错为一小型防空壕，以备工人避难而安其身心。当经面呈窦主任，蒙准照办，随即开工。兹已工竣，计石工61个，土工8个，共工资洋66.60元整（石工每个工资1.00元，土工0.70元），除将单据另送拨账外，合理报请钧座俯赐备查。谨呈：

总务股主任　转呈

总经理宁、协理席

职　李建勋

中华民国二十八年七月十九日

附协理席新斋的批复于下：

输字第90号函悉，挖凿小型防空壕支付工资法币66.60元整，准予备查。此致李主任建勋。协理席○○①，七月二十一日。

4. 四川水泥股份有限公司玛瑙溪厂席元林为报告7月11日宿舍被炸损失清单请鉴核呈厂主任文（1940年8月4日）

谨呈者。窃职今年五月结婚，挈眷来此，所有家具、衣物全系新置，殊于七月十一日，厂中职员宿舍被炸，衣物、家具仅从瓦砾中寻出少许，兹将损失各物列表呈报于后。此呈：

厂主任徐鉴核

附损失单一纸

职　席元林　谨上

八月四日

---

① 即席新斋，下同。

附：

席元林7月11日被炸损失单

名称	数量	金额	备考
木床	1架	46.00元	
茶凳	2个	12.00元	
椅子	4把	32.00元	
洗脸架	1个	12.00元	
肉色软缎绣花面被盖	1床	70.00元	
珍珠罗纹帐子	1床	25.00元	
白咔叽印花卧单	2床	50.00元	
绣花白洋纺枕头	1对	15.00元	
花绒毡子	1床	40.00元	
凉席	1床	6.00元	
大号软皮箱	2口	110.00元	
西服	1套	180.00元	
酱色厚呢冬季女大衣	1件	120.00元	
驼绒细面夹袍	1件	70.00元	
花直贡呢旗袍	1件	20.00元	
淡黄条子纺西服	1件	30.00元	
肉色乔其纱旗袍	1件	45.00元	
浅黄花印度绸旗袍	1件	28.00元	
香色大绸旗袍	1件	22.00元	
天蓝织花厂葛衣料	1件	32.00元	
白色绣花绸衣料	1件	55.00元	
白府绸衬衫	2件	26.00元	
花府绸衬衫	2件	28.00元	
白麻纱女汗衫	2件	12.00元	
花呢布制服	2套	60.00元	
线背心	2件	8.00元	
毛线衣	1件	40.00元	
标准布汗衫	2件	11.00元	
皮鞋	5双	130.00元	
网篮	1个	5.00元	

续表

名称	数量	金额	备考
彩花宝珠瓷坛	1对	40.00元	
彩花瓷茶壶	1对	20.00元	
白瓷茶碗	4套	40.00元	
花瓷洋烛盘	2个	5.00元	
西洋瓷小花钵	2个	15.00元	
西洋瓷彩花圆胰缸	2个	20.00元	
西洋瓷漱口盅	2个	12.00元	
西洋瓷茶杯	4套	20.00元	
花玻璃糖缸	1对	20.00元	
绿玻璃水仙花钵	1对	12.00元	
玻璃花瓶	1对	18.00元	
黄玻璃粉缸	1对	5.00元	
玻璃果盘	1对	5.00元	
玻璃茶盅	4对	8.00元	
新式座钟	1架	120.00元	
广玻砖大方镜子	1面	60.00元	
大锑壶	1把	20.00元	
大号洗发油	2瓶	14.00元	
其他零星物件不计，以上各物共价约值国币1814.00元整[①]			

5. 四川水泥股份有限公司玛瑙溪厂主任徐宗涑为报告职员宿舍8月11日被炸损坏事请备查致总经理文（1940年8月16日）

本月十一日下午，本厂单幢住宅、联幢宿舍、公共浴室及愿警队住所上层均被敌机投弹炸毁。其中，除单幢住宅7002、7003两号损坏较轻外，其余均大部坍倒，非重新建造不能应用居住。联幢宿舍之单身及眷属职员，其伙食向各自理。现经此次被炸后，不仅伙食、住宿发生问题，即私人物件亦损坏殆

[①] 全书表格最后统计数据可能与表中各项相加之和不一致，为保持档案原貌，未做改动，编者按。

尽。当时电力厂仍在修理期中,尚未恢复供电,全厂工作原不甚繁,乃调集各课组工友为各职员检拾及整理被炸衣物,并于当晚先委朱义杰君负责办理伙食团事。次日晨,组织临时防护委员会,派定办事人员如后:

主任干事　康振钰君

文书干事　卢维久君

伙食干事　朱义杰君

宿舍干事　张学仁君

为临时宜计,本人眷属移住董事室,汤兆裕君眷属移住化验室,邵纯仁君眷属移住修理间。其余有眷属职员、医药室及愿警队一部分派移住于新建工棚内,单身职员分居于唐家花园及总办公室宿舍两处。被毁宿舍之单身及眷属职员,自十二日起暂行共同膳食,由厂中负担,俟各职员备妥用具,自行炊食,再行取消。

整理数日后,电力厂电力亦于十四日晚恢复,当晚开动生料磨,次晨开动旋窑,其他办事人员均自十六日起照常办公。被炸宿舍,现改由船务组派船伕听调清理,尚未完竣。

十四日,益中公证行周佑嘉君来厂调查,嘱开损失清单,当于十五日,由安记建筑厂按市价估计被毁实值交来转上。十六日,周君皆又偕该行陆权君来厂照摄被毁部分。

除关于修复被毁地点一节容另拟办法报告外,所有经过情形,理合报呈备查。处理各节,是否有当,尚祈鉴核示遵。此上:

总经理

徐宗涑　启

中华民国二十九年八月十六日

6. 四川水泥股份有限公司玛瑙溪厂主任徐宗涑为报告8月20日被炸情形及厂中高压线被毁事致总经理文(1940年8月20日)

本日下午,敌机袭渝,其中有一批由两浮口直向玛瑙溪飞来,在本厂内外

投炸弹及烧夷弹,约共30余枚。落于制造厂内者计有:

(一)原料组司秤棚前炸弹1枚,未爆;

(二)第二下坡道上小台阶处烧夷弹1枚,燃烧未久即被扑灭;

(三)唐家花园阶下烧夷弹1枚,爆发未燃;

(四)唐家花园水池前炸弹1枚;

(五)新工棚第18号后烧夷弹1枚,燃烧未久即被扑灭。

其结果,栈务组堆棚大半被震坏;修理组、材料组、办公室瓦顶打穿多处;材料组竹瓦堆棚一半被飞石压倒;唐家花园单人宿舍瓦顶全飞;新工棚瓦顶被飞石击穿多处。制造厂本部虽亦落有飞石,惟机器均未受影响,只有高压线在变压站外第一杆上有一线击断,第二杆上有一线脱离瓷绝缘器。又,经过唐家花园一段被震折断,以致电力无法输入,当即派员专函电厂请修。而南岸电力厂办事处于解除警报后亦曾派人来厂检视,云须俟回处报告后方能派匠修理。除嘱其速行办理外,合以本日遭袭经过情形报告如上。至制造厂外落弹之处已知者有:

(六)制桶组东大门、办公室、西大门坡下及他处共落炸弹6枚;

(七)新宿舍西端下坡落弹1枚,崖上坪场边2枚;

(八)运输组宿舍左近3枚,坡下沟内草房处1枚;

(九)观音桥一带8枚。

因此之故,职工住所之在厂外者间被波及,其前来声请者已有工友张福林、周银华二人。除准其先各支50.00元维系其心,以免影响工作外,用特附陈,并请鉴察。此上:

总经理

徐宗涑 启

中华民国二十九年八月二十日

7. 四川水泥股份有限公司制桶厂为报告8月20日该厂被炸损失情形致总经理、协理文(1940年8月22日)

职厂于二十日午后二时,突遭敌机轰炸,四周共被投弹6枚,办公室与职员寝室之间被投1弹,房屋炸毁一部,而全部则因震动倾斜,行将颓圮。此外,防空洞右上方之小屋投有1弹,小屋被毁,其侧并有一坑;防空洞左上方原稽查室后面及第一、第三厂门与平车傍侧门三处各投1弹,围墙震毁大半,全数电线亦均震断。除积极派工修理,俾工作能于翌日恢复外,所有公私损失,俟清查完毕,再行呈报。此上:

总理宁、协理席

制桶厂主任 李伯华
副主任 傅伯进
中华民国二十九年八月二十二日

8. 四川水泥股份有限公司玛瑙溪厂主任徐宗涑为报告8月23日该厂被炸情形致总经理文(1940年8月23日)

本日下午一时半,敌机袭渝,在玛瑙溪一带投弹多枚,已发现者有:

(一)石灰石堆处1弹;

(二)石膏堆处1弹;

(三)唐家花园宿舍前面1弹;

(四)打铁间厂外下坡人行道1弹;

(五)唐家花园宿舍及新工棚后面3弹;

(六)观音桥烧夷弹1枚,因之起火,桥上房屋均已焚毁,及过桥右转路上2弹,外面田内5弹;

(七)中华制革工厂北首2弹,防空洞上1弹,前后烧夷弹各一,未燃;

(八)公司办公室1弹;

(九)桶厂东面大门下1弹;

(十)船务组下河旁1弹。

厂中全部机器及职工均幸无恙,除高压线又被炸断多处外,其余损失情形如后:

(一)新工棚除屋瓦大部被震损坏外,尚有4、5号两间被震坍倒,其左右3、6号两间之砖墙倾斜将倒;

(二)唐家花园宿舍已修整之屋瓦全部震毁；

(三)材料组后面竹棚全部坍倒,材料组办公室及修理间、打铁间、木匠间屋瓦均毁；

(四)总办公室及宿舍屋瓦均大部损坏,现厂中无完整房屋可供职员及其家属居住。

此次被炸,居于厂外职员计有张兆衍、王明椿、樊其相、毛福泉、李稚雄5君,亦已波及,均迁至厂内总办公室暂居,以致该处拥挤不堪。

除此次损失已嘱安记估计,俟其交来后再行送奉外,特此报告,即请鉴察。此上:

总经理

徐宗涑　启

中华民国二十九年八月二十三日

9. 四川水泥股份有限公司协理为报告8月23日被炸情形致董事会文稿(1940年8月25日)

窃本厂十一及二十两日被炸损失情形,经以泥字第3844号专报大会在卷。复于二十三日午后一时许,本厂又遭敌机三次集中轰炸,总计中弹23枚,计:

……<原缺>

所有职工,除运输组领工王喜廷被炸殒命外,其他均属无恙,全部机器亦系完好,惟高压线炸断多处,但亦不难修复。稍事清理,即可开工。此次损失情形:

(一)公司办公室震坏,破烂不堪；

(二)会客室、食堂及职员宿舍一至四号均被炸毁倒坍；

(三)运输组工人工棚全被焚毁,运输工具亦全被毁灭；

(四)……(即厂中报告损失中之一至四项挨次分列此后)

本厂三遭轰炸,损失诚属不赀,尤以此次工棚、房舍全被毁灭,职工1000余人无处栖处,风餐露宿,情至堪怜,自当分别抚绥贷款救济。一面赶修工棚，使工人无星散之虞，一面疏散职员眷属，使人位减少，而为安顿之计。此种种需款实多，公司自六月以来因空袭及电源时断关系，生产锐减，营业萧条，早已入不敷支，时形棘手。现又迭遭巨变，需费尤多，迫不得已，乃向工矿调整处借款10万元，用维目前现状。以后赀余如何调配，则视复工后之营业如何再向大会请示者也。除保有兵险之被炸部分，另函中央信托局照赔外，理合报请大会核示只遵。谨报：

董事会

协理　席○○

中华民国二十九年八月二十五日

10. 四川水泥股份有限公司玛瑙溪厂刘有仁被炸震毁失散物品清单（1940年8月27日）

名称	数量	金额	备考
帐子	1床	24.00元	
棉絮	1床	26.00元	
帘子	1床	6.00元	
鞋子	1双	12.00元	
麻布衬衣	1件	9.00元	
内裤	1条	3.00元	
毛巾	1张	2.00元	
线背心	1件	5.00元	
牙刷、牙粉、剪刀、香皂、书籍、瓷杯、什物等		约80.00元	
以上共计法币167.00元整			

11. 四川水泥股份有限公司玛瑙溪厂刘学富被炸震毁失散物品清单（1940年8月27日）

名称	数量	金额	备考
衬衫	1件	20.00元	

续表

名称	数量	金额	备考
毛背心	1件	35.00元	
内裤	1件	5.00元	
鞋子	1双	13.00元	
帐子	1床	35.00元	
箧箱	1个	15.00元	
面巾	1张	3.00元	
面盆	1个	20.00元	
如牙刷、牙粉、香皂、书籍、什物等不计，总共164.50元			

12. 四川水泥股份有限公司玛瑙溪厂黄家骆8月19日、23日被炸损失清单（1940年8月27日）

名称	数量	损毁情况	备考
蚊帐	1顶	打破	其他零星什物，如面巾、漱具等尚多遗失或损坏者
自来水笔	1支	打裂	
皮箱	1口	打破	
面盆	1个	打损	
力士鞋	1双	遗失	

13. 四川水泥股份有限公司玛瑙溪厂彭万武8月19日、23日被炸损失清单（1940年8月27日）

名称	数量	损毁情况	备考
卧单	1床	遗失	再者，其他各项细物什不计
夏布衬衣	1件	遗失	
手表	1只	遗失	
毛巾被	1床	打破	
力士鞋	1双	遗失	

14. 四川水泥股份有限公司玛瑙溪厂朱义杰8月11日被炸损失物件清单(1940年8月28日)

名称	数量	金额	备考
皮箱	2只	50.00元	大1只30.00元,小1只20.00元
被褥	1床	40.00元	
凉帐	1顶	30.00元	珠罗纱
茶壶	1把	5.00元	江西瓷
西式玻璃花瓶	1只	5.00元	
凉席	1条	5.00元	
枕头	1对	10.00元	
皮鞋	1双	40.00元	
呢帽	1顶	30.00元	
印度绸长衫	1件	30.00元	
冲呢棉袄	1件	10.00元	
府绸衬衫	1件	10.00元	
汗背心	1件	8.00元	
被单	1条	15.00元	
袜子	1双	6.00元	
合计		294.00元	

15. 四川水泥股份有限公司玛瑙溪厂樊其相为报告8月23日被炸损失请鉴核呈厂主任文(1940年8月28日)

谨呈者。本月之二十三日,敌机袭渝,本厂附近惨遭轰炸,借居之高朝门43号全部震毁,职之衣被、家具及日用必需品等均损失甚重。今读第396号谕示,悉得将损失列单呈报,以便酌量救济,等因,奉此。职现将记忆所及列单于后,敬希鉴核。此呈:

厂主任

职　樊其相　谨呈

中华民国二十九年八月二十八日

附：

樊其相8月23日被炸损失清单

名称	数量	金额	备考
棉被	1条	60.00元	
绸被面	1条	40.00元	
线毯	1条	28.00元	
女夹衫	1件	90.00元	
布旗袍	2件	23.00元	
绸旗袍	1件	50.00元	
女短衣	1套	28.00元	
女雨衣	1件	98.00元	
毛巾	2条	4.00元	
长筒篮球鞋	1双	19.00元	
大瓷盆	1只	18.00元	
瓷器花瓶	1只	26.00元	
花玻璃缸	1只	22.00元	
白玉饭碗	4只	6.00元	
大菜碗	6只	12.00元	
白玉酒杯	6只	6.00元	
瓷器茶杯	4只	8.00元	
瓷茶壶	1只	16.00元	
米缸	1只	14.00元	
水缸	1只	21.00元	
小缸	2只	5.00元	
大镜子	1面	26.00元	
漱口杯	2只	8.00元	
方桌	1只	18.00元	
方凳	1只	2.60元	
共计		648.60元	原价

16. 四川水泥股份有限公司玛瑙溪厂毛福泉为报告8月23日被炸损失情形请鉴核呈厂主任文（1940年8月28日）

谨呈者。本月二十三日敌机狂炸观音桥，计投有重爆炸弹及烧夷弹10余枚，一时观音桥四处火起，火光直达云霄。职住屋附近即落有烧夷弹数枚，幸居民抢救得力，未及延烧。事后整理衣物、用具，计打破大面镜1具、木床1座、蚊帐1床、米缸1口，其他碗、杯、罐、钵则破碎尤多；又因当时火光甚炽，惟恐蔓延至职住屋，慌于抢救，致损失衣物数件，计礼帽1顶、白麻色衬衣各1件、大青哔叽制服1套、女皮鞋1双、白袜2双，总共损失约在200.00元以上。此乃职受灾情形，兹按实具报，呈请鉴核。谨呈：

厂主任徐

职　毛福泉　呈

八月二十八日

附：

毛福泉8月23日被炸损失清单

名称	数量	金额	备考
大面镜	1具	10.00元	均按原价开列
木床	1座	28.00元	
蚊帐	1床	25.00元	
米缸	1口	6.50元	
厨具		26.00元	碗、杯、罐、钵等
礼帽	1顶	10.00元	
白衬衣	1件	15.00元	
麻衬衣	1件	16.00元	
哔叽中山服	1套	45.00元	
女皮鞋	1双	20.00元	
白袜	2双	6.00元	
共计		207.50元	

17. 四川水泥股份有限公司玛瑙溪厂李云泉为报告8月23日被炸损失情形请求救济致厂主任文（1940年8月28日）

役住居于玛瑙溪30号街房，本月二十三日敌机投弹，住房遭受波及，日用什物几被全毁。处此物价昂贵时期，实无力购置，特呈请钧长给以救济办法，职不胜铭感之至。特此。谨上：

卢先生转

厂主任核夺

李云泉　呈

二十九年八月二十八日

附：

李云泉8月23日被炸损失物品清单

名称	数量	名称	数量
铁锅	1只	水缸	1只
洗衣盆	1只	大小碗	3个
估价共约60.00余元			

18. 四川水泥股份有限公司玛瑙溪厂7026伙食团管理员为报告该团8月11日被炸损失呈厂主任清单（1940年8月28日）

名称	数量	金额	备考
电熨斗	1只	25.00元	伙食团自置
铁锅子	2只	20.00元	伙食团自置
汤锅	1只	8.00元	伙食团自置
菜刀	1把	8.00元	伙食团自置
大碗	15个	15.00元	伙食团自置
米	1斗	22.00元	伙食团自置
米缸	1个	6.00元	伙食团自置
锅铲	2把	2.00元	伙食团自置
缸钵	3个	3.00元	伙食团自置

续表

名称	数量	金额	备考
被褥	2床	20.00元	女仆用
洗衣木盆	1只	6.00元	伙食团自置
洗脚盆	1只	4.00元	伙食团自置
水缸	1只	8.00元	伙食团自置
小瓷盆	4只	4.00元	伙食团自置
铝壶	1只	6.00元	以上共计167.00元
圆桌	1张		厂方供给用具
方桌	1张		厂方供给用具
方凳	12只		厂方供给用具
锅盖	2只		厂方供给用具
小菜橱	1只		厂方供给用具
洗面架	2只		厂方供给用具

19. 四川水泥股份有限公司玛瑙溪厂主任徐宗涑为报告疏散该厂职员眷属房屋事致总经理文（1940年8月29日）

本月二十四日，接黄总务主任新夏通知，内开"敌机连袭公司及制造厂，房宇摧毁殆尽，职员住宿颇感困难。公司方面尊奉协理条谕，职员眷属统限下星期三以前疏散完毕，女职员立即先行疏散，其职务由主管人员派员暂代，业已通报办理。至兄处各职员，即请迅为设法办理为祷"，云云，自当遵办。业于二十五日，看定伍家湾（金山岩31号）王晓君名下房屋一处，内计大小7间，言明租价每季400.00元，自本月二十七日起算。附近尚有董家院子，短期内亦可让出数间，当即约定俟该处现住王家迁出即由本厂接佃。两处合并计算，约可容纳厂中现余全部眷属。此外，又派王汝秋君赴猫儿峡本公司采石处商觅借住地方，在董家院子未能腾出之前，厂中眷属一部分亦可先住该处。一俟厂内联幢宿舍修复及单人宿舍（M第1713号函）完成之后，再行另订办法。特此报告，尚请鉴察。此上：

总经理

徐宗涑　启

中华民国二十九年八月二十九日

20. 四川水泥股份有限公司玛瑙溪厂主任徐宗涑为报告运输组工友入该厂防空洞事致总经理文（1940年8月30日）

本厂防空洞，原为本厂职工及其眷属而设，但对于附近正当居民，仍尽量容纳。无如近来每于空袭时，来厂入洞躲避者为数过多，以致秩序纷乱，全体安全及公共卫生均受影响，乃从事整顿。于本月十九日六时起开始登记必须至本厂防空洞避难之附近居民，至二十日十二时截止登记，结果以自称运输组工友及其眷属者为最多，共计125名。兹将其名册随函附奉一份，不知是否实属该组，尚请赐予证明。如系属实，人数过多，似非厂内两洞所能兼容，可否以四分之三分配于公司及制桶厂防空洞之处，尚祈核夺示遵。以上：

总经理

附名册一份〈原缺〉

徐宗涑　启

中华民国二十九年八月三十日

21. 四川水泥股份有限公司玛瑙溪厂刘庆萱为报告8月11日、23日被炸损失呈厂主任文（1940年8月30日）

兹将本年（二十九年）八月十一及二十三两日职住之第7027号宿舍及唐空花园第四、五两号工棚先后被敌机轰炸损失各物列后，恭请鉴核。谨呈：

厂主任徐

职　刘庆萱　谨呈

二十九年八月三十日

附：

刘庆萱8月11日、23日被炸损失清单

名称	数量	损失情形	估计价值（国币元）	备考
立式大衣柜	1具	被炸碎	68.00	
带架大木床	1架	被炸碎	56.00	5.00尺×6.50尺
大木床	1架	被炸碎	45.00	5.00尺×6.50尺

续表

名称	数量	损失情形	估计价值(国币元)	备考
大木床	1架	被炸碎	42.00	4.00尺×6.00尺
大五屉柜	1架	被炸碎	48.00	
玻璃砖镜台	1架	被炸碎	40.00	
十屉大写字台	1具	被炸碎	38.00	
黑漆木茶几	2具	被炸碎	11.00	
黑漆大方桌	1张	被炸碎	16.00	
黑漆木靠椅	4把	被炸碎	26.00	
黑漆方木凳	6个	被炸碎	15.00	
黑漆圆桌面	1具	被炸碎	18.00	
小木椅	2把	被炸碎	9.00	
三尺半立式衣柜	1具	被炸碎	27.00	
白漆碗柜	1具	被炸碎	15.00	
绿丝纱大厨柜	1具	被炸碎	12.00	
行军床	2架	被炸碎	38.00	绿白各1
大木案子	1具	被炸碎	11.00	
方竹桌	1张	被炸碎	3.00	
十六寸电扇	1架	被炸碎	110.00	
活动台灯	1具	被炸碎	46.00	
电炉	1具	被炸碎	45.00	
电熨斗	1具	被炸碎	50.00	
夏布帐子	2笼	被炸碎	120.00	5.00尺×6.50尺×8.00尺
罗纹帐子	2笼	被炸碎	56.00	
楠木衣箱	1口	被炸碎	27.00	
黄哈叽单西装	1套	被炸碎	42.00	
标准哔叽西装裤子	1件	被炸碎	36.00	
灰色哔叽西装上身	1件	被炸碎	44.00	
柳条衣箱	2口	被炸碎	35.00	
高腰黄纹皮鞋	1双	被炸碎	28.00	
短腰皮鞋	1双	被炸碎	24.00	
凉席	3床	被炸碎	21.00	
大棉床褥	2床	被炸碎	64.00	
红花贡呢棉被	1床	被炸碎	70.00	

续表

名称	数量	损失情形	估计价值(国币元)	备考
灰色绒毯	1张	被炸碎	45.00	
西洋马蹄表	1只	被炸碎	18.00	
玻璃花瓶	1对	被炸碎	11.00	
洋瓷面盆	3个	被炸碎	22.00	
玻砖镜子	3架	被炸碎	25.00	大小
洋瓷闷锅	1个	被炸碎	17.00	
钢种闷锅	2个	被炸碎	19.00	大小
大铁锅	1口	被炸碎	8.00	
做饭用具	1套	被炸碎	7.00	菜刀、火钩等
瓷碗盘	17件	被炸碎	52.00	
瓷茶壶	3把	被炸碎	14.00	大小
瓷茶杯带碟	6套	被炸碎	27.00	
玻璃罐	3个	被炸碎	15.00	
玻璃杯	5个	被炸碎	6.00	大小
瓷漱口杯	4个	被炸碎	5.00	大小
瓷肥皂盒	3个	被炸碎	6.00	
水缸	2口	被炸碎	9.00	大小
生铁炭炉	1具	被炸碎	11.00	
西洋门锁	2把	被炸碎	18.00	

22. 四川水泥股份有限公司玛瑙溪厂刘智凤8月11日、20日、23日被炸损失清单(1940年8月30日)

序号	名称	数量	备考
1	玻璃大衣橱	1只	
2	方桌	1张	
3	方凳	3只	
4	大小棕藤绷床	4架	
5	靠背椅	2只	
6	写字桌	1只	
7	被条	1床	
8	罗纹帐	1床	

续表

序号	名称	数量	备考
9	棉絮	1床	
10	面盆	1只	
11	白麻布	4匹	
12	衬衫	4件	
13	制服	2套	
14	西装	1套	
15	女大衣	1件	
16	短衫裤	4套	
17	铁锅	1只	
18	锑铁锅	1只	
19	瓷器饭碗	8只	
20	瓷器大碗	6只	
21	闹钟	1只	

23. 四川水泥股份有限公司玛瑙溪厂7022宿舍张西缘8月11日被炸损失清单（1940年8月30日）

名称	数量	名称	数量
大木床(自置家具)	1只	面盆	1只
方桌	1只	漱口杯	1只
靠背椅	4只	肥皂盒	1只
茶几	2只	银壳表	1只
方凳	6只	西文书	15本
纱菜橱	1只	中文书	17余本
热水瓶(3磅)	2只	江西瓷菜碗	8只
玻璃杯	4只	江西瓷菜碗	4个
藤躺椅	2只	小长方矮桌	1只
白皮箱	1只	藤箱	1只
抽斗橱	1只	白被单	2床
蚊帐(珠罗纱)	1顶	镜架	1只
竹台	1只	瓷痰盂	2个
电熨斗	1只	皮鞋	1双

续表

名称	数量	名称	数量
黑呢西裤	1条	白衬衫	2件
长筒袜	4双		

24. 四川水泥股份有限公司玛瑙溪厂茶役曾焕文为报告8月23日被炸损失情形请求救济致厂主任文（1940年8月30日）

敬呈者。役至入厂服役以来，为便利工作起见，将家迁住于观音桥附近居住。本月二十三日，敌机狂炸渝市及南岸等地，厂方及附近一带均被投掷大量燃烧炸弹，役家亦不幸被炸。屋、一应用具及衣、什物等均被炸成瓦砾，损失甚巨。除将所有损失用具、衣服、什物等件详单附呈外，特为恳请钧座按患难救济办法，准予借支，以便购日用必需用具、什物等，以维现状。如蒙照准，役不胜感激之至。此上：

厂主任钧鉴

附损失详单（被炸毁者）

差役 曾焕文 谨呈

二十九年八月三十日

附：

茶役曾焕文8月23日被炸损失清单

名称	数量	金额	备考
木床	2只	18.00元	
桌子	1只	12.00元	
铁锅	1口	10.00元	
白皮箱	1只	10.00元	
衣服	7件	96.00元	
饭碗	20只	15.00元	大小
帐子	1床	19.00元	
共计		180.00元	原价

25. 四川水泥股份有限公司玛瑙溪厂7022伙食团负责人张西缘为报告该团8月11日被炸损失呈厂主任清单（1940年8月30日）

名称	数量	金额	备考
锅	2只	20.00元	伙食团自置
铲刀	2把	5.00元	伙食团自置
汤瓢	2个	6.00元	伙食团自置
菜橱	1个	15.00元	伙食团自置
长木桌	1个	15.00元	伙食团自置
锅盖	2个	5.00元	伙食团自置
菜碗	10个	10.00元	伙食团自置
水缸	1只	10.00元	伙食团自置
饭碗	10只	9.60元	伙食团自置
汤碗	4只	4.00元	伙食团自置
冲牙筷	10双	6.00元	伙食团自置
木盘	1只	3.00元	伙食团自置
米瓮	1只	10.00元	伙食团自置
方凳	8只	12.00元	伙食团自置
方桌	1张	15.00元	伙食团自置
水瓢	2个	2.00元	伙食团自置
被褥	2条	30.00元	伙食团自置
紫铜汤锅	1只	20.00元	伙食团自置
米	2斗	50.00元	伙食团自置
酱油	30斤	24.00元	伙食团自置
肥皂	50块	20.00元	伙食团自置
匙	14只	4.20元	伙食团自置
碟	14只	4.20元	伙食团自置
煤	200公斤	10.00元	伙食团自置
合计		305.00元	
圆桌	1张		厂方供给用具
方凳	8只		厂方供给用具
洗脸桌	1张		厂方供给用具
锅盖	1个		厂方供给用具

26. 四川水泥股份有限公司玛瑙溪厂主任徐宗涑为给该厂被炸起火时施救人员请奖事给总经理的报告(1940年8月30日)

本月十一、二十、二十三三日,本厂连遭敌机轰炸,所投以燃弹较多,其中以二十三日为甚,观音桥、唐家花园及新工棚后均起火燃烧,当经本厂职工、愿警及厂外防护人员努力施救,火势得以及早扑灭,而未延及厂中房宇,殊堪嘉慰。兹据符队长官第报称,当时救火者计开如后:

愿警———

等级	姓名	出力情形	等级	姓名	出力情形
一等警长	王杰	协助指挥	一等警士	邬恒忠	参加救火两次
二等警长	杨学超	司情报线救火二次	二等警士	李焕建	参加救火两次
三等警长	罗元生	三次救火极努力		张清	参加救火三次均努力
一等警长	邰玉成	三次救火格外努力		丁树丰	参加救火三次均努力
	张和清	三次救火格外努力		马银忠	参加救火两次
	陈子荣	三次救火格外努力		任鸿猷	参加救火两次
	石绍廷	参加救火两次		陈文彬	参加救火两次
	康明渊	参加救火两次		李智民	参加救火两次
三等警士	李子惠	参加救火二次	三等警士	余州武	参加救火两次
	苟承猷	情该警专司情报线,曾参加救火一次		舒玉才	参加救火一次
	汪治民	参加救火一次		李光斌	参加救火一次
	游庆祥	参加救火一次		张海泉	参加救火一次
	余宪章	参加救火二次		张向涛	参加救火两次
二等警士	李炽和	参加救火两次		金建廷	参加救火两次
	吴阳波	参加救火两次	三等警士	王金城	参加救火一次
三等警士	刘铭	参加救火三次		王本荣	参加救火一次
	王德钦	参加救火三次		余锡河	参加救火一次
	王星铭	参加救火两次		刘学儒	参加救火一次
	邬国治	参加救火两次			

制桶厂工友——

杨志尧	张青云	唐海清	熊金山	费开云	李正国	周长安	苏茂才
严传银	杨国明	徐德明	李文章	荣天玉	杨洪安	杨志成	郑长安
余海棠	唐良甫	唐忠后	冉玉林	陈炳全	蒋太乾	牟海清	杨志高
谭志远	唐吉祥	胡少伯	孟海全	陈文周	谢国戚	蔡玉合	刘华国

玛瑙溪拆卸队来厂救火者——

樊海廷(队长)	邓吉成	鲁兴发	马长发	朱顺清	赵春发	易海泉	曾焕堂
樊海山	白银廷	明海清	马友才	秦义全	赵万才	戴少清	文百发
李银山	吴银章	瞿少武	贺德富	李金泉	陶世民	张明杨	吴树清
唐树成	吴海清	皮少武	廖少云	梅树清	傅鸿坤	林泽章	张知三
唐海云	王俊成	姜海云	王海洲	陈月高	徐炳盛	李少云	董必达
戴海清	张和清	彭春林	谭洪太	唐银山	任汉清	赵海廷	段友三

本厂工友于二十三日救火者如后——

工号	姓名	工号	姓名	工号	姓名
3	胡阿荣	20	花德富	29	曾村清
114	张清	205	杨吉仲	209	刘生财
401	高士国	405	李云清	420	罗绍云
701	刘双林	725	王树清	801	袁何菊
13	陆柱生	40	冯青云	43	王德全
111	周银山	112	胡德华	116	丁志云
220	唐金华	221	张兴顺	226	张忠山
312	刘德安	316	廖明全	318	钢运良
422	郑中义	436	补明恒	519	刘泽林
622	张福林	709	蒋天文	711	乐玉卿
719	王致云	727	唐国钦	729	张雨泉
901	刘喜林	910	刘永林	624	龙吉成
103	杨富森	104	李东营	108	王绍祺
227	李天臣	235	单宪财	303	李秀珍
502	刘治轩	605	郑林荣	610	龙德清

续表

工号	姓名	工号	姓名	工号	姓名
8006	周国钧	212	李东荣		
55	蒋良福	106	罗建章	110	蒋玉轩
176	余海清	207	秦世福	210	胡瑶甫
229	王金山	239	陈国光	304	高灿章
320	何清元	324	周银华	418	补永年
603	王国安	606	李玉才	612	何兴礼
714	周清云	716	杨和清	718	李廷顺
734	饶金山	740	刘昌福	802	丁恩光

兹拟除率领工作特别出力者每人给奖以8.00元为限外，余人各奖5.00元，以示鼓励，是否有当，尚祈核夺示遵。此上：

徐宗涑 启

中华民国二十九年八月三十日

27. 四川水泥股份有限公司玛瑙溪厂卢维久8月11日联幢宿舍被炸损失清单(1940年8月31日)

名称	数量	金额	备考
大皮箱	1只	60.00元	
手提皮箱	1只	40.00元	
夏布蚊帐	1顶	60.00元	
自由布长衫	1件	20.00元	
杭纺衣裤	1套	40.00元	
制服	3套	75.00元	
被单	1条	20.00元	
汗衫	1件	8.00元	
衬衫	1件	18.00元	
呢帽	1顶	30.00元	
金丝草帽	1顶	20.00元	
胶套鞋	1双	10.00元	

续表

名称	数量	金额	备考
直贡呢鞋	1双	10.00元	
自来水笔	1支	30.00元	
毛巾	3条	7.50元	
毛袜	2双	12.00元	
袜	3双	7.50元	
牙膏	1管	1.80元	
牙刷	1支	1.80元	
伞	1顶	5.50元	
共计		477.10元	

28. 四川水泥股份有限公司玛瑙溪厂鲁增辉为报告8月23日被炸损失情形请求救济呈厂主任文（1940年8月）

本月二十三日，不幸敌机轰炸。工在厂当班之时，以不能离去值务。解除返家，将工房屋、一切家具动用、衣物概行烧完，并无一样抢出，由〔犹〕如水洗一般。一家人口生活无法，各物昂贵，无法告货，没可奈何，只得所遭损失各物清单1纸呈请详查确实，恳请钧座沐思救济，以维生命。如蒙俯准，不胜沾感不忘。此呈：

厂主任徐钧鉴

计损失单1纸

鲁增辉　呈
二十九年八月

附：

鲁增辉8月23日被炸损失清单

名称	数量	金额	备考
被盖	1床	40.00元	
毯子	1床	15.00元	
帘子	1床	40.00元	
皮鞋	1双	26.00元	

续表

名称	数量	金额	备考
床	1间	40.00元	
女皮鞋	1双	14.00元	
方桌	1张	15.00元	
汗衣	1套	8.00元	
木凳	4个	6.00元	
女棉袄	1套	15.00元	
板凳	4张	6.00元	
锅	2口	25.00元	
猪	2只	120.00元	
白玉饭菜碗	2付	8.00元	
碗柜	1个	6.00元	
水缸	1个	5.00元	
洗脸盆	1个	3.00元	
写字台	1张	13.00元	
水桶	1挑	2.00元	
脚盆	1个	4.00元	
凉几	1把	4.00元	
共计		422.00元	

29. 四川水泥股份有限公司玛瑙溪厂杨双和为报告8月23日被炸损失情形请求救济致厂主任文（1940年9月1日）

工人杨双和，前全家住观音桥。八月二十三日，观音桥被炸烧时，家中所有帐子1床、被条1床、桌子1张、木床1张、锅1口，及其他零星小物全被烧毁，故特恳请予以救济。呈：

徐厂主任

工人 杨双和 报告

九月一日

30. 四川水泥股份有限公司玛瑙溪厂周国钧为报告8月23日被炸损失情形请求救济事致厂主任文（1940年9月1日）

窃役至入厂服役以来，即在观音桥14号居住，迄今三载余。兹不幸在八月二十三日敌机轰炸渝市及南岸等地，厂内及附近均被投弹，观音桥中燃烧弹起火，役家亦着火燃烧，室内一应用具及衣、什物均付之一炬，半身〔生〕心血毁于一旦，损失极巨，实堪痛心。除将所有损失之用具、衣、什物等详单附呈鉴核外，特为恳请钧座按受灾救济办法，准予借支，以便重新购置日用什物及用具等，以维现状。如蒙恩准，不胜感激之至。此上：

厂主任钧鉴

役　周国钧　谨呈

二十九年九月一日

附：

周国钧8月23日被炸损失清单

名称	数量	金额	备考
木床	2具	25.00元	其余零星什物未能开具
木箱	4只	20.00元	
餐米	1斗	18.00元	
旧式木衣柜	2个	22.00元	
新旧衣服	30余件	50.00元	
桌台	2只	10.00元	
铁锅	1只	6.00元	
木凳	6只	6.00元	
碗盏	4席	28.00元	

31. 四川水泥股份有限公司玛瑙溪厂胡香农8月20日、23日敌机袭渝被打坏应用各物清单（1940年9月1日）

名称	数量	金额	备考
白皮衣箱	1口	30.00元	
白市布卧单	1张	24.00元	
洋瓷面盆	1只	10.00元	

续表

名称	数量	金额	备考
白瓷漱口杯	1只	2.00元	
双十牙刷	1把	1.00元	
牙粉	1筒	2.00元	
蓝布长衫	1件	16.00元	
毡呢鞋	1双	12.00元	

32. 四川水泥股份有限公司玛瑙溪厂李稚雄8月23日敌机袭渝宿舍被炸损失清单（1940年9月2日）

名称	数量	金额	备考
棉絮	1床	24.00元	6斤
人造皮箱	1只	18.00元	
洗面盆	1只	8.00元	
瓷菜碗	5只	7.50元	
茶壶	1只	4.80元	
小形座钟	1只	42.00元	
棉短袄	1件	18.00元	
反皮鞋	1双	16.00元	
瓷饭碗	4只	3.20元	
茶杯	4只	3.20元	
照原价实洋144.70元			

33. 四川水泥股份有限公司玛瑙溪厂张兆珩为报告8月23日被炸损失清单呈厂主任文（1940年9月3日）

窃八月二十三日敌机<袭渝>，观音桥起火，职所有物品被服务队仓皇搬出，事后检点，遗失甚多。今将遗失及震毁物品开列清单如左<下>，恭请鉴核。谨呈：

厂主任徐

职 张兆珩 谨呈

九月三日

附：

张兆珩8月23日被炸损失物品清单

绸面棉被	1床	被单	1件
印花床单	大小各1床	女布衫	1件
小孩布衣服	5件	茶壶	1把
茶饭茶碗	8个	木床	1个
厚玻璃镜	1面	锑锅	1个
以上共9项，约值300.00余元			

34. 四川水泥股份有限公司玛瑙溪厂邵纯仁7028号住宅8月11日被炸震毁物件清单（1940年9月4日）

名称	数量	被灾情形	金额	备考
双人铁床连棕绷	1架	被倒墙轧乱	150.00元	
台灯	1座	全碎	60.00元	
茶具	1套	全毁	50.00元	壶1、杯4、盘1
铺盖		轧烂被2，尚能将就修补	180.00元	褥1、床单1、枕2
鱼肝油	1瓶	瓶破	40.00元	1磅装
白面	2/3袋	飞散	30.00元	
皮箱	1只	轧破上盖	15.00元	
餐具	12个	全碎	21.30元	大盘3、大碗3、小碗6
铁锅	1口	落砖击碎		
汤罐	1只	落砖击碎	32.00元	以上两样之价
钢精锅	1只	击扁	40.00元	
双铃闹钟	1只	压烂	25.00元	
三峡布	约5丈	全毁	60.00元	米色窗帷
本单内所开各物总值共703.30元				

35. 四川水泥股份有限公司玛瑙溪厂吴怀德被炸损失物品清单（1940年9月4日）

名称	数量	金额	备考
皮箱	1个	30.00元	
藤箱	1个	30.00元	
木箱	1个	5.00元	
网篮	1个	1.20元	
白府绸衬衫	2件	24.00元	
汗衫	2件	6.00元	
线袜	5双	6.00元	
女长衫	2件	35.00元	蓝自由布
白洋线褂裤	2套	100.00元	
毛巾布夹女旗袍	1件	45.00元	
毛巾布小孩长衫	1件	20.00元	
小孩内衣	2件	5.00元	
素缎短夹袄	1件	30.00元	
杭绸长衫	1件	20.00元	
毛线衣	2件	25.00元	
毛线背心	1件	15.00元	
红花白线毯	1床	18.00元	
蓝花白线毯	1床	18.00元	
黑皮鞋	1双	35.00元	
黄女皮鞋	1双	16.00元	
胶鞋	2双	24.00元	
帐子	3床	120.00元	夏布
毛巾	4条	6.00元	
牙刷	4把	4.00元	
搪瓷面盆	2个	15.00元	
红西瓷茶壶	1把	5.00元	
热水瓶	1个	35.00元	3磅
热水瓶	1个	20.00元	1.5磅
玻砖照镜	1个	8.00元	
瓷茶杯	5个	2.00元	

续表

名称	数量	金额	备考
玻璃杯	2个	2.00元	
白铝铁锅	2个	20.00元	
大锅	1个	3.00元	
罐子	2个	1.20元	
瓷饭碗	10个	5.00元	
瓷汤碗	5个	5.00元	
瓷茶碗	10个	5.00元	
纱厨子	1块	15.00元	
水缸	2个	16.00元	
四层搪瓷菜盒	1套	25.00元	
汤匙	10个	3.00元	
玻砖小座钟	1个	15.00元	
木盆	1个	2.50元	
灯	2个	1.20元	
猪油	5斤	10.00元	
菜油	3斤	5.00元	
酱油	1斤	0.60元	
合计		845.70元	

36. 四川水泥股份有限公司玛瑙溪厂王毖泉为报告8月11日宿舍被炸损失清单请鉴核呈厂主任文(1940年9月5日)

兹将八月十一日宿舍被炸损失衣物等件详列于后，敬乞鉴核。谨呈：

厂主任徐

　　　　　　　　　　　　　　　　职王毖泉　具
　　　　　　　　　　　　　　　　九月五日

附：

王毖泉8月11日宿舍被炸损失清单

名称	数量	金额	备考
夏季花格哔叽西服	1套	200.00元	

续表

名称	数量	金额	备考
夏季杭布西服	1套	90.00元	
白哔叽领带	1条	10.00元	
白底黑花领带	1条	10.00元	
珠罗纱圆顶蚊帐	1顶	60.00元	
柳条双料藤箱	1只	20.00元	
红花床毯	2床	30.00元	
线毯	1床	15.00元	
篾席	1床	6.50元	
花格府绸衬衣	2件	30.00元	
单铃闹钟	1架	50.00元	
电筒	1只	5.00元	
面镜	1只	5.00元	
厂制服	2套	50.00元	
冬季浴衣	1件	20.00元	
胶质发梳	1只	2.00元	
棉絮	1床	15.00元	
54厂证章	1枚	1.00元	
厂工作外衣	1件	50.00元	
黄色纹皮鞋	1双	80.00元	
共计		840.50元	

37. 四川水泥股份有限公司玛瑙溪厂庞钧勋为报告8月11日被炸损失情形呈厂主任文（1940年9月5日）

谨将八月十一日宿舍被炸损失衣物、书籍等件详列于后，敬祈鉴核。谨呈：

厂主任徐

职　庞钧勋　具

九月五日

附：

庞钧勋8月11日被炸损失清单

名称	数量	金额	备考
派力司西裤	1条	30.00元	
海力司西装裤、背心	各1件	35.00元	
印花被单	2床	40.00元	
珠罗纱蚊帐	1顶	30.00元	
工作裤	1条	15.00元	
茶壶茶杯	全套	20.00元	
花条府绸衬衫	2件	40.00元	
厂制服	1套半	45.00元	
麻纱汗衫	2件	12.00元	
黄色港皮皮鞋	1双	60.00元	
闹钟	1只	120.00元	
电筒	1只	5.00元	
短裤	2条	10.00元	
袜子	2双	4.00元	
大面镜	1只	2.00元	
白香山诗抄	全集		
唐文评注读本	1部		
日语一月通	1册		
绝妙好词	1部		
宋元明文评注读本	1部		
英汉字典	1册		
<以下为5本英文书,无法辨认>			
估计约580.00元			

38. 四川水泥股份有限公司玛瑙溪厂汤兆裕8月11日被炸损失清单（1940年9月7日）

序号	名称	数量	金额	备考
1	厨房用具	全部	250.00元	
2	玻璃橱	1件	40.00元	

一、四川水泥股份有限公司抗战财产损失部分

续表

序号	名称	数量	金额	备考
3	木床	2张	50.00元	双人
4	小孩铁床	2张	80.00元	
5	五斗橱	1件	10.00元	尚可修理
6	小书桌	1件	15.00元	
7	己形书桌	1件	10.00元	
8	玻璃书箱	4只	40.00元	
9	竹书箱	2只	10.00元	
10	珠罗纱蚊帐	1件	30.00元	
11	三磅热水瓶	2只	15.00元	
12	茶壶茶杯茶盘	1套	30.00元	
13	玻璃茶杯	20余只	35.00元	
14	茶壶	1把	5.00元	
15	菜碗饭碗等	二三十只	50.00元	
16	水缸	1只	5.00元	
17	洗衣用木盆	3只	15.00元	
18	领带	20余条	60.00元	
19	皮鞋	10余双	150.00元	大小
20	女夹袍	2件	80.00元	
21	新锑锅	4只	60.00元	
22	白皮箱	1只	20.00元	
23	窗帘	8条	60.00元	蓝布
24	纱窗帘	2大条	20.00元	
25	被单	2条	30.00元	
26	箱子	1件	20.00元	
27	纱灯罩	2件	20.00元	
28	台灯	3只	120.00元	
29	洋风炉	2只	60.00元	
	合计		1700.00元	

以上各件，系已查明者，尚有书籍及零星用物损失数目，因无从清理，未曾开列在内。

39.四川水泥股份有限公司玛瑙溪厂王汝秋8月11日、23日两次被炸毁各物清单(1940年9月7日)

名称	数量	金额	备考
五斗橱	1只	120.00元	
写字台	1张	60.00元	
双人木床	1张	100.00元	
单人木床	2张	120.00元	
写字椅	1只	30.00元	
靠背椅	4只	100.00元	
藤椅	2只	30.00元	
长方桌	1只	30.00元	
衣服箱	1只	20.00元	
蚊帐	3顶	240.00元	
皮箱	2只	160.00元	
藤箱	2只	30.00元	
大皮包	1只	100.00元	
开门箱	1只	20.00元	
热水瓶	1只	50.00元	
茶壶	1把	10.00元	
茶盘	1只	10.00元	
茶杯	1打	20.00元	
挂钟	1只	50.00元	
万利剃刀	1套	20.00元	
铜痰盂	2只	40.00元	
镜子	2面	30.00元	
柏林皂	约120块	30.00元	
米	约2斗	80.00元	
金鸡纳霜	约300粒	100.00元	
肥皂缸	2只	10.00元	
搪瓷面盆	1只	30.00元	
男皮鞋	2双	100.00元	七成新
小孩皮鞋	4双	20.00元	七成新
皮拖鞋	1双	10.00元	

续表

名称	数量	金额	备考
钢精锅	3只	150.00元	
棉被	2根	100.00元	炸穿
西装背心	1件	50.00元	炸破
府绸衬衫	1件	20.00元	
毛葛女长衫	1件	30.00元	
骆驼绒棉衫	1件	80.00元	
菜橱	2只	40.00元	
菜碗	2筒	60.00元	
饭碗	1筒	25.00元	
洋刀	1把	10.00元	
呢帽	1顶	70.00元	
汗衫	1件	20.00元	
绸夹衫	1件	50.00元	
绸夹裤	1条	30.00元	
白铁洗澡盆	1只	50.00元	
酒壶	1筒	5.00元	
汤匙	1筒	5.00元	
碟子	1筒	5.00元	
雨衣	1件	80.00元	
绒线	3磅	150.00元	
领带	约七八根	30.00元	
漱口杯	1只	8.00元	
席子	3条	9.00元	
水缸	1只	15.00元	

附注：（一）所有衣箱均被压毁或弹片炸毁，致内盛衣服大数被弹穿无法计数；

（二）洗脸用具如牙刷、毛巾、粉油等不计；

（三）煮饭用具大都破坏，大都未计。

40. 四川水泥股份有限公司运输组周书田为报告8月20日、23日被炸损失请鉴核致管理员并逐级转呈总经理、协理文（1940年9月7日）

窃职居住高朝门街43号，不幸于八月二十、二十三两日敌机狂炸，公司及厂内外灾情惨重，钧座洞悉。职住宅前左右后中弹数枚，门壁、窗户炸坏倒塌，什物毁损，且被盗趁火打劫，损失物品难于添置。顷闻各职员损失各物均签呈上恳，是以具报上呈。谨呈：

邓管理员　转呈

胡主任　核转呈

总务股主任黄　鉴核转呈

总经理宁、协理席

　　　　　　　　　　　　　　　　　　　职　周书田　报呈

　　　　　　　　　　　　　　　二十九年九月七日，于运输组

41. 四川水泥股份有限公司玛瑙溪厂施泽8月11日23号宿舍被炸损失估价单、报告单（1940年9月11日）

表一：

施泽8月11日23号宿舍被炸损失报告单

物品质料	数量	被灾情况	备考
楠木椅	2张	毁裂	
楠木书桌	1张	破裂	
楠木洗脸架	1张	全毁	
铁床	1间	裂碎	
杂木方凳	4张	裂碎	
双人藤椅	1张	裂碎	
小孩木床	1张	裂碎	
铁纱布碗柜	1个	裂碎	
楠木小圆桌	1张	裂碎	
楠木园〔圆〕凳	6张	裂碎	

续表

物品质料	数量	被灾情况	备考
柏木棕绷床	2间	裂碎	
杂木方桌	1张	裂碎	
柏木五抽柜	1只	裂碎	
单人藤椅	2张	1破,1裂	
柏木衣橱	1只	裂碎	
铁锅	2只	破烂	
细瓷杯盘	4套	粉碎	
瓷笔筒	1只	粉碎	
细瓷古式糖缸	1对	粉碎	
热水瓶	1只	破烂	
皮箱	2只	破裂	
手提皮箱	1只	破裂	
大台镜	1对	破烂	
小台钟	1只	破烂	
丝棉被	1床	破洞过多,不堪再用	鸡皮绸被面,白市布包单
棉被	1床	破损	印花被面,白布包单
玻璃茶钟	5只	粉碎	
写字玻板	1张	粉碎	
玻璃花瓶	1对	粉碎	
搪瓷痰盂	1对	破烂	
木箱	2只	破裂	
大藤衣箱	1只	一部裂口	
相片匣	3张	破烂	
闹钟	1只	破烂	
棉被	1床	被毁大部	毛葛被面,白布包单
旧棉絮	2床	破孔可补	
水缸	1只	破烂	
瓦钵	2只	破烂	
铜汤瓢	1只	炸失	
火钩、火铲、火钳	1套	炸失	
细瓷菜碗	9只	粉碎	

续表

物品质料	数量	被灾情况	备考
细瓷饭碗	10只	粉碎	
细瓷菜鼓	1个	粉碎	
电炉	1只	粉碎	
白米(炸前二日新购)	2斗	炸失	炸前2日新购
高统〔筒〕搪瓷面盆	1只	破损	
米缸	2只	破烂	
铁铲	1只	炸失	
菜刀	1把	炸失	
洗衣盆	2个	破烂	
粗瓷菜碗	6只	粉碎	
粗瓷饭碗	5只	粉碎	
细瓷调碟	1席	粉碎	
锑锅	2只	破烂	
干粮	5升	炸失	豆类
短统〔筒〕搪瓷面盆	1只	破损	
珠罗蚊帐	1床	破裂	
印花被单	2床	裂为数块	
天津毛毡	1床	破为数块	
毛织西服下装	1件	破损	
厂制服	2套	1破损,1炸失	
府绸衬衫	3件	炸失	
纹皮鞋	1双	破裂	
毛织女大衣	1件	破裂	
花布女衫	2件	破损可补	
缎料女夹衫	1件	破裂不能服用	
细麻蚊帐	1床	破裂	
线毯	1床	破裂	
府绸枕	1对	破裂	内装芦花
哔叽中山服	1套	破裂	
绸衬衫	2件	破裂	
鸭绒线背心	1件	破裂	
力士鞋	1双	炸失1只	

续表

物品质料	数量	被灾情况	备考
女绸衫	1件	破裂	
花布女夹衫	1件	破裂	
蓝布女衫	2件	1破1失	
毛线女短大衣	1件	炸失	
女皮鞋	1双	炸失1只	
毛线童装衣裤	3套	破裂全毁	
孩童皮鞋	3双	炸毁零乱	
女佣衣物	十数件		
女汗衫短裤	3套	破损	
男女线袜	5双	炸失不能配用	
布料童装衣裤	7套	一部破损，一部炸失	
童袜	6双	炸毁零乱	
漱口用具		炸失	漱口盅2只、牙刷4把、牙膏1盒

附注：以上仅就被灾后可凭记忆清查者，其余零星物件尚多，无法列举。而抢出一部衣物中迁往唐家花园新工棚13天后，八月二十三日第二次被炸，复破损一部，所有数年心血，悉付浩劫，殆定数耶。施泽拜识，九月十一日。

表二：

施泽8月11日23号宿舍被炸损失估价单

物类	数量	估价	购置时间及地点
楠木椅	2张	30.00元	1939年上季同事赵生信转卖
楠木小圆桌	1张	20.00元	同上
楠木书桌	1张	50.00元	同上
楠木圆凳	6张	42.00元	同上
楠木洗脸架	1张	20.00元	同上
柏木棕绷床	2张	65.00元	1张15.00元，1938年3月渝；1张50.00元，1940年2月渝
铁床	1间	40.00元	1939年11月渝
杂木方桌	1张	12.00元	1938年3月渝
杂木方凳	4张	3.20元	1938年3月渝

续表

物类	数量	估价	购置时间及地点
柏木五抽柜	1只	22.50元	1939年11月渝
双人藤椅	1张	18.00元	1939年11月渝
单人藤椅	2张	10.00元	1938年3月渝
小孩木床	1张	15.00元	1939年7月渝
柏木衣橱	1只	40.00元	1939年4月渝
铁纱布碗柜	1个	9.50元	1939年5月渝
铁锅	2只	16.00元	1只5.00元,1938年3月渝;1只11.00元,1939年11月渝
水缸	1只	1.00元	1938年3月渝
米缸	1只	1.20元	1938年3月渝
瓦钵	2只	2.00元	1在1938年3月所购,1在1939年补充
铁铲	1只	1.00元	1938年3月渝
铜汤瓢	1只	1.50元	1938年3月
菜刀	1把	4.00元	1939年12月合江
火钳火铲等	1套	4.00元	1939年补充
洗衣盆	2只	9.50元	1只2.50元,1938年3月渝;1只7.00元,1939年下季
细瓷菜碗	9只	100.00元	家存物,祖遗纪念品,无法估定原价,仅依市面货色略计如上数
细瓷饭碗	10只		
细瓷菜鼓	1只		
细瓷调碟	1席		
粗瓷菜碗	6只	3.00元	1938年3月渝
粗瓷饭碗	5只	2.00元	1938年3月渝
电炉	1只	25.00元	1939年10月渝
锑锅	2只	28.00元	1只3.00元,1938年3月渝;1只25.00元,1939年10月渝
白米	2斗	41.00元	1940年8月9日
干粮	5升	约8.00元	1940年上季
高筒搪瓷面盆	1只	6.00元	1936年成都
矮筒搪瓷面盆	1只	0.80元	1936年成都
细瓷杯盘	4套	3.20元	1937年5月汉口
玻璃茶盅	5只	1.50元	1939年上季渝

一、四川水泥股份有限公司抗战财产损失部分

续表

物类	数量	估价	购置时间及地点
瓷笔筒	1只	10.00元	家存旧物,估量如数
写字玻板	1张	1.50元	1937年2月上海
细瓷古式糖缸	1对	10.00元	家存旧物,估计如数
玻璃花瓶	1对	6.00元	1939年上季
热水瓶(5磅)	1只	16.00元	1936年成都
搪瓷痰盂	1对	25.00元	1939年渝
皮箱	2只	20.00元	1只6.00元,1936年成都;1只14.00元,1937年上海
手提皮箱	1只	5.00元	1936年下季南京
木箱	2只	4.00元	1936年成都
大藤衣箱	2只	5.00元	1936年成都
大台镜	1对	8.00元	1936年成都
像片匣	3张	2.40元	1936年成都
小台钟	1只	7.00元	1936年成都
闹钟	1只	20.00元	1939年重庆
丝棉被	1床	28.00元	1936年成都
棉被	1床	15.00元	1936年成都
棉被	1床	12.00元	1936年成都
旧棉絮	2床	4.00元	1934年成都
珠罗蚊帐	1床	9.00元	1937年1月上海
细麻蚊帐	1床	5.00元	1936年成都
印花被单	2床	8.00元	1936年成都
线毯	1床	7.00元	1936年成都
天津毛毯	1床	20.00元	1937年上海
府绸枕	1对	9.00元	1938年渝
毛织西服下装	1件	10.00元	1937年上海
哔叽中山服	1套	30.00元	1936年南京
厂制服	2套		系公司制服,未作价
绸衬衫	2件	20.00元	1938年渝
府绸衬衫	3件	6.00元	1937年上海
鸭绒背心	1件	10.00元	1936年南京
纹皮鞋	1双	12.00元	1937年上海

续表

物类	数量	估价	购置时间及地点
力士鞋	1双	18.00元	1940年上季渝
毛织女大衣	1件	40.00元	1937年上海
女衬衫	1件	10.00元	1936年成都
花布女衫	2件	26.00元	1940年重庆
花布女夹衫	1件	30.00元	1939年下季渝
缎料女夹衫	1件	50.00元	1939年下季渝
蓝布女衫	2件	20.00元	1939年下季渝
毛线女马甲	1件	18.00元	1939年下季渝
女皮鞋	1双	14.00元	1939年下季渝
毛线童装	3套	30.00元	一部旧有，一部新制
布料童装	7套	30.00元	一部旧有，一部新制
小孩皮鞋	3双	6.00元	1940年上季渝
其他衣裤袜线	约20件	50.00元	新旧均有
女佣衣物	10余件	40.00元	炸后给赔如上数

总计原购价1393.80元

附注：上呈各物损失，十之八九系二三年以前，甚多旧日积存者，所估价格，概系购置实数，当与现价相差甚远，附此呈明。三十年一月，施泽。

42. 四川水泥股份有限公司制桶厂为报告9月13日房屋被炸情形致总经理、协理文（1940年9月13日）

谨陈者。职厂于今日被炸毁之房屋如下：

（一）修边车之铅皮屋顶及横柱被炸毁，并将电线震断；

（二）制桶间之屋顶及壁、柱被炸毁；

（三）前次被炸毁一部之物料房及今之临时办公室亦被炸毁。

统此奉达，即希鉴核为荷。此上：

总理宁、协理席

制桶厂主任　李伯华

副主任　傅伯进

中华民国二十九年九月十三日

43. 四川水泥股份有限公司协理为报告9月13日被炸情形致董事会文稿(1940年9月14日)

查本月十三日上午十一时三十分,敌机分批袭渝。其中一批7架,由北岸飞来,在本厂附近一带轰炸,尤以5架集中力量挨次俯冲,专向本厂机器投弹。当时制造厂煤粉机马达及制桶厂房屋炸毁,其余船务组等处房屋亦被震坏。赓即亲往各处检视,共计中弹5枚,1弹落于制桶厂洋钉储藏室,将该厂房屋完全炸坏;1弹正中制造厂煤粉提运机,将全部马达炸毁;其余3弹落于轧石机侧空地及厂房边溪沟,所幸重要机器尚称完好。此次受损虽尚轻微,惟修复机器需时较久,停工损失自属巨大。似此情形,敌方重视我厂,不待名言,将来遭受何如,此时更难逆料。除函请中央信托局迅即派员查勘受灾情形,办理赔偿手续并呈报水泥管理委员会备查外,理合将被炸经过情形具文,报请大会鉴核示遵。谨报:

董事会

全衔协理　席○○
中华民国二十九年九月十四日

44. 四川水泥股份有限公司制桶厂为报告职员被炸损失之详单请指示办法致总经理、协理文(1940年9月21日)

谨陈者:职厂办公室及职员宿舍被炸已早呈报。兹将职员损失之详单附后,是否仍照制造厂例,先各支给两月薪金,或另作其他办法,如何,均祈赐示为荷。此上:

总理宁、协理席

附清单7纸

制桶厂主任　李伯华
副主任　傅伯进
中华民国二十九年九月二十一日

附表一：

李伯华损失

名称	数量	金额	备考
楠木新式大床	1间	220.00元	
楠木方桌	1张	80.00元	
楠木五抽柜	1个	120.00元	
楠木椅子	1把	24.00元	
楠木茶凳	2个	32.00元	
楠木小方凳	2个	20.00元	
衣架	1个	16.00元	
大小瓷茶壶	各1个	40.00元	
西洋瓷茶盅	2个	5.00元	
白搪瓷痰盂	1个	24.00元	
细彩瓷大碗	2个	12.00元	
白玉大碗	2个	12.00元	
西洋瓷套盘	2个	5.00元	
大歙砚	1方	未定	此系古物，价难估
合计14项，共核洋610.00元			

附表二：

傅伯进损失

名称	数量	金额	备考
棉褥	1床	估价30.00元	
鸡皮绉长衫	1件	估价40.00元	
洗面用具	全套	估价35.00元	
瓷碗碟匙	1套	估价5.00元	
呢帽	1顶	估价30.00元	
草帽	1顶	估价20.00元	
胶鞋、皮拖鞋、棉鞋、毡鞋		估价30.00元	
汗衫	1件	估价10.00元	
修面具	1套	估价25.00元	
瓷茶杯连盘		估价5.00元	

续表

名称	数量	金额	备考
花席	1床	估价5.00元	
铜壶	1把	估价20.00元	
油布	1张	估价15.00元	
雨伞、竹器、书箱、零件		约50.00元	
以上估计约银320.00元			

附表三：

徐仲山损失

名称	数量	金额	备考
花标布棉被	1条	估价57.00元	
白粗布垫被	1条	估价40.00元	
毡毯	1条	估价25.00元	
草席	1条	估价5.00元	
八幅蚊帐	1顶	估价15.00元	
楠木半床	1张	估价30.00元	
蓝厂绸丝棉袍子	1件	估价85.00元	
灰锦地绉驼绒袍子	1件	估价90.00元	
套鞋	1双	估价12.00元	
黑绒棉鞋	1双	估价10.00元	
瓷器小痰盂	1只	估价5.00元	
2磅热水瓶	1只	估价24.00元	
共计12项，核计估价洋398.00元			

附表四：

席斌损失

名称	数量	金额	备考
呢帽	1顶	25.00元	
罗纹帐子	1床	20.00元	
瓷漱口杯	1只	3.00元	
布鞋	1双	5.00元	

续表

名称	数量	金额	备考
瓷茶壶	1只	5.00元	
皮鞋	1双	28.00元	
共计6项,该洋86.00元整			

附表五:

胡伯卿损失

名称	数量	金额	备考
中山呢上装	2件	36.00元	
中山呢下装	1件	16.00元	
自由布衬衫	1件	12.00元	
呢帽	1顶	20.00元	
合计4项,共该洋84.00元整			

附表六:

史树春损失

名称	数量	金额	备考
铁锅	1只	15.00元	
水缸	1只	7.00元	
菜碗	5只	8.00元	
饭碗	6只	8.00元	该员系住厂外,物系震坏
漱口杯	1只	2.00元	
茶壶	1把	7.00元	
茶杯	4只	3.00元	
水钵	1只	2.00元	
共计8项,该洋计法币52.00元			

附表七：

戴明士损失

名称	数量	金额	备考
铁锅	1口	20.00元	
铁吊子	1个	12.00元	
瓦水缸	1口	15.00元	"明士家住范村，7月14日及8月23日，敌机狂炸南岸，因投弹于住宅左右，故家中什物多有损失，特此批明，戴明士。"
瓦缸钵	3个	11.00元	
皮箱	1口	34.00元	
温水瓶	1个	25.00元	
白瓷菜碗	12个	60.00元	
白瓷饭碗	7个	21.00元	
白瓷汤匙	9只	36.00元	"该员住厂外，未被炸，小有震坏物件，请核，傅伯进。"
白瓷茶杯	3个	6.00元	
瓷香炉	2个	22.00元	
方桌	1张	32.00元	
肥皂盒	1个	1.20元	
瓷漱口盅	1个	1.20元	
合计16项，共该洋法币292.00元整			

45. 四川水泥股份有限公司玛瑙溪厂汪德修为报告8月11日被炸损失情形呈厂主任文（1940年9月23日）

敬呈者。八月十一日，本厂联幢宿舍被炸，职住房屋全毁，损失惨重，仅将记忆所及损失各件开列如左<下>。谨呈：

厂主任鉴察

职　汪德修　谨上

二十九年九月二十三日

附：

汪德修8月11日被炸损失清单

名称	数量	金额	备考
大床	2只	40.00元	

续表

名称	数量	金额	备考
小床	1只	15.00元	
写字台	1只	20.00元	
方桌	1只	16.00元	
方凳	4只	6.00元	
茶桌	2只	10.00元	
五抽柜	1只	18.00元	
竹椅	2只	3.00元	
行军床	1只	15.00元	
小方桌	1只	8.00元	
衣箱	5只	80.00元	
大玻璃镜	1只	10.00元	
小玻璃镜	1只	5.00元	
白瓷鼓子连盖	1只	10.00元	
白瓷茶缸	2只	16.00元	
牙筷	2双	18.00元	
锑锅	1只	18.00元	
电炉	1只	35.00元	
电熨斗	1只	20.00元	
厨房用具全套		150.00元	锅、菜刀、柴刀、火钳、火镰、大小木桶、木盆等
小提琴	1只	140.00元	
被盖	2床	70.00元	
蚊帐	2顶	30.00元	
毯子	2床	30.00元	
法兰绒西服	1套	60.00元	
派力司西服	1套	40.00元	
搪瓷面盆	2只	20.00元	
搪瓷漱口杯	2只	10.00元	
热水瓶	1只	15.00元	
台钟	1只	30.00元	
西瓷漱口盅	1只	5.00元	
玻璃漱口盅	1只	1.00元	
瓷茶壶	1只	6.00元	

续表

名称	数量	金额	备考
白瓷茶杯连盆	8套	20.00元	
花玻璃茶杯	4只	4.00元	
白瓷大碗	4只	8.00元	
白瓷中碗	6只	9.00元	
白瓷饭碗	9只	9.00元	
白瓷调羹	10只	5.00元	
白瓷碟子	10只	5.00元	
白绸衬衣	1件	25.00元	
灰府绸衬衣	1件	16.00元	
花府绸衬衣	1件	20.00元	
毛绒物便帽	1顶	20.00元	
睡衣	1件	12.00元	
印丹女衫	1件	15.00元	
青色花绸女衫	1件	38.00元	
半毛围巾	1条	5.00元	
男黑皮鞋	1双	25.00元	
女皮鞋	2双	50.00元	
女用绸洋伞	1只	15.00元	
女秋大衣	1件	80.00元	
西文化学字典	1本	12.00元	
西文无机化学工业	1册	15.00元	
西文工业分析	1册	6.00元	其他零星物件未计
共计约合法币1384.00元			

46. 四川水泥公司三汇石膏厂王大洪为报告8月21日被炸公私损失表请审核备查致总经理、协理文(1940年9月25日)

敬启者。前次八月二十一日本处被倭寇飞机轰炸焚烧,所有公私损失表业经清理完竣,兹报请钧座审核备查。谨呈:

总经理宁、协理席

职　王大洪

中华民国二十九年九月二十五日

附表一：

四川水泥公司石膏厂渠县金街坡办事处8月21日被敌机炸焚物料损失清查汇报表

名称	数量	单位	单价	金额	备考
（一）用品具类					
写字台	3	张		22.00元	计6.00元1张，8.00元2张
餐桌	1	张		14.00元	
方凳	12	张	1.00元	12.00元	
方桌	1	套		4.00元	长板凳4张在内
茶凳	2	张	4.00元	8.00元	
厂床	3	乘	14.00元	42.00元	
柜子	1	个		5.00元	
吊牌	1	块		1.90元	
条桌	2	张	5.00元	10.00元	
衣架	1	个		8.00元	
信插	2	个	0.10元	0.20元	
亮瓦	8	匹	0.25元	2.00元	
水桶	1	担		2.30元	
扁担	81	根	0.30元	24.30元	
箩筐	9	担	2.00元	18.00元	
棕绳	67	根		12.22元	有60根合银9.72元，又5根合银0.50元，又大棕绳2根合银2.00元
皮篓	5	担		5.40元	
打孔机	1	架		8.00元	
棕垫	3	床	1.80元	5.40元	
草席	4	床	1.00元	4.00元	
簸席	2	床	0.60元	1.20元	
石膏篓子	90	担	0.50元	45.00元	购备发给挑石膏力伕，附箩架90付
箱子	2	口	1.90元	3.80元	
锁	15	把		30.50元	门锁4把2.90元，箱锁2把7.00元，存箱未发洋锁6把17.00元，铜锁3把3.60元

续表

名称	数量	单位	单价	金额	备考
棕背心	33	床	0.40元	13.20元	购备发给工人,免拉壮丁
工人证章	104	个	0.40元	41.60元	
棕刷	1	个		0.12元	
稻草	104	斤		2.60元	
剪刀	1	把		0.60元	
小刀	2	把	2.50元	5.00元	办事处用1把,存焚1把
茶碗	10	个	0.75元	7.50元	
铜炊壶	1	把		5.00元	
茶杯	4	套	2.00元	8.00元	系有耳茶钟及套盘4套
茶船	2	个	0.20元	0.40元	
洗脸架	2	个	1.20元	2.40元	
洗脸帕	3	张	2.40元	7.20元	
香皂	1	个		2.40元	
座钟	1	架		25.00元	
灯台	3	个	0.10元	0.30元	
亮壶	1	个		0.25元	亮壶0.10元,铁架0.15元
竹烟袋	1	把		0.50元	
火盘锅	1	口		3.40元	
火盘架	1	个		0.40元	
市秤	1	把		3.50元	
油纸伞	2	把	0.70元	1.40元	
门帘	1	块		6.55元	
斗笠	2	个	0.25元	0.50元	
电筒洞	1	根		4.60元	
炭筛	1	个		0.10元	
撮箕	1	个		0.10元	
雨衣	1	件		25.00元	系陈义万经手,在采石处借用
手提皮箱	1	口		14.00元	系陈义万经手,在采石处借用,内装本厂一部分物料账及领条
筷子	5	席		0.12元	
玻璃瓶	3	个	0.50元	1.50元	

续表

名称	数量	单位	单价	金额	备考
门扣	7	付	0.60元	0.42元	铁门用
扫帚	7	把		0.50元	
茶叶	2	斤		13.00元	由渝购渠之各种茶叶
岳云电池	10	节	0.44元	4.40元	
烙签钢印	1	个		15.00元	
共计				505.28元	
(二)材料类					
1分竹节钢	2	件	2.90元	58.00元	计20市斤
4分竹节钢	237	斤	2.50元	592.50元	
食盐	233	斤		<残缺>	
硝	100	斤		<残缺>	
磺	60	斤	0.80元	48.00元	购备给石工,以后照发扣款
共计				826.75元	
(三)医药类					
万金油	1	打	0.80元	9.00元	
八卦丹	1	打		9.00元	
金灵丹	11	盒	0.64元	7.04元	
救急药水	1/2	磅		4.50元	
共计				29.54元	
(四)文具类					
印泥	2	盒		5.50元	计1瓶1.50元,又1盒4.00元
打印台	2	只		4.40元	计1只蓝的2.00元,1只红的2.40元
打印油	3	瓶		6.00元	1瓶3.00元,另2瓶合3.00元
钢笔架	3	个		4.40元	1.60元2支,1.20元1支
印泥油	1	瓶		4.50	
毛笔	14	支		9.60元	满庭6支4.80元,满复8支4.80元
钢笔杆	2	支		2.10元	1支1.20元,1支0.90元
墨水	2	瓶		3.20元	蓝色1瓶1.40元,红色1瓶1.80元

续表

名称	数量	单位	单价	金额	备考
市尺	1	支		0.50元	
复写纸	1/2	盒		7.50元	
吸墨器	2	个	0.80元	1.60元	
信封	600	个		15.00元	
页纸	6	刀	1.50元	9.00元	
草纸	4	刀	1.80元	7.20元	
日历	1	个		0.20元	
墨	10	定		8.50元	元墨5定3.00元,核墨5定5.50元
铅笔	4	打		13.60元	红蓝色1打3.20元,102牌2打合4.40元,108牌1打合6.00元
簿子	3	本		3.45元	纸面2本合1.00元,布面1本计2.45元
砚台	3	个		1.30元	1个0.50元,2个0.90元
968钢尖	1	打		3.70元	
黄铜车刀	1	个		0.45元	
图章	6	个		6.05元	钢章1颗2.00元,小图章5颗4.05元
铜笔壳	10	个	0.05元	0.50元	
号码印	1	个		4.00元	
年月印				4.00元	
吸墨纸	2	张	0.80元	1.60元	
三角板	1	付		2.20元	
包书纸	5	张	0.20元	1.00元	
牛皮纸	10	张	0.80元	8.00元	
白铜墨合	1	个		3.50元	
925橡胶	1	个		1.40元	
日记本	1	个		2.00元	
雕刀	2	把		1.00元	
共计				147.05元	

续表

名称	数量	单位	单价	金额	备考
(五)厨具类					
耳锅	1	口		3.40元	
鼎锅	2	口		4.50元	鼎锅架1个0.20元在内
火钩、火钳	2	把		2.27元	火钩1把0.47元,火钳1把1.80元
锅铲	1	把		0.40元	
菜刀、柴刀	2	把		2.20元	菜刀1把1.20元,柴刀1把1.00元
铜汤瓢	2	把	1.05元	2.10元	
炉桥	3	个		4.94元	灶饭炉桥2个合3.60元,火盘炉桥1个1.34元
木瓢	3	个		0.40元	
筲箕	2	个	0.16元	0.32元	
簸盖	2	个		0.28元	水缸盖1个0.18元,锅盖1个0.10元
土碗	全	套		2.50元	
瓦水缸	1	口		5.30元	
细小碗	4	个	0.50元	2.00元	
细碟子	4	个		0.50元	
钵儿	6	个		1.52元	粗钵4个1.32元,蒸钵2个0.20元
甑子	1	个		0.73元	甑子0.60元,甑底0.13元
簸箩	1	担		0.40元	簸箩1担0.20元,扁担1根0.20元
油罐	3	个		0.39元	油罐2个0.34元,槟麻油罐0.05元
刷把	1	把		0.10元	
锅圈	1	个		0.10元	
共计				55.05元	
合计				1543.07元	

附表二：

四川水泥公司石膏厂渠县办事处8月21日被敌机炸焚职工物件损失查报表

名称	数量	单位	单价	金额(估计)	备考
(一)伙食团					
煤炭	100	斤		2.40元	
白米	1	斗		17.00元	
菜油	30	斤	1.40元	42.00元	购备存用
油缸	1	个		6.00元	
蒸笼	1	付		2.40元	
菜坛	4	个	0.80元	3.20元	
菜篮	1	个		0.20元	
共计				73.20元	
(二)张品发					
毛蓝麻布罩子	1	床		15.00元	
毛蓝统布铺盖	1	床		30.00元	
蓝布短服	2	套	14.00元	28.00元	
围腰	1	件		2.50元	
棉滚身	1	件		26.00元	
瓜皮帽	1	顶		2.00元	
布鞋	1	双		2.80元	
袜子	1	双		2.40元	
军服	1	套		22.00元	
共计				130.70元	
(三)王朝贡					
蓝布工衣	1	套		22.00元	
毛蓝印花被盖	1	床		35.00元	
棉滚身	1	件		26.00元	
线直呢背心	1	件		14.00元	
鞋子	1	双		2.20元	
汗衣	1	套		13.40元	
共计				112.60元	
(四)王叙伦					
袜子	1	双		3.50元	连做底

续表

名称	数量	单位	单价	金额(估计)	备考
毛贡呢鞋	1	双		9.00元	
白汗衣	1	件		11.50元	
共计				24.00元	
(五)蒙九如					
手表破坏	1	只		12.00元	系修理费,因抬张伙房(即张品发)所致
毛贡直鞋	1	双		9.00元	
拖鞋	1	双		5.00元	
共计				26.00元	
(六)王大洪					
花麻布罩子	1	床		18.00元	
牛毛毯	1	床		12.00元	
白汗衣	1	套		20.00元	
被盖	1	床		30.00元	
铜面盆	1	个		14.00元	
洗脸帕	1	张		2.40元	
扁担	2	个	2.50元	5.00元	
鞋	1	双		6.00元	
皮鞋	1	双		18.00元	
呢帽	1	顶		20.00元	
漱口盅	1	个		1.50元	
凉篾席	1	床		4.00元	
共计				150.90元	
(七)陈义万					
呢帽	1	顶		24.00元	
牛毛毯	1	床		12.00元	
新油布	1	床		14.00元	
新布毯	1	床		16.80元	
厚花呢中山服	1	套		45.00元	
麻子制服	1	套		28.00元	
白绸衬衣	1	件		18.00元	

续表

名称	数量	单位	单价	金额（估计）	备考
黄哈叽短裤	1	条		8.00元	
胶鞋	1	双		9.00元	
毛织贡鞋	1	双		9.00元	
合计				183.80元	
总计				701.20元	

附表三：

前三汇石膏厂运渠被炸焚物件损失查报表

名称	数量	单位	单价	金额	备注
木床	1	乘		2.40元	
碗柜	1	个		2.00元	伙食团
菜蹬	1	个		5.00元	伙食团
脚盆	2	个	1.00元	2.00元	伙食团
铜烟袋	1	根		1.50元	
柜子	1	个		2.00元	
睡藤椅	2	把	2.50元	5.00元	
坐藤椅、藤茶几	2	把	2.50元	5.00元	
顶棚	1	块		0.40元	王大洪自备
苞折	3	块		0.10元	王大洪自备
算盘	1	架		4.00元	
过水罐	1	个		0.50元	
木铲	1	个		0.02元	伙食团
铜漏瓢	1	把		0.50元	
三水锅	1	口		1.20元	
吊牌	2	块	1.35元	2.70元	
案板	1	张		1.50元	
锡茶壶	1	个	2.60元	2.60元	
账箱	5	个	0.60元	3.00元	
桌子	4	张	0.40元	1.60元	
合计				50.22元	

附表四：

石膏厂此次公私炸焚损失总计表

二十九年九月份造报

科目	报表	张数	金额	备考
本厂办事处各类损失	4	张	1543.07元	
本厂职工及伙食团损失	2	张	701.20元	
前三厂运渠用具损失	1	张	43.02元	连加补在内50.22元
合计	7	张	2287.29元	连加补在内2294.49元

47. 四川水泥股份有限公司1940年四次被炸损失情形概要（1940年9月）

第一次被炸概要———查本厂于八月十一日第一次遭受敌机轰炸,共投炸弹7枚,烧夷弹2枚。计算损失,除将联幢职员宿舍全部炸毁外,高级职员宿舍3幢及大办公室、愿警队驻所均被震坏。

第二次被炸概要———八月二十日第二次被炸,共落炸弹及烧夷弹30余枚。除当将制桶厂办公室、平车间炸毁并观音桥一带运输工人宿舍烧毁外,新宿舍及运输组办公室亦遭震坏。

第三次被炸概要———八月二十三日第三次被炸,共落23弹。除将公司宿舍及办公室炸毁大部外,起运原料便道篾篷亦被焚毁一部,运输副领工王春廷被炸殒命,安埋费300.00元。

第四次被炸概要———九月十三日第四次被炸,共落炸弹5枚。敌机5架挨次俯冲,专向本厂投弹,将制造厂煤粉提运机全部马达炸毁无余。

48. 四川水泥股份有限公司玛瑙溪厂张树云为报告8月20日、23日被炸损失情形请预支工资事呈厂主任文（1940年9月）

谨呈者。役被派在唐家花园宿舍工作,住宿在唐家花园,于上月二十及二十三两日敌机在厂中投弹时,宿舍震毁,损失甚巨。兹为购置必需品以济急用，故恳请向厂方借支薪金两月。所有役被炸毁各物，另有详单于后。谨呈：

厂主任徐鉴核

役　张树云　谨呈

民国二十九年九月

附：

张树云8月20日、23日被炸损失清单

名称	数量	金额	备考
皮箱	1口	60.00元	
棉袄	1件	22.00元	
夹裤	1条	11.00元	
汗衣	1件	10.00元	
下装	1件	10.00元	
总计		69.00元	

49. 四川水泥股份有限公司运输组周书田为报告8月20日、23日被炸损失请求救济事再次致管理员并逐级转呈总经理、协理文（1940年10月5日）

前八月二十日、二十三日两次被炸，损失各情业经呈报在案。顷闻受灾职员均蒙分别救济，职月前上恳，未蒙批示，职不胜企望钧座待遇平等，于职不致例外。因天气渐寒，损失什物苦于无法漆置，是以再恳救济。所报各缘由，是否有当，理合具报呈请钧座察核示遵。谨呈：

邓管理员　转呈

胡主任　核转

总务股主任黄　鉴转

总经理宁、协理席

职　周书田　呈

二十九年十月五日，于运输组办公室

附：

周书田8月20日、23日被炸损失清单

名称	数量	金额	备考
茶盅	3个		8月20日炸坏
盘子	2个		8月20日炸坏
细碗	6个		8月20日炸坏
瓦缸	1个		8月20日炸坏
棉被盖	1床		8月23日损失
线毯	1床		8月23日损失
线哔叽女衫	1件		8月23日损失
安心蓝女衫	1件		8月23日损失
小孩帆布学生服	1套		8月23日损失
洋瓷面盆	2个		8月23日损失
锅铲	1把		8月23日损失

附四川水泥股份有限公司代总经理席批示于下：

顷据该组周办事员书田报称，以所住房屋于八月二十日及二十三日两次空袭时被炸，并列具损失清单前来。故准备查，特此函达，即希转饬知照为盼。此致胡主任禹九。代总经理席〇〇。

50. 四川水泥股份有限公司玛瑙溪厂宋祖芳为报告历次被炸损失情形请求预支救济致厂主任文（1940年10月10日）

谨启者。职于二十六年秋到厂，服务于化验室。届时厂中方始开工烧制熟料，即被委命配料、化验、试验等工作。嗣后曾委调至制造课协理数月。关于生料配合、成分分析、品质试验及熟料烧制等，于上海水泥厂时积有数年之经验，故于厂中服务时无不竭尽所能，努力供献，在厂中四载，时必勉力效劳，以冀裨益厂方于万一也。

于今年二月间，公司当局鉴于厂中出品供不应求，及抗战建国后方需要水泥之殷，遂与经济部工矿调整处等筹设建国水泥公司，拟设厂于四川内地。当时即需着手调查原料，遂由公司当局先予派人协助进行，职即于是时以暂借名义被派往成都、乐山、宜宾一带，调查石灰石不等原料。于四月上旬返厂从事化验工作，后又被派至筑地调查制水泥原料，俟返厂将采集石样等从事分析之间，适敌机狂行轰炸南岸一带，不幸厂中职员宿舍落炸弹多枚，大部房屋均被炸毁，而损失惨重者要莫如职。凡住宅内大小木器、全部用具、帐席被褥、四季衣衫服装及书籍，皆为炸毁，实为数不支。目下适值国难方殷，百物昂贵之际，仅购置必需衣服已非易事，经此浩劫，困苦实堪，故望体恤下情，恳公司方面支给薪金二月，以资补助，无任感盼之至。

八月底，建国水泥公司为经费关系中止进行，遂以全套磨机让予原有股东之一贵州企业公司设厂于筑，并以人员协助之，职于九月初旬遂被邀筹备筑厂矣。环顾职之实况，特上书详述，尚祈准如所请为盼。此上：

厂主任

附上损失清单1纸

职　宋祖芳　谨上

十月十日

附：

宋祖芳被炸损失清单

种类	名称	数量	金额	备考
木器	方台	1张	30.00元	西式木器
	圆台	1张	30.00元	西式木器
	写字台	1张	40.00元	西式木器
	茶几	1对	25.00元	
	木椅	4只	18.00元	
	木凳	4只	10.00元	
	五斗橱	1只	20.00元	
	木橱	1只	50.00元	
	大床	5只	180.00元	
	小床	2只	50.00元	
	沙发椅	1只	40.00元	

续表

种类	名称	数量	金额	备考
用具	铁锅	1只	5.00元	
	铝大锅	2只	10.00元	
	台灯	2只	20.00元	
	瓷碗汤匙盏盘盆	各20余	100.00元	
	面盆	3只	40.00元	
	脚盆	2只	20.00元	
	铅皮桶	1只	5.00元	
	茶壶	1只	10.00元	
	奶瓶	2只	20.00元	
	茶杯	2打	20.00元	
	玻璃果盘	4只	16.00元	
	热水瓶	1只	10.00元	
被褥等	珠罗纱帐	4顶	50.00元	
	夏布帐	1顶	10.00元	
	被	6条	200.00元	
	草席	3张	20.00元	
	篾席	1条	5.00元	
	毛毯	1条	80.00元	
衣服	狐皮	1件	300.00元	
	银鼠皮	1件	250.00元	
	灰鼠皮	1件	250.00元	
	男冬呢大衣	2件	200.00元	
	女冬呢大衣	1件	50.00元	
	西装	6套	500.00元	
	绸被面	3件	100.00元	
	衣料	4件	200.00元	
	羊皮袍	1件	50.00元	
	夹长衫	3件	100.00元	
	旗袍	3件	100.00元	
	单衫	3件	80.00元	
	灰鼠袍	1件	300.00元	

续表

种类	名称	数量	金额	备考
衣服	绒线	3磅	120.00元	
	小孩绒线衣	14件	200.00元	
	小孩单夹衣裤	1件	200.00元	
	女鸵小旗袍	1件	100.00元	
书籍	英文书籍	3本		
	韦氏大字典	1本	200.00元	具体数目不清

51. 四川水泥股份有限公司船务组宁开倪为报告8月11日7029宿舍被炸损失情形请援例补救事呈总经理席、协理杨文（1940年11月16日）

窃职眷自本年四月来渝时，因船务组宿舍不敷分配，乃商同包装组宁式毂君暂假渠所住7029号亭子间住居，除职眷带来一部分日用品外，因感不敷，曾陆续在渝添制一部分家具。不幸于本年八月十一日下午，敌机轰炸，本厂联幢宿舍中弹数枚，内以7029号房屋全部炸毁，家具、衣物均付之一炬。事后得闻公司曾有职员空袭损失救济办法，补救被炸同事，兹特检具被炸各物并文报请钧座予以救济，不胜感戴之至。谨呈：

总经理席、协理杨

附被炸清单1纸

职　宁开倪
十一月十六日

附：

宁开倪8月11日被炸损失清单

名称	数量	名称	数量
白色方帐	1只	手提箱	1只
安安色布衣服	2件	白搪瓷面盆	1只
统绒夹衫	1件	小方玻钟	1只
被盖（锦缎）	1床	棉絮	2床
卧单	1床	写字台	1张

续表

名称	数量	名称	数量
茶瓶	1只	套盘	4只
皮箱	1只		

52. 四川水泥股份有限公司运输组副领工王春廷妻为报告王春廷炸死后惨状请从优抚恤致胡主任并转总公司文（1940年12月27日）

窃氏故夫春廷在组效力有年，充任副领工，全家生活赖以维持。不幸本年八月二十三日，敌机狂炸中弹毙命，坐屋又被焚烧，家具、衣物灰烬无存，情实惨伤，当报钧座代请公司暂发恤金300.00元在案。除安葬费用，一家食嗷早已罄尽，惨氏孀居，无力谋生，堂上老母年逾八旬，下遗子女五人尚属幼稚，遭此浩劫，上不能以养老母，下无力以抚儿女，一家老幼嗷嗷待哺，饔餐莫继，终日相对饮泣，无以为计，此中苦况，情何以堪，能不伤心？故特缕陈惨状，生活无依，理合呈请钧座鉴核，转请公司体恤惨死垂怜孀孤以抚恤，俾氏全家生活得以维持现状，恩同再造，永感不忘矣！谨呈：

主任胡　核转

总公司钧鉴

王李氏

报告于十二月二十七日

53. 四川水泥股份有限公司文书组职员高慧生为报告8月23日被炸损失情形请援例救济事致总务主任黄新夏并转呈总经理、协理文（1941年1月10日）

窃职服务本公司瞬届四载，薪俸所入既微，又悉以缝制衣履平素已感拮据，战时尤呈窘迫。殊上年八月二十三日敌机轰炸本公司之役，职首当其冲，寝所被炸，衣履、被褥、用具、书籍等尽付劫灰，仅以身免，情况之惨为总座所目视，同仁所共悉。当时曾蒙总座温言抚慰，允由公司从优议恤，以资救济，隆情泽被,感何可胜。

　　第为时已将半载,此项救济费用迄未承核发,时序已届寒冻,职仅恃薄绵衣一袭支撑,服务公司又地处高坡,诚有琼楼玉宇高处不胜寒之慨。欲增制衣被,而薪资微末,物价高昂,计无从出,欲坚忍缄默,则手酸足胼,势将病倒,诚恐转而贻误公司工作。且查同人刘君光汉损失较职轻微,尚领到600.00元以济急,职损失较之何止倍蓰,而公司无毫厘之助,于情于理似有未平。用敢冒斧钺以陈情,祈俯念数年来服务之忠贞、辛勤及当前之艰窘促迫,准援刘君前例先为资助1000.00元,以救燃眉,庶免冻馁,不胜迫急待命之至。谨呈:
总务主任黄 烦转呈
总经理席、协理杨

文书组职员　高慧生　谨呈
三十年一月十日

54. 四川水泥股份有限公司玛瑙溪厂宁式毂为加注损失原价及补报损失等致厂主任文(1941年1月31日)

　　呈为前请救济炸毁据报损失,今蒙发还加批原价再为呈报事。职已遵谕批注,惟少数原价系故时期价格估计者,尚请钧座察核。至报损失后,家中后来函谓,如写字台少报1张(原单仅1张,楼上1张自用,楼下同有1张家严用),原价12.00元;帐子大小3床,合计24.00元;檀木梳头迎龙零星1套(附金戒1枚、梳篦等),原价合计70.00元,均来列入。此种遗忘,诚意中事,且遗忘者亦不仅此。兹将已报数字统计达1444.00元整,连遗报不便加入者共计1550.00元整。遗忘者不便妄行估计,尚请钧座早日核夺,实沾德便。特此复陈。此上:
厂主任徐转呈
协理杨、总经理席

职　宁式毂　谨呈
中华民国三十年一月三十一日

附：

1940年8月11日宁式毂7029号砖房宿舍被炸损失报单

类别	名称	数量	原价	备注
木器	红柚木破砖穿衣镜妆柜	1个	140.00元	
木器	楠木破砖擦漆五抽梳妆台	1个	80.00元	
木器	红柚木破砖灯柜	1个	50.00元	
木器	柏木擦漆四尺二藤绷床	1间	36.00元	
木器	柏木擦漆四尺密棕绷床	1间	15.00元	
木器	杂木擦漆三尺六棕绷床	2间	40.00元	
木器	杂木擦漆三尺二棕绷床	1间	25.00元	
木器	杂木擦漆衣柜	1个	50.00元	附飞双燕锁2把
木器	楠木擦漆圆凳	6个	15.00元	
木器	柏木擦漆方桌	2张	20.00元	
木器	柏木擦漆方凳	4个	6.00元	
木器	柏木擦漆茶几椅子	半堂	30.00元	
木器	柏木擦漆写字台	1个	25.60元	附自灭锁1把、双飞燕锁4把
被单	毛毯	1床	50.00元	
被单	洋毯	2床	12.00元	
被单	玫瑰红毛葛丝棉被	1床	38.00元	
被单	锦缎棉被盖	1床	11.00元	
被单	新蓝旧大小棉絮	5床	12.50元	
被单	蓝条花斜纹布统棉被盖	1床	12.50元	
被单	四尺八斜纹印花卧单	1床	5.00元	
被单	四尺八白洋布卧单	1床	3.00元	
被单	六尺红布绣花卧单	1床	8.00元	
被单	白洋布包单	2床	21.80元	
被单	油布（新旧各一）	2床	11.00元	
被单	篾席、草席	6床	8.40元	
瓷器玻璃	双耳杂搪瓷鼓	1对	3.00元	
瓷器玻璃	瓷罗汉	1个	5.00元	
瓷器玻璃	西瓷茶盅连套盘	2套	3.00元	
瓷器玻璃	中瓷茶盅连套盘	4套	4.00元	

续表

类别	名称	数量	原价	备注
瓷器玻璃	漱口瓷盅	1个	1.00元	
瓷器玻璃	江西瓷水壶连座	1个	4.00元	
瓷器玻璃	方方砖砚连盒	1套	15.00元	
瓷器玻璃	玻座钟	1个	10.00元	绿玻砖方形
瓷器玻璃	玻璃漱口盅	3个	1.50元	
瓷器玻璃	玻璃酒盅	10个	1.50元	
瓷器玻璃	长城牌保温茶瓶	1个	7.00元	
瓷器玻璃	八寸长方镜子	1面	1.50元	
瓷器玻璃	鼓式反边暗红粹花加重西洋瓷盆	1个	35.00元	
瓷器玻璃	深桶蓝边双斜白瓷盆	1个	10.00元	
瓷器玻璃	红色鼓式浪瓷痰盂	1对	6.00元	
瓷器玻璃	红绿花瓷面盆	1个	3.00元	
动用杂物	电熨斗	1套	6.50元	
动用杂物	电炉	1套	12.00元	
动用杂物	双料锑铁盒	1套	10.00元	
箱子	皮箱	1个	5.00元	
箱子	白皮箱	3个	8.00元	
洗浆杂物	木桶	2个	2.00元	
洗浆杂物	洗衣盆	3个	4.50元	大小
洗浆杂物	洗衣板	2个	1.00元	
厨用物类	白玉瓷七寸盘	4个	2.00元	
厨用物类	白玉瓷五寸盘	4个	2.00元	
厨用物类	白玉瓷碗	6个	3.00元	
厨用物类	白玉瓷调羹	10个	0.60元	
厨用物类	白玉瓷蝶子	10个	0.80元	
厨用物类	白玉瓷汤碗	5个	4.00元	
厨用物类	小三水锅	1口	2.50元	
厨用物类	缸钵	5个	2.50元	大小
厨用物类	浪瓷茶盘	4个	2.00元	
厨用物类	米缸	1个	1.50元	
厨用物类	水缸	1个	2.00元	
厨用物类	泡菜坛	14个	16.80元	大小

续表

类别	名称	数量	原价	备注
油盐柴米	米	约1斗5升	30.00元	
油盐柴米	黄豆	约5升	10.00元	
油盐柴米	猪油	约9升	12.00元	
油盐柴米	糯米	约4升	10.00元	
油盐柴米	柴	约8担	7.00元	
箱柜内杂物	鞋袜、书籍等		450.00元	约值现价900.00余元
附记：尚有未能记忆者未列入，总上损失共计约值现价4000.00元左右				

55. 四川水泥股份有限公司贺清和1940年8月23日被炸损失物件估价清单（1941年2月13日）

名称	数量	金额	备考
被盖	1床	约值洋80.00元	
卧单	1床	约值洋30.00元	
棉絮	1床	约值洋30.00元	
木床	1架	约值洋20.00元	
罩子	1笼	约值洋40.00元	
棉袄	2件	约值洋120.00元	
驼绒袍子	1件	约值洋80.00元	
男女皮鞋	2双	约值洋80.00元	
桌子	1张	约值洋24.00元	
板凳	4条	约值洋16.00元	
篾挑箱	1挑	约值洋20.00元	
连三抽桌	1张	约值洋20.00元	
锅盆碗盏及厨房用具等		共约值洋120.00元	
共计		680.00元	

56. 四川水泥股份有限公司玛瑙溪厂主任徐宗涑为被炸宿舍职员预支两月薪金事致总经理、协理文（1941年2月25日）

前奉玛字第1141号函示，关于厂中宿舍前被炸时受灾各职员准先借支两月薪金一事，当由受灾各职员均先后领去两月薪金。其损失估价单，除张西缘、刘智凤、彭万武、黄家骆四名外，余均交来。兹制就清单1份，随函附奉。该项预支，为时已久，究应如何处理，以资结束，以及各损失估单如何审核之处，尚祈核夺示遵。此上：

席代总经理、杨协理

附清单1份

各职员损失估单81纸<原缺>

徐宗涑　启

中华民国三十年二月二十五日

1940年8月11日及23日宿舍被炸损失清单

姓名	张数	估计原价	已支救济金	支取时日
徐宗涑	2	3235.00元	1600.00元	1940年9月24日
康振钰	1	1343.60元	1200.00元	1940年11月30日
钟伯庸	2	2967.40元	350.00元	1940年8月20日
周寰清	1	743.00元	300.00元	1940年8月20日
林荣祖	1	534.00元	200.00元	1940年8月20日
彭克洽	1	560.01元	220.00元	1940年8月27日
李滨普	1	1014.00元	240.00元	1940年8月20日
白志忠	1	104.00元		
范耀宗	1	443.00元	70.00元	1940年8月26日
王明椿	1	981.00元	60.00元	1940年8月26日
王行惠	1	201.00元	150.00元	1940年8月27日
王正儒	3	589.00元	270.00元	1940年8月20日
施德善	3	1123.00元	500.00元	1940年8月20日
范旁	1	1075.00元	240.00元	1940年8月20日
杨楚生	1	613.80元	180.00元	1940年8月20日

续表

姓名	张数	估计原价	已支救济金	支取时日
张学仁	1	404.00元	200.00元	1940年8月20日
王济良	1	185.60元		
彭明哲	2	541.00元	160.00元	1940年8月26日
樊其相	2	672.00元	60.00元	1940年8月26日
王汝秋	1	2957.00元	300.00元	1940年8月20日
陆光文	2	185.00元	170.00元	1940年8月27日
卢维久	1	477.10元	300.00元	1940年8月20日
朱仪杰	1	294.00元	240.00元	1940年8月20日
宁式毅	3	1447.00元	300.00元	1940年8月20日
胡香农	1	112.00元		
吴怀德	3	845.70元	60.00元	1940年8月27日
刘庆萱	3	1691.00元	350.00元	1940年8月20日
刘学富	1	164.50元	110.00元	1940年8月27日
李稚雄	1	144.70元	90.00元	1940年8月28日
刘有仁	1	167.00元	180.00元	1940年8月27日
汤兆裕	2	1700.00元	200.00元	1940年10月17日
汪德修	2	1492.00元	300.00元	1940年8月20日
张兆珩	2	300.00元	200.00元	1940年8月26日
席元林	2	1814.00元	300.00元	1940年8月20日
王毖泉	1	840.50元	160.00元	1940年8月20日
毛福泉	1	207.50元	140.00元	1940年8月26日
施泽	2	1393.80元	300.00元	1940年8月20日
庞钧勋	1	570.00元	200.00元	1940年8月20日
但懋铨	1	181.50元	180.00元	1940年8月30日
邵纯仁	2	784.40元	500.00元	1940年8月20日
宋祖芳	4	4434.00元	300.00元	1940年12月31日
张西缘	1		300.00元	1940年8月20日
刘智凤	2		180.00元	1940年8月26日
彭万武	1		220.00元	1940年8月27日
黄家骆	1		200.00元	1940年8月27日
李云泉	1	60.00元	50.00元	1940年8月29日
张树云	2	69.00元		

续表

姓名	张数	估计原价	已支救济金	支取时日
杨双合	1			
曾焕文	1	180.00元	50.00元	1940年8月31日
鲁增辉	1	422.00元	50.00元	1940年8月26日
周国钧	1	185.00元		
7022伙食团	1	305.00元		
7026伙食团	1	167.00元		
江西会馆伙食团	1	166.55元		

57. 四川水泥股份有限公司傅宏度空袭损失物件估价清单（1941年2月）

名称	数量	金额	备考
印花被大毯子	1床	60.00元	
缎面被盖	1床	60.00元	
铁锅	2口	70.00元	
热水瓶	1个	40.00元	
玻杯	2个	2.00元	
瓷茶壶	2个	7.00元	小的
蓝布长衫	1件	32.00元	
市布汗衣	1套	38.00元	
绸汗衣	1套	62.00元	
瓷碗土碗	各3个	3.00元	
瓦坛	4个	14.00元	
甑子	1个	5.00元	
火盆架	1个	5.00元	
漱口筒、牙膏、胰子盒、牙刷	各1件	10.00元	
毛呢平鞋	1双	24.00元	
黄毛呢夹背心	1件	12.00元	
面盆	1个	16.00元	
共计		530.00元	

58. 张芷良为请求从优津贴以核销借支欠款事致四川水泥股份有限公司总经理、协理文（1941年3月26日）

窃芷良服务公司经时三载，适值三年抗战，物价百倍高涨，辛酸历尽，坚苦备尝，方冀勉效微劳，图报知遇于万一。讵料去年八月，公司中弹，职同罹于劫，衣物、行李损失不资，曾蒙借支薪津两月，以资救济，爱护之殷，感何可言。无如物价奇昂，杯水车薪，曷克补救？乃有另外借支之事，以维不得已之生存。截自芷良离职后，尚欠公司600.00元，拟恳从优津贴，将上项欠数核销，略资补偿，无任铭感。此上：

总经理席、协理杨

职　张芷良　谨上

三月二十六日，由宜宾川康银行发

59. 黄镜明为生活紧迫请求从优补助事呈四川水泥股份有限公司总务主任并请转呈总经理、协理文（1941年4月29日）

窃查职于公司筹备伊始即蒙录用，供职以来，已届六年，谨慎将事，未敢懈怠，惟以月薪之低微自在钧座洞察之中。复于去年八月二十三日敌机轰炸南岸，职住寝舍立成瓦砾，所有衣服、行李全付灰烬。荷蒙钧座厚意顾念，当时暂发薪津两月。时值生活飞涨，百物昂贵，杯水车薪，无济于事，转瞬又届严寒，冻馁交迫，寝馈难安，百端挪借，维持至今，已历八个月。兹者火伞高涨，将入暑季，衣履服装添制需款，尤以债务日逼，精力交困，无法应付，再四思维，只得上恳钧座体念下属数载微劳，从优补助，以解倒悬，不胜迫切待命之至。谨呈：

总务主任　转呈

总经理席、协理杨

职　黄镜明　谨呈

四月二十九日

60. 四川水泥股份有限公司万廷诲1940年度空袭损失清单（1941年6月30日）

名称	数量	金额	备考
面盆	1个	42.00元	
漱口盅	1个	16.00元	
洗脸帕	1张	2.50元	
牙膏	1只	2.50元	
制服	2套	52.00元	
衬衣	3件	62.00元	
短裤	2条	5.00元	
毯子	1床	56.00元	
皮鞋	1双	40.00元	
共计		278.00元	

61. 四川水泥股份有限公司何志凤空袭损失衣物清单（1941年6月）

名称	数量	金额	备考
浴巾	1张	8.00元	
竹席	1床	12.00元	
牙刷	3把	6.00元	
漱口盅	1个	36.00元	
草帽	1顶	2.00元	
象牙皂	1块	4.00元	
肥皂盒	1个	10.00元	
竹垫	1床	14.00元	
胶鞋	1双	24.00元	
凉鞋	1双	16.00元	
面巾	1张	4.00元	
麻汗衣	1件	10.00元	
纱长衫	1件	50.00元	
绸短裤	1条	8.00元	
英文字典	1本	12.00元	

续表

名称	数量	金额	备考
麻纱袜	2双	10.00元	
藤子枕头	1个	16.00元	
白布毯子	1床	30.00元	
共计		272.00元	

62. 四川省银行总行为空袭时借防空洞躲避事复四川水泥公司函（1941年7月3日）

接准泥字第7575号笺函，以贵公司为办事便利起见，特于城区过街楼设立办事处一所，惟该处办事人员若遇空袭，无地躲避，拟在本行防空洞躲避，嘱检送防空入洞证12枚以备应用，等由。查本行防空洞容量有限，所有本行职工及外宾入洞证早已酌发足额，实无余地堪资，有方雅命，尚祈谅宥。特此函复，即希查照为荷。此致：

四川水泥公司

四川省银行总行启
中华民国三十年七月三日

63. 四川水泥股份有限公司秦义全为报告工友赵明宣7月10日被炸受伤需款治疗请赈济事致管理员并转主任文（1941年7月10日）

窃本月七日夜敌机二次轰炸，本班工友赵明宣避躲附近核桃院背后之岩框脚，是夜敌机盲目投弹，炸断大路，破片飞入岩框，伤穿右腿，由马家店防护团抬送罗家坝重伤医院治疗。伤沉命危，理合具报钧座恳予转请公司赈济，俾得早痊而免成残废，如何之处，静待示遵。谨呈：

管理员 核转

主任胡钧鉴

班长　秦义全　谨呈
三十年七月十日

64. 四川水泥股份有限公司船务组李建勋为转报李树云被炸情形致总务股并转总经理、协理文（1941年8月9日）

据运煤租船板主李树云报称："在夏溪口装宝源煤60吨，于六日开头，七日到临江门，八日晨由临江门转江上行至南纪门陶家溪沟抛河，忽遇泡溃水，被打流海棠溪下面溪沟始得靠岸。又复出缆，上驶至凤溪路下陈家溪，即发生空袭警报，各船夫相率躲避，船即停泊岸边。紧急警报后，大批敌机临空投下炸弹甚多，本船不幸遭遇中弹1枚，将后舱炸成粉碎，沉没水中板片满河浮起，煤斤损失，船上各项物件丝毫未救，完全损失。船后脚窝有水手5人未起岸，被炸死4人，一为李国梁，系树云之子；一为秦顺友，系树云之外甥；一为杨述云，一为张老幺。又炸伤垂毙1人为尹绍全，系左腿炸断。树云遭此意外事变，凄惨万状，特报请查看，听候解决。"等情，据此。当即派吕华鑫率同郑国卿前往查勘，据回称，该板主所报确属实情，特先报请查核，俟水稍为退落，一面设法捞救煤斤，再将办理情形另为详报。谨呈：

总务股　转呈

总经理席、协理杨

职　李建勋　代

三十年八月九日，于船务组

65. 四川水泥股份有限公司玛瑙溪厂8月14日被炸损失清册（1941年8月19日）

姓名	损失估价	姓名	损失估价
钟伯庸	1190.00元	庞钧勋	837.00元
周寰清	1497.00元	但懋全	786.00元
林荣祖	939.00元	施德善	1067.00元
彭克洽	1371.00元	范旁	967.00元
王汝荣	767.40元	李易	390.00元
王正儒	1011.50元	杨楚生	884.60元
邵纯仁	596.50元	王济良	1217.00元
汤兆裕	1183.00元	王汝秋	1297.00元

续表

姓名	损失估价	姓名	损失估价
汪德惨	1006.80元	刘庆萱	1291.00元
缪纪生	690.30元	卢维久	397.00元
席元林	5560.10元	朱仪杰	453.80元
施泽	1154.00元	安绍萱	1028.00元
王愍泉	5133.00元	共计32715.00元	

66. 四川水泥股份有限公司玛瑙溪厂主任徐宗涑为报告8月14日被炸损失物件估价清单致总经理、协理文（1941年8月19日）

兹将所开损失物件估价清单共计25份随函附奉。查所开多系日用物品，为各人所必需。而今年情形又与去夏不同，不但物价继涨数倍，而有无亦渐成问题，且全人等原已入不敷出，再受损失，何从担负。拟请特与体恤，从优补济，俾使人人得以安心努力尽职，以有限之津贴取偿于生产之增进，在吾公司亦无损失可言。诚以一般生活艰苦万分，用敢恳切代呼，尚祈于短时间内核示办法，从早救济。用特报陈，尚请鉴核。此上：

席代总经理、杨协理

附各仝人损失估价清单25份

徐宗涑 启

中华民国三十年八月十九日

附表一：

邵纯仁7017号住宅8月14日空袭被震损失物件估价清单

名称	数量	金额	备考
大铁锅	1口	15.00元	
餐具		93.00元	大盘4个、汤盆1个、大碗4个、小碗6个、果盘3个，因柜橱被震翻倒，全碎
茶具		19.50元	玻璃杯3个、瓷茶壶1把、土茶杯3个
4′×6′棕绷床	1架	180.00元	因晒于院内，被巨石一块击坏
厚玻璃镜	1面	50.00元	因被震落地，粉碎

续表

名称	数量	金额	备考
瓷肥皂盒	2个	14.00元	因被震落地,全碎
菜油灯	2盏		
玻璃钟	1座	125.00元	因被震落地摔毁
可罗米瓷罩台灯	1盏	65.00元	因被震落地,灯弯罩碎
共计		596.50元	

附表二:

汪德修1012-4号住宅8月14日被炸损失物件估价清单

名称	数量	金额	备考
大印花床毯	1条	50.00元	以下仅记忆所及
垫被	1床	80.00元	
枕头	1只	40.00元	木棉心子
藏青半旧西服	1套	200.00元	无背心
马裤呢秋大衣	1件	250.00元	
意大利制呢帽	1顶	70.00元	
皮鞋	1双	40.00元	
衬衣	2件	66.00元	
袜子	4双	20.00元	
背心	4条	60.00元	
内裤	3条	16.00元	
浴巾	1条	24.00元	
面巾	2条	12.00元	
梳子	1把	6.50元	
药皂	1块	2.80元	
牙膏	1盒	3.00元	
牙刷	1把	4.00元	
洋瓷漱口盅	1只	10.00元	
洋瓷面盆	1只	50.00元	
玻璃杯	1只	2.00元	
共计		1006.80元	

附表三：

王济良新宿舍8月14日被炸损失物件估价清单

名称	数量	金额	备考
大铁锅	2只	50.00元	
平底锅	1只	20.00元	
锑锅	2只	120.00元	大
锑锅	2只	100.00元	小
大菜碗	12只	36.00元	
小饭碗	14只	21.00元	
大菜盘	8只	64.00元	
小菜盘	6只	30.00元	
水缸	1只	20.00元	大
水缸	1只	16.00元	小
缸盆	3只	6.00元	小
缸盆	1只	3.00元	大
面盆	2只	140.00元	
大澡盆	1只	20.00元	
府绸衬衣	2件	75.00元	
线毯	2条	70.00元	
制服	1套	55.00元	
座钟	1只	100.00元	大
瓷茶壶	1把	12.00元	
茶杯	6只	15.00元	
皮鞋	1双	70.00元	
热水瓶	1只	34.00元	
棕床	1只	140.00元	大
共计		1217.00元	

附表四：

李易7016号宿舍8月14日被炸损失估价清单

名称	数量	金额	备考
洗脸盆	1个	45.00元	

续表

名称	数量	金额	备考
漱口杯	1个	20.00元	
镜子	1个	25.00元	
帐子	1顶	80.00元	
褥单	1个	45.00元	
线毯	1床	60.00元	
胶雨鞋	1双	35.00元	
皮鞋	1双	80.00元	
共计		390.00元	

附表五：

卢维久8月14日被炸损失物件估价清单

名称	数量	金额	备考
皮鞋	1双	58.00元	
布鞋	1双	10.00元	
雨伞	1顶	5.00元	
草帽	1顶	30.00元	
衬衫	1件	24.00元	
汗衫	1件	24.00元	
短裤	1条	4.00元	
袜	3双	12.00元	
手帕	1条	5.00元	
手巾	2条	7.00元	
牙膏	1管	4.50元	
牙刷	1只	3.50元	
力士皂	1块	5.00元	
汕米	1斗	100.00元	
白瓷菜碗	3只	30.00元	
白瓷饭碗	3只	15.00元	
钢精锅	1只	60.00元	
共计		397.00元	

附表六：

庞钧勋7012-8号宿舍8月14日被炸损失物件估价清单

名称	数量	金额	备考
夏季灯草布西服上身	1件	80.00元	8月14日新宿舍于午后3时突遭轰炸，职所住7012-8号不幸全部炸毁，室内各项什物悉数破损无遗。所幸此次冬季衣服早已疏散入洞，幸告无恙。所炸毁者仅夏季服装以及零星日常用品而已，为数甚微。然处此物价高昂之陪都，如再如数购置，殊非易事。尤可惜者，即如个人之日记、札录以及各厂参观之札要等等，此系平日之心血，非出代价可以购置，一旦突遭炸失，尤所痛心，实较应用什物为尤甚也。
被单	2条	60.00元	
凉席	1床	20.00元	
皮鞋	1双	70.00元	
电炉	1只	90.00元	
汗衫	2件	30.00元	
化验衣	1件	90.00元	
茶壶茶杯	全套	30.00元	
自借藤椅	1只	20.00元	
闹钟	1只	90.00元	
面盆	1只	40.00元	
剃刀	1付	40.00元	
制服	1套	60.00元	
衬衫	2件	40.00元	
过期奖券	10余张	50.00元	
笔墨砚	各1	10.00元	
柳公权帖	1本	2.00元	
外文书	2本	50.00元	
合计		872.00元	

附表七：

朱义杰8月14日被炸损失物件按现市价估价清单

名称	数量	金额	备考
黑皮鞋	1双	80.00元	
万利保安刀	1付	60.00元	
白硬壳帽	1顶	45.00元	
洗脸盆	1只	60.00元	
浴衣	1件	60.00元	
麻纱汗衫	2件	30.00元	

续表

名称	数量	金额	备考
白布汗裤	2条	10.00元	
白绸衬衫	1件	25.00元	
白袜子	2只	10.00元	
毛巾	1条	4.00元	
牙刷	1只	4.00元	
牙膏	1管	4.80元	
香皂	1块	5.00元	
雨伞	1顶	6.00元	
竹帘	1张	10.00元	
毯子	1条	40.00元	
共计		453.80元	

附表八：

缪纪生8月14日被炸损失物件估价清单

名称	数量	金额	备考
棉被	1床	100.00元	
蚊帐	1顶	50.00元	
藤椅	1把	30.00元	
皮鞋	3双	100.00元	
洗脸盆	1个	30.00元	
竹席	1床	20.0元	
黑呢棉袍	1件	100.00元	
呢帽	1顶	60.00元	
皮拖鞋	1双	20.00元	
袜	9双	30.00元	
衬衫	2件	30.00元	
中式衬衫	1件	20.00元	
短裤	2条	10.00元	
汗衫	1件	15.00元	
布鞋	1双	5.00元	

续表

名称	数量	金额	备考
枕席	1床	4.00元	
茶壶	1把	5.00元	
洗面毛巾	1张	4.00元	
洗澡毛巾	2张	12.00元	
利华皂	1块	3.50元	
衣架	2个	2.00元	
邮票		2.00元	
剃刀	1付	3.00元	
茶杯	1个	2.00元	玻璃
漱口杯	1个	7.00元	铁瓷
书籍	2本	10.00元	
文具	2个	5.00元	
牙膏	1管	4.80元	
牙刷	1把	4.00元	
床上开关	1个	2.00元	
共计		690.30元	

附表九：

杨楚生7015号宿舍8月14日被炸损失物件估价清单

名称	数量	金额	备考
面盆	1只	45.00元	
漱口杯	1只	3.00元	
玻璃杯	4只	10.00元	窃查八月十四日敌机袭渝，厂内宿舍被炸，职所住之7015号宿舍亦震塌，并落有弹片无数，致各物大都遭压毁，伤损不堪应用，并遗失零星物品等。
帐子	1顶	68.00元	
夹被	1床	50.00元	
被单	1条	35.00元	
棉絮	1床	14.00元	
半毛中山服	1套	140.00元	
哔叽裤	1条	70.00元	
咔叽短裤	2条	60.00元	
花府绸衬衫	3件	105.00元	

续表

名称	数量	金额	备考
背心	2件	8.00元	
内裤	1条	11.60元	
胶底皮鞋	1双	120.00元	
枕头	1只	15.00元	
半新皮鞋	1双	40.00元	
参考书籍	10余册	100.00余元	
共计		884.60元	

附表十：

钟伯庸8月14日宿舍被炸损失物件估价清单

名称	数量	金额	备考
写字台	1张	220.00元	
藤绷	1张	200.00元	
竹席	1床	45.00元	
衣架	1只	80.00元	
靠背椅	2把	30.00元	
茶几	1只	25.00元	
方凳	2只	20.00元	
垫被	1条	50.00元	
大皮箱	1只	200.00元	
茶壶	1把	20.00元	
茶杯	6个	12.00元	
饭碗	12个	48.00元	
菜碗	8个	40.00元	
零星物件		约值200.00元	
共计		1190.00余元	

附表十一：

刘庆萱7014号宿舍8月14日被炸损失物件估价清单

名称	数量	金额	备考
行军床	2架	96.00元	
圆茶几	2个	32.00元	
圆藤椅	4把	136.00元	
方木凳	4个	28.00元	
瓷盘碗碟	32件	128.00元	
大洋瓷闷锅	1口	56.00元	
钢种闷锅	1口	48.00元	
小铁锅	1口	32.00元	
电炉	1具	120.00元	
玻砖镜子	2架	70.00元	
漱口瓷杯	3只	9.00元	
女皮鞋	2双	72.00元	
小孩皮鞋	3双	28.00元	
圆眼纱帐子	1笼	128.00元	
罗纹帐子	1笼	55.00元	
婴孩药片	10瓶	44.00元	
普拉姆心丸药	40粒	76.00元	
拉姆拉丁针药	6支	84.00元	
万应统丸药	22包	33.00元	
那司匹灵片	20粒	16.00元	
共计		1291.00元	

附表十二：

范旁7016附12号宿舍8月14日被炸损失物件估价清单

名称	数量	金额	备考
衣架	1座	50.00元	
椅子	1把	30.00元	
凳子	2只	20.00元	
细瓷痰盂	1只	40.00元	本月十四日，敌机袭渝，本厂职员宿舍中爆炸弹炸毁一部。职所住1016号附12号宿舍虽未直接中弹，但震动所及，致屋面及平顶全部倒塌，压木器及日用品多件，而碎片巨石之横飞，使衣着、什物都洞穿，或散失。谨将损失物件就记忆所得者陈列如左。职范旁谨呈，三十年八月十七日。
美术镜框	1面	50.00元	
喷银照相镜框	1面	20.00元	
垫被	1床	50.00元	
男纹皮鞋	1双	150.00元	
女纹皮鞋	1双	100.00元	
旗袍	2件	100.00元	
衬衫	2件	70.00元	
汗衫	2件	60.00元	
袜子	3双	30.00元	
短裤	1条	8.00元	
手帕	2条	10.00元	
牙刷	2支	9.00元	
玻璃杯	半打	18.00元	
窗纱	4幅	40.00元	
纸伞	2顶	12.00元	
中西书籍	20余本	100.00元	
共计		967.00元	

附表十三：

施德善7015宿舍8月14日被炸损失物件估价清单

名称	数量	金额	备考
16″华生电扇	1只	350.00元	
皮箱	1只	70.00元	
蚊帐	1顶	60.00元	
毛巾被单	1条	65.00元	

续表

名称	数量	金额	备考
凉席	1条	11.00元	本月十四日,敌机袭渝,厂内职员宿舍又中弹炸毁多间。职所住7015号震塌屋顶,室内飞入巨石5条,致被压坏及失散日用物品列表于后<左>,敬请鉴核。此上厂主任徐,职施德善谨呈,三十年八月十七日。
木棉枕头连套	1个	45.00元	
汗衫	2件	45.00元	
短裤	2条	12.00元	
衬衫	2件	80.00元	
制服裤	1条	30.00元	
热水瓶	1只	42.00元	
面盆	1只	48.00元	
搪瓷漱口杯	1只	12.00元	
肥皂、牙膏、牙刷、毛巾	各1件	15.00元	
瓷茶杯	2只	8.00元	
袜	3双	24.00元	
皮拖鞋	1双	20.00元	
毛帕	4条	10.00元	
薄棉被	1床	120.00元	
共计		约计1067.00元	

附表十四:

王汝荣8月14日宿舍被炸损失物件估价清单

名称	数量	金额	备考
面盆	1只	约值30.00元	
牙刷	1把	约值5.00元	
牙膏	1管	约值1.80元	
木梳	1把	约值5.00元	
镜子	1面	约值20.00元	
短裤	2条	约值7.60元	
茶壶	1只	约值7.00元	
杯子	1只	约值3.00元	
美发油	1瓶	约值10.00元	
拖鞋	1双	约值16.00元	
衬衫	2件	约值60.00元	

续表

名称	数量	金额	备考
照相架子	1只	约值30.00元	
帐子	1顶	约值60.00元	
被单	1条	约值80.00元	
毛毯	1条	约值120.00元	
蓝墨水	1瓶	约值12.00元	
自来水笔	1支	约值150.00元	
书籍	几十册	约值150.00元	
共计		767.40元	

附表十五：

王汝秋8月14日宿舍被炸损失物件估价清单

名称	数量	金额	备考
饭碗	6只	约值国币12.00元	敬呈者。八月十四日，本厂职员宿舍被炸，职所住者亦遭震毁，致日用物品损坏颇多。因日常生活上之需要，是不得不重新添购。然际此百物奇昂，而职在厂每月所得又入不敷出，实再无余资购办。用特将损失物件开列于后<左>，敬恳赐予救济，实深盼祷之至。此上徐厂主任。职王汝秋谨具，三十年八月十七日。
菜碗	8只	约值国币24.00元	
汤碗	1只	约值国币10.00元	
茶壶	1把	约值国币20.00元	
茶杯	8只	约值国币24.00元	
热水壶	1只	约值国币60.00元	
洗脸盆	2只	约值国币100.00元	
镜子	2面	约值国币400.00元	
金银花露	1瓶	约值国币5.00元	
花露水	1瓶	约值国币20.00元	
短裤	1条	约值国币10.00元	
洗口杯	1只	约值国币10.00元	
牙刷	3把	约值国币12.00元	
肥皂缸	1只	约值国币10.00元	
钢精锅	2只	约值国币100.00元	
麻油	30斤	约值国币150.00元	
大曲酒	20斤	约值国币160.00元	
窗帘	1堂	约值国币60.00元	

续表

名称	数量	金额	备考
镜框	2只	约值国币80.00元	
衬衫	2件	约值国币50.00元	
制服裤	1条	约值国币40.00元	
小孩衣服	5套	约值国币100.00元	
其他件件		约值国币200.00元	
共计		1297.00元	

附表十六：

王正儒7012-6宿舍8月14日被炸损失物件估价清单

名称	数量	金额	备考
枕头	1只	20.00元	
棉被	1床	80.00元	
被单	1件	30.00元	
蚊帐	1件	60.00元	
白府绸裤褂	1身	110.00元	
洗脸盆	1只	40.00元	
茶壶	1只	60.00元	
皮鞋	1双	120.00元	
夹衣	1件	180.00元	
条府绸内短裤	2条	15.00元	
麻纱背心	2件	30.00元	
条府绸衬衣	2件	50.00元	
大绸衬衣	1件	60.00元	
庶麻	2套	12.00元	
胶鞋	1双	35.00元	
大藤包	1只	15.00元	
漱口杯	1只	12.00元	
毛巾等		13.50元	
茶杯	1只	3.00元	
牙刷、牙膏等		6.00元	
共计		1011.50元	

附表十七：

席元林7011号宿舍楼上8月14日被炸损失各物估价清单

名称	数量	金额	备考
白瓷描金边全席碗盏	1桌	110.00元	
锅	1口	20.00元	
锅铲	1把	3.00元	
甑子	1个	9.00元	
菜刀	1把	14.50元	
斧头	1把	5.00元	
缸钵	2个	5.40元	
水缸	1个	15.00元	
汤瓢	1把	5.00元	
饭瓢	1把	0.80元	
菜碟	1个	4.50元	
火钳	1把	3.40元	
提篮	1个	2.30元	
双料大号锑锅	1口	98.00元	
双料大号锑壶	1把	120.00元	
电炉	1个	80.00元	
电熨斗	1个	60.00元	
花洋瓷大水缸	1个	37.00元	
西洋瓷大面盆	1个	110.00元	
瑞典瓷面盆	1个	86.00元	
4磅水茶瓶	1个	115.00元	
2磅水茶瓶	1个	47.00元	
洋瓷痰盂	1对	80.00元	
白瓷楠木大床	1架	160.00元	
茶几	2个	30.00元	
椅子	4把	40.00元	
写字台	1个	45.00元	
凳子	4个	32.00元	
皮箱	3口	210.00元	
西服	1套	450.00元	

续表

名称	数量	金额	备考
花呢女大衣	1件	380.00元	
鸭绒毛线汗衣	1件	95.00元	
蓝毛线女外衣	1件	82.00元	
蓝毛线背心	1件	40.00元	
深灰色毛葛男驼绒袍	1件	330.00元	
花呢西服料	1节	420.00元	
衬衫	4件	115.00元	
男花套袜	8双	56.00元	
花印度绸丝棉袄	1件	235.00元	
青绸短丝棉袄	1件	160.00元	
青绸短棉裤	1条	110.00元	
花直贡呢驼绒袍	1件	170.00元	
粉红花绸短夹衫	1件	250.00元	
花丝绒软夹衫	1件	280.00元	
鸡皮绉衬绒袍	1件	220.00元	
红卫生绒汗衣	2件	320.00元	
新棉被	3床	106.00元	
花毯子	3床	92.00元	
玻璃糖缸	1对	23.00元	
镜子	1口	18.00元	
玻杯	6枚	12.00元	
白洋瓷漱口杯	1个	19.20元	
大木盆、小高盆、提桶		29.00元	
共计		5560.10元	

附表十八：

王毖泉8月14日被炸损失物件估价清单

名称	数量	金额	备考
双人木床	2架	140.00元	木器类
五抽柜	1个	80.00元	木器类
写字台	1个	75.00元	木器类

一、四川水泥股份有限公司抗战财产损失部分　93

续表

名称	数量	金额	备考
衣架	1个	25.00元	木器类
方桌	1张	15.00元	木器类
方凳	4个	20.00元	木器类
洗脸架	1个	25.00元	木器类
大小足盆	各1个	50.00元	木器类
温水瓶	1个	45.00元	用品类
糖缸	1对	18.00元	用品类
果盘	1对	14.00元	用品类
玻杯	6个	18.00元	用品类
镜子	1个	30.00元	用品类
花瓶	1对	35.00元	用品类
水盂	1个	5.00元	用品类
电炉	1个	75.00元	用品类
面盆	2个	80.00元	用品类
痰盂	1对	75.00元	用品类
漱口盅	2个	14.00元	用品类
洋瓷茶壶	1个	28.00元	用品类
丝绒女衫料	1件	150.00元	衣物类
西湖绉衫料	1件	150.00元	衣物类
华儿纱衫料	1件	120.00元	衣物类
鸡皮绉衫料	1件	50.00元	衣物类
花齐旗袍	2件	26.00元	衣物类
阴丹旗袍	1件	26.00元	衣物类
青金丝旗袍	1件	208.00元	衣物类
白几布短小衣	1件	50.00元	衣物类
派力司西服	1套	700.00元	衣物类
条花衬衫	2件	70.00元	衣物类
白府绸衬衫	2件	60.00元	衣物类
白布几下装	1件	70.00元	衣物类
白绸女旗袍	1件	69.00元	衣物类
鸭绒背心	1件	70.00元	衣物类
白绸男衫料	1件	112.00元	衣物类

续表

名称	数量	金额	备考
印度绸女西服	1件	150.00元	衣物类
麻纱背心	2件	60.00元	衣物类
白绸女衬衫	1件	40.00元	衣物类
府绸短汗衫	1件	25.00元	衣物类
条子府绸衣被女衬衫	1件	25.00元	衣物类
统绒女下装	1件	25.00元	衣物类
大小皮箱	3只	305.00元	大者155.00元，小约2只，各75.00元
本厂制服	2套	100.00元	衣物类
大线毯	1床	90.00元	衣物类
小线毯	1床	60.00元	衣物类
大印花咔叽床毯	1床	65.00元	衣物类
小印花咔叽床毯	1床	50.00元	衣物类
条花咔叽床单	1条	50.00元	衣物类
软缎被面	1床	200.00元	衣物类
鸡皮绉被面	1床	150.00元	衣物类
三花牌粉	1盒	40.00元	日用及装饰品类
三花牌红	1盒	30.00元	日用及装饰品类
壁挂石膏人像	1个	30.00元	日用及装饰品类
黑人法油	2瓶	16.00元	日用及装饰品类
先施水油	1瓶	28.00元	日用及装饰品类
千百香水	2瓶	18.00元	日用及装饰品类
黑人牙膏	5瓶	25.00元	日用及装饰品类
牙刷	2把	10.00元	日用及装饰品类
橄榄香皂	2块	5.00元	日用及装饰品类
利华肥皂	3块	11.00元	日用及装饰品类
肥皂盒	1对	15.00元	日用及装饰品类
长统〔筒〕女袜	2双	50.00元	日用及装饰品类
短统〔筒〕男女线袜	7对	40.00元	日用及装饰品类
蝶霜	2瓶	24.00元	日用及装饰品类
港皮女皮鞋	1双	120.00元	日用及装饰品类
机皮胶底女鞋	1双	150.00元	日用及装饰品类

续表

名称	数量	金额	备考
白皮空花女皮鞋	1双	75.00元	日用及装饰品类
黄色男拖鞋	1双	20.00元	日用及装饰品类
共计		5133.00元	

附表十九：

彭克洽7012-11宿舍8月14日被炸损失衣物、书籍等估价清单

名称	数量	金额	备考
化学工业小大金	2瓶	30.00元	
搪瓷面盆	1个	250.00元	瑞典制造
搪瓷茶杯	1个	30.00元	瑞典制造
闹钟	1座	150.00元	
蚊帐	1床	100.00元	
白色哔叽西裤	1条	200.00元	
面镜	1块	15.00元	
黄色皮鞋	2双	200.00元	
力士鞋	1双	16.00元	
印花美术被单	1床	50.00元	
毛巾被	1床	60.00元	
花草席	1床	20.00元	
标准布衬衫	1件	40.00元	
花府绸衬衫	1件	35.00元	
英文文法大全	1册	30.00元	
机械原理	2册	40.00元	
外文书籍	3册	75.00元	
共计		1371.00元	

附表二十：

但懋铨宿舍8月14日被炸损毁重要物件估价清单

名称	数量	金额	备考
上等瓷面盆	1只	约价值60.00元	
瑞典瓷漱口筒	1只	30.00元	
电木香皂盒	1个		
力士香皂	1块	12.00元	以上两项之和
新旧皮鞋	各1双		
雨胶鞋(短统〔筒〕)	1双	17.00元	以上两项之和
麻纱背心	2件	28.00元	
芦花枕头	1个		
枕帕	1张	20.00元	以上两项之和
竹席	1床		
枕席	2张		
草席	1床	45.00元	以上三项之和
制服	1套		
花府绸衬衣	1件	110.00元	以上两项之和
夹被	1床		
被单	1床		
棉絮	1床	160.00元	以上三项之和
面巾浴巾	共3张	140.00元	
精制雨伞	1把	12.00元	
白玉兰花中碗	1付	60.00元	
瓷茶钵	1只	7.00元	
铝锅	1只	40.00元	
外文书籍及译本	各1册		
定性分析化学	1册		
工业分析化学	1册		
曾文正公全集	1册	80.00元	以上书籍共计
共计		768.00元	

附表二十一：

安绍萱7012-7宿舍8月14日被炸损失估价清单

名称	数量	金额	备考
蚊帐	1顶	50.00元	
毛毯	1条	100.00元	
衬褥	1条	35.00元	
双幅单被	1条	32.00元	
席	1条	30.00元	
枕头	1只	15.00元	
皮鞋	2双	200.00元	半新
橡皮套鞋	1双	40.00元	
哔叽鞋	1双	20.00元	
面盆	1只	50.00元	
漱口盅	1只	15.00元	
电炉	1只	45.00元	
闹钟	1只	50.00元	
衬衫	2件	60.00元	
背心	2件	16.00元	
短裤	2件	12.00元	
袜	3双	12.00元	
毛巾	2条	8.00元	
肥皂盒	1只	10.00元	
明角分度器	1只	20.00元	
American Electricl Hand Book	1本	40.00元	
Karapetoff E.E.	2册	50.00元	上下册
Giber Hard: Steanl Power Plant	1册	30.00元	
Landsdovc: D.C.mochinery	1册	20.00元	
Lawrance: AC.machinery	1册	20.00元	
镜子	1面	20.00元	
藤椅	1把	30.00元	
共计		1028.00元	

附表二十二：

周寰清7012-6宿舍8月14日被炸损失物件估价清单

名称	数量	金额	备考
棉被	1床	120.00元	
毛巾毯	1床	50.00元	
床毯	1床	40.00元	
枕	1个	15.00元	
竹席	1张	20.00元	
窗帘	1张	20.00元	
床开关	1个	5.00元	
藤椅	1把	35.00元	
热水瓶	1个	50.00元	
玻璃杯	1个	3.00元	
面盆	1个	50.00元	
漱口杯	1个	15.00元	
牙刷	1把	3.00元	
肥皂	2块	8.00元	
牙膏	1管	4.00元	
梳子	1把	5.00元	
毛巾	3张	18.00元	
皂盒	1个	6.00元	
镜子	1面	20.00元	
凡士林	半磅	8.00元	
爽牙粉	1瓶	4.00元	
网球鞋	1双	35.00元	
布鞋	1双	8.00元	
胶鞋	1双	40.00元	
雨伞	1把	5.00元	
皮鞋	1双	120.00元	
西裤	1条	180.00元	
衬衣	2件	70.00元	
汗衫	2件	30.00元	
短裤	1条	8.00元	

续表

名称	数量	金额	备考
袜子	2双	12.00元	
制衣	2件	80.00元	
制裤	1条	35.00元	
工装	1套	40.00元	
电炉	1个	80.00元	
西书	8本	240.00元	
共计		1497.00元	

附表二十三：

汤兆裕8月14日宿舍被炸损失物件估价清单

名称	数量	金额	备考
双人床	1只	100.00元	
茶几	2只	60.00元	
圆桌	1只	60.00元	
琉璃镜	1件	100.00元	
衣橱玻璃	1块	150.00元	
棉花床垫	2条	100.00元	
纱窗帘	3块	90.00元	
棉绸窗帘	10条	180.00元	
洗面台	1件	50.00元	
台灯	2只	150.00元	
玻璃茶杯	4只	10.00元	
中号钢钟锅	1只	50.00元	
盖碗	1只	5.00元	
饭碗	2只	8.00元	
保安剃刀	1把	50.00元	
茶壶	1把	15.00元	
金银花露	1瓶	5.00元	
共计		1183.00元	

附表二十四：

施泽7012-7宿舍8月14日被炸损失物件估价清单

名称	数量	金额	备考
蚊帐	1顶	60.00元	
线毯	1床	70.00元	
蜀锦被盖	1床	140.00元	
篦席	1张	10.00元	
芦花枕头	2个	75.00元	
自备书桌	1张	55.00元	
自备藤椅	1把	40.00元	
面盆	1个	40.00元	搪瓷
热水瓶	1个	50.00元	
茶壶	1把	12.00元	
茶杯	2个	4.00元	
毛巾	3张	11.00元	
漱口盅	1个	20.00元	搪瓷
牙刷	2把	7.00元	
牙膏	2管	7.00元	
闹钟	1座	80.00元	
修胡刀	1把	35.00元	
皮鞋	1双	75.00元	
胶鞋	1双	30.00元	
布鞋	1双	10.00元	
拖鞋	1双	24.00元	
衬衫	3件	70.00元	
汗衫	4件	32.00元	
短裤	2条	7.00元	
制服	1套	60.00元	
最新化学工业大全	3册	24.00元	
购存药品	凑装2盒	50.00元	
袜子	3双	9.00元	
肥皂盒	2个	20.00元	
肥皂	2块	7.00元	

续表

名称	数量	金额	备考
零星各物	多件	20.00元	
共计		1154.00元	

附表二十五：

林荣祖7012-8号宿舍8月14日被炸损失各物估价清单

名称	数量	金额	备考
黑色眼镜	1付	40.00元	
黄皮鞋	1双	60.00元	
雨衣	1件	100.00元	
胶鞋	1双	60.00元	
褥单	1条	30.00元	
薄棉被	1条	60.00元	
毛线毯	1条	50.00元	
面盆	1只	40.00元	
衬衫	1件	60.00元	
布西裤	1条	30.00元	
毛哔叽西裤	1条	20.00元	
背带	1根	20.00元	
袜子	3双	10.00元	
短裤	2条	10.00元	
汗背心	2条	25.00元	
肥皂匣	1只	10.00元	
洋瓷杯	1只	15.00元	
面布	2条	7.00元	
白手帕	2条	4.00元	
茶杯	1只	3.00元	
肥皂	2只	5.00元	
皮箱	1只	100.00元	
合计		939.00元	

67. 四川水泥股份有限公司制桶厂为报告8月14日被炸损失情形请鉴核致总经理、协理文(1941年8月27日)

谨呈者。厂职员新宿舍日前遭敌机投弹震毁，均各有损失。兹特将职员损失详单7份附呈，究应如何补济，即祈鉴核。此上：

总理席、协理杨

附职员损失详单7份

制桶厂主任　李伯华
副主任　傅伯进

中华民国三十年八月二十七日

附表一：

李伯华8月14日被炸损失单

名称	数量	金额	备考
木床	1张	85.00元	
茶瓶	1个	35.00元	
3号玻砖镜	1个	70.00元	
胰子盒	1个	7.00元	
胰子	1个	4.50元	
油布	1床	25.00元	
玻盘	1个	15.00元	
玻璃缸	1个	25.00元	
瓷茶杯	1个	6.00元	
毛巾	3张	18.00元	
牙刷	3把	12.00元	
共计		302.50元	

附表二：

陈元模8月14日被炸损失单

名称	数量	金额	备考
拷克帽	1顶	28.00元	
胶底皮鞋	1双	164.00元	

续表

名称	数量	金额	备考
羊毛绒绿背心	1件	70.00元	
羊毛游泳裤	1条	38.00元	
搪瓷钟	1个	26.00元	
书籍	5本	50.00元	《经济学原理》2本、《货币学》1本、《银行会计》1本、《大学投考指南》1本
黑人牙膏	2支	3.80元	
内裤	2件		用旧
背心	2件		用旧
衬衫	1件		用旧
短(外)裤	1条		用旧
面巾	2张		用旧
棕榄皂	1个	6.00元	
皂盒	1个	5.00元	
共计		390.80元	

附表三：

李绍成8月14日被炸损失单

名称	数量	金额	备考
布长衫	1件	50.00元	
毛巾	2张	12.00元	
胰子盒	1个	9.00元	
绸长短裤	各1条	60.00元	
汗衣	1套	50.00元	府绸
牙刷	2把	9.00元	
共计		190.00元	

附表四：

刘笃之 8 月 14 日被炸损失单

名称	数量	金额	备考
瓷盘	1 个	25.00 元	
牙刷	1 把	4.50 元	
毛巾	1 张	6.00 元	
共计		35.50 元	

附表五：

刘绍白 8 月 14 日被炸损失单

名称	数量	金额	备考
白市布毯子	1 床	30.00 元	
电筒	1 支	25.00 元	2 节
下装	2 条	10.00 元	
汗衣	1 件	10.00 元	
衣服	1 件	30.00 元	
面巾	3 张	18.00 元	
胰子盒	1 盒	6.00 元	
胰子	1 个	6.00 元	
牙刷	1 把	3.00 元	
共计		138.00 元	

附表六：

王子瑾 8 月 14 日被炸损失单

名称	数量	金额	备考
湖南雨伞	1 把	6.00 元	
雨天胶鞋	1 双	32.00 元	
中山服装	1 套	60.00 元	毁坏
衬衣短裤	2 件	25.00 元	毁坏
卧单枕头		48.00 元	毁坏
面盆漱碗		50.00 元	毁坏

续表

名称	数量	金额	备考
黑皮鞋	1双	75.00元	
新布鞋	1双	12.00元	
力士皂	2块	7.00元	
牙膏	2罐	7.00元	
共计		322.00元	

附表七：

倪继祖8月14日被炸损失单

名称	数量	金额	备考
衣服	3件	100.00元左右	
汗衣	2件	15.00元	
下装	1条	6.00元	
脸帕	1张	7.50元	
澡帕	1张	6.00元	
油布	1床	30.00元	
玻砖镜	1把	70.00元	
牙刷	1把	3.00元	
合计		237.50元	

68. 王薪之为报告1940年8月23日被炸损失情形请求援例救济事呈四川水泥股份有限公司总经理、协理文（1941年9月1日）

敬签呈者。窃查去岁八月二十三日，本厂被敌机轰炸，投重量炸弹多枚，公司办公室及宿舍被炸，以致职存寄黄镜明、张芷良两同事寝室内皮箱1口、绉绸花被盖、白洋罗纹罩子、石印红花斜纹坝单毯等件亦被炸毁。再查，二十七年"五三"、"五四"轰炸之后，公司迁移南岸，职当时负零售之责，继后零售结束时迁移公司办公，因无宿舍，故未迁入，乃在附近观音桥自佃房屋住居三年之久，如房租、电灯水费、门户差事及所用厨具、木器各物，均系各自行购置,较之公司住宿同事负担之重已甚悬殊。是日,同时遭受轰炸,将职住居房屋所有衣物、家具等件全部摧毁无遗。职双遭惨炸,损失綦重,曾于去年九月三日呈报在案。惟当时公司住宿被炸,同事均准借支两月薪津,职仅曾借支一月。去今物价比较,相差几倍,值此百物飞涨时期,日常必需物品稍加购置已非财力所及。兹特开具损失清单1份,恳请钧座查案鉴核,详查去岁损失惨重情形,准照公司空袭损失救济办法,从优补助,以维现状,无任沾感之至。谨呈：

总经理席、协理杨

附呈损失清单1份

职　王薪之　呈

三十年九月十日

附：

王薪之1940年8月23日被炸损失清单

三十年九月九日

品名	数量	1938年价	1940年价	备考
绉绸绣花被盖	1床	54.00元	162.00元	
美国毛毯	1床	32.00元	96.00元	
石印红花斜纹坝单	1床	22.00元	66.00元	
成都锦缎被面	1床	35.00元	105.00元	
洋罗纹罩子	1床	32.00元	96.00元	
冲蓝哔叽被盖	1床	30.00元	90.00元	
石印蓝花斜纹毯子	2床	46.00元	136.00元	
夏布罩子	1床	28.00元	84.00元	
女灰鼠外套	1件	120.00元	480.00元	
女西口白洋皮衫	1件	75.00元	225.00元	
女甘尖皮衫	1件	55.00元	165.00元	
女灰色毛呢夹衫	1件	32.00元	100.00元	
女灰色毛呢驼绒衫	1件	34.00元	110.00元	
女青花狐绵〔棉〕绸滚身	1件	25.00元	75.00元	
女青花狐绸绵〔棉〕裤	1件	19.00元	57.00元	
女白大绸衫	1件	19.00元	57.00元	

续表

品名	数量	1938年价	1940年价	备考
女二蓝大绸衫	1件	19.00元	57.00元	
女二蓝大绸中衣	2条	21.80元	64.00元	
女白洋布衫	1件	12.00元	34.00元	
女二蓝洋布衫	3件	23.60元	57.00元	
女花洋府绸汗衣中衣	2套	28.40元	66.00元	
女白洋布汗衣中衣	1套	13.20元	46.00元	
男格子毛呢驼绒夹衫	1件	54.00元	162.00元	
男青花绸棉滚身	1件	25.00元	75.00元	
男青花绸棉裤	1条	24.00元	72.00元	
男青花哔叽马褂	1件	20.00元	62.00元	
男二蓝洋布衫	2件	33.20元	100.40元	
男花洋府绸洋衣中衣	1套	17.30元	47.80元	
男丝光袜	3双	3.60元	18.00元	
女丝光袜	4双	4.00元	20.00元	
芦花枕头	3斤	12.00元	30.00元	
黄漆方桌	1张	6.00元	20.00元	
黄漆茶几	2根	10.00元	32.00元	
黄漆方凳	4根	8.00元	26.00元	
黄漆衣架	1个	5.00元	15.00元	
黄漆宽半节床	1间	16.00元	50.00元	
黄漆写字台	1张	20.00元	66.00元	
三水锅	1口	7.00元	21.00元	
火钳	1把	2.50元	5.00元	
火钩	1把	1.50元	5.00元	
铲子	1把	1.50元	5.00元	
菜刀	1把	2.00元	7.00元	
瓦水缸	1口	4.00元	14.00元	
大缸钵	1个	2.00元	7.00元	
菜坛	1个	4.00元	14.00元	
米坛	1个	4.00元	14.00元	
红花洗脸盆	1个	10.00元	50.00元	
大木脚盆	1个	3.00元	14.00元	

续表

品名	数量	1938年价	1940年价	备考
甑子	1个	1.00元	4.00元	
水瓢	1把	1.00元	3.00元	
江西瓷漱口盅	1个	1.00元	3.00元	
江西瓷红花茶杯	4个	2.40元	7.20元	
江西瓷红花茶套盘	4个	2.40元	7.20元	
白玉斗碗	8个	4.80元	14.40元	
白玉调羹碟子酒杯	各1付	6.00元	18.00元	
镜箱	1个	4.00元	10.00元	
镜子	1架	1.50元	4.50元	
牙膏筷子	2双	10.00元	30.00元	
白玉饭碗	8个	4.80元	14.40元	
皮挑箱	1担	28.00元	90.00元	
黄皮箱	1口	8.00元	30.00元	
黑皮箱	1口	7.00元	28.00元	
铜痰盂	1对	10.00元	30.00元	
合计		1166.50元	3669.90元	

69. 四川水泥股份有限公司黄新夏、朱世通为呈报职员空袭损失津贴表请核致总经理、协理文(1941年9月6日)

查空袭被炸救济费奉批按损失轻重情形分别津贴，遵即参照调查等级并顾及有无家属酌拟津贴数目如附表，敬祈核定，早日发给受灾全人，无任沾感。此上：

总经理席、协理杨

黄新夏、朱世通　谨签

九月六日

四川水泥股份有限公司职员空袭损失津贴表

姓名	损失情形	有无眷属	拟发津贴	备考
钟伯庸	丙	有	500.00元	

一、四川水泥股份有限公司抗战财产损失部分

续表

姓名	损失情形	有无眷属	拟发津贴	备考
邵纯仁	丙	有	500.00元	
汤兆裕	丙	有	500.00元	
王汝秋	丙	有	500.00元	
刘庆萱	丙	有	500.00元	
席元林	甲	有	1300.00元	
王毖泉	甲	有	1300.00元	
范旁	丙	有	500.00元	
王济良	丙	有	500.00元	
黄新夏	甲	有	1200.00元	
陈方南	丙	有	500.00元	
谢西羊	乙	有	800.00元	
李伯才	丙	有	500.00元	
李伯华	丙	有	300.00元	
卢善之	甲	有	1000.00元	
许甫南	丙	有	500.00元	
王新之	丙	有	500.00元	
艾树言	丙	有	500.00元	
王西平	丙	有	300.00元	
周寰清	乙	无	500.00元	
林荣祖	丙	无	300.00元	
彭克洽	乙	无	500.00元	
王汝荣	丙	无	300.00元	
王正儒	乙	无	500.00元	
汪德修	乙	无	500.00元	
卢维久	丙	无	300.00元	
朱乂杰	丙	无	300.00元	
安绍萱	丙	无	300.00元	
但懋铨	丙	无	300.00元	
缪纪生	丙	无	300.00元	
施泽	丙	无	300.00元	
庞钧勋	丙	无	300.00元	
施德善	丙	无	300.00元	

续表

姓名	损失情形	有无眷属	拟发津贴	备考
李易	丙	无	300.00元	
杨楚生	丙	无	300.00元	
朱世通	丙	无	300.00元	
陈永叔	丙	无	300.00元	
陈元模	丙	无	300.00元	
王子谨	丙	无	200.00元	
刘笃之	丁	无	35.50元	
李绍成	丁	无	190.00元	
喻祖德	丙	无	200.00元	
刘绍白	丁	无	138.00元	
倪继祖	丙	无	200.00元	
宁开倪	乙	无	700.00元	
陈子培	丙	无	300.00元	
合计			20663.50元	

附注：丁级按损失实数发给

附总经理、协理批示于下：

照办，并报董事会备查。席新斋、杨伯智，九月八日。

70. 高慧生等为1940年8月23日空袭损失津贴事联名给四川水泥股份有限公司总务主任并转总经理、协理的签呈（1941年9月8日）

查职等于上年八月二十三日空袭之役蒙受损失，虽经一再环请救济，迄今未荷澈底予以解决。荏苒至今，裘葛重更，星移斗换，屈指计算，业满周年。以职等月入之菲薄，无法弥补此项损失，身心为劳，悒郁难安。矧查本年度空袭损失，均蒙评定等级，分别核给补助费。自被灾至领款为时不及匝月，而职等事隔一年之空袭补助费独付阙如。揆诸情理，似觉欠平。用特联名签请钧座，即本此次空袭损失补助办法，将职等去岁空袭损失一并解决，以资结束而顺下情。抑尤有言者，以职等去岁所损失之衣物衡以今日之物价，诚不啻十百倍而无多让,即照此次分级补助办法,职等亦已阴蒙损失。务望俯顺下情,从优维助,即本此次分级补助标准,衡今去岁物价之差别,酌量提高发给,以期适合实际情形,无任迫切待命之至。此上:

总务主任黄、艾　转呈

总经理席、协理杨

职　高慧生

余德华

黄镜明

杨峻明

傅宏度

王薪之

卢善之

三十年九月八日于公司

附四川水泥股份有限公司总经理的批示于下:

　　去年空袭损失,不仅公司数人应连同制造制桶两厂整个办理,即由总务股将各员损失轻重情形、已领救济津贴数目详列等级,签报核查。九月八日。

71. 四川水泥股份有限公司为核给职员8月14日空袭损失救济费致徐宗涑、李伯华、傅伯进文稿(1941年9月11日)

　　查八月十四日被灾职员损失救济费,前据各部分主管人汇集损失清单,报请核示办理前来。经派员调查后,按照损失情形,核定津贴数目。兹将空袭损失津贴数字表随函附发1份,希即查照金额,分别转发,取据具报备查为要。此致:

制造厂徐主任宗涑、制桶厂李主任伯华、傅主任伯进

附表1件

全衔

中华民国三十年九月十一日

附表一：

三十年八月十四日制造厂空袭被灾职员救济津贴表

姓名	核定津贴	姓名	核定津贴
钟伯庸	500.00元	王正儒	500.00元
邵纯仁	500.00元	汪德修	500.00元
汤兆裕	500.00元	卢维久	300.00元
王汝秋	500.00元	朱仪杰	300.00元
刘庆萱	500.00元	安绍萱	300.00元
席元林	1300.00元	但懋铨	300.00元
王愨泉	1300.00元	缪纪生	300.00元
范 旁	500.00元	施泽	300.00元
王济良	500.00元	庞钧勋	300.00元
周寰清	500.00元	施德善	300.00元
林荣祖	300.00元	李易	300.00元
彭克洽	500.00元	杨楚生	300.00元
王汝荣	300.00元		
总计11700.00元			

附表二：

三十年八月十四日制桶厂空袭被灾职员救济津贴表

姓名	核定津贴
陈元模	300.00元
王子瑾	200.00元
刘笃之	35.50元
李伯华	300.00元
李绍成	190.00元
喻祖德	200.00元
刘绍白	138.00元
倪继祖	200.00元
总计1563.50元	

72. 四川水泥股份有限公司为报告8月14日空袭被灾职员损失救济费请备查事致董事会文稿(1941年9月12日)

查八月十四日,本公司制造厂内职员宿舍及浴室被炸一案,业经报请大会备查在卷。关于职员损失部分,迭据各部分主管人汇集损失清单,报请核示救济前来。当以时序入秋,各被灾职员所入甚微,而损失之衣服、被褥等又在所必需,经派员会同调查损失情形,按照损失轻重,拟定津贴数额,分别发给,以资救济。综计是项救济费用,共国币20663.50元。谨抄具职员空袭损失津贴数目表1份,随函赍请大会鉴核备查。此致:

董事会

附表<原缺>

总经理席○○

协理杨○○

中华民国三十年九月十二日

附:

姓名	核定津贴
陈元模	300.00元
王子瑾	200.00元
刘笃之	35.50元
李伯华	300.00元
李绍成	190.00元
喻祖德	200.00元
刘绍白	138.00元
倪继祖	200.00元
总计1563.50元	

73. 四川水泥股份有限公司玛瑙溪厂施泽为报告被炸损失生活艰难请求借支事呈厂主任文(1941年9月12日)

敬呈者。职来本厂服务并偕家眷住厂历有四年,所住联幢宿舍昨年八月十一日不幸被敌机弹中要害,器物全毁。虽于残垣败瓦中抢出衣物一部,多已破碎不完,所有损失情形,赓已呈报在案。随迁居唐家花园新工棚后,于八月下旬第二次遭炸,损失綦重,则又不在第一次报告以内。数载家业经营整个消灭,殆为有目共睹之事实。职眷被迫回乡,祖居旋又毁于敌机魔手,进退失据,不惟无复兴之资力,抑且无善后良方,含辛茹苦,以迄于今。

本年八月十四日,职寓又遭第三次轰炸,日用品损失殆尽,急须添置。事后呈准暂支500.00元,备充是用。无奈物价高昂,挂一漏万,维持现况而不可得。即就此次损失实情,如被帐卧单之属损失估计355.00元,日用面盆、水瓶、漱盅之属估计151.00元,日常服用、履袜估计257.00元,其余非日用品除外亦需763.00元。其中虽有小部破裂尚补纫可用,但大部则已消灭无存。取长补短,添置以八折计算为数亦需690.40元。此外,闹钟80.00元为职值班急切必需之物,应归于日用品类,合计必需770.40元,乃无可再减之数。至昨年惨重损失则远在此数以上,故前项借款500.00元谨得添补日用之一部,每感使用不足,兼以职眷不堪生活高压,即将来渝服务,共勉于生活之改进,因之亟需重作小家庭之组织,粗简家具亦贵值如金,职于奔头无路之余,不护已缕陈困难如上,敬乞赐准再支500.00元,暂救燃眉之急,此款连同以往空袭借欠,并恳准予昨今两年被炸损失核定后同时结束,实不胜感戴之至。临呈迫切,尚祈赐示只遵。谨呈:

徐厂主任钧鉴

职　施　泽　呈

九月十二日

附厂主任徐宗涑批示于下:

所请尚属实情,可否照准,请核夺批遵。此上席总经理、杨协理。宗涑,三十年九月十三日。

74. 四川水泥股份有限公司玛瑙溪厂钟伯庸等为报告8月11日与8月14日两次被炸之异同请求同等补助事呈厂主任并转呈总经理、协理文(1941年9月12日)

敬呈者。顷悉本年八月十四本厂联幢宿舍炸毁后已蒙钧座分别灾情核定补救办法,仁风义政,感佩良多。惟昨年八月十一日因同样情形一般遭受严重损失者,未蒙并案处决,殊觉遗憾,不能已而有所呈诉者。

(一)昨年灾情较本年为大,且均属两层砖房,破坏力强致损失亦较严重,不难求之事实证明。

(二)今年因先有昨年之惨痛教训,重要衣物大都搬运入洞,即未搬走者亦多卷裹成包,炸后清理颇易。昨年则全部散乱,以致炸后东零西碎,尤不曾搬走入洞,以致玉石俱焚,竟无完整之物。

(三)职等之有眷属者,都三年以至五年以上之家庭经营陆续添置,虽破瓮滥席,数量颇多,损失当更严重。

(四)昨年所报物价系遵厂主任命依购价实报,而各物购置多在抗战以前,总数虽少,但若估计现价至少十倍以上,损失之重大当不在本年同样不幸者之下。

(五)再,昨年被灾后日用器物尚无力添置,事隔经年,货价悬殊,昨年需用千元者今则数倍而后可,故于钧座核定旧案时恳予特别救济,庶达早允。

(六)昨年八月十一日首度被炸后,职等虽抢出一部残缺物品,或迁住唐家弯花园新工棚,或寄寓工作厂房,又遭八月下旬第二次甚至九月初旬第三次之轰炸损失,在第一次报告以后未曾补入,私有衣物殆荡毁无遗矣。

查昨年公私损失情形有案可查,职等亦曾遵命具报,前后性质相若,自应请求一视同仁,甘苦共受,且基于上呈六项原由,尚恳特别救济,盖灾情既昨年重于今年而人力预防则昨年轻于今年也。

素仰钧座饿溺为怀,对职等困难境地必在体谅之中,敬乞审查昨年被炸旧案,参酌今年救济办法,迅赐核办,俾得粗具家业,减除内顾之忧,专一工作精神,不特职等沾感无穷,实亦关系公务甚大也。临呈迫切,敬祈核示只遵。

谨呈:

徐厂主任转呈

席总经理、杨协理

职等钟伯庸、卢维久、杨楚生、汤兆裕、张学仁、周寰清、邵纯仁、施德善、朱义杰、汪德修、王毖泉、庞钧勋、施泽、范旁、李浚普、刘庆堂、王正儒、席元

林、王汝秋、林荣祖、宁式毂

三十年九月十三日

75. 四川水泥股份有限公司制桶厂为转报池畔鸥补报之8月20日被炸损失情形请鉴核致总经理、协理文（1941年9月12日）

谨呈者。职厂文书池畔鸥报告，"窃职于二十九年八月二十日厂址宿舍遭敌机炸毁，私人物件曾受损失，在炸后之四日即接家信，因事告假返里，迨转厂时始悉各同事损失早已呈报公司，故职之损失遂漏列报。兹以公司行将调整去炸损失，而职实际被毁物品早为同事所共晓，年来生活高昂，收入有限，物力艰窘，势不能再事缄默以自损，谨将损失物件单补报，呈请鉴核，即乞补济"等情，据此。职查该员所呈各节确属事实，为此，转呈并检同损失单赍奉，即祈鉴核。此上：

总理席、协理杨

附1件

制桶厂主任　李伯华
副主任　傅伯进
三十年九月十二日

附：

池畔鸥1940年8月20日被炸损失物件清单

名称	数量	金额	备考
灰色呢帽	1顶	80.00元	
黑纹皮鞋	1双	124.00元	
白铜烟袋	1支	48.00元	
共计		252.00元	

76. 四川水泥股份有限公司为更正战时损失调查表请收转事给重庆市工业协会的公函(1947年9月22日)

接准渝分(三十六)字第385号大函,以本公司填报之战时损失调查表经行政院赔偿委员会核与规定不符,兹经函请重庆中央银行转奉总行业务局开来之自二十六年至三十六年美汇汇率表,折算清楚,填入表内,随函附奉,至希查收转报为荷。此致：
重庆市工业协会
附战时损失调查表2份

四川水泥股份有限公司启
中华民国三十六年九月二十二日

民营工业损失调查表

厂名	四川水泥厂	负责人	总经理	席新斋	地址	原设	重庆南岸玛瑙溪
			协理	杨伯智		现设	重庆南岸玛瑙溪
性质	国防工业			成立年月	1936年10月		
登记证	日期	1937年4月8日		主要产品		水泥	
	字号	新字283号					

	损失年月日	事件	地点	损失项目	购置年月	单位	数量	购置时价格	折合当时美金价格	证件
厂房	1941年12月31日	空袭被炸	本厂	厂(公司新宿舍)房	1938年7月	幢	1	100741.72元	3414.97元	
	1942年6月30日	空袭被炸	本厂	厂(黄新夏宿舍)房	1938年2月	幢	1	53995.10元	1830.34元	
	1942年6月30日	空袭被炸	本厂	厂(7001)房	1937年6月	幢	1	1585.13元	53.73元	

续表

	损失年月日	事件	地点	损失项目	购置年月	单位	数量	购置时价格	折合当时美金价格	证件
厂房	1942年6月30日	空袭被炸	本厂	厂(7002)房	1937年6月	幢	1	2451.12元	83.09元	
	1942年6月30日	空袭被炸	本厂	厂(7003)房	1937年6月	幢	1	48637.80元	1648.74元	
	1942年6月30日	空袭被炸	本厂	厂房	1937年6月	幢	4	331344.01元	11232.00元	
	合　　计							538754.88元	18262.87元	
业务停顿所蒙受之损失	1939年	空袭及电力不足	本厂	生料		桶	100484	306636.97元	22505.47元	
	1939年	空袭及电力不足	本厂	熟料		桶	98052	555807.76元	40793.23元	
	1939年	空袭及电力不足	本厂	水泥		桶	21227	304497.06元	22348.41元	
	1940年	空袭及电力不足	本厂	生料		桶	118481	761027.16元	101470.29元	
	1940年	空袭及电力不足	本厂	熟料		桶	117704	1273168.85元	169755.85元	
	1940年	空袭及电力不足	本厂	水泥		桶	123809	3190322.69元	425376.36元	
	1941年	空袭及电力不足	本厂	生料		桶	205000	467637.80元	88546.80元	
	1941年	空袭及电力不足	本厂	熟料		桶	207186	820017.32元	155269.55元	
	1941年	空袭及电力不足	本厂	水泥		桶	201070	21988150.55元	4163436.79元	
	1942年	空袭及电力不足	本厂	生料		桶	160458	902110.92元	45105.54元	
	1942年	空袭及电力不足	本厂	熟料		桶	162090	14844542.59元	742227.12元	

续表

损失年月日	事件	地点	损失项目	购置年月	单位	数量	购置时价格	折合当时美金价格	证件
1942年	空袭及电力不足	本厂	水泥		桶	174281	49152453.00元	2457622.65元	
1943年	空袭及电力不足	本厂	生料		桶	189585	2377450.87元	118872.54元	
1943年	空袭及电力不足	本厂	熟料		桶	186831	3931447.36元	196572.36元	
1943年	空袭及电力不足	本厂	水泥		桶	197952	127054837.95元	6352741.89元	
1944年	空袭及电力不足	本厂	生料		桶	165409	64549439.73元	3227471.98元	
1944年	空袭及电力不足	本厂	熟料		桶	166140	99032961.76元	4951648.08元	
1944年	空袭及电力不足	本厂	水泥		桶	165897	310913175.14元	15545638.75元	
1945年	空袭及电力不足	本厂	生料		桶	179566	390225038.03元	19511251.90元	
1945年	空袭及电力不足	本厂	熟料		桶	181813	965802801.10元	48290140.05元	
1945年	空袭及电力不足	本厂	水泥		桶	192999	1918297599.48元	95914879.97元	
	订货奉命停止损失	本厂	水泥		桶	26250	18900000.00元	945000.00元	
合 计							3995651124.09元	203488675.58元	

业务停顿所蒙受之损失

77. 四川水泥股份有限公司为报告1940年8月份被灾职员损失救济费请备查事致董事会文稿（1941年9月25日）

查二十九年八月份本公司职工宿舍遭受四次轰炸及九月份公司岩崩压毁房屋两案，均经先后报请大会备查各在卷。关于职员损失部分，迭据各部分之管人汇集损失清单，报请核示前来，经按损失轻重核定津贴数额，分别发给，以资救济，综计空袭救济费用共国币9801.90元整，岩崩救济费共为国币

2750.00元整。是项损失,本公司业于二十九年八月份起按月提出专款5000.00元,列于空袭损失科目,摊入水泥成本,以作发给此项津贴之用。兹谨抄具二十九年度职员空袭损失及岩崩损失津贴数目表各一份,随文赍请大会鉴核备查。此报:

董事会

附表2份<原缺>

总理　席〇〇
协理　杨〇〇
三十年九月二十五日

78. 四川水泥股份有限公司为核发1940年8月份空袭损失救济费致公司各厂、组、股文稿(1941年9月25日)

查二十九年八月份被灾职员损失救济费,前据各部分主管人汇集损失清单报请核示办理前来。经按损失情形分别核定津贴数目,兹将空袭损失津贴数字表随函附发,希即查照金额,分别转发,取据报销。如前有已借支者,即照数扣发为要。此致:

制造厂、制桶厂、石膏厂、船务组、运输组、本公司办公室

附表<原缺>

全衔　总理　席〇〇
协理　杨〇〇
三十年九月二十五日

79. 高慧生等为物价上涨请求从速核发并提高救济津贴事给四川水泥股份有限公司总经理、协理的签呈(1941年9月)

窃查本公司二十九年度职员空袭损失一案,顷闻已由总务股依照本年空袭损失办法,拟具津贴数字呈候核发中。时逾一年,物价倍增,如果以现时之法币合当时之物价,则仅十之二三,相差过远,于事何济。且此次空袭损失,公司落实津贴,迅速发给,比之于前,不啻霄壤。职等忍痛至今,企是翘首以

待解决者,一年于兹,窘迫之境,实待赘陈。再四思维,惟有恳祈提高津贴标准,迅予核发,以资一体而示公允。谨呈:
总理席、协理杨

职　高慧生

余德华

夏德华

黄镜明

卢善之

王薪之

三十年九月

80. 黄新夏、艾森楷为报告职工空袭损失津贴事致四川水泥股份有限公司总经理、协理文(1941年9月)

窃查本公司各职工二十九年度空袭损失一案,奉谕拟办呈核,以资结束,等因,奉此。查二十九年各职工遭受轰炸,多报有损失清单,其余未报者,损失情况亦经调查,大概明晰。兹特分别轻重,列成甲乙丙三级,连同津贴数字,造具各职工损失情况表,并与同二十九年岩崩损失表一并赍请核发。

再查,是项损失本公司业于二十九年八月份起每月提出专款5000.00元,列于空袭损失科目,加入水泥成本,以作支付此次损失津贴之准备。合并附呈,祈示遵。谨呈:
总理席、协理杨

职　黄新夏

艾森楷

81. 四川水泥股份有限公司1940年8月份空袭损失情形（1941年9月）

1) 制造厂有眷同居职员

姓名	损失估计（国币元）	暂支款（国币元）	损失情形	拟给津贴（国币元）	核定津贴（国币元）	备考
徐宗涑	3235.00	1600.00	乙	1600.00	1600.00	
康振钰	1343.60	1200.00	乙	1200.00	1200.00	
施泽	1393.80	300.00	甲	1200.00	1000.00	
钟伯庸	2967.40	350.00	甲	1300.00	1000.00	
王汝秋	2957.00	300.00	甲	1300.00	1000.00	
宁式毂	1447.00	300.00	甲	1200.00	1200.00	
邵纯仁	784.40	500.00	丙	500.00	500.00	
刘庆萱	1691.00	350.00	丙	500.00	500.00	
汪德修	1492.00	300.00	甲	1200.00	900.00	
李稚雄	144.70	90.00	丙丁	144.70	144.00	
汤兆裕	1700.00	600.00	乙	800.00	700.00	
刘智凤		180.00		180.00	180.00	已离职
范耀宗	443.00	70.00	丙	300.00	280.00	
王明椿	981.00	60.00	丙	400.00	300.00	
席元林	1814.00	300.00	甲	1200.00	900.00	
王济良	185.00		丙	185.00	183.00	
王哲明		70.00				
彭明哲	541.00	160.00	丙	300.00	300.00	
张义芬		130.00				
樊其相	672.00	60.00	丙	300.00	300.00	
共计		6920.00		12809.70		

2) 制造厂单身职员

姓名	损失估计（国币元）	暂支款（国币元）	损失情形	拟给津贴（国币元）	核定津贴（国币元）	备考
周寰清	743.00	300.00	丙	400.00	400.00	
林荣祖	534.00	200.00	丙	300.00	300.00	

续表

姓名	损失估计（国币元）	暂支款（国币元）	损失情形	拟给津贴（国币元）	核定津贴（国币元）	备考
彭克洽	560.00	220.00	丙	300.00	300.00	
李浚普	1014.00	240.00	乙	600.00	500.00	
向志忠	104.00		丙	104.00	104.00	
王竹惠	201.00	150.00	丙	200.00	200.00	
王正儒	589.00	270.00	丙	300.00	350.00	
施德善	1123.00	500.00	丙	500.00	500.00	
范旁	1075.00	240.00	丙	400.00	400.00	
杨楚生	613.80	180.00	丙	300.00	300.00	
张学仁	404.00	200.00	丙	300.00	300.00	
陆光文	185.00	170.00	丙	185.00	185.00	
卢维久	477.00	300.00	丙	300.00	350.00	
朱义杰	249.00	240.00	丙	249.00	249.00	
胡香浓	112.00		丙	112.00	112.00	
刘学富	164.50	110.00	丙	164.50	164.00	
刘有仁	167.00	180.00	丙	167.00	180.00	
张兆衍	300.00	200.00	丙	250.00	250.00	
王愍泉	840.50	160.00	丙	400.00	400.00	
毛祸泉	207.50	140.00	丙	20.00	200.00	
庞钧勋	570.00	200.00	丙	300.00	300.00	
但懋铨	181.50	180.00	丙	181.50	187.00	
宋祖芳	4434.00	300.00	甲	800.00	800.00	已离职
彭万式		200.00	丙	200.00	200.00	已离职
黄家骆		200.00	丙	200.00	200.00	已离职
王仲君		130.00	丙	130.00	130.00	
张西缘		300.00	丙	300.00	300.00	已离职
吴怀德	845.70	60.00	丙	300.00	300.00	
共计		5570.00		8243.00		

3) 总公司单身职员

姓名	损失估计	暂支款（国币元）	损失情形	拟给津贴（国币元）	核定津贴（国币元）	备考
张芷良		240.00	乙	600.00	500.00	扣预支
杨峻明		170.00	乙	600.00	500.00	
易俊咸		170.00	丙	300.00	300.00	扣预支
黄镜明		170.00	乙	600.00	500.00	
余德华		170.00	乙	600.00	500.00	
王小梁		190.00	丙	300.00	200.00	
刘光汉			丙	200.00	100.00	
艾树言			丙	200.00	100.00	
何志凤	272.00	200.00	丙	200.00	200.00	
万廷海	278.00		丙	200.00	200.00	
王琼瑶	150.00		丙	150.00	150.00	

4) 总公司有眷属同居之职员

姓名	损失估计	暂支款（国币元）	损失情形	拟给津贴（国币元）	核定津贴（国币元）	备考
仝支生			丙	500.00	300.00	
黄新夏			丙	500.00	300.00	
高慧生		270.00	甲	1300.00	1300.00	
傅宏度			丙	500.00	300.00	
王薪之		95.00	丙	500.00	300.00	住观音桥
卢善之		200.00	丙	500.00	300.00	住黄葛渡
艾森楷			丙	500.00	300.00	
工仲纯			丙	500.00	300.00	

5) 石膏厂、制桶厂、运输组、船务组等空袭损失情形

姓名	损失估计（国币元）	暂支款（国币元）	损失情形	拟给津贴（国币元）	核定津贴（国币元）	备考
（一）石膏厂						
王大洪	150.90	200.00	丙	150.90	150.90	单身职员

续表

姓名	损失估计（国币元）	暂支款（国币元）	损失情形	拟给津贴（国币元）	核定津贴（国币元）	备考
陈义万	183.80	55.00	丙	183.80	183.00	单身职员
蒙九如	26.00	40.00	丙	26.00	26.00	单身职员
王叙伦	24.00	55.00	丙	24.00	24.00	单身职员
(二)制桶厂						
李伯华	610.00		乙	600.00	600.00	有眷属职员
傅伯进	320.00		丙	300.00	300.00	单身职员
席斌	86.00		丙	86.00	86.00	单身职员
胡伯卿	84.00		丙	84.00	84.00	单身职员
史树椿	52.00		丙	52.00	52.00	单身职员
戴明士	292.00		丙	200.00	150.00	有眷属职员，桶厂在原件批注"该员住厂外被震，未炸"。
池畔鸥	204.00		丙	200.00	200.00	单身职员
(三)运输组						
周书田			丙	300.00	200.00	有眷属，在外住
邓福非			丙	300.00	200.00	有眷属职员
(四)船务组						
贺清和	680.00		丙	300.00	200.00	有眷属，在外住
宁开倪		700.00	乙	800.00	600.00	在制造厂住
夏德芹	182.40		丙	182.40	182.00	单身职员

6) 1940年9月岩崩损失情形

姓名	损失估计（国币元）	暂支款（国币元）	损失情形	拟给津贴（国币元）	核定津贴（国币元）	备考
刘光汉		600.00	甲	1100.00	900.00	
傅宏度	460.00	150.00	乙	400.00	350.00	有眷同居
仝支生		250.00	乙	800.00	500.00	有眷同居
艾森楷		240.00	乙	700.00	500.00	有眷同居

续表

姓名	损失估计（国币元）	暂支款（国币元）	损失情形	拟给津贴（国币元）	核定津贴（国币元）	备考
艾树言		105.00	丙	300.00	800.00	
黄新夏			丙	300.00	300.00	

7）1940年8月份石膏厂及制造厂茶役、愿警、工友空袭损失情形

姓名	损失估计（国币元）	暂支款（国币元）	拟给津贴（国币元）	核定津贴（国币元）	备考
王朝贡	112.60		112.60	100.00	
张吕发	130.70		130.70	100.00	
张兴发		50.00			
李东营		50.00			
陈锡山		50.00			
周银华		50.00			
张福林		50.00			
纪殿韦		60.00			
冯洁泉		60.00			
王杰		200.00			
陈子荣		70.00			
张和清		70.00			
罗元生		200.00			
李焕廷		70.00			
李荣泉	60.00	50.00			
鲁增辉	422.00	50.00			
曾焕之	180.00	50.00			
张树云	69.00				
杨双合					
周国钧	185.00				

82. 四川水泥公司黄新夏等为调查职员被炸损失情形及救济办法致总经理、协理文(1941年9月)

　　八月十四日厂中宿舍被炸,奉派调查被灾仝人损失情形,以便救济。经即会同前往实地踏勘并旁征博询后,各人损失轻重略具端倪。惟敌机轰炸有类天灾人祸,不可抗拒,公司救济亦不过表亦体念仝人之意,若非保险赔偿损失之计较锱铢,故所谓轻重,与其以一定而不确实之数字表之,不若分列等级以示大概损失情形之为愈,是以厂中受灾仝人均开列损失清单,而公司仝人并未开列,亦无关宏旨,清单数字不过借作参考而已。

　　兹按照调查所得,各人损失情形分为三级,甲级损失最重,乙级次之,丙级最轻,其列入丙级者,以日常必需而又不必搬入防空洞之用品为估计标准,损失虽轻,至少亦非200.00元以上莫办。用拟丙级酌给一个月至三个月之薪金,乙级酌给二个月至四个月之薪金,甲级酌给三个月至六个月之薪金,或甲级酌给800.00元至1500.00元之救济费,乙级酌给500.00元至1000.00元之救济费,丙级酌给200.00元至500.00元之救济费。谨列表附后,敬祈察核采择施行,以资救济受灾仝人,无任感戴。以上:
总经理席、协理杨

黄新夏

艾森楷

陈方南

朱世通

附总经理席批示于下:

　　采取第二项办法。关于等级内数目之伸缩,交由朱秘书、黄主任斟酌损失轻重情形略事区分,签报核发。

附表一：

四川水泥公司职员空袭损失调查救济表（有眷属者）

姓名	损失情形	薪额（国币元）	津贴月数	津贴金额	备考
钟伯庸	丙	280.00			
邵纯仁	丙	400.00			
汤兆裕	丙	460.00			
王汝秋	丙	250.00			
刘庆萱	丙	250.00			
席元林	甲	180.00			
王愍泉	甲	130.00			
范旁	丙	180.00			
王济良	丙	90.00			
黄新夏	甲	280.00			
陈方南	丙	240.00			
谢西羊	乙	200.00			
李伯才	丙	120.00			
李伯华	丙	320.00			
户善之	甲	110.00			
许甫南	丙	110.00			
王薪之	丙	90.00			
艾树言	丙	55.00			
王西平	丙	50.00			

附表二：

四川水泥公司职员空袭损失调查救济表（无眷属者）

姓名	损失情形	薪额（国币元）	津贴月数	津贴金额	备考
周寰清	乙	230.00			
林荣祖	丙	100.00			
彭克洽	乙	100.00			
王汝荣	丙	40.00			
王正儒	乙	200.00			
汪德修	乙	240.00			

续表

姓名	损失情形	薪额(国币元)	津贴月数	津贴金额	备考
卢维久	丙	220.00			
朱义杰	丙	200.00			
安绍萱	丙	140.00			
但懋铨	丙	80.00			
缪纪生	丙	220.00			
施泽	丙	160.00			
庞钧勋	丙	150.00			
施德善	丙	350.00			
李易	丙	60.00			
杨楚生	丙	70.00			
朱世通	丙	260.00			
陈永叔	丙	200.00			
陈元模	丙	20.00			
王子瑾	丙	80.00			
刘笃之	丙	100.00			
李绍成	丙	80.00			
喻祖德	丙	50.00			
刘绍白	丙	40.00			
倪继祖	丙	30.00			
宁开倪	乙	90.00			
陈子培	丙	130.00			

附表三：

1941年8月14日空袭职员损失估计

姓名	报告金额(国币元)	核减估计(国币元)	备考
钟伯庸	1190.00	420.00	
邵纯仁	596.50	351.50	
汤兆裕	1183.00	698.00	
王汝秋	1297.00	832.00	
刘庆萱	1291.00	842.00	

续表

姓名	报告金额(国币元)	核减估计(国币元)	备考
席元林	5560.10	4280.10	
王愨泉	5133.00	2035.00	
范旁	967.00	797.00	
王济良	1217.00		
黄新夏			
陈方南			
谢西羊			
李伯才			
李伯华	302.50		
卢善之			
许浦南			
王薪之			
艾树言			
王西平			
周寰清	1497.00	1050.00	
林荣祖	939.00	899.00	
彭克洽	1371.00	1176.00	
王汝荣	767.40	577.40	
王正儒	1011.50	1011.50	
汪法修	1006.80	1006.80	
卢维久	397.00	397.00	
朱义杰	453.80	443.00	
安绍萱	1028.00	723.00	
但懋铨	786.00	688.00	
缪纪生	690.30	669.30	
施泽	1154.00	964.00	
庞钧勋	837.00	630.00	
施德善	1067.00	647.00	
李易	390.00	390.00	
杨楚生	884.60	744.60	
朱世通			
陈永叔			

续表

姓名	报告金额(国币元)	核减估计(国币元)	备考
陈元模	390.80		
王子瑾	322.00		
刘笃之	35.50		
李绍成	190.00		
喻祖德			
刘绍白	138.00		
倪继祖	237.50		
宁开倪	1791.00		
陈子培			

二、中国兴业股份有限公司抗战财产损失

1. 中国兴业公司机器部为报告6月28日敌机空袭该部被炸情形致公司总务处文（1940年6月28日）

敬启者。查本月二十八日敌机空袭本市时，本部及人和湾厂幸获安全。惟敌机第一、二两批投弹全落于本部防空洞周围一带，本部之洞震动力甚大，当炸弹落于洞侧约一丈余之地，本部之洞全体员工悉被风力震倒。事后调查，邻洞洞口被炸及震死者约数十人，距本洞约四五丈远之防空洞因洞上房屋及左右房屋均被炸塌及燃烧，致将洞门堵塞，洞内人民无法逃出，死者约近三百人之多。警报解除后，因电话发生障碍，未能随时报告，兹特专函奉达，即祈 查照为荷。此致：

总务处

中国兴业公司机器部启
六月二十八日

2. 中国兴业公司钢铁部为报告7月16日敌机空袭该部损毁情形致总经理、协理文（1940年7月16日）

敬呈者。本日正午空袭，本部轧钢厂中爆炸弹1枚，厂房一部、工具房及办公室损坏，但未伤及机器。又，距职员防空洞前十余丈之空地，落燃烧弹1枚，无任何损害。此外，总办公室及运输组办公室微有震坏处。谨此呈报，敬祈鉴核。此上：

总经理傅、协理胡

> 钢铁部
> 七月十六日

3. 中国兴业公司电业部为报告7月16日敌机空袭该部损毁情形请备查致总务处文(1940年7月17日)

　　本月十六日午前十时许，敌机空袭，在香国寺本公司钢铁部附近投弹多枚，本部安全无恙。惟河边停有本部渡船1只，被破片洞穿一孔，不能行驶，除已雇工修理外，为特函达，即希备查为荷。此致：
总务处

> 中国兴业公司电业部启
> 七月十七日

4. 中国兴业公司机器部为报告7月16日敌机空袭该部被炸损毁情形请查照致总务处文(1940年7月17日)

　　敬启者。查本月十六日上午十时，敌机空袭，距近之巴县政府落弹被烧，本部后面西二街边投重量炸弹1枚，致办公室及厨房宿舍屋瓦、玻窗等受震，碎片冲毁多处。又，人和湾机厂左旁约距十二公尺落弹，幸威力不大，所有钳工、红炉间、办公室、宿舍门窗屋瓦损坏甚多，墙壁亦被碎片击通大小20余洞，所有公物、职工均获安全。至下午二时许解除警报后，电话发生障碍，未能随时报告，兹特专函奉达，即请查照为荷。此致：
总务处

> 中国兴业公司机器部启
> 七月十七日

5. 彭涪铁矿矿长郭楠为报告6月29日其眷属所居之房屋被炸损失情形请准予救济事呈经理薛并转呈总经理、协理文（1940年7月19日）

窃楠于本年四月奉命充任彭涪铁矿矿长。当以诸事待举，遂先只身前往工作，眷属虽欲随往居住，奈矿山并无住宿设备，即单身宿舍亦尚未成就，不得已，眷属仍留居渝市新生路104号。不意该号房屋竟于六月二十九日被敌机投弹炸毁，所有屋内衣物、器具等项，俱已被毁，损失甚重。眷属仓卒离渝赴涪，状况极为狼狈。为此，缮具损失物品单，恳请转呈鉴核，准予按照救济办法予以救济，实为德便！谨呈：

经理薛　转呈

总经理傅、协理胡

计呈损失清单1纸

彭涪铁矿矿长　郭楠
七月十九日

附：

郭楠6月29日被炸损失清单

衣箱被盖等件	计2600.00元
米面用具及其他	计700.00元
家具等件	计800.00元
书籍等	计500.00元
共计	4600.00元

6. 中国兴业公司钢铁部为呈复空袭中员工之安全及文卷公物之保管情形请鉴核备案致总经理、协理文（1940年7月26日）

案奉总、协理通告，以空袭日趋严重，关于员工之安全、案卷证件之保管，亟应由各部负责筹划，务期一人一物均有安全保障，盼将办理情形具报备考，等因。自应遵办。

查对于空袭应有之准备，本部曾于二月二十日、六月十二日以钢字第192、1088号函先后饬属遵照，期于艰难困苦之际，对物力人力尽其最善之保护，以助达成最后胜利之目的。六月十七日，复经将通告转行所属，饬将遵办情形具报，以凭转呈去后，据各厂、科、组先后函呈，所有要紧材料或早经存放防空洞内，或经疏散至金子山库房，文卷、账籍、图样、仪器、工具等件，均经分别指定负责员工，随时检点，遇有警报即送防空洞存放。无法搬移之重要机器，亦均围有沙包，以备万一。至源和轮，则于每次预行警报时即行驶往大江寸滩下黑石子对岸一带停泊。每次紧急警报发出后，各宿舍住宅，并由指定人员专司检视，有无逗留室内之人，有无未熄炉电，以策安全。防护分团各班服务人员，亦均按照所服勤务，分别准备工作，等情，各在案。谨此备函呈报，敬祈鉴核备查。此上：

总经理傅、协理胡

钢铁部
七月二十六日

7. 中国兴业股份有限公司钢铁部为该部钢厂所保陆地兵险保险单于7月16日被炸遗失请予查赔致中央信托局函稿（1940年7月31日）

迳启者。敝处轧钢厂前向贵部要保陆地兵险国币25万元，执有渝字第117号保险单，该项保险标的不幸于本年七月十六日正午因敌机轰炸中弹遭损。兹特填附报告单，即希查核理赔，一俟接获领款通知，当凭本函印鉴具据连同原保险单随缴不误。此致

中央信托局保险部

附报告单2份

中国兴业股份有限公司钢铁部启
中华民国二十九年七月三十一日

附表一：

中央信托局保险部陆地兵险保险单第□□号损失报告单

遭险情形	7月16日午，敌机向江北一带投弹，本部轧钢厂中弹1枚，厂房、公事房、工具室损坏一部。	
损失数额	金损部分	
	成损部分	厂房、公事房、工具房一部分，8000.00元；机器零件，4340.00元
	救护费用	
	总计国币	12340.00元
随附证件及清单	1份	
中华民国二十九年七月三十日具		

附表二：

轧钢厂7月16日被炸损失清单

(一)厂房及工具房			
厂房及工具房	1部	修理及配修费	8000.00元
(二)机器零件			
Coupling Box	5个	约重400磅	1200.00元
Spindle	2件	120磅	360.00元
引导架	5件	700磅	2500.00元
马达垫板	1块		80.00元
$\frac{3}{4}$"长玻璃管	8支		200.00元
约共计			12340.00元
附注：材料及家具损失未列入			

8. 中国兴业股份有限公司钢铁部为呈报7月31日空袭所受损失情形请鉴核致总经理、协理文（1940年7月31日）

敬呈者。本月三十一日午后三时许，本部被炸地点及损失情形约述如下：

（一）本部大门内动力厂厂房中弹1枚，约500公斤，机器厂房全部被毁，计最主要400kW汽轮发电机1部、压气机1部、蒸汽机1部，余尚待查。

(二)炼铁炉坎上中弹1枚,重约50公斤,热风炉及烟囱均炸有洞孔,试验组药品、仪器亦被震坏甚多。

(三)马丁炉厂侧木工房中燃烧弹1枚,经卫士发觉,当由防火班班员等协同,勇猛扑灭。

(四)机器厂侧考工系中弹1枚,约200公斤,考工系被炸毁,机器厂房亦被震坏。

(五)医务室前中爆炸弹4枚,五六库房被震坏。

(六)动力厂侧中爆炸弹1枚。

(七)医务室后荒地中弹2枚,均约100公斤。

(八)中兴村工友食堂前及一、二、三排宿舍均被震坏。

(九)侯家院子工友眷属住宅对面华西库房侧中炸弹2枚,房屋均被震坏。

(十)电业部防空洞前中炸弹1枚,约500公斤,适落荒池中。

(十一)第三分驻所侧竹篱外中炸弹1枚,重约50公斤。(未爆)

(十二)唐副理及动力厂张主任住宅前中炸弹1枚,其房屋均被震坏,重约400公斤,附近杨副工程师、汤厂长住宅均被震坏。

(十三)火砖厂内学徒宿舍及材料房各中弹1枚,房屋被炸毁,办公室侧中弹1枚未爆,烘砖窑烟囱处全部震坏,学徒宿舍伤7人,失踪1人,或即被炸死宿舍内,现正清查中。

(十四)资委会前第二分所门前中炸弹1枚,约200公斤,二分所全被炸毁,该处值勤班长刘治民及卫士何朝福受伤,惟卫士受伤甚重,已不能行动。

(十五)大溪沟移来机器厂(火砖厂前水池坎上)厂房及土窑均被震坏,伤石工1人。

(十六)香国寺庙内中弹1枚,重约300公斤。其余厂外火砖厂上任家花园、新街及香国茶社、牛角沱均被投弹,惟损失甚微。

(十七)运输组新到油溪滑石4船,内1船被炸沉,毛重约2万斤。

(十八)各办公室屋顶、墙壁及办公用具亦间有被炸震毁,正在清查整理中。

以上本部界内共被投弹20枚(内燃烧弹1枚),未爆者2枚,已当即通知防空部及警察局来厂调查人员派人掘挖外,并已标明危险区内禁止本部职工及行人等通行。各被炸地点,均已派兵看守,并饬各守卫士严密注意,不许外人入厂。理合将本部被炸情形呈报鉴核。此上:

总经理傅、协理胡

钢铁部

七月三十一日

9. 中国兴业股份有限公司钢铁部为呈报临时打水木船被炸沉没及处理情形请备案致总经理、协理文(1940年8月1日)

敬呈者。查本部河边临时打水木船,于本月二十八日敌机袭渝时江心落弹,被震沉没,当于警报解除后,即将船中马达帮浦折出。至二十九日,江水退落,船始露出,现正赶速觅雇造船工匠修理,起出下水。所有震没及处理情形,谨此备函呈报,敬祈鉴核备查。此上:

总经理傅、协理胡

钢铁部

八月一日

10. 陈家成为报告查勘被炸后华西公司承包该部各项工程损失情形请鉴核致主任胡并转陈经理室文(1940年8月8日)

敬呈者。本日午前十时,奉派会同华西公司丁道炎君查勘被炸后该公司承包本部各项工程之损失,结果计:

(一)河边囤船玻璃震毁16块,惟不知曾否完全安装。

(二)香国寺原水池蓄水桶被炸片打破一块。

(三)动力厂屋架大料打断1根。

(四)化铁炉出铁台房架大料打穿1孔。

(五)化铁炉升矿架立柱5根各被炸片打伤一小块。

(六)化铁炉烟囱小伤数十口,尚无大碍。

(七)打水站房玻璃30块无存,亦不知前确否安装;窗子损坏1扇;鱼鳞板

2块;青瓦约毁1500匹。

（八）马丁炉厂除闻房盖已由炼钢厂直接查勘呈报外,其余柱梁亦被打伤数处,然于整个工程无甚妨害。理合据情,汇条呈报鉴核。谨呈:

主任胡　转呈

经理室

职　陈家成

二十九年八月八日

11. 中国兴业公司钢铁部涪厂赵伯华为报告7月31日该厂被炸受灾情形致协理、总工程师函（1940年8月8日）

子昂协理、叔潜总工程师钧鉴:

微电于本午九时拜悉。上月三十一日,敌机18架侵入涪城领空肆虐,约计投弹百枚,均落市区,炸毁房屋数十栋,伤亡约七八百人。涪厂位城西南,相距约8华里,崇山僻野,寂寞荒村,且刻下毫无目标,故幸免波及。当将涪城受灾情形函达萧副理笠生矣。兹奉前因,除先函电呈外,合再函达,敬乞释注为祷。肃此。敬请勋安!

赵伯华

八月八日上午

12. 华西兴业股份有限公司为送7月31日空袭损坏调查表请查照示复致中国兴业公司钢铁部文（1940年8月10日）

迳启者。敝公司承包贵部之各项既完工程,因受七月三十一日空袭影响,颇多损伤,除马丁炉厂房洋瓦因损失较巨已另函办理外,其余零星损坏之处,经于八月七日由贵部派监工室陈家成君会同检验完毕,兹附上调查表1份,即烦查照示复为荷。此致:

中国兴业公司钢铁部

华西兴业股份有限公司启

中华民国二十九年八月十日

附全厂已完工程因七月三十一日空袭所受损害调查如下：

（一）给水设备：蓄水木桶打破1只；打水站房，青瓦1500匹、窗1扇、鱼鳞板2块、玻璃30块；趸船，玻璃16块。

（二）炼铁厂工程：出铁台，木屋架大料被弹片打穿，升矿架立柱5根被打伤；烟囱被弹片打伤多处。

（三）马丁炉厂，洋灰柱梁被破片打伤多处。

（四）动力厂房，房架木料1根。

13. 中国兴业公司钢铁部为呈报7月31日被炸损失详情请鉴核备案致总经理、协理文（1940年8月14日）

敬呈者。查七月三十一日本部被炸情形，业于是日以钢字第1424号函分项详呈在卷。所有各部分损失，业经分别查报到部。兹谨汇制成表，备函呈送，敬祈鉴核备案。再，员工私人损失，另行专案呈报，合并陈明。此上：
总经理傅、协理胡
附上七月三十一日被炸损失汇报表1份

钢铁部
八月十四日

中国兴业公司钢铁部7月31日被炸损失汇报表

二十九年八月十日制

部分	被炸情形	损失					备考
		建筑物	机器	材料	工具	家具	其他	
动力厂	工棚中弹1枚	工棚全毁	详附表（一）、（四）	详附表（二）	详附表（三）	工具箱1、工作台2、三抽办公桌1、餐椅1		

续表

部分	被炸情形	损失					备考
^^^	^^^	建筑物	机器	材料	工具	家具	其他	^^^
火砖厂	中弹多枚,连同周围共落弹十数枚,多为重磅者	办公室、窑房、原料场、干燥棚、二号料棚、五号料棚、职员宿舍、职员住宅等全部震毁,一号料棚、二号料棚、工徒宿舍全部炸毁		详附表(七)	详附表(八)		砖工房代珠压毙,砖工陈克山、彭守成、左家立、王绍武,伙夫汪炳明,窑工曾绍成、余少清等7名压伤	办公室、窑房、原料场及两个料棚投保兵险
材料科	动力厂棚被炸		平面磨床1部悉被炸毁					被炸平面磨床1部系装于木箱内
试验组		屋顶、门窗、隔壁等损坏颇重			仪器损失详附表(五)			
电炉厂		毁瓦约20方,竹墙约10方,门均震落,玻璃损毁殆尽			未经浇铸之沙模均因夜雨冲毁		高压线及马达线全断	厂房保兵险
炼铁厂	热风炉后落小炸弹1枚	出铁台房顶横梁击坏,工作棚及出铁台毁瓦2000余块,烟囱亦被穿小孔甚多						工友段庆云微受轻伤

续表

部分	被炸情形	损失					备考
		建筑物	机器	材料	工具	家具	其他	
事务科	考工系办公室全部炸毁，稽查室办公房全部屋瓦、门窗震毁；第二分驻所屋瓦损坏颇多；医务室瓦片震毁颇多；大礼堂、阅览室屋顶被碎石穿孔数十处，木椽数根被击断；本部总办公室各屋瓦片被震颇多处，职员浴室屋顶被石块穿1大洞，横梁折断，灰顶一部塌下；浴室后围墙震塌丈余；中兴村工友宿舍炸毁草房3间，工友食堂炸坏多处，屋瓦损坏甚多；万家院职员住宅、赵家院职员宿舍及新建宿舍屋瓦及窗户玻璃亦震破甚多；唐副理、张主任、汤厂长、杨副工程师住宅均被震坏甚重；侯家院屋瓦被飞石击破者甚多			医务室一部分药品、滴瓶、200cc量杯、玻缸各1个，均受震损坏		稽查室一部分家具击毁，职员浴室瓷盆穿洞1个，工友厨房铁锅击坏4口，土碗破碎颇多	发给稽查室卫士服装损失详附表（六）；本部渡船钢四号舵工赵金廷，水手赵游四、田合清；钢六号水手卢朝贵；钢三号水手曾庆云5名失踪	

续表

部分	被炸情形	损失					备考
^	^	建筑物	机器	材料	工具	家具	其他	^
运输组	屋瓦被震毁多处,工具棚被震塌,工棚烟囱被震势将倾倒			江津滑石1船震没,毛重约2万市斤(据涪渝段声称水退时尚可救出若干)	小驳船尾舱损坏1洞,大驳船内损坏篷4张、擦杠1板、牵藤1合、中舱板2块、锅盖1个	工棚损失大小碗各5个、中碗7个;办公室损坏茶杯13个、托碟4个、洋锁1把、砚台3个、水盂3个、大中粗碗各3个		
机器厂	厂房屋顶全部揭去,四周亦被损坏;火砖厂前面之临时厂房全毁		伸臂钻床手轮1个被炸坏;临时厂房中所有机器皆走动,须重新安装;20尺车床损坏床腿3个;龙门刨床立柱被破片击一小缺					厂房保兵险,机器亦保兵险
炼钢厂	屋瓦5000块,又华西未交工程马丁炉厂房已盖洋瓦9140块,均震坏			1′木板20块,约1英方	铁锤5把、8磅榔头1把	水桶2个、40支电灯泡3个、锁子4把		洋瓦已专案报呈

附表一：

机件损失

名称	被炸情形	损失
Twlhine	外壳全毁	生铁轴承盖缺一
	轮叶重伤	拐轴油泵活塞连杆缺
压风机	机座全毁	中部机座缺一角
	汽缸毁一	汽缸法兰盘缺一角
	活塞缺一	丝对螺丝大部毁伤
	汽缸盖缺一	二机之转数表及油压表等均不灵
蒸汽机	4258完好	
	4257飞轮缺	
	调速器盖缺	

附表二：

电料损失

名称	数量	名称	数量
$\frac{1}{12}$ 光铜线	1000码	10A方保险箱	1打
$\frac{7}{14}$ 光铜线	1000码	5A方保险箱	2打
$\frac{1}{14}$ 光铜线	1000码	先令	3打
$\frac{7}{16}$ 皮线	200码	花线	100码
$\frac{1}{14}$ 皮线	500码	40W灯泡	3打
$\frac{1}{16}$ 皮线	500码	25W灯泡	2打
$\frac{1}{18}$ 皮线	1000码	15W灯泡	3打
14#铅丝	100斤	5A胶木开关	1打
胶木灯头	5打	6″沙杆	4根
$1\frac{1}{2}$″双线磁夹	2000付	皮带盘拉子	1只
$1\frac{1}{2}$″磁珠	300个	拉线卡子	1只
竹梯	3只	$\frac{5}{16}$″木钻	2只
吊线坨	2只	$\frac{11}{32}$″木钻	1只

续表

名称	数量	名称	数量
8″胶木钢丝钳	1把	5″电匠钳	1把
6″胶木钢丝钳	1把	10″螺丝刀	1把
$1\frac{1}{2}$″榔头	1只	8″细扁锉	1把
14″板钻	1只	起子	2把
板钻头	1只	绳子	15丈
2m钢卷尺	1只	勺子	2把
冲子	2个	铲子	5把

附表三：

工具损失

名称	数量	名称	数量
$\frac{1}{8}$″钻头	1只	2#榔头	2把
$\frac{3}{16}$″钻头	1只	$\frac{3}{4}$″×4″油石	1块
$\frac{1}{2}$″-$\frac{5}{6}$″扳手	1把	18″管钳	1把
$\frac{3}{4}$″扳手	1把	8″细方锉	1把
$\frac{3}{8}$″-$\frac{3}{4}$″扳手	1把	16″细方锉	1把
$\frac{1}{4}$″-1″之$\frac{3}{8}$″钢板	1只	4″粗扁锉	1把
$\frac{3}{8}$″旧练条	1条	16″粗元锉	2把
白铁油壶	3把	4″细元锉	1把
14″管钳	1把	8″元锉	1把
14″粗元锉	1把	6″细半元锉	1把
14″细三角锉	1把	$\frac{1}{2}$#榔头	2把
10″粗扁锉	1把	手摇砂轮机	1具
12″细扁锉	1把	$\frac{1}{16}$″字头	9个
10″细半元〔圆〕锉	1把	八折木尺	1只
14″粗三角锉	1把	白铁剪	1只
6″细扁锉	1把	话盘	1具
6″粗圆锉	1把	5ton神仙葫芦	1部(毁)
4″夹把	1个		

附表四：

热风炉损失

名称	损毁情形	数量	备考
冷风胶皮管	炸毁	5根	其中3根断为数截
1″麻绳	炸断	3根	
$\frac{3}{4}$″麻绳	炸断	3根	
大水桶	炸坏	1个	
工具箱	炸坏	3个	
$\frac{1}{2}$″铅丝绳	炸烂	1条	因机工借用置于稽查室前棚子内
压风机用风包	炸坑	2个	

附表五：

7月30日敌机轰炸试验组被震损仪器单

name	Quanlity	
Alorplion bull	1	
Deelicalor	3	
Battle laboralory	1	2000ml
	1	500ml
Flack,Pyzex glaee	3	
Beaker	2	400ml
	2	600ml
	2	800ml
	2	1000ml
Erlemmeyer black	6	250ml
Cylinder meaning	2	100ml
	2	50ml
	1	15ml
Dropping bottle	1	
Funnel	3	
Wieghing bottle	3	
Text tule	2	

附表六：

事务科稽查室发给卫士服装被炸损失单

领用卫士姓名	物品	计量单位	备注
刘治民	草绿色军帽	1顶	驻第二分所
	雨衣	1件	
	草绿色服装	1套	
何朝福	草绿色服装	1套	驻第二分所
	草绿色下装	1件	
	草绿色绑腿	1双	
	草绿色帽子	1顶	
	棉大衣	1件	
	蓝色绑腿	1双	
	蓝色下装	1条	
	皮带	1根	
刘伯仲	草绿色服装	1套	驻第二分所
	蓝色绑腿	1双	
	皮带	1根	
表文怀	草绿色上装	1件	驻第二分所
	蓝色上装	1件	
	草绿色绑腿	1双	
王禄	草绿上装	1件	驻第二分所
叶梓桐	草绿色绑腿	1双	驻第二分所
	草绿色上装	1件	
李傅友	草绿色上装	1件	驻稽查室
	雨衣	1件	
徐定政	草绿色军帽	1顶	驻稽查室
	皮带	1根	
	草绿色下装	1件	
杜茂盛	草绿色服装	1套	驻稽查室
	蓝色绑腿	1双	
	青棉大衣	1件	
	雨衣	1件	
	草绿色军帽	1顶	

续表

领用卫士姓名	物品	计量单位	备注
	皮带	1根	
	草绿色绑腿	1双	
	蓝色服装	1套	
吴祥云	草绿色上装	1件	驻稽查室
	皮带	1根	
邓雨波	草绿色绑腿	1双	
	雨衣	1件	
郭永海	草绿色制服	1套	驻稽查室
	雨衣	1件	
	蓝色服装	1套	
	青棉大衣	1件	
王延年	草绿色制服	1套	
	蓝色制服	1套	
	雨衣	1件	
	青棉大衣	1件	

附表七：

原料

品名	损失数量	备注
江津熟料	约25吨	
江津生料	约5吨	
永宁生料	约4吨	
江津半成品砖	约7吨	
永宁半成品砖	约6吨	
江津生料火泥	约3吨	
江津标准砖	8356块	二次报来实计10234块
江津异形砖	3218块	

附表八：

工具

品名	数量	备注
砖刀	5把	
点火竿	3根	
火钩	5根	
锄头	7把	
8磅榔头	1把	
5磅榔头	3把	
小托帕	2把	
1寸8分刨刀	6把	
5寸三角锉刀	6把	
水壶	2把	
铁钉耙	4把	
铁板槌	27把	
铁抓子	30个	
马灯	1个	
铁刮刀	34把	
铁丝筛	4个	
铁皮	32市斤	
木水桶	4担	
木水瓢	6把	
异形砖模	50个	
标准砖砖	38个	
箩筐	6担	
细铁丝纱	1卷	

14. 中国兴业公司机器部为造送8月20日空袭损失物产清册请鉴核备案致总经理、协理文（1940年8月31日）

敬呈者。查本部于八月二十日因敌机空袭投弹延烧，业将经过情形呈报在案。所有公项，除文卷、账目幸在事先移置未遭损失外，其余物品等项多数被毁无余。理合造具清册，备文呈报，仰祈鉴赐备查。谨呈：

总经理、协理

计呈送被毁物产清册1份

机器部经理　陆成爻

八月三十一日

中国兴业公司机器部8月20日被炸损失清册

1) 装修

名称	说明	数量	单价	总价	附注
企口板板壁	每层1堂	3堂	193.00元	579.00元	
门锁		3把	12.00元	36.00元	
装配玻璃	连同添配木窗4扇	全部		106.00元	
护壁板		1块	8.00元	8.00元	
电铃	工料在内	1只	46.80元	46.80元	
电灯	工料在内	18只		242.00元	
电话	装置	1具		40.00元	
共计				1057.00元	

2) 文具

名称	说明	购置数量[①]	消耗数目	损失数目	附注
各项工文具		1523.31	1028.36	514.95	
共计		1523.31	1028.36	514.95	

3) 图书

书名	说明	册书	单价	总价	附注
无线电修理大全		1册	23.50元	23.50元	
化学物理大全		1册	23.50元	23.50元	
汽轮机使用法		1册	15.60元	15.60元	
机械工程师手册		1册	150.00元	150.00元	
共计				212.60元	

---

① 此栏数据档案原文如此，编者按。

4) 图样

名称	说明	数量	单价	总价	附注
旧手摇发电机图样		1卷			
6呎车床图样		1卷			
20匹马力直立水管式火炉		1卷			计2张
20呎牛头刨床图样		1卷			
12呎龙门刨床图样		1卷			
平铣床图样		1卷			
电气焊火炉图样		1卷			
油焊火炉图样		1卷			
新设计手摇发电机图样		全套			
航政局锅炉引擎全图及说明书		各1份			

5) 器具

名称	说明	数量	单价	总价	附注
白皮箱		1只	11.50元	11.50元	
闹钟		1只	45.00元	45.00元	
铜面盆		1只	9.00元	9.00元	
行军床		1只	17.50元	17.50元	
藤椅		14只		135.00元	
元〔圆〕桌面		1只	22.50元	22.50元	
窗帘布		14块		72.80元	
写字台		18只		724.00元	
椅子		18只		126.00元	
弹簧椅		1只	43.00元	43.00元	
茶几		6只	6.00元	36.00元	
五斗柜		4只	30.00元	120.00元	
方凳		40只	2.20元	88.00元	
方桌		4只	8.25元	33.00元	
长板桌		1只	18.00元	18.00元	
小板桌		4只	12.00元	48.00元	
菜橱		1只	13.00元	13.00元	

续表

名称	说明	数量	单价	总价	附注
木床		14只	14.50元	203.00元	
小写字台		6只	17.00元	102.00元	
保险箱	34″	1只		779.04元	
保险箱	24″	1只		360.00元	
木架		2只		16.00元	
黑板		1块	7.00元	7.00元	
竹床		1只	5.70元	5.70元	
招牌		2块	22.00元	44.00元	
竹帘		7张		33.50元	
浴盆		1只	11.00元	11.00元	
火卷柜		1只	58.00元	58.00元	
洗面架		2只	6.00元	12.00元	
电筒		1只	6.50元	6.50元	
瓷面盆		1只	10.00元	10.00元	
寒暑表		2只	6.00元	12.00元	
铁锅		4只	14.25元	57.00元	
睡椅		1只	20.00元	20.00元	
风扇		5只		108.00元	
共计				4387.04元	

6) 仪器

名称	说明	数量	单价	总价	附注
绘图仪器	德国制	1付	500.00元	500.00元	仪器2付,1付存南岸,1付临时不及携走
明角三角板	12″	1付	10.00元	10.00元	
明角云形规	12″	1只	8.00元	8.00元	
明角云形规	8″	1只	6.25元	6.25元	
丁字尺	100LH	1支	8.00元	8.00元	
丁字尺	70	1支	6.50元	6.50元	
皮尺	260	1支	120.00元	120.00元	
明角三角板	8″	1付	6.00元	6.00元	

续表

名称	说明	数量	单价	总价	附注
三棱尺	中华	1支	25.00元	25.00元	
共计				689.75元	

7)印刷品

名称	说明	数量[①]	单价	总价	附注
各单表		1208.90	514.97元	692.94元	
总公司之各项表单		1548.68	174.67元	1137.40元	
共计		2757.58	689.64元	2067.95元	

附注:绘图纸4卷为避免空袭尚存本部办公室楼下洋布店后面库房内,是日警报解除后,所有员工因火被阻,路均不通,及绕道回部视察,已焚毁无余。库房尚在,但库门已开。数日前遇楼下夏布店伙友,询及此项纸张,据云见由洋布店蒋姓伙友携出,惟其住址不详,日前正在调查,俟得线索或取回后,再行报告,特注。

15. 中国兴业公司柳坪煤矿会计员周占长为惨遭敌机轰炸请赐予救济事呈矿长并转呈经理文(1940年9月6日)

窃职之眷属因疏散居住北碚大湾,前月二十四日敌机袭碚时不幸门前落弹数枚,住宅震塌,衣物损毁,幸人中托庇,于震惊之下尚全生命。惟于轰炸之后,继以大雨,地当乡村,迁避困难,一昼夜之后,始觅得居住之所。而所受衣物、身体、经济之损失,以职之向无积蓄,及值此生活日高月薪甚微,实属苦难万分,迫不得已,用将损失列表附呈,恳请鉴核,赐予救济,不胜感祷之至。

谨上:

矿长黄　转呈

经理薛

[①] 此栏数据,档案原文如此,编者按。

附表1纸

职　周占长　谨呈

九月六日

附：

周占长8月24日被炸损失清单

名称	数量	金额	备考
租房	2间	共洋108.00元	每间6.00元，计9个月房租
二人棕床	1间	计洋40.00元	
单人木床	1间	计洋20.00元	
夏布蚊帐	1架	计洋40.00元	
单人元〔圆〕帐	1架	计洋15.00元	
被褥床单等件		计洋240.00元	
木方桌	1张	计洋10.00元	
椅凳等件		计洋20.00元	
厨房锅碗缸具等		计洋70.00元	
洋面	1袋	计洋20.00元	
米	2斗	计洋20.00元	
暖水瓶	1个	计洋30.00元	
皮箱衣服等		计洋100.00元	
屋内什具		计洋40.00元	
共计		计洋773.00元	

16. 中国兴业公司矿业部事务科文牍赵维文为住屋被炸损失甚巨请予救济事呈经理文（1940年9月17日）

敬呈者。窃职于旅居被焚后，携眷赁居国府路梯圣街25号房1栋，计屋2间，每季房租80.00元，居住月余，即被敌机将房屋全部炸毁，什物悉被毁坏，遭受相当损失。为此，叩恳钧座恩准按照"本公司员工遭受空袭损失暂行救济办法"施予救济，理合检同损失物品单，签请鉴核！谨呈：

经理薛

计呈损失物品单1纸

事务科文牍　赵维文

二十九年九月十七日

附：

赵维文6月16日被炸损失物品清单

名称	数量	合计	备考
床	2张	46.00元	
桌	2个	44.00元	
椅凳	8个	36.00元	
碗柜	1个	17.00元	
皮箱	1个	45.00元	
被褥		150.00元	
蚊帐	2架	40.00元	
铁锅	1个	15.00元	
洋锅	1个	27.00元	
暖水瓶	1个	33.00元	
瓷缸	2个	24.00元	
瓷罐	3个	22.00元	
面盆	2个	31.00元	
镜子	1个	17.00元	
茶壶杯碗		30.00元	
铁水壶	1把	6.00元	
漱口用具		16.00元	
肥皂牙膏		20.00元	
吃饭用具		38.00元	
油盐		40.00元	
米		50.00元	
面		40.00元	
煤炉		8.00元	
煤炭木柴		35.00元	
电灯泡线		50.00元	
竹帘		18.00元	

续表

名称	数量	合计	备考
房租损失		50.00元	
共计		948.00元	

17. 中国兴业公司矿业部为该部赵维文、张天华被炸损失请予救济事给总经理、协理的签呈（1940年9月17日）

敬呈者。案据本部事务科文牍赵维文事务员、张天华分别签呈，一家遭受空袭，损失奇重，请予救济，等情。查该员等所受损失，业经查明属实，拟即按照"本公司员工遭受空袭损害暂行救济办法"第七条第二款与第三款之规定，给予赵维文四个月实支薪数之救济费计640.00元，给予张天华五个月实支薪数之救济费计750.00元，以示体恤。理合签请鉴核拨发，实为德便！此上：

总经理傅、协理胡

矿业部

九月十七日

附：

张天华被炸损失物品清单

名称	数量	合计	备考
租房	2间	计洋96.00元	12.00元/月，共4个月房租
衣柜	1架	计洋20.00元	带镜子
写字台	1架	计洋40.00元	
方桌	2张	计洋30.00元	内充楠木1张
茶几	2只	计洋20.00元	
椅子	4把	计洋24.00元	
方凳	4只	计洋10.00元	
大楼床	1间	计洋60.00元	
双人棕床	1间	计洋40.00元	
单人棕床	2间	计洋30.00元	

续表

名称	数量	合计	备考
衣架	1只	计洋6.00元	
脸盆台架	1只	计洋10.00元	
单人木床	1间	计洋10.00元	
竹方桌	1张	计洋4.00元	
竹凳	2只	计洋4.00元	
留声机	1架	计洋200.00元	带片子46张
皮箱	3只	计洋500.00元	内装旧皮棉衣等
小座钟	1架	计洋50.00元	
大小缸	1只	计洋10.00元	
米缸面缸	各1只	计洋10.00元	
厨房杂具及澡盆、痰盂等件		计洋200.00元	
怀表	1只	计洋20.00元	
电灯及电线等		计洋70.00元	
共计		1648.00元	

附中国兴业公司总务处关于赵、张二人之救济费处理于下：

迳启者。顷奉交下贵部发字第1289号签呈1件,为请核发事务科文牍赵维文、事务员张天华等遭受空袭损失损害救济费由,经奉批,赵维文给予两个月薪320.00元,张天华给予两个月薪300.00元,等因。除分知外,相应函达,即希查照转给具领为荷。此致矿业部。中国兴业公司总务处启,九月二十四日。

18. 中国兴业公司钢铁部事务科庶务股为报呈损坏及炸坏器具请核销给主任并转经理室的签呈（1940年9月21日）

查本部各厂、科、组、室、办公室及职工宿舍所置器具,因使用日久,迁运搬移,多有损坏。业经分赴各厂、科、组、室、办公室及职工宿舍详细清理,计六底[①]以前损坏不堪修用者,经常消磨计洋1008.50元整,应请准予核销。再,

---

① 六底即六月底,下同。

七月八日、十六日、三十一日等三日，敌机投弹，本部大溪沟机厂及香国寺各厂、科、组、室被炸损毁器具数量，已据各厂、科、组、室分别填具损坏报销单前来，经派本股助理员苏湛忠前往各处查验无讹，清理完竣，计七月八日被炸损失计洋760.36元整，七月十六日损失计洋100.36元整，七月三十一日损失计洋1575.09元整，合计三次被炸损毁各物计洋2435.81元整。除已移交运输组各物计洋1076.78元整先经会计科转账外，结至七月底止，现存各物计洋31922.73元整。兹谨依据原消磨及损毁报销单，造具六底消磨报消表3份，七月八、十六、三十一日等日被炸损毁各物报销表各3份，并汇造家具消耗结存总清表3份，连同迭次器具损坏报销单共126份，签请鉴核，准予签盖核销，并祈转发会计科一全份存查销账，事务科及本股各发还一全份备查。是否有当？伏祈示遵！谨呈：

主任胡　核转

经理室

　　附迭次器具损坏报锁单共126份、六底器具销磨及迭次被炸器具损毁报销表共12份、家具消耗结存总清表3份

职　龚德增

九月二十一日，于事务科庶务股

　　附表一：

中国兴业公司钢铁部家具损坏报销清册

（七月八日大溪沟机厂被炸损坏）

品名	数量	单价	金额
连二床	1间	11.50元	11.50元
棕棚木床	3间	8.00元	24.00元
柏木长板凳	27条		18.45元
木大方桌	2张	1.60元	3.20元
挂衣钩	2个		
黑板	1块		
洗脸盆架	1个	0.80元	0.80元
办公桌	3张	11.00元	33.00元
三抽条桌	1张	5.00元	5.00元

续表

品名	数量	单价	金额
二抽条桌	1张	5.00元	5.00元
黑漆大床	1间	3.00元	3.00元
木衣架	1个	1.76元	1.76元
木茶几	3个		6.38元
木靠椅	4把	2.12元	8.48元
一屉洗脸架	1架	1.00元	1.00元
画图架子	1具		
立式文件柜	1具	8.00元	8.00元
白木床	21间	1.68元	35.28元
16″台风扇	4把	2把单价34.90元 2把单价80.00元	229.80元
黑漆文件柜	1个	8.00元	8.00元
三格式文件柜	1具	15.00元	15.00元
圆藤椅	16把	2.32元	37.12元
八抽文件柜	1具	55.68元	55.68元
两抽桌	1张	6.36元	6.36元
条形小写字台	7张	6.86元	48.00元
药橱	1具	24.00元	24.00元
木架子	1具	45.48元	45.48元
帆布病床	1间	1.50元	1.50元
铁火盆	7个	2.20元	15.40元
棕壶座	1个		
百尺救火布带	1根	67.00元	67.00元
藤茶几	1只	4.00元	4.00元
藤靠椅	2把	7.00元	14.00元
沙发椅	2把	75.00元	150.00元
瓷茶杯	4套		
瓷茶壶	1个		
瓦痰盂	3个		
洋瓷茶盘	1个		
冰柜	1个	20.00元	20.00元
56″吊风扇	1把	50.00元	50.00元
合计			956.19元

附表二：

中国兴业公司钢铁部家具损坏报销清册

（七月十六日各厂、科、组被炸损坏）

品名	数量	单价	金额	备考
三抽写字台	5张	6.30元	31.50元	轧钢厂工具室3张，炼钢厂2张
木方凳	1个	1.30元	1.30元	轧钢厂工具室
冷藤椅	2把	4.00元	8.00元	轧钢厂工具室
印泥	1盒	1.50元	1.50元	炼钢厂
砚池	1方	0.30元	0.30元	炼钢厂
瓷茶杯	2个	0.38元	0.76元	炼钢厂
瓷茶壶	2把	3.50元	7.00元	炼铁厂
合计			50.36元	

附表三：

中国兴业公司钢铁部家具损坏报销清册

（七月三十一日本部各厂、科、组被炸损坏）

品名	数量	单价	金额	备考
连二床	8间	11.50元	92.00元	工友宿舍
连二床	51间	11.50元	586.50元	火砖厂工友宿舍
连二床	5间	11.50元	57.50元	稽查室二分所
连二床	1间	11.50元	11.50元	稽查室
三抽写字台	2张	6.30元	12.60元	考工系
三抽写字台	1张	6.30元	6.30元	稽查室
三抽写字台	1张	6.30元	6.30元	工友宿舍
三抽写字台	1张	6.30元	6.30元	火砖厂
单平床	9间	7.00元	63.00元	工友宿舍
棕绷木床	1间	12.00元	12.00元	考工系
棕绷木床	1间	12.00元	12.00元	稽查室
棕绷木床	5间	12.00元	60.00元	火砖厂职员宿舍
竹方桌	1张	3.00元	3.00元	工友火〔伙〕团（木工）
竹方凳	1个	0.52元	0.52元	考工系
竹方凳	1个	0.52元	0.52元	工友宿舍

续表

品名	数量	单价	金额	备考
杉木板凳	2条	6.00元	12.00元	考工系
杉木板凳	9条	6.00元	54.00元	火砖厂
杉木板凳	8条	6.00元	48.00元	工友〔伙〕团
杉木方桌	1张	6.00元	6.00元	考工系
杉木方桌	3张	6.00元	18.00元	火砖厂工友火〔伙〕团
签押桌	1张	4.00元	4.00元	稽查室
签押桌	1张	4.00元	4.00元	二分所
柏木板凳	1条	1.40元	1.40元	工友宿舍
柏木板凳	33条	1.40元	46.20元	火砖厂工友火〔伙〕团
木方凳	1个	1.30元	1.30元	火砖厂职员宿舍
木方凳	1个	1.30元	1.30元	机厂
杉木小方桌	1张	6.00元	6.00元	职员浴室
木方桌	8张	4.90元	39.20元	火砖厂工友火〔伙〕团
木圆桌	1个	1.30元	1.30元	稽查室二分所
箱架	1个	0.60元	0.60元	稽查室
名牌箱	1个	2.00元	2.00元	考工系
衣钩	1个	0.40元	0.40元	考工系
衣钩	1个	0.40元	0.40元	机厂
枪架	1个			稽查室二分所
黑板	1块	5.00元	5.00元	机厂
杉木条形文柜	1个			考工系
绘图板	1块	4.00元	4.00元	机厂
洗脸架	1个	1.30元	1.30元	机厂
十抽写字台	2张	25.00元	50.00元	机厂
简便写字台	1张	8.34元	8.34元	机厂
十二抽立式文件柜	3个		51.46元	机厂
十抽藏图柜	1个	20.00元	20.00元	机厂
立式书柜子	1具	12.00元	12.00元	机厂
十一抽文件柜	1具	14.00元	14.00元	机厂
圆藤椅	4把	4.50元	18.00元	机厂
圆藤椅	3把	4.50元	13.50元	设计科
圆藤椅	4把	4.50元	18.00元	火砖厂

续表

品名	数量	单价	金额	备考
圆藤椅	2把	4.50元	9.00元	稽查室
餐藤椅	1把	4.00元	4.00元	机厂
餐藤椅	1把	4.00元	4.00元	设计科
竹帘	1张			稽查室
打印台	1个	1.50元	1.50元	机厂
打印台	1个	1.50元	1.50元	考工系
印泥	1盒	1.50元	1.50元	机厂
印泥	1盒	1.50元	1.50元	考工系
印泥	1盒	1.50元	1.50元	火砖厂
印泥	1盒	1.50元	1.50元	会计科
水盂	1个	0.50元	0.50元	机厂
水盂	1个	0.50元	0.50元	会计科
砚池	1方	0.30元	0.30元	机厂
砚池	2方	0.30元	0.60元	考工系
砚池	1方	0.30元	0.30元	火砖厂
订书机	1具	7.00元	7.00元	机厂
打洞机	1具	6.75元	6.75元	机厂
吸墨器	1个	1.00元	1.00元	机厂
吸墨器	2个	1.00元	2.00元	考工系
吸墨器	1个	1.00元	1.00元	火砖厂
算盘	1架	1.20元	1.20元	机厂
白皮箱	1口	8.50元	8.50元	机厂
玻板	3块	10.00元	30.00元	机厂
钢夹	2个	0.50元	1.00元	机厂
米达尺	2把	1.33元	2.66元	机厂
铜墨盒	1个	2.50元	2.50元	机厂
瓷茶杯	5个	0.38元	1.90元	稽查室
瓷茶杯	2个	0.38元	0.76元	考工系
瓷茶杯	2个	0.38元	0.76元	设计科
瓷茶杯	4个	0.38元	1.52元	会计室
瓷茶壶	1把	3.50元	3.50元	机厂
瓦痰盂	2个			机厂

续表

品名	数量	单价	金额	备考
瓦痰盂	1个			火砖厂
瓦痰盂	1个			考工系
茶杯盘	3套			机厂
瓦茶壶	1把			考工系
洋锁	5把	1.50元	7.50元	稽查室
甑子	2个	8.40元	16.80元	火砖厂工友火〔伙〕团
甑子	1个	8.40元	8.40元	火砖厂职员火〔伙〕团
火锅	2口	8.00元	16.00元	火砖厂工友火〔伙〕团
火锅	2口	8.00元	16.00元	火砖厂职员火〔伙〕团
火钩	1个	0.50元	0.50元	火砖张职员火〔伙〕团
炉桥	2架	2.00元	4.00元	火砖厂职员火〔伙〕团
炉桥	2架	2.00元	4.00元	火砖厂工友火〔伙〕团
火铲	1个	0.50元	0.50元	火砖厂职员火〔伙〕团
水桶	1挑	2.80元	2.80元	火砖厂职员火〔伙〕团
水桶	2挑	2.80元	5.60元	火砖厂工友火〔伙〕团
瓦水缸	3个			火砖厂职员火〔伙〕团
瓦水缸	3个			火砖厂工友火〔伙〕团
案板	1块			火砖厂工友火〔伙〕团
合计			1575.09元	

附表四：

中国兴业公司钢铁部家具损坏报销清册

（九月十三日本部园艺工宿舍被炸损坏）

品名	数量	单价	金额	备考
水桶	2挑	2.40元	4.80元	园艺工宿舍
锄把	3根			园艺工宿舍
箩筐	2挑			园艺工宿舍
合计			50.36元	

19. 中国兴业公司矿业部铁匠沟分矿主任谌象天为因病来渝医治于5月28日被炸请救济事呈矿业部经理文（1940年9月21日）

窃职于四月中旬在彭矿奉部函招来渝接洽公事，当奉钧座面谕赴鱼洞溪群力工厂运取火药2000斤，行至黄沙溪，因无护照，药船为海关扣留，职宿药船，四日守候护照，遇凉染患痢疾。迨护照颁到，职病未愈，勉力押运火药返矿，复于路途中船上由痢疾转为伤寒而兼咳嗽，在矿医治半月并未见轻，反见加重。复以铁匠沟分矿郭代理主任函称，人少事繁，工程不能进行，并催送工款、材料。经陈矿长，嘱职带病携带工款、材料前往分矿就主任之职，暂缓赴后坪调查矿产。职即于五月十九日到分矿就职，因久病未愈之身不堪操劳，病益加重，遂至涪陵医治，兼请县府协助分矿开采及与盐务分局接洽购置员工食盐，招雇铁木工。旋即来渝，寓中一路故乡旅舍医治。五月二十八日，敌机袭渝，将该旅舍炸毁。彼时职病重卧床，不能躲避，几乎遭难，惟将职带分矿勤务赵能江炸毙。该旅社中及炸毁职之行李物品，职虽因病至渝而遭损失，但确系因公而致病，几乎丧命。医药杂费用去1000元，精神受莫大之损失。为此，恳请钧座照公司颁布之员工遭受空袭损害暂行救济办法予以辅助，不胜感戴之至。理合将致病之始原并损失物品单具文呈请鉴核。谨呈：
矿业部经理薛

职　谌象天　呈

中华民国二十九年九月二十一日

附：

谌象天5月28日被炸损失物品清单

名称	数量	金额	备考
三闪缎夹被	1床	65.00元	
灰呢洋服	1套	160.00元	
外套衣	1件	150.00元	
黄皮鞋	1双	48.00元	
怀表	1只	56.00元	
万利刮脸刀	1套	12.00元	

续表

名称	数量	金额	备考
蚊帐	1床	25.00元	
毛背心	1件	25.00元	
礼服呢鞋	1双	8.00元	
矿字徽章	1枚		53号，由彭矿发给
合计		549.00元	

20. 中国兴业公司矿业部彭涪铁矿矿长陈庆枂为转报赵振勋、陈尚权被炸损失请鉴核呈矿业部文（1940年9月30日）

窃据职矿土木股长赵振勋及会计办事员陈尚权先后签呈，以居屋被敌机炸毁，衣物均有损失，缮造损失清单，请转呈等情。理合将原呈及清单各1纸一并转呈，伏祈鉴核！谨呈：

中国兴业公司矿业部

附呈：赵振勋原呈及清单2纸、陈尚权原呈及清单2纸

彭涪铁矿矿长　陈庆枂
九月三十日

1) 中国兴业公司矿业部彭涪铁矿土木股长赵振勋为报告7月12日被炸损失请救济事呈矿长并转呈矿业部文（1940年9月29日）

谨签者。窃查职前奉派彭涪铁矿供职，故将眷属疏散移居三台县北城府堂街23号，与敝戚合建房屋一所同住。前者敌机于七月十二日空袭三台，投弹200余枚，均在北城左近，以致该处一带房屋均损坏殆尽。幸职舍人口尚全生命，惟所住房屋及衣服、器具等均被破片及震毁者甚多，职以近来供职各处，毫无积蓄，顷接舍间来函，颇称痛苦，情非得已，恳请赐予救济，不胜感激盼祷之至。谨呈：

矿长　陈　转呈

矿业部

附单1纸

职　赵振勋　谨呈
九月二十九日

附：

赵振勋住宅7月12日遭空袭损失表

品称	估计金额	备考
房屋	350.00元	与亲戚合建房屋全部屋瓦已坏,修理后用款700.00余元
衣物	265.00元	箱子压坏,检点损失衣服,估如上<如左>数
器具	150.00元	所有屋中陈设、器具及厨房瓷器等,均震坏,估价如上<如左>
合计	765.00元	

2)中国兴业公司矿业部彭涪铁矿会计办事员陈尚权为报告8月24日被炸损失请赐予救济呈矿长并转呈矿业部文(1940年9月29日)

窃职眷属因疏散居住北碚大湾,前月二十四日,敌机袭碚时不幸门前落弹数枚,将住宅震塌,衣物损毁甚多,幸人口托庇,于震惊之下尚全生命。惟于轰炸之后,继以大雨滂沱,地当乡村,迁避困难,一昼夜之后始觅得寄居之所,衣物器具多受损坏,以职向无储蓄,及生活程度日高,月薪甚微,实属困苦万分,迫不得已,惟有恳请赐予救济,不胜感祷之至。谨上:

矿长陈　转呈

矿业部

附单1纸

职　陈尚权　谨呈

九月二十九日

附：

陈尚权8月24日被炸损失表

品称	估计金额	备考
房屋	250.00元	租地皮自建住房1间、厨房半间
衣物	120.00元	蚊帐、夏季备用衣服(多被压破碎)
器具	100.00元	暖壶、桌、椅、壶、碗等零星用具
厨房用具	120.00元	锅、碗、缸、盆及备用米面油盐等项
迁移费	70.00元	由北碚大湾迁至毛背驼〔沱〕搬运费

21. 中国兴业公司火砖厂为报呈7月31日空袭火砖损失清册请核销呈经理室文（1940年12月24日）

查职厂成品火砖，自遭七月三十一日轰炸后，即倍形紊乱，所有损失，无法详细清理。事后因复厂工作，无暇兼顾，除当以损失总数报呈在案外，近日会同材料科逐一检查，兹已完毕，谨随文附呈损失火砖清册1本，伏乞赐予核销。此呈：

经理室

被炸火砖损失清册1本

火砖厂
二十九年十二月二十四日

附：

1940年7月31日被炸损失火砖清册

材料	料级	砖号	损失块数
江津滑石	三等	H1D	2648
江津滑石	三等	H9D	48
江津滑石	三等	H15D	24
江津滑石	三等	H16C	2293
江津滑石	三等	B48C	96
江津滑石	三等	P1	795
江津滑石	三等	P2	68
江津滑石	三等	P4	577
江津滑石	三等	P6	123
江津滑石	三等	P9	60
江津滑石	三等	P10	59
江津滑石	三等	P11	135
江津滑石	三等	P12	123
江津滑石	三等	P13	91
江津滑石	三等	P14	48
江津滑石	三等	P15	19
江津滑石	三等	P16	652
江津滑石	三等	P18	5

续表

材料	料级	砖号	损失块数
江津滑石	三等	P20	280
江津滑石	三等	P22	53
江津滑石	三等	P23	40
江津滑石	三等	SB	500
江津滑石	三等	H13D	104
江津滑石	三等	H13D	331
江津滑石	三等	H8D	180
江津滑石	三等	H7D	70
江津滑石	三等	H6D	10
江津滑石	三等	H5D	65
江津滑石	三等	H11D	10
江津滑石	三等	P21	6
江津滑石	三等	A	8
江津滑石	三等	B	40
永宁滑石	一等	B30B	14
永宁滑石	一等	SB	429
永宁滑石	一等	B9A	1
永宁滑石	一等	B10A	1
永宁滑石	一等	B11A	1
永宁滑石	一等	B15A	10
永宁滑石	一等	B17A	13
永宁滑石	一等	B23A	54
永宁滑石	一等	B34A	21
永宁滑石	一等	B38B	27
永宁滑石	一等	B39B	69
永宁滑石	一等	G	15
永宁滑石	一等	H16A	18
合计			10234

22.中国兴业公司大溪沟机器厂7月8日被炸损失清单(1940年)

名称	数量	损毁情形	金额	备考
(一)厂房				
翻砂房		全损	20000.00元	
锻铁房		全损	1500.00元	
机器房			2000.00元	修理费
合计			23500.00元	
(二)机器				
碾砂机	1部		250.00元	修理费
烘模炉	1座		4800.00元	修建费
风箱	1部		300.00元	修理费
化铁炉	2套		500.00元	修理费
化铁炉工具	1套	全损	1150.00元	
合计			7000.00元	
(原料)				
铁砂	324磅		3888.00元	每磅12.00
五金	153.5磅		2302.50元	每磅15.00
笔铅粉	2820磅		1818.90元	每磅0.645
合计			8009.40元	
总计			38509.40元	

23.中国兴业公司机器部1940年度财产间接损失报告表(工业部分)(1941年1月14日)

填送日期:三十年一月十四日

分类		数额
可能生产额减少		46260.00元
可能纯利额减少		17301.00元
用费之增加	拆迁费	—
	防空费	3761.00元
	救济费	7080.00元
	抚恤费	—

附注:

(一)本公司资本总额1200万元,内经济部100万元,四川省政府50万元,商股1050万元。依照本表所列损失总数74402.00元比例摊派,计经济部为6200.17元,四川省政府为3100.08元,商股为65101.75元。

(二)本表数字系二十九年份之损失。

24. 中国兴业公司钢铁部为填送抗战损失调查表请汇转事致秘书处文(1941年2月11日)

接准贵处二十九年十二月十一日秘发字第136号大函暨抗战损失调查表式,嘱查案填列,以凭汇转,等由。兹将应填各表按照规定分别填列,随函送达,即希查照汇转。此致:

秘书处

附表6份计24张

中国兴业公司钢铁部启
二月十一日

1)中国兴业公司钢铁部1940年7月8日被炸财产损失报告单

事　　件:被炸

日　　期:二十九年七月八日

地　　点:重庆市大溪沟

填送日期:三十年二月十二日

损失项目	单位	数量	价值
钢铁部机器厂机器			8000.00元
原料			7000.00元
房屋			23500.00元

2)中国兴业公司钢铁部1940年7月16日被炸财产损失报告单

事　　件：被炸

日　　期：二十九年七月十六日

地　　点：江北香国寺

填送日期：三十年二月十二日

损失项目	单位	数量	价值
钢铁部房屋			8000.00元
机器零件			4340.00元

3)中国兴业公司钢铁部1940年7月31日被炸财产损失报告单

事　　件：被炸

日　　期：二十九年七月三十一日

地　　点：江北区香国寺

填送日期：三十年二月十二日

损失项目	单位	数量	价值
钢铁部房屋被炸修复			50000.00元
家具			2586.00元
机器			71700.00元
建筑			40500.00元

4)中国兴业公司钢铁部1940年9月15日被炸财产损失报告单

事　　件：被炸

日　　期：二十九年九月十五日

地　　点：江北香国寺

填送日期：三十年二月十二日

损失项目	单位	数量	价值
钢铁部房屋			4656.00元
道路			770.00元

5) 中国兴业公司钢铁部1940年7月31日被炸人口伤亡调查表

事件:敌机投弹

日期:二十九年七月三十一日

地点:江北香国寺

填送日期:三十年二月十二日

姓名	性别	职业	年龄	最高学历	伤或亡	费用 医药	费用 葬埋
房代珠	男	砖工			亡		263.50元
何朝福	男	卫士			伤	30.00元	
陈克山	男	砖工			伤	15.00元	
彭守成	男	砖工			伤	15.00元	
左家立	男	砖工			伤	15.00元	
王绍成	男	砖工			伤	15.00元	
曾绍成	男	窑工			伤	20.00元	
余少清	男	窑工			伤	20.00元	
汪炳云	男	伙夫			伤	20.00元	
段庆云	男	工友			伤	10.00元	

6) 中国兴业公司钢铁部财产间接损失报告表(工业部分)

填送日期:三十年二月十二日

分类		数额
钢铁部可能生产额减少		912000.00元
钢铁部可能纯利额减少		304000.00元
用费之增加	钢铁部拆迁费	65000.00元
	钢铁部防空费	1750000.00元
	钢铁部救济费	4287.00元
	钢铁部抚恤费	550.00元

25. 中国兴业公司矿业部职员张天华为寓所5月16日被炸损毁请求救济事呈矿业部经理文(1941年5月17日)

敬呈者。查职赁居之两路口(门牌99号)文光甜食店二楼寓所,业于五月十六日被敌机投弹炸坏,所有屋内家具什物等,俱已被毁,损失约在700.00余元。值此物价昂贵,生活艰困之时,实属无力购置,理合缮具损失物品单,签请鉴核,予以转呈救济,实为德便!谨呈:

经理薛

计呈损失物品单1纸

职　张天华　谨呈
五月十七日

附:

张天华5月16日被炸损失清单

名称	数量	金额	备考
楼床	1座	约洋150.00元	
大凉床	1座	约洋25.00元	
方饭桌	2只	约洋50.00元	
大方椅子	2只	约共洋50.00元	
大长条案	1只	约洋40.00元	
方木凳	4只	约共洋40.00元	
大水缸	1只	约洋20.00元	
大缸盖	1只	约洋5.00元	
电灯及电料	2盏	约洋120.00元	
其余坛罐零物等		约洋100.00元	
洗脸盆桌架	1只	约洋30.00元	
房租	2月半	计洋87.50元	每月35.00元
合计		约洋717.50元	

26. 中国兴业公司矿业部职员严家骏等为报告被炸损失情形请求救济呈矿业部经理文(1941年5月)

敬呈者。本月三日上午十时许发出警报,职等相继避入总公司防空洞,未几敌机数十架偷袭渝空、滥施轰炸,情势恶劣,洞内震动异常,受惊非浅。嗣警报解除后,皆奔返本部,始悉职等寝室墙壁被弹炸坍,石块倾倒满屋,尚有厨房等处,亦被震塌。职等寝室内所有行李物件悉被倒压,当即督率工友轮班协力搬挖,然衣服物件咸经打碎压破,取出稍可使用者,十不得一。窃维职等薪津微薄,每月收入仅能糊口而已,蒙此意外损失,何堪支持,只有将损失物价开列清单,呈请察核予以救济,并恳转呈总公司照数给偿,职等则感戴无既矣。谨呈:经理薛

职　严家骏

冯毓德

黄玉麟

薛鸿昌

王滨臣

民国三十年五月

附表一:

会计员严家骏被炸损失清单

名称	数量	金额	备考
呢帽	1顶	计洋80.00元	
28寸皮箱	1只	计洋120.00元	
被单	2条	计洋50.00元	
绣花枕头	1个	计洋20.00元	
绸面棉被	1条	计洋100.00元	
垫絮	1条	计洋20.00元	
眼镜	1付	计洋120.00元	
万利剃刀	1付	计洋35.00元	连刀片2张
三星花露水	1瓶	计洋12.00元	
头油	1瓶	计洋20.00元	
领带	3条	约计洋50.00元	
花绒西裤	1条	计洋200.00元	
花哔叽西装	1套	计洋500.00元	
麻绸衬衫	2件	计洋50.00元	
袜子、短裤、汗衫等		约计洋50.00元	
面盆	1只	计洋50.00元	
皮鞋	1双	计洋70.00元	
洗膳用具		约计洋20.00元	

续表

名称	数量	金额	备考
镜子	1面	计洋10.00元	
绒绳背心	1件	计洋50.00元	
合计		计洋1627.00元	

附表二：

会计员冯毓德被炸损失清单

名称	数量	金额	备考
被子	2床	计洋190.00元	
麻绸枕头	2个	计洋35.00元	
褥子	1床	计洋50.00元	
褥单	1床	计洋25.00元	
床单	1床	计洋35.00元	
皮褥	1床	计洋55.00元	
皮鞋	2双	计洋140.00元	
绒呢便鞋	1双	计洋35.00元	
大衣	1件	计洋300.00元	
夹被	1条	计洋50.00元	
柳条箱	2只	计洋90.00元	
衬衣	2件	计洋60.00元	
短裤	2件	计洋30.00元	
哔叽中山装	1件	计洋100.00元	
刷口杯等		计洋20.00元	
会计原理学	1本	计洋15.00元	
合计		计洋1230.00元	

附表三：

会计科职员王滨臣被炸损失清单

名称	数量	金额	备考
白瓷面盆	1只	计洋50.00元	
绸衬衫	1件	计洋30.00元	

续表

名称	数量	金额	备考
白府绸短衫裤	2套	计洋50.00元	
袜子	2双	计洋14.00元	
皮鞋	2双	计洋120.00元	
花呢平底鞋	1双	计洋30.00元	
洗漱用具等		约计洋25.00元	
合计		计洋379.00元	

附表四：

事务员薛鸿昌被炸损失清单

名称	数量	金额	备考
32寸新皮箱	1只	计洋160.00元	
22寸皮箱	1只	计洋60.00元	
被单	2条	计洋70.00元	
油布	1条	计洋32.00元	
枕头	1个	计洋15.00元	
绸面棉被	1条	计洋100.00元	
垫被	1条	计洋25.00元	
面盆	1只	计洋40.00元	
漱口杯	1只	计洋8.00元	
皮鞋	2双	计洋110.00元	
双钥匙牌剃刀	1把	计洋70.00元	
三益牌电筒	1只	计洋35.00元	
压破棉单、夹单、长袍3件，短装4套		约计洋500.00元	尚有零星物件不尽详载
合计		计洋1225.00元	

附表五：

事务员黄玉麟被炸损失清单

名称	数量	金额	备考
28寸皮箱	1只	计洋110.00元	

续表

名称	数量	金额	备考
驼绒袍	1件	计洋130.00元	
黄机布中山装	1套	计洋80.00元	
衬衣	2件	计洋40.00元	
短裤、汗衫	各2件	计洋18.00元	
长衫衣料	1.4丈	计洋60.00元	
合计		计洋458.00元	

27. 中国兴业公司钢铁部为转报该部机器厂6月10日被炸损失情形请备案呈总经理、协理文（1941年6月13日）

据本部机器厂呈称："十日敌机袭渝时，本厂前面距约50米远处之同化堂药房后面中弹1枚，又隔厂房后约70米远处之蒲草田坎上共中弹5枚，本厂汽锤房屋顶铁瓦略有损坏，绘图房屋顶被飞石穿破1孔，余均无恙。所有各情，理合具文呈报备案。"等情，据此。理合备文转呈，伏祈鉴核备案。谨呈：

总经理傅、协理胡

钢铁部

六月十三日

28. 中国兴业公司钢铁部为报呈6月29日被炸损失情形请备案呈总经理、协理文（1941年6月29日）

敬呈者。本日空袭，本部附近江北、汉中公司及先农面粉厂河边落有炸弹数枚，本部各部分受震相当剧烈，窗户玻璃震破不少，余无损害，谨此呈报，敬祈鉴核。此上：

总经理傅、协理胡

钢铁部

六月二十九日

29. 重庆市工商各业空袭损害调查表（1941年7月18日）

三十年七月十八日

商号名称	主体人姓名	住址	损失情形 人 伤	损失情形 人 亡	损失情形 物 种类名称	损失情形 物 价值总额	被炸日月	营业状况 被炸前	营业状况 被炸后	备考
中国兴业公司	总经理胡汝霖、协理胡子昂	重庆村23号	无	无	办公桌3间	19700.00元	七月六日		迁至中四路131号照常办公	
					车房3间	1172.00元				
					厨房2间	330.00元				
					门房1间	326.00元				
					洗浴1间	118.00元				
					朝门1座	326.00元				
					纱门窗架	1248.00元				
					木器17件	2207.00元				

30. 中国兴业股份有限公司物料委员会为报呈7月5日被炸损失情形请备案事呈总经理、协理文（1941年7月23日）

谨签者。查本月五日敌机袭渝，本公司重庆村23、24两号办公处所房屋震塌，将存放本会已为钢铁部购妥尚未送交之物料，计竹扁担6根、水瓢6个、竹扫帚4把、小扫把2个、棕绳3付、石膏34斤10两，一并炸毁，不能应用。理合具文呈报，敬祈准予核销，实为公便。谨呈：

总经理傅、协理胡

物料委员会谨签

七月二十三日

31. 中国兴业股份有限公司电业部华明电厂经理为报告7月末被炸损失情形致该公司电业部文（1941年7月31日）

敬呈者。二十八日敌机30余架分批窜扰内江及贡井一带，上午十一时左右，第三批敌机9架在内江市空盘旋投弹数十，离厂百码余处落弹四五枚，右方约二百码处亦落有2弹，厂房幸未殃及，仅厂外高低路线被炸断数处，毁电杆2根、瓷瓶3只，业当日赶行修复。有因用户房屋被炸塌，所装电表被毁坏，尚在调查中。厂中员工无恙，惟营业组主任雷季高住宅被炸损失甚大。前昨两日警报，敌机飞过未投弹。特此呈报。此上：
电业部

中国兴业股份有限公司电业部华明电厂经理
中华民国三十年七月三十一日

32. 中国兴业股份有限公司钢铁部为报呈8月8日被炸损失情形请备案致公司总经理、协理文（1941年8月8日）

敬呈者。八月八日午后三时许，敌机第四批袭渝，本部被炸，共中弹4枚。一中轧钢厂马达房外，护墙沙包被炸震倒，工友一名受伤。该厂马达幸未损坏。一落运输组涪渝段工友草棚中，全部草房炸毁，炸伤运输工友一名。另有2弹落于传达处前面空地，传达处房屋全部震毁，仅余空架1座。本部前门、运输道大门及涪渝段办公室、警卫股办公室，均部分震坏。考工系、火砖厂等处，均因破片伤毁墙壁、屋瓦甚多。电线亦炸毁不少，已函电力公司检查修理。其它办公室、住宅、宿舍玻璃、窗屋瓦及房内器物，亦略有损坏。除函中央信托局查勘理赔外，谨此备函呈报，敬请鉴核备查。此上：
总经理傅、协理胡

钢铁部
八月八日

33. 中国兴业股份有限公司机器部经理陆成爻为报呈8月20日被炸损失请备案事呈总经理、经理文（1941年8月21日）

敬呈者。本月二十日敌机袭渝，市区惨遭损害，本部房屋与职员宿舍同时均因附近着火延烧整个被焚，迟至翌晨余烬仍炽。本部动产、职员衣履、被褥以及零星物件悉数毁灭，所幸官章本戳、文卷要件、会计账目事先经预防空袭值日员工携避美趣时颜料行防空洞，并无损失。至人和湾机厂左近亦落炸弹，厂屋受震甚剧，但机件一切如常，惟该厂所筑之防空壕相距咫尺之间中弹爆发，致碎片飞入击伤数人，惟尚属轻微。其它均庆安全。已将经过情形分别于当日及二十一日特派沈主任维棠、周秘书云樵面陈钧公司，现在本部暂移人和湾机厂办公，除本部被毁各项器件正饬造报，并一面调查员工遭受空袭损害实况，遵章另文请求救济外，理合具文呈报，仰祈鉴核备案。谨呈：
总经理、协理

机器部经理　陆成爻

八月二十一日

34. 中国兴业公司钢铁部为报销8月8日空袭损失公物请鉴核备案致总经理、协理文（1941年8月29日）

敬呈者。据本部事务科转陈该科警卫股警字第103号函称，"八日敌机袭渝时，本股传达处及警卫队第一班卫士宿舍门前中爆炸弹1枚，室内被弹片击坏公私物件甚多，多属卫士装具，为值勤时所必需，理合缮具公物损失详表，备文呈请鉴核、核销补制发给"等情。经核尚无不实，业准核销补。谨此，检同公物损失表1份，备文陈请鉴核备查，并赐转知物委会照表购制，俾便转发应用。此上：
总经理傅、协理胡
附上被炸公物损失表1份

钢铁部

八月二十九日

附表一：

8月8日被炸公物损失表

品名	损失数量	备注
江津熟料	约25吨	
江津生料	约5吨	
永宁生料	约4吨	
江津半成品砖	约7吨	
永宁半成品砖	约6吨	
江津生料火泥	约3吨	
江津标准砖	8356块	二次报来实计10234块
江津异形砖	3218块	

附表二：

中国兴业公司钢铁部警卫股1941年8月8日被炸损失公物详表

公物名称	损坏数目	原领用人姓名	备注
草绿色军服	4套	卫士吴明宣、胡兴根、牟华、辛书元各1套	
雨衣	8件	卫士吴明宣、胡兴根、王玉胜、叶健耀、关润之、周南甫、牟华、辛书元各1件	
皮带	2根	卫士胡兴根、唐年高各1根	
绑腿	4双	卫士胡兴根2双、王玉胜、牟华各1双	
胶鞋	5双	卫士吴明宣、王玉胜、唐年高、周南甫、辛书元各1双	

35. 中国兴业公司钢铁部涪厂为造送该厂驻城办事处遭受轰炸损失清册请核备致总经理文（1941年9月2日）

查八月二十三日敌机肆虐涪城，本厂驻城办事处亦受震毁，除通城电话线长约数十丈、电杆1根均被焚烧外，其余物件等项亦略有损失，用特造具家具损失清册1份，送请察核备案。此致：

经理室

附清册1份

中国兴业公司钢铁部涪厂启
中华民国三十年九月二日

附：

中国兴业公司钢铁部涪厂驻城办事处造呈敌机轰炸损失家具清册

物别	损失件数	物别	损失件数
白玉品碗	2个	钵子	1个
白玉圆碗	8个	铁锅	1口
白玉饭碗	11个	小铜瓢	1把
白玉调羹	6个	洋锁	3把
白玉油碟	9个	票夹子	2个
白玉七寸碟	1个	被条	2床
白玉茶碗	1个	篾席	1根
白玉茶盖	2个	新旧毛巾	4张
白玉茶盅	2个	土痰盂	1个

36. 中国兴业公司矿业部事务科办事员王振邦为报告7月29日被炸损失情形请予以救济呈经理文（1941年9月8日）

窃振邦寓居本市神仙洞街234号门牌，房屋于七月二十九日被敌机投弹炸毁，所有衣物、用具等尽付一炬，损失惨重。本应事前预为准备，奈以振邦来自外省，本地无可寄托亲友以及存放衣物之处，容或乡间可以觅到房屋，但眷属一经迁移下乡，则耗费即须增加一倍，实非振邦经济力量所能维持。设或一遇空袭，尽将衣物桌椅板凳搬入洞中，则又为时势所不容许，只好任其自然，听天由命。振邦不幸竟尔遭此意外损失，为此，检同失物清单，即恳钧座鉴核怜悯，转请予以救济，则感戴无极。谨呈：

经理薛

附损失清单1纸

职　王振邦　谨呈

九月八日

附：

王振邦7月29日被炸损失清单

名称	数量	合计	备考
铺盖	3床	合洋500.00元	绿绸面6斤絮1床、线春面8斤絮1床、麻纱面8斤絮1床
灰色军毯	1条	合洋50.00元	
方蚊帐	2顶	合洋60.00元	
红兰花斜纹床单	2条	合洋96.00元	
油布	1条	合洋24.00元	
枕头	2对	合洋40.00元	
中山呢制服	2套	合洋90.00元	
青呢大衣	1件	合洋120.00元	
草绿色卡机布制服	1套	合洋60.00元	
衣箱	2只	合洋70.00元	
皮鞋	1双	合洋60.00元	
棉绸旗袍	1件	合洋140.00元	
棉短衣	1套	合洋120.00元	
衬衣	2件	合洋56.00元	
夹袍	1件	合洋80.00元	
长衫	2件	合洋60.00元	
绒绵衣	1件	合洋50.00元	小
单衣夹衣	3件	合洋31.00元	小
披肩	1件	合洋30.00元	小
大架子床	1只	合洋45.00元	
府绸衬衣	2件	合洋50.00元	女
方桌	1只	合洋30.00元	
三屉桌	1只	合洋20.00元	
长凳	2只	合洋7.00元	
铺板	1付	合洋8.00元	
铺凳	1付	合洋5.00元	
椅子	2只	合洋12.00元	
饭锅	1只	合洋18.00元	

续表

名称	数量	合计	备考
大小饭碗	16只	合洋30.00元	
盘子	6只	合洋12.00元	
水缸	1只	合洋12.00元	
茶壶	1只	合洋16.00元	
茶杯	4只	合洋8.00元	
食米	3斗	合洋90.00元	
共计		国币2100.00元	

附中国兴业公司总务处文于下：

迳启者。贵部(辛)矿签字第162号签呈1件，为事务科办事员王振邦房屋于七月二十九日被炸，焚毁衣物、用具，呈请救济由。经奉批准借助洋400.00元，自三十一年四月份起分四个月扣还，等因。除分知外，相应函达，即希查照为荷。此致矿业部。中国兴业公司总务处启。九月二十日。

37. 中国兴业股份有限公司电业部华明电厂为报呈7月28日、8月22日被炸损失情形致该公司电业部文（1941年9月15日）

敬呈者。查敌机于七月二十八日及八月二十日两次袭内，厂外线所受损失经详细调查如附表内。关于用户所装电表之损失，前传闻有10余具以上，因表灯用户房屋或商店被炸，即无从接洽，后屡经派员切实调查，其中甚多房屋虽被炸焚，于事前将电表疏散乡间得以保存，并愿继续保管备用，而确实被毁者前后仅有7具。至于属厂所受损失应如何处理，理合呈报鉴核示遵。此上：

电业部

中国兴业股份有限公司电业部华明电厂经理启

中华民国三十年九月十五日

附表一：

电业部华明电厂7月28日敌机袭内电厂外线损失清单

街名	损失情况	附注
三民路	电杆1根，1号弯脚瓷瓶3只，$\frac{7}{16}$#裸铜线50码。	已重换
复兴路	电杆1根下端被炸断	仍就原样利用
新生路	表灯用户泰来商店被炸，据云电表已毁无踪，后屡经派员调查，被毁非事实。据雷季高君报称：该商店主已亲面承电表已疏散在乡间，俟保管人由渝返内后，送厂检查。	尚检验
以上共计损失：电杆2根、1号弯脚瓷瓶3只、$\frac{7}{16}$#裸铜线50码。			

附表二：

电业部华明电厂8月22日敌机袭内电厂外线损失清单

街名	损失情况	附注
临江路	电杆6根，1号弯脚瓷瓶18只，$\frac{7}{16}$″裸铜线1500呎，$\frac{1}{16}$″皮线320呎，均被炸烧	已补充电杆1根、线路利用已烧过铜线，余待修
临江路	表灯用户所装电表：正福昌3A11439134号电表，仁和源3A11639059号电表，后昌祥3A1094973号电表及集义长3A18558027号电表，各1具。调查确实，均被炸焚毁（另有诚康裕、永康、兴发源等三用户之电表，于火势延蔓时为防护团团员拆去，经责令该用户等负责追回，现仅兴发源一户之表尚未领回，该用户自愿负责）	另有两具用户自备电表被毁
新生路及中山路	高压$\frac{1}{12}$#皮线700码，低压$\frac{7}{16}$#裸铜线600码，$\frac{1}{16}$#皮线400呎，电杆1根下端被炸毁	高压已补充新线$\frac{1}{8}$#500码，低压则全补用临江路被烧铜线，电杆仍利用，全部修复
新生路及中山路	表灯用户：杏林村所装1.5A12589010号电表，德容1.5A12662410号电表各1具被炸毁	
小东街	电杆5根，1号弯脚瓷瓶15只，2号弯脚瓷瓶12只，$\frac{1}{16}$#皮线780呎，所制表0.95A及1.8A各1具，均被炸毁	待修
小东街	表灯用户：燊和运输行所装3A10905909号电表1具被毁	
箭道街	电杆1根，3号弯脚瓷瓶2只，$\frac{1}{14}$#皮线840呎被炸断	待修

续表

街名	损失情况	附注
华佗街	电杆1根，2号弯脚瓷瓶2只，$\frac{7}{20}$#皮线700呎被炸毁	待修
以上共计损失：电杆14根，1号弯脚瓷瓶33只，2号弯脚瓷瓶2只，3号弯脚瓷瓶2只，$\frac{7}{16}$#裸铜线3300呎，$\frac{7}{20}$#皮线700呎，$\frac{1}{14}$#皮线840呎，$\frac{1}{16}$#皮线1500呎，3A电表5具，1.5A电表2具，0.95A、1.8A所制表各1具		

38. 中国兴业股份有限公司钢铁部为核送8月8日被炸损失清单及接收书请代为交涉赔款事致华西兴业公司文（1941年9月17日）

查八月八日，本部被炸受损，经于是日以钢字第4973号函中央信托局保险部勘察订赔，并于十八日以钢字第5011号函奉达在案。现损失清单业已造缮完竣，益中公证行接受书亦经填就。兹特备函送达，即请查照，将清单转送中央信托局产物保险处，接受书交益中公证行，代为交涉赔款事宜，俾早日领款，至深感荷。此致：

华西兴业公司

附送损失清单、接受书各2纸

钢铁部
三十年九月十七日

附：

中国兴业公司8月8日被炸损失

保单号数	保险标的物	投保金额	损失情形	修复工料价
8584	窦家院总办公室	15000.00元	青瓦	1650.00元
8584、7777	轧钢厂房屋	150000.00元	青瓦、檐口板、水泥、水管及砖墙等	7740.00元
8584	工友眷属住宅(火砖厂外)	30000.00元	青瓦	720.00元
8584、7777	火砖厂窑房	20000.00元	青瓦	900.00元
8584	火砖厂干燥棚、干燥室及烟囱	8000.00元	青瓦	560.00元

续表

保单号数	保险标的物	投保金额	损失情形	修复工料价
8584、7777	火砖厂原料房	20000.00元	青瓦	630.00元
8584	火砖厂原料棚(1号)	5000.00元	青瓦	750.300元
8584、7777	火砖厂办公室	20000.00元	青瓦	450.00元
7777	火砖厂原料棚	13000.00元	青瓦	1800.00元
7777	火砖厂工具室及职员食堂	7000.00元	青瓦	1200.00元
8584	火砖厂原料棚(4号)	5000.00元	青瓦	560.00元
8584	火砖厂成品仓库	7000.00元	青瓦	2300.00元
7777	新职员住宅乙丙4幢	42000.00元	青瓦	1800.00元
8584、7777	电炉厂厂房	50000.00元	青瓦	1200.00元
8584、7777	机器厂厂房	15000.00元	青瓦	400.00元
8584	医药室	5000.00元	青瓦	180.00元
8584	第一排职员宿舍	12000.00元	青瓦	4400.00元
8584	第二排职员宿舍	120000.00元	青瓦	4400.00元
7777	第三排职员宿舍	13000.00元	青瓦	4200.00元
	合计	449000.00元		38540.00元

接受书已接收20653.18元

39. 中国兴业公司电业部为报送所属内江华明电厂抗战财产损失单致总经理、协理文(1941年12月3日)

敬呈者。前奉钧座中发字第860号示函,嘱将本年度因空袭所受直接、间接损失分别列报,等因。兹遵将本部所属内江华明电厂本年七八两月因空袭所受厂外线路及电表等损失,约计国币15344.00元,开列财产损失报告单,奉陈察核汇转。此上：

总经理、协理

附财产损失报告单1份

电业部

三十年十二月三日

附表一：

中国兴业公司内江华明电厂财产损失报告单

事　　件：市街被炸延烧

日　　期：三十年七月二十八日、八月二十二日两次

地　　点：内江县三民路及临江路等

填送日期：三十年十二月二日

损失项目	单位	数量	总价
电杆	根	16	1920.00元
一号弯脚瓷瓶	只	36	720.00元
二号弯脚瓷瓶	只	2	30.00元
三号弯脚瓷瓶	只	2	24.00元
$\frac{7}{16}$#裸铜线	呎	3450	1600.00元
$\frac{7}{20}$#皮线	呎	700	1750.00元
$\frac{1}{14}$#皮线	呎	840	2100.00元
$\frac{1}{16}$#皮线	呎	1500	2500.00元
3A电表	具	6	3000.00元
1.5A电表	具	2	1000.00元
0.95A限制表	具	1	350.00元
1.8A限制表	具	1	350.00元
合计			15344.00元

附表二：

中国兴业公司内江华明电厂1941年度厂外线路、电表受敌机轰炸损失汇报表

名称	数量	单位	单价	损失原由	备注
电杆	16	根	120.00元	轰炸延烧	内江7月28日及8月22日敌机轰炸所延烧
一号弯脚瓷瓶	36	只	20.00元	轰炸延烧	
二号弯脚瓷瓶	2	只	15.00元	轰炸延烧	
三号弯脚瓷瓶	2	只	12.00元	轰炸延烧	
$\frac{7}{16}$#裸铜线	3450	呎		轰炸延烧	
$\frac{7}{20}$#皮线	700	呎		轰炸延烧	

续表

名称	数量	单位	单价	损失原由	备注
$\frac{1}{14}$#皮线	840	呎		轰炸延烧	内江7月28日及8月22日敌机轰炸所延烧
$\frac{1}{16}$#皮线	1500	呎		轰炸延烧	
3A电表	6	具	500.00元	轰炸延烧	
1.5A电表	2	具	500.00元	轰炸延烧	
0.95A限制表	1	具	350.00元	轰炸延烧	
1.8A限制表	1	具	350.00元	轰炸延烧	

40. 中国兴业公司矿业部1940年重庆康宁路3号被炸财产损失报告单(1941年)

事　　件:被炸

日　　期:二十九年

地　　点:重庆康宁路3号

填送日期:三十年

损失项目	单位	数量	价值
矿业部洗车修理			716.00元
矿业部房屋修理			1834.05元
矿业部被炸人损救济			720.00元

41. 中国兴业公司矿业部财产间接损失报告表(工业部分)(1941年)

填送日期:三十年

分类		数额
矿业部可能生产额减少		—
矿业部可能纯利额减少		—
用费之增加	矿业部拆迁费	—
	矿业部防空费	—
	矿业部救济费	720.00元
	矿业部抚恤费	

42. 中国兴业公司机器部1940年8月20日被炸财产损失报告单(1941年)

事　　件:被炸

日　　期:二十九年八月二十日

地　　点:重庆林森路134号

填送日期:三十年

损失项目	单位	数量	价值
机器部办公房屋装修			1057.00元
机器部各项文具			715.00元
机器部汽轮机图书		4册	213.00元
机器部各种机械图样		10种	5000.00元
机器部各项器具		25种	4387.00元
机器部各种仪器			690.00元
机器部各种印刷表单			2068.00元

43. 中国兴业公司机器部财产间接损失报告表(工业部分)(1941年)

填送日期:三十年

分类		数额
机器部可能生产额减少		46260.00元
机器部可能纯利额减少		17301.00元
用费之增加	机器部拆迁费	——
	机器部防空费	3761.00元
	机器部救济费	7080.00元
	机器部抚恤费	

44. 中国兴业公司机器部1941年度财产间接损失报告表（工业部分）（1942年1月31日）

填送日期：三十一年一月三十一日

分类		数额
可能生产额减少		81000.00元
可能纯利额减少		20250.00元
用费之增加	拆迁费	——
	防空费	13860.00元
	救济费	——
	抚恤费	——

附注：

（一）本公司资本总额1200万元，内经济部100万元，四川省政府50万元，商股1050万元。依照本表所列损失总数115110.00元比例摊派，计经济部为9592.50元，四川省政府为4796.25元，商股为100721.25元。

（二）本表数字系三十年份之损失。

45. 中国兴业公司钢铁部为送呈更正后之抗战损失调查表请查照办理事致公司总务处文（1942年2月23日）

前准贵处中总发字第4306号函，附原填因轰炸损失报告单表、经济部指令抄件等，嘱分别更正，等由。自应照办。查是案二十九年损失部分，系准秘书处是年十一月二十一日秘字第136号函办理。三十年损失部分，系奉总、协理是年十一月十五日中发字第860号函办理。人口伤亡依照修正抗战损失查报须知第一条规定办理，实已失去时效。经向所在地警察分局洽商，仅允予证明，不允追报。所有财产损失报告单，业经遵照部令更正。人口伤亡调查表究应如何办理之处，拟请转呈总、协理核示。相应将更正各单暨间接损失报告表，先行备函送达，即希查照办理。此致

总务处

附送单表7份，共28张

中国兴业公司钢铁部启

二月二十三日

附表一：

中国兴业公司钢铁部1940年7月8日被炸财产损失报告单

事　　件：被炸

日　　期：二十九年七月八日

地　　点：重庆市大溪沟

填送日期：三十年二月十二日

损失项目	单位	数量	价值
机器			8000.00元
原料			7000.00元
房屋			23500.00元
厂房	间	16	23500.00元

附表二：

中国兴业公司钢铁部1940年7月16日被炸财产损失报告单

事　　件：被炸

日　　期：二十九年七月十六日

地　　点：江北香国寺

填送日期：三十年二月十二日

损失项目	单位	数量	价值
钢铁部房屋			8000.00元
厂房	间	12	5800.00元
宿舍	间	7	2200.00元
机器零件			4340.00元

附表三：

中国兴业公司钢铁部1940年7月31日被炸财产损失报告单

事　　　件:被炸

日　　　期:二十九年七月三十一日

地　　　点:江北区香国寺

填送日期:三十年二月十二日

损失项目	单位	数量	价值
房屋被炸修复			50000.00元
建筑			40500.00元
厂房	间	46	56410.00元
办公室宿舍住宅	间	64	34090.00元
家具			2586.00元
机器			71700.00元

附表四：

中国兴业公司钢铁部1940年9月15日被炸财产损失报告单

事　　　件:被炸

日　　　期:二十九年九月十五日

地　　　点:江北香国寺

填送日期:三十年二月十二日

损失项目	单位	数量	价值
房屋			4656.00元
厂房	间	7	4656.00元
道路			770.00元

附表五：

中国兴业公司钢铁部财产间接损失报告表

填送日期:三十年十二月一日

分类	数额
可能生产额减少	1200000.00元

续表

分类		数额
可能纯利额减少		240000.00元
用费之增加	拆迁费	14000.00元
	防空费	20000.00元
	救济费	1492.00元
	抚恤费	——

附表六：

中国兴业公司钢铁部1941年8月8日被炸财产损失报告单

    事　　件：被炸

    日　　期：三十年八月八日

    地　　点：江北香国寺

填送日期：三十年十二月一日

损失项目	单位	数量	价值
房屋	间	150	35840.00元
厂房	间	44	15300.00元
办公室住宅宿舍	间	96	15740.00元
土墙	英方	120	4800.00元
打水船	艘	2	3380.00元

附表七：

中国兴业公司钢铁部财产间接损失报告表（工业部分）

填送日期：三十年二月十二日

分类		数额
钢铁部可能生产额减少		912000.00元
钢铁部可能纯利额减少		304000.00元
用费之增加	钢铁部拆迁费	65000.00元
	钢铁部防空费	1750000.00元
	钢铁部救济费	4287.00元
	钢铁部抚恤费	550.00元

三、军政部所属电信机械修造厂、交通机械修造厂等抗战财产损失

1. 军政部电信机械修造厂为呈报6月27日被炸经过及损失大概情形请派员履堪并准予备案事呈交通司文（1940年6月27日）

窃查本厂于六月二十七日正午十二时三十分左右，横遭敌机轰炸，计厂内共落重磅炸弹3枚，厂外附近并落弹多枚。其损毁大概，计传达室、电话间、值日官室、诊疗所及杂物储藏室全部倒塌，试验室震毁3间，办公时7间内文书服1间全部被毁，其余门、窗、板壁、灰顶，均震毁剥落，电机间接线工场全部倒塌。又，职员宿舍倒塌1间，材料库震毁1间，其余全厂房屋墙壁、瓦片、玻璃，几全部剥落破碎。又新建而未完工之房屋4座亦大半震毁，并有工人两名，一受重伤，一受轻伤。职员眷属住宅左右亦落2弹，3座几全部震毁，而寄居附近之员工住所，或落弹，或震毁，所受损失，亦属不赀。兹为紧急处置起见，一面积极挖掘，同时雇工修理，除所有一切修理费用，事后据实报销，并将损失公私物料一俟调查确实，另案造册呈报外，所有被炸经过，理合先行具文呈请鉴核，派员履勘，并乞准予备案，实为公便。谨呈：
司长王

全衔厂长　张〇〇[①]
中华民国二十九年六月二十七日

[①] 即张启华，下同。

2. 军政部电信机械修造厂为呈报该厂6月27日被炸损失汇报表及人口伤亡调查表请鉴核备案呈交通司文（1940年7月4日）

窃查本厂六月二十七日被炸,当日曾以电总(二九)渝字第1207号呈文,将被炸情形先行呈报在案。至于本厂财产损失及人口伤亡,除员工私物损失俟另案汇请救济外,业经分别详细调查清楚,计建筑物损失值12940.00元,器材损失值61260.50元,家具、器皿、杂件损失值14982.82元,医药用品损失值1057.30元,合计共值90240.62元整。惟该项损失价值均系照购置或建筑时物价计算,如照目前市价修理或补充,其价恐将在数倍。理合造具财产损失汇报表及人口伤亡调查表、死亡证书各3份,备文呈报,仰祈鉴核备案,实为公便。谨呈:

司长王

附呈财产损失汇报表及人口伤亡调查表、死亡证书各3份

军政部电信机械造厂厂长　张启华
中华民国二十九年七月四日

附表一:

军政部电信机械修造厂人口伤亡调查表

事件:敌机炸死

日期:民国二十九年六月二十七日

地点:重庆李子坝

填送日期:二十九年六月二十九日

姓名	性别	职业	年龄	最高学历	伤或亡	费用 医药	费用 葬埋
闻采臣	男	工匠	37		亡		104.50元

附表二：

军政部电信机械修造厂1940年6月27日被炸财产损失汇报表

事件：敌机炸毁

日期：民国二十九年六月二十七日

地点：重庆李子坝河街3号

填表日期：民国二十九年六月二十九日

分类	金额
共计	90240.62元
建筑物	12940.00元
器材	61260.50元
家具、器皿、什件	14982.82元
医药用品行	1057.30元

附表三：

军政部电信机械修造厂1940年6月27日被炸建筑物损失报告单

事件：敌机炸毁

日期：民国二十九年六月二十七日

地点：重庆李子坝河街3号军政部电信机械修造厂

填送日期：二十九年六月

损失项目	被灾情形	单位	数量	价值（国币）
会客室	全毁	间	1	300.00元
传达室	全毁	间	1	300.00元
值日官室	全毁	间	1	300.00元
诊疗室	全毁	间	1	300.00元
什件储藏室	全毁	间	1	300.00元
文书股办公室	全毁	间	1	300.00元
审核主任办公室	损毁	间	1	200.00元
工务处、总务科、会计科、厂长办公室	损毁	间	5	500.00元
试验室	全毁	间	2	600.00元
试验室	损毁	间	4	600.00元

续表

损失项目	被灾情形	单位	数量	价值(国币)
电池室、成品室	损毁	间	5	400.00元
车工场	损毁	间	4	400.00元
钳工场	损毁	间	12	700.00元
木工场、漆工场、电池工场	损毁	间	9	300.00元
抛床室、电镀室	损毁	间	3	150.00元
接电线工场、电机工场	全毁	间	3	900.00元
接电线工场、电机工场	损毁	间	2	300.00元
材料库	损毁	间	20	200.00元
卫兵室	损毁	间	6	100.00元
职员宿舍	全毁	间	1	300.00元
职员宿舍	损毁	间	6	500.00元
工人宿舍	损毁	幢	3	300.00元
厕所	损毁	座	3	150.00元
岗楼	损毁	间	2	20.00元
厂大门	损毁	扇	2	20.00元
职员住宅	全毁	间	5	3000.00元
职员住宅	损毁	间	10	1500.00元
合计				12940.00元

附注:以上损失价值照1938年4月间建筑时造价计算,照目前市价修理,约需80000.00元左右。

附表四:

军政部电信机械修造厂1940年6月27日被炸器材损失报告单

事件:敌机炸毁

日期:民国二十九年六月二十七日

地点:重庆李子坝河街3号军政部电信机械修造厂

填送日期:二十九年六月二十九日

损失项目	单位	数量	价值(国币)
四灯收报机	部	8	8000.00元
4吋精细分度盘	只	10	300.00元
3吋分度盘	只	8	80.00元

三、军政部所属电信机械修造厂、交通机械修造厂等抗战财产损失

续表

损失项目	单位	数量	价值(国币)
玻璃碍子	只	15	15.00元
Bo-watt 电烙铁	把	4	200.00元
300-v 0.01uf 固定容电器	只	12	240.00元
转钮	只	15	30.00元
螺丝帽	箩	5	100.00元
胶木钳	把	5	40.00元
小剪刀	把	7	7.00元
$\frac{1}{8}$″小起子	把	5	4.00元
$\frac{1}{4}$″中起子	把	2	2.00元
平头钳	把	5	50.00元
6″钢皮尺	把	4	12.00元
车头表	只	5	1000.00元
$\frac{3}{8}$″大起子	把	9	13.50元
大剪刀	把	2	4.00元
广东刷	把	2	6.00元
6″细平锉	把	4	24.00元
8″粗平锉	把	1	8.00元
8″细平锉	把	2	16.00元
铁榔头	把	4	12.00元
圆头钳	把	1	10.00元
斜口钳	把	6	90.00元
螺丝母钳	把	2	20.00元
水手刀	把	2	10.00元
三火卜落	只	4	12.00元
$\frac{1}{8}$″钢钻头	把	1	1.00元
$\frac{9}{64}$″钢钻头	把	1	1.00元
$\frac{5}{36}$″钢钻头	把	1	1.00元
$\frac{1}{8}$″螺丝公	把	1	2.00元
尖头钳	把	4	40.00元

续表

损失项目	单位	数量	价值(国币)
木尺	支	1	3.00元
镍盐	磅	60	1200.00元
锌盐	磅	256	5120.00元
15-W 手摇机高压线卷	付	14	700.00元
0-15vout d.c.电压表	只	2	600.00元
0-15vout A.C.电压表	只	1	300.00元
0-100ma P.C.电流表	只	1	300.00元
抬磅秤(50-ll)	只	1	200.00元
玻璃缸	只	1	20.00元
绕线机	只	1	8000.00元
帮浦灯	只	2	200.00元
花线	码	51	51.00元
40-W 灯泡	只	30	75.00元
葫芦	只	30	30.00元
灯头	只	30	45.00元
灯罩	只	25	25.00元
卜落	只	6	9.00元
18#皮线	码	120	96.00元
1F4 真空管	只	2	400.00元
4000Ω hardnt 无线电听筒	只	1	100.00元
0.014″厚青壳纸	张	6	60.00元
回风扇	只	2	2000.00元
木凳	只	10	50.00元
1000cc 量筒	只	2	30.00元
500cc 量筒	只	1	10.00元
10cc 量筒	只	1	4.00元
2磅玻璃瓶	只	11	110.00元
10000cc 具玻塞细口玻璃瓶	只	2	50.00
5000cc 具玻塞细口玻璃瓶	只	4	60.00元
3000cc 具玻塞细口玻璃瓶	只	2	20.00元
1000cc 具玻塞细口玻璃瓶	只	3	24.00元

续表

损失项目	单位	数量	价值(国币)
高式800cc烧杯	只	3	24.00元
高式600cc烧杯	只	3	18.00元
高式400cc烧杯	只	1	5.00元
1000cc烧杯	只	2	16.00元
500cc烧杯	只	2	8.00元
250cc烧杯	只	3	9.00元
100cc烧杯	只	2	4.00元
50cc烧杯	只	1	2.00元
28cm玻璃研钵	只	1	25.00元
160mm玻璃漏斗	只	6	36.00元
120mm玻璃漏斗	只	1	5.00元
80mm玻璃漏斗	只	1	4.00元
180mm表面皿	只	3	15.00元
150mm表面皿	只	1	4.00元
比重表婆梅氏	只	1	30.00元
水手刀	把	1	5.00元
斜口钳	把	1	20.00元
8″细扁锉	把	1	8.00元
陶瓷盘	只	2	20.00元
50-W发报机	部	1	9000.00元
15-W发报机	部	1	3000.00元
5-W发报机	部	1	2500.00元
4-T收报机	部	1	500.00元
15-W手摇发电机	部	1	700.00元
5-W脚踏发电机	部	1	700.00元
电灯泡	部	4	8.00元
b-405真空管	只	40	800.00元
4″缓动分度盘	只	27	405.00元
3kk分度盘	只	65	195.00元
100mADC电流表	只	21	1260.00元
27-p可变电容器	只	23	460.00元

续表

损失项目	单位	数量	价值（国币）
0-2v 300ma 小灯泡	只	30	15.00元
EBy4孔灯座	只	19	38.00元
灯丝阻力器	只	34	136.00元
23-p 可变电容器	只	21	420.00元
21-p 可变电容器	只	25	500.00元
4孔弹簧灯座	只	25	62.50元
4孔纸板灯座	只	18	27.00元
铝罩	付	71	426.00元
5W收发报机用木箱	只	20	360.00元
4T收发报机用木箱	只	15	225.00元
1A 无线电流表	只	1	100.00元
2A 无线电流表	只	1	100.00元
500m.a.无线电流表	只	3	300.00元
50m.a.千分安培表	只	2	120.00元
Weiton506 100m.a.千分安培表	只	3	180.00元
Weiton506 200m.a.千分安培表	只	1	600.00元
Weiton507 500m.a.千分安培表	只	1	95.00元
Weiton301 15v d.c.电压表	只	3	180.00元
Weiton301 500v d.c.电压表	只	3	180.00元
Weiton301 1500v d.c.电压表	只	2	400.00元
Weiton301 15v d.c.电压表	只	1	60.00元
W Weiton506 10v d.c.电压表	只	2	120.00元
Kyo83 360v d.c.电压表	只	1	250.00元
Weiton664 容电表	只	1	350.00元
1A4 真空管	只	2	24.00元
1B4 真空管	只	2	24.00元
1C6 真空管	只	2	32.00元
1F4 真空管	只	1	16.00元
5Z3 真空管	只	2	24.00元
6A7 真空管	只	2	32.00元
4B7 真空管	只	1	14.00元

续表

损失项目	单位	数量	价值(国币)
6C6真空管	只	14	56.00元
6F6G.E.真空管	只	1	14.00元
6F7真空管	只	1	16000.00元
6H6真空管	只	2	28.00元
6D6真空管	只	2	40.00元
19真空管	只	1	20.00元
30真空管	只	93	1302.00元
32真空管	只	32	576.00元
33真空管	只	1	20.00元
34真空管	只	1	14.00元
37真空管	只	2	28.00元
38真空管		2	28.00元
41真空管	只	2	36.00元
42真空管	只	2	36.00元
57真空管	只	1	14.00元
58真空管	只	1	14.00元
59真空管	只	1	18.00元
76真空管	只	2	28.00元
77真空管	只	2	28.00元
78真空管	只	1	14.00元
84真空管	只	1	14.00元
89真空管	只	1	20.00元
C.r.l.507-3 10000Ω栅漏	只	10	50.00元
0.1meg栅漏	只	2	2.00元
5meg栅漏	只	5	5.00元
2000Ω可变阻力器	只	2	2.00元
3000Ω可变阻力器	只	1	1.00元
5000Ω可变阻力器	只	2	2.00元
7500Ω可变阻力器	只	2	2.00元
15000Ω可变阻力器	只	1	1.00元
20000Ω可变阻力器	只	2	2.00元

续表

损失项目	单位	数量	价值(国币)
25000Ω可变阻力器	只	1	1.00元
0.1megΩ可变阻力器	只	5	5.00元
0.2megΩ可变阻力器	只	2	2.00元
vitnolm40W 40Ω无感阻力器	只	2	10.00元
vitnolm40W 100Ω无感阻力器	只	2	10.00元
dilot10000Ω电阻	只	1	1.00元
$\frac{1}{2}$W 400Ω电阻	只	1	1.00元
$\frac{1}{2}$W 500Ω电阻	只	4	4.00元
$\frac{1}{2}$W 1000Ω电阻	只	3	3.00元
$\frac{1}{2}$W 2000Ω电阻	只	2	2.00元
$\frac{1}{2}$W 3000Ω电阻	只	1	1.00元
$\frac{1}{2}$W 5000Ω电阻	只	2	2.00元
$\frac{1}{2}$W 6000Ω电阻	只	1	1.00元
$\frac{1}{2}$W 10000Ω电阻	只	3	3.00元
$\frac{1}{2}$W 20000Ω电阻	只	2	2.00元
$\frac{1}{2}$W 50000Ω电阻	只	3	3.00元
$\frac{1}{2}$W 0.1megΩ电阻	只	2	2.00元
$\frac{1}{2}$W 0.25megΩ电阻	只	2	2.00元
$\frac{1}{2}$W 0.5megΩ电阻	只	3	3.00元
$\frac{1}{2}$W 0.1megΩ电阻	只	2	2.00元
1W 500Ω电阻	只	2	2.00元
1W 1000Ω电阻	只	2	2.00元
1W 5000Ω电阻	只	2	2.00元
1W 10000Ω电阻	只	3	3.00元
1W 30000Ω电阻	只	2	2.00元
1W 0.15meg电阻	只	2	2.00元

续表

损失项目	单位	数量	价值(国币)
1W 0.5meg 电阻	只	1	1.00元
0.00025mfd dub.tydl2固定电容器	只	2	8.00元
0.002 mfd dub.5d2 固定电容器	只	2	8.00元
0.01 mfd dub.tydepl 固定电容器	只	3	18.00元
0.02mfd dub tydl 1w 固定电容器	只	4	8.00元
1mfd □□□固定电容器	只	2	16.00元
300V 0.01mfd 固定电容器	只	4	4.00元
400V 0.5mfd 固定电容器	只	2	4.00元
400V 2mfd 固定电容器	只	3	12.00元
500V 2mfd 固定电容器	只	4	20.00元
600V 0.01mfd 固定电容器	只	2	4.00元
600V 0.05mfd 固定电容器	只	2	6.00元
600V 0.1med 固定电容器	只	4	16.00元
600V 4mfd 固定电容器	只	1	10.00元
1000V 0.002 mfd 固定电容器	只	2	10.00元
2000V 0.002 mfd 固定电容器	只	2	14.00元
3000V 0.001 mfd 固定电容器	只	1	7.00元
8-8 mfd 固定电容器	只	2	40.00元
G.R. 1:6 变压器	只	1	14.00元
Thondanson9000变压器	只	1	35.00元
Thondanson9011变压器	只	1	35.00元
alladdin glola 中周变压器	只	1	80.00元
alladdin galol 中周变压器	只	1	80.00元
alladdin ga1o1a1 中周变压器	只	2	160.00元
alladdin g201 中周变压器	只	2	160.00元
alladdin ga201 中周变压器	只	1	800.0元
听筒	只	3	75.00元
听话筒	只	2	160.00元
6孔底板灯座	只	1	1.50元
8孔灯座	只	1	1.50元
EBY 四孔纸板灯座	只	2	3.00元

续表

损失项目	单位	数量	价值(国币)
EBY 五孔纸板灯座	只	2	3.00元
EBY 六孔纸板灯座	只	2	3.00元
4孔瓷板灯座	只	2	8.00元
5孔瓷板灯座	只	2	8.00元
6孔瓷板灯座	只	10	40.00元
7孔瓷板灯座	只	3	12.00元
220V 40W 灯泡	只	5	10.00元
220V 60W 灯泡	只	1	2.00元
220V 220W 灯泡	只	2	8.00元
银色缓度盘	只	1	25.00元
自动转钮	只	1	10.00元
5脚插入式线图	只	2	4.00元
7脚插入式线图	只	2	4.00元
比重表	只	1	2.00元
手摇发电机	只	1	880.00元
电扇	把	1	100.00元
920V 60W 电烙铁	只	1	25.00元
无头钳	只	4	16.00元
长扁头钳	只	2	8.00元
扁头钳	只	3	12.00元
鱼头钳	只	1	4.00元
尖头钳	只	1	4.00元
螺丝帽钳	只	1	4.00元
8″胶木钳	只	3	6.00元
长嘴圆头钳	只	1	4.00元
斜口钳	只	4	16.00元
水手刀	只	5	7.50元
6″锉刀	只	1	4.00元
剪刀	只	5	2.50元
活动扳手	只	3	9.00元
6″螺丝扳手	只	1	2.50元

续表

损失项目	单位	数量	价值(国币)
$\frac{1}{16}$″钻头	支	2	2.00元
$\frac{1}{8}$″钻头	支	3	3.00元
4″半元〔圆〕锉	把	1	2.00元
4″细元〔圆〕锉	把	2	4.00元
6″细元〔圆〕锉	把	1	2.50元
8″粗扁锉	把	3	9.00元
细木锉	把	1	1.00元
$\frac{1}{4}$″×6″粗元〔圆〕锉	把	1	2.00元
6″细扁锉	把	1	3.50元
6″细半圆锉	把	2	7.00元
6″钢尺	支	2	4.00元
100℃温度计	支	1	5.00元
C.M.C匙锁	把	2	4.00元
闸口	只	2	6.00元
墙上开关	只	2	2.00元
铁壳开关	只	1	2.00元
□开关	只	2	4.00元
三路六极开关	只	3	12.00元
四路六极开关	只	3	12.00元
保险丝匣	只	9	27.00元
1.5V干电池	只	6	30.00元
4.5V干电池	只	3	45.00元
A—10蓄电池	只	30	1050.00元
灯罩连帽座	只	5	20.00元
灯泡隔离罩	只	3	9.00元
FG make H6 Br1o荷花板	只	2	24.00元
PLW转动器	只	1	45.00元
霓虹管	只	1	2.00元
氖气管	只	1	4.00元
			61260.50元

附表五：

军政部电信机械修造厂1940年6月27日被炸家具、器皿、什件等损失报告单

　　　　事件：敌机炸毁

　　　　日期：民国二十九年六月二十七日

　　　　地点：重庆李子坝河街3号军政部电信机械修造厂

　　　　填送日期：二十九年六月

损失项目	单位	数量	价值（国币）
九屉办公桌	张	4	40.00元
转椅	张	4	24.00元
卷柜	张	3	27.00元
直背椅	张	21	21.00元
靠背椅	张	10	9.50元
围屏	张	1	12.50元
二屉办公桌	张	5	15.00元
三屉办公桌	张	21	75.60元
工作凳	张	45	22.50元
红方桌	张	18	21.60元
圆凳	张	4	4.00元
铺板	张	10	16.00元
长凳	张	8	4.80元
板凳	张	20	7.00元
藤椅	张	3	3.75元
竹方桌	张	18	17.60元
竹长桌	张	9	10.80元
竹方凳	张	48	19.20元
圆桌	张	2	14.00元
红方凳	张	26	32.50元
竹凉床	张	10	12.00元
双层木床	张	10	60.00元
大铁锅	只	4	32.00元
铁锅	只	7	5.60元
铜火锅	只	2	5.20元

续表

损失项目	单位	数量	价值(国币)
铁水锅	只	2	5.00元
大耳锅	只	1	1.80元
中耳锅	只	1	1.20元
小耳锅	只	1	0.70元
小菜碗	只	49	9.80元
大碗	只	3	0.90元
中碗	只	9	2.25元
饭碗	只	98	9.80元
土粗大汤碗	只	40	3.60元
调羹	只	32	1.60元
大水缸	只	15	30.00元
大缸钵	只	4	4.00元
缸盆	只	2	2.60元
小碟子	只	43	8.60元
菜盆	只	10	1.50元
菜碟	只	10	1.00元
茶缸	只	4	2.00元
茶杯	只	22	3.30元
玻璃杯	只	11	3.00元
盖杯	只	6	0.42元
茶壶	把	32	29.65元
竹帘	张	15	22.50元
挂钟	只	2	24.00元
大镜框	架	2	24.00元
小镜框	架	8	8.00元
电扇	把	5	760.00元
白铁壶	把	22	39.00元
白布枕头	只	2	26.00元
被褥	条	4	35.20元
面盆	只	1	2.10元
割草机	把	2	1.10元

续表

损失项目	单位	数量	价值(国币)
油布雨衣	件	2	12.00元
铲刀	把	5	2.00元
油灯	盏	2	0.50元
矮脚油灯	盏	30	33.00元
植物油灯	只	6	15.00元
油印机	部	1	16.00元
蒸笼	只	3	9.60元
脚踏车	部	10	1250.00元
玻璃	块	3940	3940.00元
售卡车	辆	1	该车汽缸损坏,正在修理中,不能开出。 3800.00元
小汽车	辆	1	2000.00元
灭火机	只	12	440.00元
黄粗布单衣裤	套	22	交通司发给,价未详
草黄布帽	顶	11	交通司发给,价未详
草黄布腿	付	11	交通司发给,价未详
士兵白布衬衣裤	套	11	交通司发给,价未详
青灰布单衣裤	套	46	交通司发给,价未详
青灰布帽	顶	23	交通司发给,价未详
蓝布单衣裤	套	124	交通司发给,价未详
蓝布帽	顶	62	交通司发给,价未详
青灰棉军衣裤	套	36	交通司发给,价未详
白粗布衬衣	件	18	交通司发给,价未详
青灰布帽	顶	18	交通司发给,价未详
青灰布腿	付	18	交通司发给,价未详
草黄粗布单衣裤	套	188	交通司发给,价未详
草黄粗布帽	顶	94	交通司发给,价未详
草黄粗布绑腿	付	94	交通司发给,价未详
白布衬衣裤	件	94	交通司发给,价未详
青灰单衣裤	套	52	交通司发给,价未详
青灰帽	顶	26	交通司发给,价未详

续表

损失项目	单位	数量	价值（国币）
14#皮线	卷	1	105.00元
16#皮线	卷	2	98.00元
18#皮线	卷	3	54.00元
花线	码	200	560.00元
卜落	套	10	13.50元
先令	只	55	8.25元
灯头	只	55	13.75元
开关	只	55	13.75元
灯罩	只	55	16.50元
保险盒	只	18	3.60元
总计			14982.82元
附注：以上损失价值照历年购入计算，照目前市价采购约需国币5万元左右。			

附表六：

军政部电信机械修造厂1940年6月27日被炸医药用品损失报告单

事件：敌机炸毁

日期：民国二十九年六月二十七日

地点：重庆李子坝河街3号军政部电信机械修造厂

填送日期：二十九年六月

损失项目	单位	数量	价值（国币）
二公撮注射器	付	3	30.00元
五公撮注射器	付	1	80.00元
天平秤砝码	具	1	38.00元
普通剪刀	把	2	4.00元
软膏刀	把	1	1.00元
镊子	把	11	21.00元
卷棉子	根	11	3.00元
体温计	支	2	2.00元
血管钳	把	1	18.00元
压舌板	块	2	6.00元

续表

损失项目	单位	数量	价值(国币)
洗眼壶	把	3	3.60元
脓盆	只	1	4.00元
脓匙	只	1	1.00元
滴水管	个	7	7.00元
20cc量杯	只	1	4.00元
乳钛	只	2	5.00元
烧杯	只	1	6.00元
软膏罐	只	8	4.00元
软膏板	块	1	6.00元
10cc量杯	只	2	5.00元
瓶刷	个	1	1.00元
探针	支	6	2.40元
玻璃棒	根	1	2.00元
漏斗	只	2	3.40元
三角烧杯	只	2	14.00元
10磅小口瓶	只	8	8.00元
4磅大口瓶	只	2	6.00元
1磅大口瓶	只	6	5.00元
1磅小口瓶	只	8	5.60元
半磅大口瓶	只	30	8.00元
半磅小口瓶	只	19	19.00元
4两大口瓶	只	8	6.40元
2两小口瓶	只	5	4.00元
1两大口瓶	只	9	5.40元
1两小口瓶	只	5	3.00元
安息香酸钠安瓿	支	5	10.00元
溴化钙安瓿	支	10	18.00元
柳[硫]酸钙安瓿	支	6	12.00元
漳[樟]脑水安瓿	支	12	12.00元
腿苦病安瓿	只	5	3.00元
盐酸土的年安瓿	只	5	5.00元

续表

损失项目	单位	数量	价值（国币）
盐酸吗啡安瓿	只	3	3.00元
新虫钙剂安瓿	只	1	10.00元
氯化钙安瓿	只	5	4.00元
特郎补命安瓿	只	1	8.00元
奎宁丸	粒	12000	150.00元
盐酸吗啡锭	粒	40	25.00元
重碳酸钠锭	粒	15	25.00元
磷酸可维因锭	粒	100	60.00元
醋彬酸锭	粒	630	12.00元
银丹片	瓦	8	3.00元
碘片	瓦	210	15.00元
乳糖粉	瓦	12	5.00元
醋柳酸粉	瓦	50	21.50元
锌养粉	瓦	300	4.00元
滑石粉	瓦	200	2.00元
碘仿粉	瓦	16	12.00元
何母尼亚西香精	西	150	6.00元
苦味酊	西	150	6.00元
吐根酊	西	200	8.00元
□片酊	西	52	10.00元
薄荷水	西	200	2.00元
盐酸钾	瓦	200	5.00元
安息香酸	瓦	15	3.00元
健胃散	瓦	80	6.00元
未格来宁	瓦	4	4.00元
碳酸钙	瓦	20	5.00元
溴化钠	瓦	20	6.00元
溴化钾	瓦	20	6.00元
溴化钠	瓦	20	6.00元
溴化錏[①]	瓦	3	1.00元

---

①錏，化学元素铵的旧译。

续表

损失项目	单位	数量	价值(国币)
次酸苍铋	瓦	4	2.00元
腊〔钠〕酸钾	瓦	10	2.00元
撒鲁儿	瓦	200	5.00元
杜根散	瓦	10	5.00元
非那昔丁	瓦	16	3.00元
被拉未同	瓦	12	3.00元
龙胆草末	瓦	40	8.00元
碘化钾	瓦	120	23.00元
糖化素	瓦	4	6.00元
氯化锭	瓦	80	8.00元
肥罗拿尔	瓦	10	4.00元
来所新	瓦	15	6.00元
柳〔硫〕酸钠	瓦	350	24.00元
柳〔硫〕酸	瓦	30	14.00元
硫酸奎宁	瓦	5	4.00元
红汞	瓦	3	3.00元
硫酸锌	瓦	6	3.00元
□草酊	瓦	20	4.00元
双氧水	西	200	4.00元
来沙儿	西	100	5.00元
柏拉粉油	西	40	6.00元
赤酒	西	100	4.00元
甘油	西	20	5.00元
依克度	磅	1	27.00元
糯米纸	张	30	1.00元
合计			1107.30元

3. 军政部电信机械修造厂为送呈该厂员工等被炸损害调查表及证明文件请鉴核并准予分别救济呈交通司文稿(1940年7月19日)

窃查迩来敌机滥炸行都，本厂服务员工人等，凡寄居在城区及化龙桥附近或本厂宿舍者，被炸遭受损害之人甚多。经调查损害较重者计共32人，拟斟酌各员之损失轻重及眷属人数，依照《中央各军事机关服务人员遭受空袭损害暂行救济办法》第六条各项规定，分别拟定给与救济费数目，并依照同办法第十条规定，应给各费拟在本厂经费节余项下动支。是否可行，理合造具被空袭损害调查表2份，并检同警察局证明文件15份，备文赍呈，仰祈鉴核示遵。谨呈：

司长王

附呈损害调查表2份、警局证件15份<原缺>

全衔厂长　张○○

中华民国二十九年七月十九日

附：

军政部电信机械修造厂各员工士兵伕被空袭损害调查表

级职	姓名	寓址门牌号数	眷属人数及称谓	损失程度	伤亡情形	被灾月日	备考
同少将厂长	张启华	化龙桥化龙山村14号	妻1、子2、女1、女佣2	房屋震塌，家具、器皿、衣物大部损毁	无	6月27日	拟依照《中央各军事机关服务人员遭受空袭损害暂行救济办法》六条三项将官级给与200.00元
简任八级研究委员	王盛誉	化龙桥化龙山村14号	母1、妻1、妹2、佣1	屋瓦、灰顶、墙壁震毁，电灯、家具、器皿、衣服大部被毁	无	6月27日	拟依照前办法六条三项校官级给与120.00元

续表

级职	姓名	寓址门牌号数	眷属人数及称谓	损失程度	伤亡情形	被灾月日	备考
上校技正	王为水	化龙桥李子坝正街73号	妻1、子1、女1、女佣1	房屋全部炸毁,电灯、家具、器皿均被毁,仅少数衣物掘出	无	6月27日	拟依照前办法六条三项校官级给与120.00元
中校技正	窦春生	化龙桥化龙山村14号	母1、妻1、子2、表妹1	屋瓦、灰顶、墙壁震毁,电灯、家具、器皿、衣服大部被毁	无	6月27日	拟依照前办法六条三项校官级给与120.00元
中校课长	莫善祥	化龙桥李子坝正街77号	妻1、女2、子1、佣2	楼房1幢炸毁,全部家具、器皿、电料、收音机、衣服被毁	无	6月27日	拟依照前办法六条三项校官级给与120.00元
少校技士	吴翼民	化龙桥化龙山村14号	母1、妹2、妹婿1、佣1	屋瓦、灰顶、墙壁震毁,家具、器皿、电灯、衣服大部被毁	无	6月27日	拟依照前办法六条三项校官级给与120.00元
少校技佐	朱秉怡	化龙桥化龙山村14号	妻1	屋瓦、灰顶、墙壁震毁,家具、器皿、电灯、衣服大部被毁	无	6月27日	拟依照前办法六条三项校官级给与120.00元
少校股员	葛森	菜园坝竹帮街13号	妻1、子2、女1	房屋墙壁震毁,家具、器皿损毁甚多	无	6月24日	拟依照前办法六条三项校官级给与120.00元
中校技士	张家仁	化龙桥李子坝正街74号	妻1、女1	房屋全部炸毁,家具、器皿、衣服大部毁损	无	6月27日	拟依照前办法六条二项校官级给与90.00元

三、军政部所属电信机械修造厂、交通机械修造厂等抗战财产损失

续表

级职	姓名	寓址门牌号数	眷属人数及称谓	损失程度	伤亡情形	被灾月日	备考
中校技正	江从道	化龙桥化龙山村14号	妻1、女1、佣1	房屋灰顶、墙壁震毁,电灯、家具、器皿、衣服大部损毁	无	6月27日	拟依照前办法六条二项校官级给与90.00
二等军医正	郑提侠	化龙桥李子坝正街74号	妻1、子1、女佣1	全部房屋炸毁,家具、衣物、药品、器械损毁甚多	无	6月27日	拟依照前办法六条二项校官级给与90.00
少校股长	葛介人	化龙桥正街40号	妻1	屋瓦破碎,击毁器皿及零件多种	无	6月27日	拟依照前办法六条二项校官级给与90.00
一等司药佐	金瑞贞	化龙桥李子正街74号	夫1、子1、女佣1	房屋全部炸毁,家具、杂物、衣服、箱笼损毁甚多	无	6月27日	拟依照前办法六条三项尉官级给与80.00元
上尉股员	潘锡潢	化龙桥庞家岩41号	妻1、妹1、岳母1、弟1	房屋震毁,家具、器皿、衣服大部损毁	无	6月27日	拟依照前办法六条三项尉官级给与80.00元
上尉课员	沈子俊	化龙桥化龙山村14号	妻1、女2、女佣1	房瓦、灰顶、墙壁震毁,家具、器皿、衣服大部损毁	无	6月27日	拟依照前办法六条三项尉官级给与80.00元
上尉股员	刘维扬	化龙桥化龙山村14号	妻1、岳母1、子2	房瓦、灰顶、墙壁震毁,家具、器皿、衣服大部损毁	无	6月27日	拟依照前办法六条三项尉官级给与80.00元
上尉技作	何辅千	化龙桥化龙山村14号	妻1、女1	房瓦、灰顶、墙壁震毁,家具、器皿、衣服大部损毁	无	6月27日	拟依照前办法六条三项尉官级给与60.00元
职工子弟小学教员	何逸娟	化龙桥李子坝正街74号	夫1、子2	房屋炸毁,家具、器皿、衣服大部被毁	无	6月27日	拟依照前办法六条三项尉官级给与60.00元

续表

级职	姓名	寓址门牌号数	眷属人数及称谓	损失程度	伤亡情形	被灾月日	备考
上尉股员	李学辅	本厂职员宿舍第7号		房屋震坍，衣服、被褥、盥洗用具全毁	无	6月27日	拟依照前办法六条三项尉官级给与40.00元
中尉股员	何学捷	本厂职员宿舍第7号		房屋震坍，衣服、被褥、盥洗用具全毁	无	6月27日	拟依照前办法六条三项尉官级给与40.00元
中尉课员	何绍基	本厂职员宿舍第7号		房屋震坍，衣服、被褥、盥洗用具全毁	无	6月27日	拟依照前办法六条三项尉官级给与40.00元
少尉司书	陈恩和	本厂职员宿舍第7号		衣服、蚊帐、盥洗用杂物全毁	无	6月27日	拟依照前办法六条三项尉官级给与40.00元
少尉司书	张士骧	本厂职员宿舍第7号		衣服、蚊帐、盥洗用杂物全毁	无	6月27日	拟依照前办法六条三项尉官级给与40.00元
少尉司书	杨道根	城内林森路582号	母1	房屋震毁，家具器皿、衣服全毁	本人腿部被弹片炸伤，现正医治中	6月28日	拟依照前办法六条三项尉官级给与60.00元
司机	余彦溪	城内菜园坝天星桥		房屋中弹着火，全部焚毁	无	6月29日	拟依照前办法六条二项士兵给与40.00元
小工	康景源	化龙桥正街副2号	妻1、子1	木板房2间炸毁，家具、器皿、衣服被毁	无	6月27日	拟依照前办法六条二项士兵给与30.00元

续表

级职	姓名	寓址门牌号数	眷属人数及称谓	损失程度	伤亡情形	被灾月日	备考
小工	李廷海	本厂传达室		房屋倒塌,行李、衣物全毁	无	6月27日	拟依照前办法六条一项士兵给与20.00元
小工	李本固	本厂传达室		房屋倒塌,行李、衣物全毁	无	6月27日	拟依照前办法六条一项士兵给与20.00元
三等公役	胡正清	本厂传达室		房屋倒塌,行李、衣物全毁	无	6月27日	拟依照前办法六条一项士兵给与20.00元
传令兵	马维美	本厂传达室		房屋倒塌,行李、衣物全毁	无	6月27日	拟依照前办法六条一项士兵给与20.00元

4. 军政部电信机械修造厂为报告8月12日被炸损失清册请鉴核备案呈交通司文稿(1941年9月9日)

窃查本厂八月十二日下午被炸,当日曾以电总(三〇)渝字第1675报告,将被炸情形先行报请鉴核,并乞派员莅厂勘察在案。兹除卫兵方大群被弹片炸伤及其他员士兵私物损失,俟另案分别呈请奖恤与救济外,所有本厂损失业经分别详细调查清楚,计房屋、器具、文具、电料、医疗器械、药品、机料工具及奉发士兵服装、各机关送修机件等均有损失。其损失金额,计房屋值30万元,器具值25085.80元,文具值850.00元,电料值7113.50元,医疗器械值2165.00元,药品值3984.00元,机料工具值137612.00元,合计共值476830.30元。至是项损失价值,除房屋、器具、文具、电料、医疗品械、药品六类系按照市价约估外,机料工具一项以市价变动甚剧,仍照原购价填报。惟市面物价仍在继续上涨,漫无限制,将来修善补充,如随时估计,努必又超过现估价值以上。兹除斟酌缓急,另文报请修善或补充外,理合造具财产损失报告清册(内附财产损失分类表)3份,并检同士兵服装损失报告表,及各机关送修机件

损失报告表各3份,备文呈报,仰祈鉴核备案,实为公便。谨呈:

司长王

附呈财产损失报告清册、服装损失报告表、各机关造修机件损失报告表各3份

全衔厂长　张○○

中华民国三十年九月九日上午

附表一:

军政部信机械修造厂财产损失分额表

事件:敌机轰炸,直接中弹

日期:三十年八月十二日下午

地点:重庆李子坝河街3号

填表日期:三十年八月三十日

类别	金额	备考
房屋类	300000.00元	该类系按目前市价估计
器具类	25085.80元	该类系按目前市价估计
文具类	850.00元	该类系按目前市价估计
电料类	7133.50元	该类系按目前市价估计
医疗器械类	2165.00元	该类系按目前市价估计
药品类	3984.00元	该类系按目前市价估计
机料工具类	137612.00元	该类因市价变动太速,故仍按原购物入价填列
总计	476830.30元	

附表二:

军政部电信机械修造厂1941年8月12日被炸房屋损失报告单

事件:敌机轰炸,直接中弹

日期:三十年八月十二日下午

地点:重庆李子坝河街3号

类别	损失品名	单位	数量	单价	总价	备考
房屋类	完全炸毁平房	间	33	400.00元	13200.00元	
房屋类	大部震毁平房	间	32	400.00元	1280.00元	
房屋类	震毁待修平房	间	94			

续表

类别	损失品名	单位	数量	单价	总价	备考
房屋类	完全炸毁楼房	间	2	4000.00元	8000.00元	
房屋类	完全炸毁次楼房	间	1	2000.00元	2000.00元	
房屋类	震毁待修楼房	间	12			
房屋类	震毁待修次楼房	间	2			
	炸毁竹篱笆	丈	86	50.00元	4300.00元	
炸毁及大部震毁房屋小计金额					28780.00元	
现在重建及整修估计约需金额					300000.00元	

附表三：

军政部电信机械修造厂1941年8月12日被炸器具损失报告单

事件：敌机轰炸，直接中弹

日期：三十年八月十二日下午

地点：重庆李子坝河街3号

类别	损失品名	单位	数量	单价	总价	备考
器具(木器)类	九抽办公桌	张	1	60.00元	60.00元	
器具(木器)类	九抽办公桌	张	2	94.00元	188.00元	
器具(木器)类	三抽办公桌	张	17	23.00元	391.00元	
器具(木器)类	三抽办公桌	张	15	17.00元	255.00元	
器具(木器)类	直背椅	张	20	10.00元	200.00元	
器具(木器)类	直背椅	张	16	7.00元	112.00元	
器具(木器)类	方凳	张	10	4.00元	40.00元	
器具(木器)类	方凳	张	14	3.00元	42.00元	
器具(木器)类	长凳	条	20	7.00元	140.00元	
器具(木器)类	玻璃橱	个	24			该橱系1940年6月27日被炸存修理使用
器具(木器)类	茶几	只	5	6.00元	30.00元	
器具(木器)类	方凳	张	3	15.00元	45.00元	
器具(木器)类	站橱	个	4			该橱系本厂本工场制造

续表

类别	损失品名	单位	数量	单价	总价	备考
器具(木器)类	转椅	张	1			该椅系前军事交通机械修造厂移交
器具(木器)类	药橱	个	1			该橱系本厂木工场制造
器具(木器)类	药架	个	2			该橱系本厂木工场制造
器具(木器)类	双层床	张	15	24.00元	360.00元	
器具(木器)类	双层床	张	20	28.00元	560.00元	
器具(木器)类	棕床	张	5	60.00元	300.00元	
器具(木器)类	铺板连凳	付	4			此系本厂木工场制造
器具(木器)类	手术桌	张	1			此系本厂木工场制造
器具(木器)类	面架	个	3	21.00元	63.00元	
器具(木器)类	木梯	个	1			此系本厂木工场制造
器具(木器)类	样品橱	个	4			此系本厂木工场制造
器具(木器)类	五层物品架	个	25			此系本厂木工场制造
器具(木器)类	工作桌	张	24			此系本厂木工场制造
器具(木器)类	工作凳	张	65			此系本厂木工场制造
器具(木器)类	藏图柜	个	1	60.00元	60.00元	
器具(藤竹)类	竹方桌	张	3	7.50元	22.50元	
器具(藤竹)类	竹床	张	4	14.00元	56.00元	
器具(藤竹)类	竹床	张	3	950.00元	2850.00元	
器具(藤竹)类	竹箱	只	3	10.00元	30.00元	
器具(藤竹)类	竹长桌	张	3	12.00元	36.00元	

续表

类别	损失品名	单位	数量	单价	总价	备考
器具(藤竹)类	竹帘	只	58	7.00元	406.00元	
器具(缸桶壶)类	大水缸	口	6	28.00元	168.00元	
器具(缸桶壶)类	小水缸	口	7	17.00元	119.00元	
器具(缸桶壶)类	茶缸	只	12	7.00元	84.00元	
器具(缸桶壶)类	铜茶壶	把	3	28.00元	84.00元	
器具(缸桶壶)类	洋铁茶壶	把	16	5.50元	91.00元	
器具(缸桶壶)类	水桶	付	6	7.50元	45.00元	
器具(缸桶壶)类	小提桶	只	7	3.50元	24.50元	
器具(膳具)类	大饭锅	口	1	28.00元	28.00元	
器具(膳具)类	小饭锅	口	1	24.00元	24.00元	
器具(膳具)类	瓦菜钵	只	8	5.00元	40.00元	
器具(膳具)类	4号瓦钵	只	4	12.0元	48.00元	
器具(膳具)类	大粗菜碗	个	25	0.50元	12.50元	
器具(膳具)类	白瓷菜碗	个	20	0.90元	18.00元	
器具(膳具)类	大红饭碗	只	53	0.60元	31.80元	
器具(膳具)类	红花调羹	只	30	0.30元	9.00元	
器具(膳具)类	粗调羹	只	25	0.10元	2.50元	
器具(膳具)类	竹筷	席	9	0.30元	2.70元	
器具(膳具)类	木饭瓢	只	3	0.40元	1.20元	
器具(消防器)类	灭火机	个	1	240.00元	240.00元	
器具(消防器)类	月牙式铁钩	个	3	11.00元	33.00元	
器具(消防器)类	丁字式铁钩	个	4	12.00元	48.00元	
器具(消防器)类	镰刀式铁钩	个	2	11.00元	22.00元	
器具(消防器)类	两齿铁钩	个	2	11.00元	22.00元	
器具(消防器)类	铁沙桶	个	9	10.00元	90.00元	
器具(消防器)类	木沙桶	个	12			该桶系本厂木工场制造
器具(其他)类	自动式电扇	架	4	150.00元	600.00元	
器具(其他)类	痰盂	只	14	4.00元	56.00元	
器具(其他)类	单铃闹钟	只	2	30.00元	60.00元	
器具(其他)类	粗瓷茶壶	把	2	3.00元	6.00元	

续表

类别	损失品名	单位	数量	单价	总价	备考
器具(其他)类	油印机	部	1	150.00元	150.00元	
器具(其他)类	白铁公文箱	只	2	24.00元	48.00元	
器具(其他)类	大铁锁	把	5	20.00元	100.00元	
器具(其他)类	洋锁	把	30	9.00元	270.00元	
器具(其他)类	吊挂电扇	架	2	1000.00元	2000.00元	
器具(其他)类	面盆	只	3	11.50元	34.50元	
器具(其他)类	面盆	个	1	34.00元	34.00元	
器具(其他)类	面盆	个	2	30.00元	60.00元	
器具(其他)类	玻璃板	块	3	100.00元	300.00元	
器具(其他)类	窗及门用玻璃	块	4687	0.80元	3749.60元	
器具(其他)类	橱用玻璃	块	211	0.80元	168.80元	
器具(其他)类	玻璃杯	只	18	3.00元	54.00元	
器具(其他)类	时钟	具	2	50.00元	100.00元	
器具(其他)类	40×26图玻璃	块	1	80.00元	80.00元	该件系交通机械修道厂移交,价值按现市价半价估计
器具(其他)类	瓷茶杯	只	4	0.50元	2.00元	
原购价值小计					12147.90元	
现在市价需款					25085.80元	

附表四：

军政部电信机械修造厂1941年8月12日被炸文具损失报告单

事件：敌机轰炸,直接中弹

日期：三十年八月十二日下午

地点：重庆李子坝河街3号

类别	损失品名	单位	数量	单价	总价	备考
文具类	砚台	个	17	1.00元	17.00元	
文具类	钢笔	支	18	1.20元	21.60元	
文具类	木图章	个	6	0.90元	5.40元	
文具类	发条叫人铃	个	2	20.00元	40.00元	

续表

类别	损失品名	单位	数量	单价	总价	备考
文具类	墨盒	个	9	3.00元	27.00元	
文具类	水盂	只	3	2.00元	6.00元	
文具类	丁字夹	个	15	0.60元	9.00元	
文具类	印泥盒	个	16	4.00元	64.00元	
文具类	丁字规	支	1	48.00元	48.00元	
文具类	三角板	付	1	30.00元	30.00元	
文具类	米突尺	支	6	1.50元	9.00元	
文具类	叫人铃	个	10	5.00元	50.00元	
文具类	绘图机器	付	1	80.00元	80.00元	
文具类	吸水器	只	3	3.00元	9.00元	
文具类	打印台	个	6	1.50元	9.00元	
原购价小计					425.00元	
现市价需款计					850.00元	

附表五：

军政部电信机械修造厂1941年8月12日被炸电料损失报告单

　　事件：敌机轰炸，直接中弹

　　日期：三十年八月十二日下午

　　地点：重庆李子坝河街3号

类别	损失品名	单位	数量	单价	总价	备考
电料类	灯罩	只	137	0.55元	75.35元	
电料类	灯头	只	86	2.00元	172.00元	
电料类	开关灯头	只	90	1.80元	162.00元	
电料类	瓷葫芦	只	134	0.75元	10.05元	
电料类	先令	只	95	0.60元	57.00元	
电料类	圆木	块	135	0.07元	9.45元	
电料类	花线	码	600	0.47元	282.00元	
电料类	14#皮线	码	500	0.80元	400.00元	
电料类	18#皮线	码	550	0.60元	330.00元	
电料类	卜落	码	35	2.00元	70.00元	

续表

类别	损失品名	单位	数量	单价	总价	备考
电料类	瓷夹	付	1250	18.00元	22.50元	
电料类	$\frac{11}{2}$#7铁木螺丝	箩	1	10.20元	10.20元	
电料类	$\frac{11}{4}$#7铁木螺丝	箩	1	4.20元	4.20元	
电料类	开关	只	15	0.90元	13.50元	
电料类	闸刀开关	只	1	6.00元	6.00元	
电料类	灯泡	只	205	8.50元	1942.50元	
原购价小计					3566.75元	
现市价需款					7133.50元	

附表六：

军政部电信机械修造厂1941年8月12日被炸医疗器械损失报告表

事件：敌机轰炸直接中弹

日期：三十年八月十二日下午

地点：重庆李子坝河街3号

损失品名	单位	数量	单价	合价	备考
灌肠器	具	1	140.00元	140.00元	
煮沸消毒器	具	1	200.00元	200.00元	
百瓦天秤	具	1	200.00元	200.00元	
听诊器	具	1	80.00元	80.00元	
2公撮注射器	具	2	20.00元	40.00元	
20公撮注射器	具	2	40.00元	80.00元	
10公撮注射器	具	1	26.00元	26.00元	
洗眼受水器	具	1	20.00元	20.00元	
外科刀	把	2	40.00元	80.00元	
外科剪	把	3	50.00元	150.00元	
血管钳	把	3	38.00元	114.00元	
普通镊子	把	8	4.00元	32.00元	
反光镜	具	1	80.00元	80.00元	
探针	支	4	2.00元	8.00元	
卷棉子	根	4	3.00元	12.00元	

续表

损失品名	单位	数量	单价	合价	备考
消毒盆	个	2	24.00元	48.00元	
脓盆	个	2	16.00元	32.00元	
体温计	支	2	20.00元	40.00元	
洗眼壶	个	4	15.00元	60.00元	
点眼瓶	支	8	4.00元	32.00元	
药匙	支	3	6.00元	18.00元	
500 cc 量杯	支	2	24.00元	48.00元	
20 cc 量杯	支	2	10.00元	20.00元	
漏斗	支	2	6.00元	12.00元	
500 cc 烧瓶	支	1	15.00元	15.00元	
1500 cc 烧瓶	支	1	30.00元	30.00元	
250 cc 广口瓶	支	20	4.00	80.00	
250 cc 细口瓶	支	18	4.00元	72.00元	
25 cc 细口瓶	支	10	4.00元	40.00元	
40 cc 广口瓶	支	12	3.00元	36.00元	
15磅小口瓶	支	2	40.00元	80.00元	
10磅小口瓶	支	2	30.00元	60.00元	
1磅细口瓶	支	5	8.00元	40.00元	
电炉	具	1	140.00元	140.00元	
共计				2165.00元	

附表七：

军政部电信机械修造厂1941年8月12日被炸药品损失报告单

事件：敌机轰炸直接中弹

日期：三十年八月十二日下午

地点：重庆李子坝河街3号

损失品名	单位	数量	单价	金额	备考
重炭〔碳〕酸钠	磅	2	20.00元	40.00元	
硫酸钠	磅	10	5.00元	50.00元	
披拉米同	磅	1	100.00元	100.00元	

续表

损失品名	单位	数量	单价	金额	备考
非乃昔丁	磅	1	80.00元	80.00元	
柳〔硫〕酸钠	磅	1	60.00元	60.00元	
溴化钾	磅	1	140.00元	140.00元	
次苍铅铋	磅	1	150.00元	150.00元	
徹鲁儿	磅	1	80.00元	80.00元	
奎宁丸	粒	2000	0.20元	400.00元	
重炭〔碳〕酸钠	粒	500	0.05元	25.00元	
苏复立曼片	片	500	0.50元	250.00元	
陀氏散片	片	500	0.20元	100.00元	
毛地黄酊	磅	1	50.00元	50.00元	
吐根酊	磅	1	40.00元	40.00元	
可拉明水	磅	半磅	120.00元	120.00元	
樟脑安瓿	盒	2	24.00元	48.00元	
奎宁安瓿	盒	2	32.00元	64.00元	
柳〔硫〕酸钙安瓿	盒	1	40.00元	40.00元	
溴化钙安瓿	盒	1	50.00元	50.00元	
吗啡安瓿	盒	1	36.00元	36.00元	
吐根索安瓿	盒	2	32.00元	64.00元	
500 cc 葡萄糖安瓿	瓶	12	50.00元	600.00元	
比麻油	磅	1	20.00元	20.00元	
松节油	磅	1	18.00元	18.00元	
红贡	两	4	20.00元	80.00元	
碘片	磅	1	180.00元	180.00元	
碘片钾	磅	1	160.00元	160.00元	
硼酸粉	磅	6	20.00元	120.00元	
硼砂	磅	1	20.00元	20.00元	
过锰酸钾	磅	1	40.00元	40.00元	
柳〔硫〕酸	磅	半磅	40.00元	20.00元	
依克度	磅	1	35.00元	35.00元	
凡士林	磅	10	10.00元	100.00元	
双氧水	磅	2	20.00元	40.00元	

续表

损失品名	单位	数量	单价	金额	备考
甘油	磅	1	38.00元	38.00元	
纱布	磅	10	18.00元	180.00元	
棉花	磅	12	8.00元	96.00元	
绊创膏	筒	2	35.00元	70.00元	
绷带布	尺	1	180.00元	180.00元	
现市价小计				3984.00元	

附表八：

军政部电信机械修造厂1941年8月12日被炸机料工具损失报告单

事件：敌机轰炸直接中弹

日期：三十年八月十二日下午

地点：重庆李子坝河街3号

损失品名	程式	数量	单价	合价	备考
（一）机料					
话报机整架机	H.K.15W	1架	3200.00元	3200.00元	
收报机	7灯	2部	700.00元	1400.00元	
发报机	新式15W	20部	950.00元	19000.00元	
手摇发电机	15W	1部	1000.00元	1000.00元	
手摇机零件		50付	500.00元	25000.00元	
手摇机发电子		115支	200.00元	23000.00元	
扬声器	Jenson	3支	300.00元	900.00元	
整流器	150W、1000V	1支	500.00元	500.00元	
天线电流表	Weston	2支	200.00元	400.00元	
千分安培表	Weston	3支	90.00元	270.00元	
电压表	Weston	14只	90.00元	1260.00元	
真空管		7支	50.00元	350.00元	
电糊〔弧〕电容器	Solar	21支	6.00元	126.00元	
可变电容器	21-23p	183支	30.00元	5490.00元	
天线杆	钢管	4付	200.00元	800.00元	

续表

损失品名	程式	数量	单价	合价	备考
天线		4付	90.00元	360.00元	
拉索		13付	40.00元	520.00元	
发报线圈		62付	30.00元	1860.00元	
收报线圈		13付	70.00元	910.00元	
收发电力开关		40只	30.00元	1200.00元	
听筒		4付	30.00元	120.00元	
钢球轴领	#6200	30只	30.00元	900.00元	
各种铝零件		1200磅	10.00元	12000.00元	
各种胶木零件		950件	8.00元	7600.00元	
各种钢铁零件		780件	6.00元	4680.00元	
矽铁皮制零件		1300磅	10.00元	13000.00元	
皮箱	15W机用	24只	65.00元	1560.00元	
帆布袋	5W机用	6只	25.00元	150.00元	
蓄电池	6V 120 A H	6只	150.00元	900.00元	
干电池	1 1/2V evehy	20只	20.00元	400.00元	
干电池	1 1/2V 本厂制	85只	12.00元	1020.00元	
干电池	45V 本厂制	10只	50.00元	500.00元	
玻璃瓶	3000-500 cc	66只	10.00元	660.00元	
大玻璃	20liters	2只	60.00元	120.00元	
烧杯	100-800 cc	32只	8.00元	256.00元	
(二)工具					
钳桌		6只	80.00元	480.00元	
工作凳		74只	12.00元	888.00元	
老鬼钳	4"	6只	90.00元	540.00元	
电烙铁	60W	4只	40.00元	160.00元	
铁锤		20把	8.00元	160.00元	
各种接线钳		22把	10.00元	220.00元	
油光锉		10把	20.00元	200.00元	
粗扁锉		35把	8.00元	280.00元	
细锉		40把	12.00元	480.00元	
钻头		85支	5.00元	425.00元	
螺丝公		18付	14.00元	252.00元	

续表

损失品名	程式	数量	单价	合价	备考
螺丝公母		5付	140.00元	700.00元	
钻帽子		9只	80.00元	720.00元	
分厘卡		2把	100.00元	200.00元	
铜皮尺		5支	7.00元	35.00元	
起子		60把	3.00元	180.00元	
油石		8块	35.00元	280.00元	
共计				137612.00元	

附表九：

军政部电信机械修造厂1941年8月12日敌机轰炸服装损失报告表

损失原因：敌机轰炸

损失日期：八月十二日

填送日期：三十年八月三十日

品名	原有数	损失数	现存数	备考
黄单衣裤	64套	9套	55套	因5、6、8修理所距厂远，未及领去，存厂被炸(各3套)
黄军帽	32顶	9顶	23顶	同上
灰单衣裤	322套	72套	250套	同上(各24套)
灰军帽	259顶	72顶	187顶	同上(各24顶)
蓝单衣裤	242套	72套	170套	同上(各24套)
蓝军帽	369顶	72顶	297顶	同上(各24顶)
白衬衣裤	52套	9套	43套	同上(各3套)
黑布帽	37套		37顶	
灰棉大衣	5件	5件		因缴回存库被炸
灰棉衣裤	6套	6套		同上
蓝棉衣裤	72套	72套		同上
青棉衣裤	36套	36套		同上
灰绑腿	15付	3付	12付	同上

附表十：

军政部电信机械修造厂各机关送修机件1941年8月12日被炸损失表

事件：敌机轰炸直接中弹

日期：三十年八月十二日下午

地点：重庆李子坝河街3号

送修机关	品名	程式	单位	数量	备考
器材第一分库	收报机	4灯	部	1	
器材第一分库	零件箱		只	3	
后方勤务部	发报机	50W	部	1	
器材总库	话报双用机	15W	架	1	
重炮2旅13团	话报双用机	15W德律风式	架	1	
通3团4营	收报机	4灯	部	1	
71军	话报双用机	2.5W	部	1	
器材一分库	皮盒	装电话机用	只	48	

5. 军政部电信机械修造厂为造送该厂员工空袭损害调查表及检送证明文件请鉴核并准予分别予以救济事呈交通司文稿（1941年10月4日）

窃查敌机滥炸重庆市郊，本厂服务员工等，凡寄居化龙桥附近及厂内者，被炸遭受损害之人甚多。经调查，损害较重者计共13人，拟斟酌各员工损失轻重及眷属人数，依照《修正中央各军事机关服务人员遭受空袭损害暂行救济办法》第六条各项规定，分别拟定给与救济费数目，并依照同办法第十条规定，应给各费，即在本厂经费节余项下开支。理合造具被空袭损害调查表2份，并检同警局及镇公所证明文件13份，一并备文赍呈，仰祈鉴核示遵，并乞发还证明文件，以便检附造送报销，实为之便。谨呈：

司长王

附呈损害调查表2份、证明文件13份＜原缺＞

全衔厂长　张〇〇

中华民国三十年十月四日

附：

军政部电信机械修造厂各员工被空袭损害调查表

级职	姓名	寓址门牌号数	眷属人数及称谓	损失程度	伤亡情形	被灾月日	备考
中校课长	经明	化龙桥化龙新村59号	夫妇及儿女5人	屋顶、墙壁震毁，用具、器皿大部被毁	无	8月12日上午	依照救济办法六条三项，拟给救济费400.00元
少校技士	李绳武	沙坪坝中渡口上海机器厂内	夫妇2人	住屋直接中弹，什物全毁	无	8月22日下午	依照救济办法六条二项，拟给救济费400.00元
中尉书记	董杏珠	化龙桥后街13号	夫妇2人	屋瓦震破一部分，器皿损毁	无	8月12日下午	依照救济办法六条二项，拟给救济费160.00元
中尉速附	徐敬思	化龙桥李子坝河街3号	本身1人	住所震毁，私人物品损失一部分	无	8月12日下午	依照救济办法六条一项，拟给救济费100.00元
少尉司书	聂纯丰	化龙桥李子坝河街119号附1号	夫妇2人	被弹片波及，什物损毁一部分	无	8月12日下午	依照救济办法六条二项，拟给救济费160.00元
少尉司书	陈琦	化龙桥黄桷堡1号	父母、妻女5人	被弹片波及，击毁家具一部分	无	8月12日下午	依照救济办法六条三项，拟给救济费300.00元
工匠	李行	化龙桥龙隐路8号	本身1人	震毁器皿、衣物一部分	无	8月12日下午	依照救济办法八条，比照六条一项尉官级，拟给100.00元
司机	王国泰	化龙桥李子坝河街3号	本身1人	震毁器皿、衣物一部分	无	8月12日下午	依照救济办法六条一项士兵级，拟给救济费50.00元

续表

级职	姓名	寓址门牌号数	眷属人数及称谓	损失程度	伤亡情形	被灾月日	备考
司机	周庆南	化龙桥李子坝河街3号	本身1人	震毁器皿、衣物一部分	无	8月12日下午	依照救济办法六条一项士兵级，拟给救济费50.00元
助手	周其昌	化龙桥李子坝河街3号	本身1人	震毁器皿、衣物一部分	无	8月12日下午	依照救济办法六条一项士兵级，拟给救济费50.00元
助手	蒋国华	化龙桥李子坝河街3号	本身1人	震毁器皿、衣物一部分	无	8月12日下午	依照救济办法六条一项士兵级，拟给救济费50.00元
小工	马维美	化龙桥李子坝河街3号	本身1人	震毁器皿、衣物一部分	无	8月12日下午	依照救济办法六条一项士兵级，拟给救济费50.00元
小工	王德福	化龙桥李子坝河街3号	本身1人	震毁器皿、衣物一部分	无	8月12日下午	依照救济办法六条一项士兵级，拟给救济费50.00元

6. 军政部交通机械修造厂为报告该厂8月17日被炸损失情形请鉴核备案事呈交通司文稿（1938年8月24日）

窃查本厂长河上同仁街24号办事处于本月十七日上午受敌机轰炸，经以筱电呈报在案。兹查被炸后损失情形如下：

（一）财物部分。(1)传达室平屋3间、卫士宿舍平屋3间全部炸毁；(2)制图室楼房楼上半截震毁，办公厅职员寝室、材料库等房屋四周门窗及其玻璃，又各房屋顶上瓦片及室内天花板一律震坏；(3)厂屋围墙震倒一部分；(4)制图仪器损失丁字尺3支,制图桌被压倾斜,又制图用玻璃纸压碎10码,晒图纸损失1刀,赤血盐10磅。

（二）关于人的部分。(1)事务科传达下士杨春雨1名被炸伤臀部,现送陆军第六医院医治;(2)驻本厂守卫之本部特务团第一团2营5连1排2班班长丁学根,当敌机来袭时,适自车身二厂来厂报告公务,其额部为炸弹片击伤,经送往湘雅医院治疗后,业已治愈出院回厂,照常服务。查本厂防空壕早经构筑完成,此次被炸竟有弹片侵入,致在壕避难人被击皮伤,现在从事修改,以策安全。以上受伤班长,除函该班长所属团部知照外,所有本厂被毁房屋,经督率员工赶速清除后,业已恢复秩序,照常办公。理合报请钧长鉴核备查。谨呈：

司长王

职　来○○

中华民国二十七年八月二十五日

7. 军政部交通机械修造厂为造送该厂在桃源被炸损失材料数量清册请鉴核备案并转呈核销事给交通司的代电（1939年1月9日）

重庆——交通司司长王钧鉴：

案查本厂去年十一月间奉令由长沙迁移沅陵,除笨重物品由水道船运外,所有精密及急用器材均借用新车及厂有汽车运沅。当时因长沙情势日紧,车辆不敷抢运,且由长至沅往返一次非4日不可,为使早离长沙,避免损失起见,故将一部分材料、油料先运至桃源县属渔户乡第四分厂暂储,俟运毕在长器材后再行转运沅陵。讵料于十一月十一日上午十时,敌机侵袭桃源时,本厂所存第四分厂材料及少数油料亦遭波及被炸毁,业于去年十一月十五日电呈在案。所有当时被炸损失材料、油料数量业经材料库详细查明,兹造具清册3份,代电报请钧长俯赐鉴核转呈核销,实为公便。职来,伟灰,叩。附呈损失材料、油料清册3份。

附：

军政部交通机械修造厂在桃源被炸损失材料数量表

品名	程式	数量	备考
铝质活塞	Ford 37/8″	2只	木箱被破片击穿,活塞打破
前灯玻璃	D.B.	68块	箱被炸毁,玻璃全碎
调合黄漆	2介	4听	听被炸毁,漆液流出
调合蓝漆	2介	3听	听被炸毁,漆液流出
调合绿漆	2介	5听	听被炸毁,漆液流出
双旗黄漆	28#	4听	炸毁
熔铜罐	16#	1只	震碎
发蓝药水	2#	1瓶	震碎
风箱		1只	炸毁
蓝粉		6瓶	炸毁
铅板		39块	炸毁
煤板		25块	炸毁
软木纸	$\frac{1}{16}$#, 24×36	19张	炸毁
软木纸	$\frac{1}{32}$#, 24×36	3张	炸毁
纸柏		42磅	计1卷被炸焚毁
康邦油	1介	1听	焚毁
松香水	5介	1听	焚毁
补胎胶		117罐	计热胶77罐,冷胶40罐,共装一箱,被焚全毁
汽油		300介	计60听被焚全毁
氰化钾		10磅	铁听被炸全毁
玻璃杯		3只	震碎
电池壳	13片	1只	炸毁
电池盖		3只	炸毁

8. 军政部交通机械修造厂汽车第四分厂为报告抗战损失请鉴核备查转报呈厂长文(1939年12月31日)

案奉钧厂綦厂收第313号训令内开:"案奉交通司通总(二八)渝字第15519号训令,为抄发《战时损失查报须知》,令仰遵照并附摘抄查报须知及表式,正交办间,又奉交通司通总(二八)渝字第19942号训令,为转饬查报抗战损失,并将二十八年六月底以前损失填表补报由,各等因,奉此。合亟抄发原令及附件,令仰遵照查报为要,此令,附抄发原令两件,摘抄查报须知及表式。"等因,奉此。遵即查报抗战损失,并将二十八年六月底以前所有损失补报。理合填具财产损失报告单20张,备文呈送,仰祈鉴核备查转报。谨呈:

厂长来

附呈送财产损失报告单20张

军政部交通机械修造厂汽车第四分厂主任　谢守昌
二十八年十二月三十一日,于沅陵洞底村

附表一:

军政部交通机械修造厂汽车第四分厂财产损失报告单

　　事件:日机攻击

　　日期:二十七年六月,二十八年十一月

　　地点:东乡至桃源,桃源至洞底

　　填送日期:二十八年十二月二日

损失项目	单位	数量	价值(国币元)
迁移费		东乡至桃源	179.00
迁移费		桃源至洞底	486.85

附表二:

军政部交通机械修造厂汽车第四分厂1938年11月日机轰炸财产损失报告单

　　事件:日机轰炸

　　日期:二十七年十一月

　　地点:湖南桃源

　　填送日期:二十八年十二月二日

损失项目	单位	数量	价值(国币元)
厂屋	间	5	290.30
油库	间	1	39.32

续表

损失项目	单位	数量	价值（国币元）
卫棚	座	1	46.16
材料室地板	方	6	56.08

附表三：

军政部交通机械修造厂汽车第四分厂1938年11月日机轰炸财产损失报告单

事件：日机轰炸

日期：民国二七年十一月

地点：湖南桃源

填送日期：二十八年十二月二日

损失项目	单位	数量	价值（国币元）
活塞	只	1	12.00
活塞环	付	11	330.00
平令	支	78	78.00
油令	支	164	246.00
凡而	只	6	12.00
偏心轴齿轮	只	5	200.00
弹子盔	只	5	60.00
刹车皮碗	只	8	12.00
刹车外皮碗	只	5	7.50
凡而脚	只	8	8.00
灯头卜六	只	20	16.00
前灯玻璃	块	1	30.00
马达煤精	块	34	54.40
马达煤精弹王	只	8	6.40
汤下六心子	只	38	45.60
汤下六白金	付	8	24.00
汤下六白金	只	24	48.00
发电机煤精	块	15	15.00
火星塞	只	83	249.00
考爱而	只	6	96.00
克特沃夫	只	7	31.50
白金螺丝	只	9	9.00

续表

损失项目	单位	数量	价值（国币元）
蓄电器	只	9	18.00
灯保险管	只	28	9.80
电表	只	1	7.00
胎咀子	只	2	7.00
胎凡而心子	只	19	3.80
化油机针	只	8	13.60
汤卜六盖	只	2	7.00
司对头子发油橡皮冒〔帽〕	只	6	4.80
纸柏弯头	只	5	5.00
牛油杯	只	4	1.20
玻璃	块	21	8.40
反光镜	只	1	5.00
氩氧蒸发器	具	1	100.00
较电表	只	1	10.00
汽油邦浦工具	付	1	20.00

附表四：

军政部交通机械修造厂汽车第四分厂1937年9—12月日军攻击财产损失报告单

　　　　事件：日军攻击

　　　　日期：民国二十六年九月至十二月

　　　　地点：溧阳仙人庙

　　　　填送日期：二十八年十二月二日

损失项目	单位	数量	价值（国币元）
汤卜六白金	付	1	28.00
汤卜六盖	只	2	7.00
大星塞	只	32	96.00
考爱而	只	1	24.00
克特沃夫	只	3	12.00
蓄电器	只	1	2.00
电开关	只	1	2.00

续表

损失项目	单位	数量	价值（国币元）
电瓶	只	7	336.00
前钢板销子	只	1	1.60
后钢板销子	只	1	2.40
汽缸床	张	2	7.00
平油令	付	2	80.00
油令	支	24	24.00
凡而	只	5	20.00
万勾接头	只	1	40.00
爱克生销子	只	2	4.00
克拉子片	片	2	6.00
刹车橡皮管	支	1	8.00
刹车皮碗	只	6	9.00
风扇皮带	支	3	18.00
汤下纳心子	只	2	2.40
克求弹子盔	只	2	10.00
火酒	加仑	4	28.00
蓖麻油	加仑	2.75	11.00
松香油	加仑	4	
硫酸	坛	75	150.00
玻璃	块	27	10.80
灭火机	具	1	80.00
厚薄规	付	1	
钢尺	支	1	3.00
手锯架	把	1	8.00
三轮车篷布	块	2	6.00
活塞	只	4	120.00
汽油空筒	只	380	380.00
汽油木箱	只	128	256.00
洋松	呎	389.5	70.00
柳安	呎	166.3	38.68
杉木企口板	呎	678	67.80

续表

损失项目	单位	数量	价值(国币元)
凡尔脚销子	只	7	5.60
前灯总成	只	1	35.00
横拉杆	支	1	12.00
火油	加仑	17.5	105.00
刹车油	加仑	4.5	54.00
考邦油	加仑	3	36.00
木榔头	只	2	2.00
榔头	只	3	6.00
套筒扳头	付	1	5.00
二用扳头	付	2	10.00
活动扳头	把	4	12.00
管子钳	把	1	10.00
鱼尾钳	把	1	10.00
弯钩	只	1	2.00
锯条	支	59	15.00
起子	支	9	9.00
水手刀	把	1	3.50
玻璃杯	只	1	3.00
比重表	只	2	8.00
活塞卷夹	只	1	3.00
老虎钳	只	6	120.00
板锯	把	1	15.00
三角刮刀	把	3	12.00
磨刀砖	块	4	0.80
灯泡	只	6	6.00
拖车链条	根	1	13.64
钻头	支	23	92.00
锉刀	把	35	70.00
断法条	支	1	1.00
油石	块	2	6.00
漆刷	把	3	1.20

续表

损失项目	单位	数量	价值(国币元)
紫铜油壶	只	1	3.00
拖车麻绳	尺	223.25	89.30
断钢板	堆	1	400.00
三夹板	张	2	10.00
皮线	码	90	8.00
皮线	卷	10	75.00
皮线	卷	17	81.6
花线	卷	1	5.00
木轧灯头	只	20	3.00
圆匣	只	17	1.70
灯罩	只	36	5.40
灯泡	只	36	5.40
螺丝	包	1	0.30
白料	只	55	13.15
灯头	只	1	0.20
总门	付	1	5.00
下六	只	26	5.20
电铃	只	1	2.80
先令	只	15	1.50
瓷葫芦	只	10	3.00
交木开关	只	22	3.30
开关灯头	只	15	5.70
圆木	块	33	0.33
双连木	块	24	1.44
夹板	付	327	4.905
螺丝	包	2	1.20
行军锅	套	1	11.50
闹钟	只	1	2.20
开山锄代柄	把	2	4.00
尖錾	把	1	2.00
帆布篷	块	1	5.40

续表

损失项目	单位	数量	价值(国币元)
锅子	只	1	2.52
马灯	只	8	9.60
搪瓷菜盆	只	15	3.90
搪瓷饭碗	只	38	3.04
搪瓷汤匙	只	34	1.02
方錾	把	1	1.00
筴	把	1	0.05
办公桌连椅	套	8	32.80
毯	条	15	27.00
绑腿布	付	15	6.00
干粮袋	个	15	6.00
水壶	个	15	9.00
皮带	根	8	3.20
背带	根	4	1.60
铁公文箱	担	3	10.80
刀	把	1	0.07
铲	把	1	0.25
铁杓	把	1	0.20
大水桶	只	1	5.50
四连方	块	1	0.12
橡皮线	卷	1	40.00
行灯	只	10	8.00
床开关	只	1	0.15
铃浦四	只	1	0.20

9. 军政部交通机械修造厂第二修理工场为具报6月27日该场被炸情形请鉴核备案给厂长的代电(1940年6月27日)

厂长来钧鉴：

职场于本(六)月二十七日正午十二时敌机肆虐时,职场修车间、工具室、油库、卫兵室、工人宿舍等处被炸损毁,油库及工具室、修车间中弹起火,焚烧已尽,详情正清查中。谨电奉闻,职林天祥叩。感末。

10. 军政部交通机械修造厂新车修理班为报告6月27日旧料被炸损失情形请鉴核备案呈主任并转呈厂长文(1940年7月7日)

窃职前经手修理新车案,所余之旧料,曾奉命带至沅陵,因复迁移往桂林工作,故延至今未交。嗣于本年六月二十七日敌机袭渝时,全被焚毁,除造具损失旧料清册1份附呈外,理合呈请鉴核备案!谨呈:

主任崔 转呈

厂长来

附清册1份

职 陈延恩

中华民国二十九年七月七日

附:

军政部交通机械修造厂新车修理班旧料被烧毁清册

名称	程式	单位	数量	备注
风扇皮带	朋驰	根	34	
保险盒		只	1	
断电器		只	11	
过电灯泡		只	38	
大灯泡	12V	只	62	
小灯泡	12V	只	33	
胎头子		只	23	
马达牙齿	福特	只	1	
小灯泡	6V	只	54	
大灯泡	6V	只	24	
油令	柴油车	根	12	
橡皮管子	3/4″	根	6	计17吋
榔头连柄	2#	把	6	
双用扳头	6件	把	2	

续表

名称	程式	单位	数量	备注
套筒扳头	9件	把	2	
尺子	6吋	把	2	
钳子	6吋	把	2	
橡皮管	$1\frac{3}{4}''$	根	4	计13吋
刹车皮碗	1311F	只	4	
刹车皮碗	666	只	15	
漆刷	2吋	把	2	
活动扳头	10吋	把	1	
活动扳头	8吋	把	1	
水箱	道奇	只	1	
水箱	柴油车	只	1	

证明人：林天祥　　经手人：陈延恩

11. 军政部交通机械修造厂第二修理工场为报告6月27日被炸焚烧情形并附清册请备案呈厂长文（1940年7月8日）

窃职场于民国二十九年六月二十七日被敌机轰炸焚烧等情，业经先行呈报在案。兹查所有被焚各器材、工具、旧料、房屋等，业经查明被焚数目，理合造具清册3份，备文呈报鉴核备查。谨呈：

厂长来

附呈清册3份

第二修理工场场长　林天祥

中华民国二十九年七月八日，于第二修理工场

附表一：

军政部交通机械修造厂

第二修理工场1940年6月27日空袭被焚财产旧材料、服装等清册

类别	名称	程式	单位	数量	损坏情形	备考
财产类	油库		间	1	全部倒塌被焚	
财产类	工具室		间	1	全部被烧	

续表

类别	名称	程式	单位	数量	损坏情形	备考
财产类	修车间		间	3	全部被烧	
财产类	旧料间		间	1	全部被烧	
财产类	钳桌		张	2	烧没	
财产类	圆锁		把	9	烧坏不堪应用	
财产类	方锁		把	4	烧坏不堪应用	
财产类	机油壶		把	3	烧坏不堪应用	
财产类	方锁		把	3	烧坏不堪应用	
财产类	大工具橱		个	2	烧没	
财产类	小工具橱		架	1	烧没	
财产类	大工具台		面	1	烧没	
财产类	办公桌		张	2	烧没	
财产类	裁缝剪布桌面		面	1	烧没	
财产类	凳子		个	4	烧没	
财产类	洋丁竹篓		只	5	烧没	
财产类	蒸馏水蒸馏器	自造	架	1	烧坏不堪应用	
财产类	值星官床		张	1	烧没	
财产类	值星官帐子		张	1	烧没	
财产类	值星官被子		个	1	烧没	
财产类	值星官褥子		条	1	烧没	
财产类	值星官被单		条	1	烧没	
财产类	洋丁竹篓		只	3	烧没	
财产类	灯泡		只	3	烧没	
财产类	灯头		只	3	烧没	
财产类	胶木开关		只	2	烧没	
财产类	插销座		只	3	烧没	
财产类	修车凳	自造(木)	只	18	烧没	
财产类	引擎架		架	4	烧没	
财产类	凡耳架		架	4	烧没	
财产类	油漏斗		只	2	烧坏不堪应用	
财产类	灭火机		只	1	烧没	
财产类	材料箱		只	7	烧没	

附表二：

军政部交通机械修造厂
第二修理工场1940年6月27日被焚工具清册

类别	名称	程式	单位	数量	损坏情形	备考
工具类	电钻		具	2	烧坏不堪应用	
工具类	摇钻架	小	具	1	烧坏不堪应用	
工具类	磨凡耳电钻		具	1	烧坏不堪应用	
工具类	绞板架子		具	1	被烧尚可应用	
工具类	摇钻架	大	具	1	烧坏不堪应用	
工具类	电钻头测验表		只	1	烧坏不堪应用	
工具类	电压表		只	1	烧坏不堪应用	
工具类	比重表		只	2	烧坏不堪应用	
工具类	木钻架		具	1	烧坏不堪应用	
工具类	木钻头	$\frac{7}{8}''$	只	1	烧退火不堪应用	
工具类	木钻头	$\frac{5}{8}''$	只	1	烧退火不堪应用	
工具类	木钻头	$\frac{1}{2}''$	只	1	烧退火不堪应用	
工具类	木钻头	$\frac{3}{8}''$	只	1	烧退火不堪应用	
工具类	木钻头	$\frac{5}{6}''$	只	1	烧退火不堪应用	
工具类	木钻头	$\frac{1}{4}''$	只	1	烧退火不堪应用	
工具类	管子钳	36″	把	1	烧退火不堪应用	
工具类	管子钳	24″	把	1	烧退火不堪应用	
工具类	管子钳	18″	把	2	烧退火不堪应用	
工具类	管子钳	14″	把	1	烧退火不堪应用	
工具类	管子钳	10″	把	1	烧退火不堪应用	
工具类	工剪式凡而弹簧钳		把	1	烧退火不堪应用	
工具类	凡而钳		把	1	烧退火不堪应用	
工具类	内卡钳		把	1	烧坏不堪应用	
工具类	外卡钳		把	1	烧坏不堪应用	
工具类	角尺	12″	把	1	烧坏不堪应用	
工具类	卷皮尺	21″	只	12	烧坏不堪应用	
工具类	手摇式气门		具	1	烧坏不堪应用	

续表

类别	名称	程式	单位	数量	损坏情形	备考
工具类	活络绞刀	$\frac{1}{32}''$	只	1	烧坏不堪应用	
工具类	钢剪刀		把	4	烧坏不堪应用	
工具类	锯条		把	2	烧坏不堪应用	
工具类	白金扳头	10件	付	1	烧坏不堪应用	
工具类	牛油枪		只	10	烧坏不堪应用	
工具类	十锦锉		付	5	烧坏不堪应用	
工具类	油石		块	2	烧没	
工具类	英水尺	12″	把	1	烧没	
工具类	钢线坨	2件	付	1	被烧尚可应用	
工具类	磨凡尔器		只	4	烧没	
工具类	补胎器连轧头		只	1	烧坏不堪应用	
工具类	烙铁连柄		把	10	烧坏不堪应用	
工具类	木锯条	20″	只	4	烧坏不堪应用	
工具类	木锯条	18″	只	2	烧坏不堪应用	
工具类	木锯条	26″	只	3	烧坏不堪应用	
工具类	油光锉	12″	把	1	烧坏不堪应用	
工具类	油光锉	10″	把	1	烧坏不堪应用	
工具类	锡锉	12″	把	1	烧坏不堪应用	
工具类	半圆木锉		把	3	烧坏不堪应用	
工具类	三角刮刀	8″	把	3	烧坏不堪应用	
工具类	三角刮刀	6″	把	4	烧坏不堪应用	
工具类	麻花钻	$\frac{1}{2}''$	把	6	烧坏不堪应用	
工具类	麻花钻	$\frac{3}{4}''$	把	1	烧坏不堪应用	
工具类	麻花钻	$\frac{5}{8}''$	把	1	烧坏不堪应用	
工具类	麻花钻	$\frac{7}{8}''$	把	2	烧坏不堪应用	
工具类	麻花钻	$\frac{3}{8}''$	把	6	烧坏不堪应用	
工具类	麻花钻	$\frac{5}{16}''$	把	3	烧坏不堪应用	
工具类	麻花钻	$\frac{1}{4}''$	把	15	烧坏不堪应用	
工具类	麻花钻	$\frac{3}{120}''$	把	12	烧坏不堪应用	
工具类	麻花钻	$\frac{1}{8}''$	把	11	烧坏不堪应用	
工具类	麻花钻	$\frac{1}{16}''$	把	10	烧坏不堪应用	
工具类	麻花钻	$\frac{3}{32}''$	把	12	烧坏不堪应用	
工具类	麻花钻	$\frac{5}{32}''$	把	16	烧坏不堪应用	

续表

类别	名称	程式	单位	数量	损坏情形	备考
工具类	麻花钻	$\frac{7}{32}''$	把	4	烧坏不堪应用	
工具类	麻花钻	$\frac{9}{32}''$	把	2	烧坏不堪应用	
工具类	麻花钻	$\frac{11}{32}''$	把	1	烧坏不堪应用	
工具类	麻花钻	$\frac{13}{32}''$	把	1	烧坏不堪应用	
工具类	麻花钻	$\frac{15}{32}''$	把	1	烧坏不堪应用	
工具类	麻花钻	75″	把	3	烧坏不堪应用	
工具类	鲤鱼钳	6″	把	52	烧坏不堪应用	
工具类	活扳	16″	把	2	烧坏不堪应用	
工具类	活扳	18″	把	11	烧坏不堪应用	
工具类	活扳	10″	把	4	烧坏不堪应用	
工具类	活扳	8″	把	15	烧坏不堪应用	
工具类	活扳	6″	把	18	烧坏不堪应用	
工具类	元〔圆〕锉	14″	把	1	烧坏不堪应用	
工具类	元〔圆〕锉	12″	把	3	烧坏不堪应用	
工具类	元〔圆〕锉	10″	把	4	烧坏不堪应用	
工具类	元〔圆〕锉	6″	把	1	烧坏不堪应用	
工具类	三角锉	7″	把	2	烧坏不堪应用	
工具类	三角锉	6″	把	2	烧坏不堪应用	
工具类	三角锉	5″	把	12	烧坏不堪应用	
工具类	细扁锉	12″	把	11	烧坏不堪应用	
工具类	细扁锉	14	把	1	烧坏不堪应用	
工具类	细扁锉	10″	把	13	烧坏不堪应用	
工具类	细扁锉	8″	把	8	烧坏不堪应用	
工具类	细扁锉	6″	把	2	烧坏不堪应用	
工具类	细扁锉	4″	把	1	烧坏不堪应用	
工具类	细半元〔圆〕锉	10″	把	7	烧坏不堪应用	
工具类	细半元〔圆〕锉	8	把	3	烧坏不堪应用	
工具类	粗扁锉	12″	把	6	烧坏不堪应用	
工具类	粗扁锉	10″	把	14	烧坏不堪应用	
工具类	粗扁锉	8″	把	2	烧坏不堪应用	

续表

类别	名称	程式	单位	数量	损坏情形	备考
工具类	粗扁锉	6″	把	2	烧坏不堪应用	
工具类	套筒	9件	付	40	烧坏不堪应用	
工具类	双网扳头	6件	付	34	烧坏不堪应用	
工具类	起子	10	把	10	烧坏不堪应用	
工具类	起子	8″	把	8	烧坏不堪应用	
工具类	起子	6	把	22	烧坏不堪应用	
工具类	尖嘴锉		把	1	烧坏不堪应用	
工具类	厚薄规		付	3	烧坏不堪应用	
工具类	丝扳	$\frac{7}{16}$″	付	3	烧坏不堪应用	计2件
工具类	丝扳	$\frac{3}{8}$″	付	1	烧坏不堪应用	计2件
工具类	丝扳	$\frac{5}{16}$″	付	1	烧坏不堪应用	计2件
工具类	丝扳	$\frac{1}{4}$″	付	1	烧坏不堪应用	计2件
工具类	丝扳	$\frac{3}{16}$″	付	1	烧坏不堪应用	计2件
工具类	丝扳	$\frac{1}{8}$″	付	1	烧坏不堪应用	计2件
工具类	丝扳	$\frac{5}{8}$″	付	2	烧坏不堪应用	计3件
工具类	丝攻	$\frac{1}{2}$″	付	2	烧坏不堪应用	计3件
工具类	丝攻	$\frac{5}{8}$″	付	2	烧坏不堪应用	计3件
工具类	丝攻	$\frac{5}{16}$″	付	1	烧坏不堪应用	计3件
工具类	丝攻	$\frac{7}{16}$″	付	1	烧坏不堪应用	计3件
工具类	丝攻	$\frac{1}{4}$″	付	1	烧坏不堪应用	计3件
工具类	丝攻	$\frac{3}{16}$″	付	1	烧坏不堪应用	计3件
工具类	台虎钳	$\frac{1}{2}$″	部	1	烧坏不堪应用	
工具类	三角油石		块	1	烧没	
工具类	凡而绞刀		箱	1	烧坏不堪应用	
工具类	磨汽缸机		套	1	烧坏不堪应用	
工具类	亚拉伯子	9件	付	1	烧坏不堪应用	

三、军政部所属电信机械修造厂、交通机械修造厂等抗战财产损失

续表

类别	名称	程式	单位	数量	损坏情形	备考
工具类	汽缸压力表		只	1	烧坏不堪应用	
工具类	汽缸表		付	1	烧坏不堪应用	
工具类	钢板及螺丝攻		箱	1	烧坏不堪应用	
工具类	刹车弹簧钳		把	1	烧坏不堪应用	
工具类	凡而精磨器		箱	1	烧坏不堪应用	
工具类	细砂输	4″	块	1	烧碎	
工具类	砂输石	$\frac{1}{4}″\times 10″$	块	1	烧碎	
工具类	扁头钳		把	2	烧坏不堪应用	
工具类	细方锉	12″	把	1	烧坏不堪应用	
工具类	细方锉	6″	把	1	烧坏不堪应用	
工具类	千分尺	7″	把	1	烧坏不堪应用	
工具类	断螺丝起出器	3件	付	1	烧坏不堪应用	
工具类	喷油枪		把	1	烧坏不堪应用	
工具类	细砂轮		块	1	烧碎	
工具类	油邦起高机		只	2	烧坏不堪应用	
工具类	起高机		只	10	烧坏不堪应用	
工具类	装福特钢板器		根	1	烧坏不堪应用	
工具类	开口肖钳		把	1	烧坏不堪应用	
工具类	丝达子扳手		只	1	烧坏不堪应用	
工具类	泡光机		只	1	烧坏不堪应用	
工具类	曲轮千分尺		只	1	烧坏不堪应用	
工具类	锉令模		只	1	烧坏不堪应用	
工具类	起林钳		把	1	烧坏不堪应用	
工具类	剪刀		把	5	烧坏不堪应用	
工具类	木杆子		根	2	烧没	
工具类	锉刀刷	大小	把	2	烧没	
工具类	打洞冲子	3件	付	1	烧坏不堪应用	
工具类	后地轴弹簧钳		把	1	烧坏不堪应用	
工具类	轧头	4#	只	1	烧坏不堪应用	
工具类	轧头	2#	只		烧坏不堪应用	
工具类	老虎钳		部	2	烧坏不堪应用	

续表

类别	名称	程式	单位	数量	损坏情形	备考
工具类	大摇钻		架	1	烧坏不堪应用	
工具类	搪缸机火石	粗	付	3	烧坏不堪应用	
工具类	搪缸机火石	细	付	3	烧坏不堪应用	
工具类	手钳	本国制	把	1	烧坏不堪应用	
工具类	丝攻	$\frac{1}{2}''$	付	1	烧坏不堪应用	计2件
工具类	丝攻	$\frac{3}{8}''$	付	1	烧坏不堪应用	计2件
工具类	丝攻	$\frac{5}{16}''$	付	1	烧坏不堪应用	计2件
工具类	丝攻	$\frac{1}{4}''$	付	1	烧坏不堪应用	计2件
工具类	丝攻	$\frac{3}{16}''$	付	1	烧坏不堪应用	计2件
工具类	丝攻	$\frac{1}{8}''$	付	1	烧坏不堪应用	计2件
工具类	凡尔砂输		块	13	烧碎	
工具类	榔头柄		根	28	烧没	
工具类	棕刷子		把	3	烧没	
工具类	毛笔		只	8	烧没	
工具类	漆刷		把	6	烧没	
工具类	喷漆枪		把	1	烧坏不堪应用	
工具类	电器架		具	1	烧没	
工具类	行灯		只	4	烧没	4
工具类	风箱		只	1	烧没	1
工具类	起子		只	2	烧坏不堪应用	2
工具类	邦浦灯		只	2	烧坏不堪应用	2
工具类	牛角铲		只	6	烧坏不堪应用	
工具类	凡尔小刷子		只	4	烧没	
工具类	筛子		只	3	烧没	
工具类	铁驰		块	2	烧坏不堪应用	
工具类	拉轮器	大小	付	5	烧坏不堪应用	
工具类	玻璃刀		只	1	烧坏不堪应用	
工具类	装林器	自制	只	1	烧坏不堪应用	
工具类	朋驰套筒		付	2	烧坏不堪应用	
工具类	磨凡尔附件		付	1	烧坏不堪应用	
工具类	錾子	$\frac{1}{4}''$		2	烧坏不堪应用	
工具类	錾子	$\frac{5}{14}''$	只	3	烧坏不堪应用	
工具类	錾子	$\frac{3}{8}''$	只	3	烧坏不堪应用	

续表

类别	名称	程式	单位	数量	损坏情形	备考
工具类	錾子	$\frac{1}{2}''$	只	3	烧坏不堪应用	
工具类	錾子	$1''$	只	2	烧坏不堪应用	
工具类	錾子	$\frac{17}{8}''$	只	3	烧坏不堪应用	
工具类	大皮带盘		只	1	烧没	
工具类	机针		打	2	烧坏不堪应用	
工具类	錾子		只	7	烧坏不堪应用	
工具类	刨铁	$\frac{11}{2}''$	块	15	烧坏不堪应用	
工具类	刨铁	$\frac{13}{4}''$	块	3	烧坏不堪应用	
工具类	梭子		只	1	烧坏不堪应用	
工具类	梭心子		只	1	烧坏不堪应用	
工具类	粤司丁胎扳头		把	1	烧坏不堪应用	
工具类	工具木箱	大	只	10	烧没	
工具类	工具木箱	小	只	50	烧没	
工具类	胶木钳	$6''$	把	1		
工具类	马蹄磁石		块	2		
工具类	电椿头硬模		付	1		
工具类	锯条	$12''$	打	4.5		
工具类	洗车刷子		把	2		
工具类	裁刀		把	1		
工具类	雪佛来胎扳头		只	1	烧坏不堪应用	
工具类	粗元〔圆〕锉	$12''$	把	1	烧坏不堪应用	
工具类	粗元〔圆〕锉	$10''$	把	1	烧坏不堪应用	
工具类	粗元〔圆〕锉	$6''$	把	1	烧坏不堪应用	
工具类	紫铜榔头		把	4	烧坏	
工具类	磨缸机		套	1	烧没	

附表三：

军政部交通机械修造厂

第二修理工场1940年6月27日空袭被灾损烧器材清册

类别	名称	程式	单位	数量	损烧情形	备考
器材类	黑皮电线		码	100	烧没	
器材类	双花线		码	20	烧没	
器材类	胶布		圈	3	烧没	
器材类	砂纸	2#	打	4	烧没	

续表

类别	名称	程式	单位	数量	损烧情形	备考
器材类	棉纱		磅	20	烧没	
器材类	洋钉		斤	20	烧坏不堪应用	
器材类	冷胶		瓶	2	烧没	
器材类	麻绳		圈	4	烧没	
器材类	粗麻绳		根	23	烧没	
器材类	棕绳		把	14	烧没	
器材类	砂布	0#	打	1	烧没	
器材类	木螺丝	$\frac{3}{4}''\times 6\#$				
器材类	铆钉	16#	砂	4	烧后清查与钉混乱	
器材类	开口销		尺	150	烧后清查与钉混乱	
器材类	焊锡		磅	8	烧没	
器材类	弹簧华司	$\frac{1}{4}''$	磅	200	烧坏不堪应用	
器材类	弹簧华司	$\frac{5}{16}''$	磅	200	烧坏不堪应用	
器材类	热胶		并	4	烧没	
器材类	白铅螺丝	$\frac{1}{4}''\times 2''$	箩	0.5	烧坏不堪应用	
器材类	盐强水	球	并	5	烧没	
器材类	草绿线	球	只	2	烧没	
器材类	黑绿线	$\frac{5}{16}''$	只	2	烧没	
器材类	螺丝	$\frac{1}{4}''\times\frac{1}{2}''$	只	50	烧坏不堪应用	
器材类	白铅螺丝	$\frac{1}{4}''\times 3''$	箩	0.5	烧坏不堪应用	
器材类	白铅螺丝		箩	0.5	烧坏不堪应用	
器材类	水砂纸			0.5	烧没	
器材类	松节油			1	烧没	
器材类	绿帆布		码	5	烧没	
器材类	白帆布		码	5	烧没	
器材类	螺丝帽	$\frac{3}{8}''$	只	150	烧坏不堪应用	
器材类	皮箱扣		付	50	烧没	
器材类	竹茹		斤	65	烧没	
器材类	水箱粉		听	2	烧没	

三、军政部所属电信机械修造厂、交通机械修造厂等抗战财产损失　255

类别	名称	程式	单位	数量	损烧情形	备考
器材类	硫酸		罐	2	烧没	
器材类	水竹		根	25	烧没	
器材类	棉竹		根	15	烧没	

附表四：

军政部交通机械修造厂
第二修理工场1940年6月27日空袭被灾损烧服装清册

类别	名称	程式	单位	数量	损坏情形	备考
服装类	单军服	草黄	套	46	烧没	
服装类	单军服	青灰	套	32	烧没	
服装类	单军服	蓝布	套	9	烧没	
服装类	蓝布帽		顶	50	烧没	
服装类	青灰布帽		顶	180	烧没	

12. 军政部制呢厂为呈送该厂1940年度被炸震毁房屋修理费支出计算书等件请鉴核存转并乞拨款归垫呈军需署署长、副署长文稿（1940年10月28日）

　　案查本厂前以被敌机投弹震毁房屋，当经造具该项修理费预算呈请专案核销，业奉军政部二十九年九月二十六日渝需丁二九建字第5673号令准在案。现在工程业已完毕，除营缮工程结算表另案呈送外，理合编造该项修理费计算书单据粘存簿暨营缮工程结算表等一并呈请鉴核存转，并乞将该项临时费早日拨付，以资归垫，实为公便。谨呈：

署长陈

副署长王

附呈本厂二十九年度被敌机投弹震毁房屋修理费支出计算书4本、收支对照表4份、单据粘存簿1本、附属册4本、结算表1份

　　　　　　　　　　　　　　　　　　　　　　　全衔　张〇〇

　　　　　　　　　　　　　　　　　　　　中华民国二十九年十月二十八日

附表一：

军政部制呢厂民国二十九年度被敌机投弹震毁房屋修理费支出计算书

支出临时门					
科目	预算数（国币元）	计算数（国币元）	比较		说明
			增	减	
第一款：本厂临时费	1886.00	1886.00			（一）本计算书共支国币1886.00元整；（二）本该项修理费系奉军政部二十九年九月二十六日渝需丁二九建字第5673号令准列报
第二项：被敌机投弹震毁房屋修理费	1886.00	1886.00			
第一目：被敌机投弹震毁房屋修理费	1886.00	1886.00			
第一节：震毁房屋修理费	1728.00	1728.00			
第二节：防空洞补修费	158.00	158.00			

附表二：

军政部制呢厂民国二十九年度震毁房屋修理费附属表（第一项第一目）

品名	数量	价值		实支数（国币元）	单据号数	节别	备考
		单价	合计（国币元）				
石灰	7000斤	3.50元/100斤	245.00	245.00	1	1	
青瓦	18000匹	1.90元/100匹	342.00	342.00	1		
慈竹	2600斤	5.50元/100斤	143.00	143.00	1		
纸筋	600斤	10.00元/100斤	60.00	60.00	1		
洋钉	19斤	3.50元/斤	66.50	66.50	1		
青砖	1200匹	7.00元/100匹	84.00	84.00	1		
松方	15匹	2.60元/匹	36.00	36.00	1		
桷子	50匹	5.60元/匹	28.00	28.00	1		
标子	2根	4.50元/根	9.00	9.00	1		

续表

品名	数量	价值 单价	价值 合计(国币元)	实支数 (国币元)	单据号数	节别	备考
分板	5合	3.20元/合	16.00	16.00	1		
楼板	2方	26.00元/方	52.00	52.00	1		
松烟	5斤	1.60元/斤	8.00	8.00	1		
南竹	5根	2.60元/根	13.00	13.00	1		
木工	75工	2.50元/工	187.50	187.50	1		
泥工	159工	2.50元/工	397.50	397.50	1		
小工	25工	1.50元/工	37.50	37.50	1		
合计				1728.00			

附表三：

军政部制呢厂民国二十九年度防空洞补修费附属表（第一项第一目）

品名	数量	价值 单价	价值 合计(国币元)	实支数 (国币元)	单据号数	节别	备考
防空洞石墙四段工料费	1.8方	60.00元/方	108.00	108.00	2	2	
挖防空洞水沟二道石工资	25工	2.00元/工	50.00	50.00	3		
合计				158.00			

13. 军政部第一制呢厂附设纺织机器制造厂为呈报该厂8月10日、11日、22日、23日被炸损失情形请鉴核备查呈厂长文（1941年8月26日）

查敌机于八月十、十一、二十、二十三四天轰炸磁器口、沙坪坝、小龙坎一带，本厂100公尺附近落有重炸弹数十枚，遂将工人宿舍及厂房屋瓦被破片碎石砸坏者约有20000匹，办公室玻璃震坏半数以上约200块。又军需署储备司二十七年在本厂附近所建筑之捆帮瓦房5栋，本厂利用作为工人宿舍，内有1栋早已倾斜,今春业已翻修并已呈准在案,其余4栋经此次轰炸震动均已倾斜,在未倒之前势必翻修,以免更多损失,所有工料费估单及合同等项拟另文呈报备案。又本厂前购志城实业社旧竹捆帮草房1栋计8间,经此次之轰炸略有倾斜,暂尚无碍工作。理合将此次敌机轰炸沙磁区本厂损失情形备文呈请鉴核备查。谨呈:

厂长曹

纺织机器制造厂代理主任　马钟承
中华民国三十年八月二十六日

14. 军政部第一制呢厂附设纺织机器制造厂为送呈空袭时消防有力人员名册并拟予分别奖励事呈厂长文(1941年9月4日)

查敌机于上月三十日袭沙磁区一带,本厂附近落有燃烧弹数枚,以致政治部、印刷所及钧厂眷属宿舍中弹起火。火头之远者距本厂三四十公尺,最近者仅2公尺,本厂机器草房北端已为波及,卒因事前有消防设备、有消防训练,当时各员工兵役在敌机当空冒烟火掠救,得以保全,未受火灾,因此本厂无形中所得者何止百万。此次救火精神实为难得,恳请将此次救火有力职员请钧厂设法奖励有力职工兵役,由本厂发以金钱,在制造费内动支,以为奖赏而资鼓励。理合列表备文,呈请鉴核施行。谨呈:

厂长曹

附呈消防有力人员姓名表2份

纺线机器制造厂代理主任　马钟承
中华民国三十年九月四日

附表一:

军政部第一制呢厂附设纺线机器制造厂8月30日敌机轰炸抢救有力职员名册

职级	姓名	备考
少校会计员	郑德发	敌机临头,冒火扑救,奋不顾身,拟请记大功一次
中校技正	张伯陶	敌机临头,冒火扑救,奋不顾身,拟请记大功一次

三、军政部所属电信机械修造厂、交通机械修造厂等抗战财产损失

续表

职级	姓名	备考
少校事务员	马毓良	敌机临头，冒火扑救，奋不顾身，拟请记大功一次
上尉事务员	张景运	敌机临头，冒火扑救，奋不顾身，拟请记大功一次
准尉司书	李学舜	敌机临头，冒火扑救，奋不顾身，拟请记大功一次
少校技士	潘礼涵	参加抢救出力，拟请记功一次
上尉会计员	尹烈	参加抢救出力，拟请记功一次
中尉会计员	张世纪	参加抢救出力，拟请记功一次

附表二：

军政部第一制呢厂附设纺织机器制造厂8月30日敌机轰炸抢救有力职工兵役名册

职别	姓名	奖金（国币元）	备考
职工	刘梦锡	20.00	
职工	元耀如	10.00	
职工	何匡德	15.00	
职工	段永鑫	15.00	
职工	王金山	10.00	
职工	丁予文	10.00	
小工	马守荣	30.00	
小工	马怀荣	5.00	
小工	李永清	10.00	
小工	朱立常	10.00	
小工	张俊杰	10.00	
小工	何凯	10.00	
小工	陈贤福	10.00	
小工	蔡仕昌	10.00	
小工	张德安	5.00	
小工	李际森	5.00	
小工	赖树臣	5.00	
小工	张清云	5.00	
小工	郑秋林	5.00	
小工	杨生万	5.00	

续表

职别	姓名	奖金（国币元）	备考
小工	谢文礼	5.00	
卫兵	王治保	30.00	
卫兵	司照贵	15.00	
卫兵	刘文斌	5.00	
卫兵	谢明元	5.00	
卫兵	王铭钧	5.00	
卫兵	赵洪发	5.00	
卫兵	王振东	5.00	
卫兵	杨厚德	5.00	
卫兵	王玉山	5.00	
卫兵	吴成云	5.00	
卫兵	田锋林	5.00	
公役	卢天福	10.00	
合计	33人	330.00	

15. 军政部第一制呢厂官佐士兵1941年8月30日遭受空袭损害报告表（1941年9月）

职级	姓名	眷属人数及称谓	现在住址	遭受损害日期	损失情形	备考
准尉司书	杨青笠	母1	罗家院库房	1941年8月30日	所有物品全部损失	总务课长张凤奎证明
列兵上等兵	王金海		凤凰山下3号	1941年8月30日	所有物品全部损失	保甲长证明
列兵二等兵	刘伯棋	母1	帝王宫12号	1941年8月30日	所有物品全部损失	保甲长证明
炊事二等兵	张绍秦	妻1、女1	黄葛坪40号	1941年8月30日	所有物品全部损失	保甲长证明1纸

16. 军政部第一制呢厂技术职工1941年8月30日遭受空袭损害报告表(1941年9月)

职级	姓名	住址	眷属人数及称谓	遭受损害日期	遭受损害情形	备考
职工比照尉官级	傅照洋	金沙横街23号	母1、妻1、女1	1941年8月30日	所有物品一部分损失	保甲长证明
职工比照尉官级	王荣保	金沙横街23号	妻1	1941年8月30日	所有物品一部分损失	保甲长证明
职工比照尉官级	张敬亮	金沙横街23号	妻1、女1	1941年8月30日	所有物品一部分损失	保甲长证明
职工比照尉官级	萧明白	较场坝14号		1941年8月30日	所有物品一部分损失	保甲长证明
职工比照尉官级	王廷选	新街33号	妻1、子1	1941年8月30日	所有物品一部分损失	保甲长证明
职工比照尉官级	梁启明	金沙横街23号	母1	1941年8月30日	所有物品受损失	保甲长证明
职工比照尉官级	梁启钧	金沙横街23号		1941年8月30日	所有物品受损失	保甲长证明
职工比照尉官级	江秀珍	金沙横街23号		1941年8月30日	所有物品受损失	保甲长证明
职工比照尉官级	易桂芬	金沙横街23号		1941年8月30日	所有物品全部损失	保甲长证明
职工比照尉官级	胡菊英	金沙横街23号		1941年8月30日	所有物品全部损失	保甲长证明
职工比照尉官级	陈明芳	金沙横街23号	母1	1941年8月30日	所有物品全部损失	保甲长证明
职工比照尉官级	杨雅轩	金沙横街23号	母1	1941年8月30日	所有物品全部损失	保甲长证明
职工比照尉官级	姜树田	较场坝14号	妻1、子1	1941年8月30日	所有物品全部损失	保甲长证明

续表

职级	姓名	住址	眷属人数及称谓	遭受损害日期	遭受损害情形	备考
职工比照尉官级	傅宝恒	罗家院库房		1941年8月30日	所有物品全部损失	总务课长张凤奎证明
职工比照尉官级	萧玉芬	金沙横街23号		1941年8月30日	所有物品一部分损失	保甲长证明
职工比照尉官级	夏彬	金璧街徐家巷19号	母1	1941年8月30日	所有物品全部损失	保甲长证明

17. 军政部第一制呢厂技术职工1941年8月23日遭受空袭损害报告表(1941年9月)

职级	姓名	住址	眷属人数及称谓	遭受损害情形	拟给救济金额(国币元)	备考
少校技士	王臣荣	凤凰山	妻1、子1、女2	所有物品全部损失	500.00	原住金蓉街321号后院楼上,有工务课长郑长发证明
职工比照尉官级	关德茂	员工宿舍8号		所有物品全部损失	240.00	管理员证明
职工比照尉官级	陈文信	员工宿舍9号		所有物品全部损失	240.00	管理员证明
职工比照尉官级	沈福金	员工宿舍11号		所有物品全部损失	240.00	管理员证明
职工比照尉官级	关海浮	员工宿舍10号		所有物品全部损失	240.00	管理员证明

续表

职级	姓名	住址	眷属人数及称谓	遭受损害情形	拟给救济金额(国币元)	备考
职工比照尉官级	田华	员工宿舍10号		所有物品全部损失	240.00	管理员证明
职工比照尉官级	张云升	员工宿舍8号		所有物品全部损失	240.00	管理员证明
职工比照尉官级	顾作全	员工宿舍9号		所有物品全部损失	240.00	管理员证明
职工比照尉官级	陈明熙	员工宿舍9号		所有物品全部损失	240.00	管理员证明
职工比照尉官级	李俊荣	员工宿舍8号		所有物品全部损失	240.00	管理员证明
职工比照尉官级	姚玉清	员工宿舍9号		所有物品全部损失	240.00	管理员证明
职工比照尉官级	颜英林	员工宿舍8号		所有物品一部分损失	240.00	管理员证明
职工比照尉官级	徐时霖	员工宿舍10号		所有物品一部分损失	100.00	管理员证明
职工比照尉官级	王尊三	员工宿舍7号		所有物品一部分损失	100.00	管理员证明
职工比照尉官级	吕克阳	员工宿舍10号		所有物品一部分损失	100.00	管理员证明
职工比照尉官级	苏仲渝	员工宿舍9号		所有物品一部分损失	100.00	管理员证明
职工比照尉官级	周焜	员工宿舍10号	祖母1、父1、母1	所有物品一部分损失	160.00	管理员证明
职工比照尉官级	崔照庭	员工宿舍7号		所有物品一部分损失	100.00	管理员证明
职工比照尉官级	刘锭超	黄葛坪13号	父1、母1、妻1	所有物品一部分损失	160.00	保甲长证明(第一号)

续表

职级	姓名	住址	眷属人数及称谓	遭受损害情形	拟给救济金额(国币元)	备考
职工比照尉官级	五福群	员工宿舍13号		所有物品一部分损失	100.00	管理员证明
职工比照尉官级	樊耀光	黄葛坪11号		所有物品一部分损失	100.00	保甲长证明(第二号)
职工比照尉官级	卢正中	员工宿舍13号		所有物品一部分损失	100.00	管理员证明
职工比照尉官级	黄云清	黄葛坪26号	父1、母1、妻1、女1	所有物品一部分损失	300.00	保甲长证明(第三号)
职工比照尉官级	郭春富	黄葛坪38号	妻1	所有物品一部分损失	160.00	保甲长证明(第三号)
职工比照尉官级	玉富明	黄葛坪38号	妻1	所有物品一部分损失	160.00	保甲长证明(第三号)
职工比照尉官级	蔴德财	黄葛坪36号	妻1、女1	所有物品一部分损失	160.00	保甲长证明(第三号)
职工比照尉官级	杨从孝	员工宿舍7号		所有物品一部分损失	100.00	保甲长证明(第三号)
职工比照尉官级	李金荣	员工宿舍1号		所有物品一部分损失	100.00	管理员证明
职工比照尉官级	张兴志	员工宿舍16号		所有物品一部分损失	100.00	管理员证明
职工比照尉官级	袁得民	员工宿舍13号		所有物品一部分损失	100.00	管理员证明
职工比照尉官级	李斌	员工宿舍7号		所有物品一部分损失	100.00	管理员证明

续表

职级	姓名	住址	眷属人数及称谓	遭受损害情形	拟给救济金额（国币元）	备考
职工比照尉官级	马源涛	员工宿舍7号		所有物品一部分损失	100.00	管理员证明
职工比照尉官级	刘福生	员工宿舍6号		所有物品一部分损失	100.00	管理员证明
职工比照尉官级	邢连三	员工宿舍11号		所有物品一部分损失	100.00	管理员证明
职工比照尉官级	夏德兴	员工宿舍13号		所有物品一部分损失	100.00	管理员证明
职工比照尉官级	蔡生荣	员工宿舍13号		所有物品一部分损失	100.00	管理员证明
职工比照尉官级	王庆忠	员工宿舍14号		所有物品一部分损失	100.00	管理员证明
职工比照尉官级	李连启	员工宿舍14号		所有物品一部分损失	100.00	管理员证明
职工比照尉官级	宋元福	员工宿舍12号		所有物品一部分损失	100.00	管理员证明
职工比照尉官级	罗玉山	员工宿舍7号		所有物品一部分损失	100.00	管理员证明
职工比照尉官级	楚庆云	员工宿舍7号		所有物品一部分损失	100.00	管理员证明
职工比照尉官级	陈纪洲	员工宿舍7号		所有物品一部分损失	100.00	管理员证明
职工比照尉官级	姜文源	员工宿舍11号		所有物品一部分损失	100.00	管理员证明
职工比照尉官级	王致祯	员工宿舍7号		所有物品一部分损失	100.00	管理员证明
职工比照尉官级	张宝源	员工宿舍25号	妻1	所有物品一部分损失	160.00	保甲长证明（第四号）

续表

职级	姓名	住址	眷属人数及称谓	遭受损害情形	拟给救济金额（国币元）	备考
职工比照尉官级	陈三元	员工宿舍7号		所有物品一部分损失	100.00	管理员证明
职工比照尉官级	赵连元	员工宿舍7号		所有物品一部分损失	100.00	管理员证明
职工比照尉官级	王衡生	员工宿舍13号		所有物品一部分损失	100.00	保甲长证明（第五号）
职工比照尉官级	江凤云	员工宿舍13号		所有物品一部分损失	100.00	保甲长证明（第六号）
职工比照尉官级	赵邓氏	黄葛坪46号		所有物品一部分损失	100.00	保甲长证明（第七号）
职工比照尉官级	叶淑君	黄葛坪15号		所有物品一部分损失	100.00	保甲长证明（第八号）
职工比照尉官级	田时碧	黄葛坪14号		所有物品一部分损失	100.00	保甲长证明（第八号）
职工比照尉官级	张怀安	黄葛坪34号		所有物品一部分损失	100.00	保甲长证明（第九号）
职工比照尉官级	丁同普	员工宿舍7号		所有物品一部分损失	100.00	管理员证明
职工比照尉官级	侯凤印	员工宿舍12号		所有物品一部分损失	100.00	管理员证明
职工比照尉官级	刘玉明	员工宿舍12号		所有物品一部分损失	100.00	管理员证明

三、军政部所属电信机械修造厂、交通机械修造厂等抗战财产损失

续表

职级	姓名	住址	眷属人数及称谓	遭受损害情形	拟给救济金额(国币元)	备考
职工比照士兵级	陆明生	地主宫2号		所有物品一部分损失	50.00	保甲长证明(第十号)
职工比照士兵级	董良成	黄葛坪33号		所有物品一部分损失	50.00	保甲长证明(第十一号)
合计	58人					按校官级者1人,按尉官级者55人,按士兵级者2人

18. 军政部第一制呢厂财产间接损失报告表(1943年8月)

填送日期:三十二年八月

填报者:厂长 梁〇〇

分类		数额(国币元)
可能生产额减少		155422.95
可获营利额减少		175858.16
费用之增加	迁移费	199323.93
	防空费	6248.50
	救济费	——
	抚恤费	1110.00

19. 军政部第一制呢厂1938年11月广州沦陷财产直接损失报告单(1943年8月)

事件:广州沦陷

日期:二十七年十一月

地点:广州

填送日期:三十二年八月

填报者:厂长 梁○○

损失项目	单位	数量	价值(国币元)
甲级呢	公尺	980.30	7018.89
已染呢	公尺	804.60	4111.19
白呢	公尺	793.80	4780.98
原呢	公尺	1794.70	5639.07
毛纱	公斤	1723.02	9454.59
媒介棕	公斤	36.00	64.50
媒介黄	公斤	36.00	490.86
媒介灰	公斤	18.00	680.83
土制木梭	只	11	47.30
打梭皮结	只	265	304.75
被窃现款	元		2014.89
合计			34607.85

20. 军政部第一制呢厂1939年2月4日日机轰炸贵阳财产直接损失报告单(1943年8月)

事件:日机轰炸

日期:二十八年二月四日

地点:贵阳

填送日期:三十二年八月

填报者:厂长 梁○○

损失项目	单位	数量	价值(国币元)
花呢、军呢、哔叽	公尺	334.74	1843.85
各色花呢	码	18	76.21

续表

损失项目	单位	数量	价值(国币元)
名种毛毯	条	9	55.20
毛线	磅	25	17.50
合计			1992.76

21. 军政部第一制呢厂1938年1月15日日军进攻武汉财产直接损失报告单(1943年8月)

事件:日军进攻武汉

日期:二十七年一月十五日

地点:武汉

填送日期:三十二年八月

填报者:厂长 梁〇〇

损失项目	单位	数量	价值(国币元)
厂房	全座		59602.00
器具	全部		5120.86
合计			64722.86

22. 军政部军需署第一制呢厂少校课员王元年财产损失报告单(1945年10月7日)

填送日期:三十四年十月七日

填报者:军政部军需署第一制呢厂少校课员　王元年

损失项目	损失时间	损失原因	损失地点	价值 损失时价值(国币元)	现在价值	备考
建筑物						
农作物						
衣着物	1940年6月24日	空袭被炸	渝旧夫子池街72号	85000.00		赈济委员会曾开救济费有案

续表

损失项目	损失时间	损失原因	损失地点	价值 损失时价值（国币元）	现在价值	备考
器具	1940年6月24日	空袭被炸	渝旧夫子池街72号	21000.00		
现金						
珠宝首饰						
书画古玩	1940年6月24日	空袭被炸	渝旧夫子池街72号	40000.00		
其他						
合计				146000.00		

23. 军政部军需署第一制呢厂上尉课员尤岳士财产损失报告单（1945年10月7日）

填报日期：三十四年十月七日

填报者：军政部军需署第一制呢厂上尉课员　尤岳士

损失项目	损失时间	损失原因	损失地点	价值 损失时价值（国币元）	现在价值	备考
建筑物						
农作物						
衣着物	1941年8月30日	空袭被炸	渝本部第一纺织厂	28500.00		
衣着物	1944年11月7日	被陷突围被抢	独山本部第七燃料厂转运站	45000.00		
器具						
现金						
珠宝首饰						
书画古玩						
其他						
合计				73500.00		

24. 军政部军需署第一制呢厂二等军需佐课员康一之财产损失报告单(1945年10月8日)

填报日期:三十四年十月八日

填报者:军政部军需署第一制呢厂二等军需佐课员　康一之

损失项目	损失时间	损失原因	损失地点	价值 损失时价值（国币元）	价值 现在价值（国币元）	备考
建筑物						
农作物						
衣着物	1939年8月18日	敌机轰炸遭毁	湖南沅陵左营房8号	约8000.00	6839200.00	沅陵首次被炸,寓所尽毁于火
器具	1939年8月18日	敌机轰炸遭毁	湖南沅陵左营房8号	约1000.00	854900.00	
现金						
珠宝首饰						
书画古玩						
其他	1939年8月18日	敌机轰炸遭毁	湖南沅陵左营房8号	约1500.00	1282350.00	包括被帐等物
合计				10500.00	8976450.00	

25. 军政部军需署第一制呢厂中尉工务员陈毓奇财产损失报告单(1945年10月14日)

填报日期:三十四年十月十四日

填报者:军政部军需署第一制呢厂中尉工务员　陈毓奇

损失项目	损失时间	损失原因	损失地点	损失时价值（国币元）	现在价值	备考
建筑物						
农作物						
衣着物	1944年8月25日	因湘桂紧张，撤退金城口被敌机轰炸	金城口空军招待所2楼	200万		
器具						
现金	1944年8月25日	因湘桂紧张，撤退金城口被敌机轰炸	金城口空军招待所2楼	12万		
珠宝首饰						
书画古玩						
其他						
合计				212万		

26. 军政部军需署第一制呢厂荐一阶工程师王书田财产损失报告单(1945年10月16日)

填报日期:三十四年十月十六日

填报者:军政部军需署第一制呢厂荐一阶工程师　王书田

损失项目	损失时间	损失原因	损失地点	损失时价值（国币元）	现在价值（国币元）	备考
建筑物	1944年10月	敌匪拆毁	河北肃宁城内	100000.00	280000.00	

续表

损失项目	损失时间	损失原因	损失地点	价值 损失时价值（国币元）	价值 现在价值（国币元）	备考
农作物						
衣着物	1936年10月	敌匪抢掠	平绥路张家口机厂子弟学校	1100.00	2470050.00	
器具	1936年10月	敌匪抢掠	平绥路张家口机厂子弟学校	120.00	132000.00	
现金	1936年10月	敌匪抢掠	平绥路张家口机厂子弟学校	200.00	220000.00	
珠宝首饰						
书画古玩	1936年10月	敌匪拆毁	平绥路张家口机厂子弟学校	120.00	132000.00	本人自用之科学用书约30余册
其他						
合计				101540.00	3234050.00	

27. 军政部军需署第一制呢厂中校主任孙昌煜财产损失报告单（1945年10月16日）

填报日期：三十四年十月十六日

填报者：军政部军需署第一制呢厂中校主任　孙昌煜

损失项目	损失时间	损失原因	损失地点	价值 损失时价值（国币元）	价值 现在价值（国币元）	备考
建筑物	1944年9月22日	敌机轰炸	桂林将军桥甲1号	150000.00	690000.00	按重要城市平均折合率计算现在价值
农作物						

续表

损失项目	损失时间	损失原因	损失地点	损失时价值（国币元）	现在价值（国币元）	备考
衣着物	1944年9月22日	敌机轰炸	桂林将军桥甲1号	200000.00	920000.00	
器具						
现金						
珠宝首饰						
书画古玩						
其他						
合计				350000.00	1610000.00	

28. 军政部军需署第一制呢厂少校附员白涌波财产损失报告单（1945年10月16日）

填报日期：三十四年十月十六日

填报者：军政部军需署第一制呢厂少校附员　白涌波

损失项目	损失时间	损失原因	损失地点	损失时价值（国币元）	现在价值（国币元）	备考
建筑物	1940年5月16日	敌机轰炸	浙江新登练头镇三义祠白家	200000.00	74620000.00	
农作物	1940年5月16日	敌机轰炸	浙江新登练头镇三义祠白家	30000.00	11193000.00	
衣着物	1940年5月16日	敌机轰炸	浙江新登练头镇三义祠白家	30000.00	11193000.00	在渝被炸各项物件已于第一被服厂领得救济费300.00元
衣着物	1941年6月28日	敌机轰炸	渝夫子池军政部会计寓宿舍	5000.00	501500.00	

续表

损失项目	损失时间	损失原因	损失地点	损失时价值（国币元）	现在价值（国币元）	备考
器具	1940年5月16日	敌机轰炸	浙江新登练头镇三义祠白家	25000.00	9327500.00	
现金						
珠宝首饰	1940年5月16日	敌机轰炸	浙江新登练头镇三义祠白家	30000.00	11193000.00	
珠宝首饰	1941年6月28日	敌机轰炸	渝夫子池军政部会计寓宿舍	2000.00	200600.00	
书画古玩	1940年5月16日	敌机轰炸	浙江新登练头镇三义祠白家	20000.00	7462000.00	
书画古玩	1941年6月28日	敌机轰炸	渝夫子池军政部会计寓宿舍	2000.00	200600.00	
其他	1940年12月5日	敌机轰炸	浙江新登练头镇三义祠白家	20000.00	7462000.00	
合计				364000.00	133353200.00	

29. 军政部军需署第一制呢厂上尉附员范纯财产损失报告单（1945年10月17日）

填报日期：三十四年十月十七日

填报者：军政部军需署第一制呢厂上尉附员　范纯

损失项目	损失时间	损失原因	损失地点	损失时价值（国币元）	现在价值（国币元）	备考
建筑物	1944年5月11日	敌人占领后纵火焚烧	安徽颍上夷吾范村	200000.00	400000.00	
农作物	1944年5月11日	敌人占领后掠夺	安徽颍上夷吾范村	150000.00	300000.00	
衣着物	同上	同上	同上	109000.00	300000.00	

续表

损失项目	损失时间	损失原因	损失地点	损失时价值（国币元）	现在价值（国币元）	备考
器具						
现金						
珠宝首饰						
书画古玩	1944年5月11日	敌人掠夺	安徽颖上夷吾范村	100000.00	200000.00	
其他						
合计				559000.00	1200000.00	

30. 军政部军需署第一制呢厂特务队上尉队长文清奇财产损失报告单（1945年10月18日）

填报日期：三十四年十月十八日

填报者：军政部军需署第一制呢厂特务队上尉队长　文清奇

损失项目	损失时间	损失原因	损失地点	损失时价值（国币元）	现在价值（国币元）	备考
建筑物	1944年6月29日	敌人侵陷焚毁房屋	湖南衡山	7000000.00	3220000.00	大哥被敌惨杀，二哥抗战阵亡，小女逃难死亡。
农作物	1944年6月29日	敌人侵陷未收稻谷	湖南衡山	400000.00	184000.00	
衣着物	1944年7月30日	逃难中途损失	桂、柳、独	300000.00	138000.00	
器具	1944年6月30日	被敌焚毁房内家具	衡山、祁县	1000000.00	460000.00	
现金	1944年9月30日	逃难用费	湘、桂、黔、川	500000.00	230000.00	
珠宝首饰	1944年9月30日	逃难中途被劫	湘、桂、黔、川	100000.00	46000.00	
书画古玩	1944年9月30日	被敌焚烧	衡山、桂林	100000.00	46000.00	
其他						
合计				9400000.00	4324000.00	

31. 军政部军需署第一制呢厂少尉队附徐荣达财产损失报告单（1945年10月19日）

填报日期：三十四年十月十九日

填报者：军政部军需署第一制呢厂少尉队附　徐荣达

损失项目	损失时间	损失原因	损失地点	价值 损失时价值（国币元）	价值 现在价值（国币元）	备考
建筑物						
农作物	1942年6月3日	占领掠夺	浙江金华岭下镇摩栗村	50000.00	2285000.00	
衣着物	同上	同上	同上	10000.00	457000.00	
器具	同上	同上	同上	8000.00	365600.00	
现金	同上	同上	同上	20000.00	914000.00	
珠宝首饰	同上	同上	同上	30000.00	1371000.00	
书画古玩						
其他	1942年6月3日	占领掠夺	浙江金华岭下镇摩栗村	12000.00	120000.00	
合计				130000.00	5512600.00	

32. 军政部军需署第一制呢厂审核室少校审核员张惠轩财产损失报告单（1945年10月20日）

填报日期：三十四年十月二十日

填报者：军政部军需署第一制呢厂审核室少校审核员　张慧轩

损失项目	损失时间	损失原因	损失地点	价值 损失时价值（国币元）	价值 现在价值（国币元）	备考
建筑物						
农作物						

续表

损失项目	损失时间	损失原因	损失地点	损失时价值（国币元）	现在价值（国币元）	备考
衣着物	1941年5月12日	本日晨5时敌机轰炸本市,波及寓所,临时仓促,未能顾及,致遭炸毁	万县二马路苦水井胡同12号	4000.00		
器具	1941年5月12日	同上	同上	1000.00		
现金	1941年5月12日	同上	同上	2000.00		
珠宝首饰	1941年5月12日	同上	同上	1000.00		
书画古玩	1941年5月12日	同上	同上	1000.00		
其他	1941年5月12日	同上	同上	1000.00		
合计				10000.00		

33. 军政部军需署第一制呢厂审核室四等工役李明光财产损失报告单(1945年10月20日)

填报日期:三十四年十月二十日

填报者:军政部军需署第一制呢厂审核室四等工役　李明光

损失项目	损失时间	损失原因	损失地点	损失时价值（国币元）	现在价值（国币元）	备考
建筑物	1941年5月18日	敌机轰炸渝市	石板铺	约300.00		捆绑房屋1间
农作物						
衣着物	1941年5月18日	敌机轰炸渝市	石板铺	约1000.00		棉被1条、衣服4套
器具	1941年5月18日	敌机轰炸渝市	石板铺	约40.00		单人床1具
现金	1941年5月18日	敌机轰炸渝市	石板铺	20.00		
珠宝首饰						
书画古玩	1941年5月18日	敌机轰炸渝市	石板铺	约50.00		书籍20册

续表

损失项目	损失时间	损失原因	损失地点	价值 损失时价值（国币元）	价值 现在价值（国币元）	备考
其他						
合计				1410.00		

34. 军政部军需署第一制呢厂中尉附员韩祺财产损失报告单（1945年10月28日）

填报日期：三十四年十月二十八日

填报者：军政部军需署第一制呢厂中尉附员　韩祺

损失项目	损失时间	损失原因	损失地点	价值 损失时价值（国币元）	价值 现在价值（国币元）	备考
建筑物						
农作物						
衣着物	1937年11月14日	国军西撤，日军占领后遭掠夺及破坏	江苏吴县城内学士街太平街3号	约40000.00	8982000.00	
器具	同上	同上	同上	约70000.00	15718500.00	
现金						
珠宝首饰						
书画古玩						
其他	1944年10月26日	轰炸遭毁	金城江至独山途中	约100000.00	280000.00	
合计				210000.00	24981000.00	

35. 军政部军需署第一制呢厂中尉工务员南书田财产损失报告单(1945年10月28日)

填报日期：三十四年十月二十八日

填报者：军政部军需署第一制呢厂中尉工务员　南书田

损失项目	损失时间	损失原因	损失地点	价值 损失时价值（国币元）	现在价值（国币元）	备考
建筑物						
农作物						
衣着物	1937年11月15日	日军占领掠夺	北平海甸莺房21号	150000.00	336825000.00	
器具	同上	同上	同上	50000.00	112750000.00	
现金						
珠宝首饰						
书画古玩						
其他						
合计				200000.00	449575000.00	

36. 军政部军需署第一制呢厂厂长戴郢财产损失汇报表(1945年10月31日)

填报日期：三十四年十月三十一日

填报者：军政部军需署第一制呢厂厂长　戴郢

损失项目	价值 损失时价值（国币元）	现在价值（国币元）	备考
建筑物	7470500.00		
农作物	483500.00		
衣着物	2728040.00		
器具	1065160.00		
现金	642720.00		
珠宝首饰	164500.00		

续表

损失项目	价值		备考
	损失时价值（国币元）	现在价值（国币元）	
书画古玩	167870.00		
其他	34500.00		
合计	12756790.00		

37. 军政部军需署第一制呢厂审核室少尉司书季润民财产损失报告单(1945年10月)

填报日期：三十四年十月

填报者：军政部军需署第一制呢厂审核室少尉司书　季润民

损失项目	损失时间	损失原因	损失地点	价值		备考
				损失时价值（国币元）	现在价值（国币元）	
建筑物	1939年1月13日上午11时	敌人进攻钟祥，与国军接火，焚烧房屋14间，家中所有各物一齐焚毁殆尽	湖北钟祥县城南50华里罗汉寺镇南团李湾	11200.00		每间以800.00元计算
农作物	同上	同上	同上	500.00		包括四季农作用具
衣着物	同上	同上	同上	1000.00		全家8人四季衣服
器具	同上	同上	同上	700.00		所有陶瓷各器
现金	同上	同上	同上			
珠宝首饰	同上	同上	同上	500.00		
书画古玩	同上	同上	同上	500.00		
其他						
合计				14400.00		

38. 军政部军需署第一制呢厂审核室上校审核主任苗乃丰财产损失报告单（1945年10月）

填报日期：三十四年十月

填报者：军政部军需署第一制呢厂审核室上校审核主任　苗乃丰

损失项目	损失时间	损失原因	损失地点	价值 损失时价值（国币元）	现在价值（国币元）	备考
建筑物						
农作物	1938年2月5日	被敌人占建工厂	潘阳西外黄姑屯	3000.00		
衣着物	1938年11月10日	敌机轰炸	衡山及衡阳	1000.00		在军委会政治部
器具	1938年6月2日	敌机轰炸	武昌换院街28号	500.00		在鄂军需局
现金	1938年11月12日	敌机轰炸	衡阳大西门	500.00		随政部由衡迁渝途中
珠宝首饰	1938年11月12日	敌机轰炸	衡阳大西门外	1000.00		随政部由衡迁渝途中
书画古玩	1938年11月12日	敌机轰炸	衡山北门门	2000.00		随政部由衡迁渝途中
其他						
合计				8000.00		

39. 军政部军需署第一制呢厂少校附员吴泰福财产损失报告单（1945年10月）

填报日期：三十四年十月

填报者：军政部军需署第一制呢厂少校附员　吴泰福

损失项目	损失时间	损失原因	损失地点	价值 损失时价值（国币元）	价值 现在价值（国币元）	备考
建筑物	1944年12月23日	日军占领，房屋毁坏	广西融县拱城街13号	600000.00	1680000.00	
农作物	1944年12月23日	日军进攻，林场烧毁	广西融县四连乡	1000000.00	2800000.00	
衣着物	1938年	5月徐州突围，8月浠水之战，一切衣物为敌炮所毁	徐州及浠水	20000.00	56000.00	
器具	1944年12月23日	日军占领，一切器具被劫毁坏	广西融县拱城街13号	300000.00	840000.00	
现金						
珠宝首饰						
书画古玩						
其他						
合计				1920000.00	5376000.00	

四、大川实业股份有限公司、大公铁工厂、郑州豫丰和记纱厂等抗战财产损失

1. 大川实业股份有限公司总经理尹致中为呈报该公司石棉厂、机器厂等所受空袭损失及积极恢复情形请求核备并赐予协助事呈经济部工矿调整处文（1941年8月10日）

窃查本月九日下午空袭时，本公司所有石棉厂突中烧夷弹2枚，当即燃烧，虽经全部员工于警报未解除前冒险抢救，但弹棉部、纺棉部、女工宿舍、储料室等各部仍全部被焚。机器厂中一重量炸弹，厂房中部被毁，约损失机器半数以上。材料库因与机器厂毗连，受震后全部倒塌，该库器材亦损失重大。其他各处房屋均因被震，屋瓦、门窗咸遭损失。所有各该厂库等善后事宜，曾经决定：一、将石棉厂迁移本公司附设之小学内，先行补充机器，翌日开工；二、将机器厂迁于大饭厅内，积极整理，并将毁余机器赶速装置，均期能翌日局部开工。至针钉厂则仅屋瓦受震，如电力恢复，仍可继续使用照常开工。公司被炸后于警报解除之际蒙钧长派员慰问，足证本公司深荷钧长关怀之切，全体董监员工感奋之余，决抱再接再厉之精神继续努力，以报钧长之厚望。惟查本公司数月以来屡受空袭及电力时断之影响，开工断续不定，生产频受限制，损失原已甚巨，此次不幸被炸，损失尤为重大，除积极整理重新布置翌期局部开工外，仅就设备一项计，亦须20余万元。本公司为求增加后方生产，以供社会需要，增强抗战力量起见，于一切损失，固所不惜，但为贯彻前项意愿计，则将来恢复原有工作状态需款尤巨。本公司限于经济能力，实难

四、大川实业股份有限公司、大公铁工厂、郑州豫丰和记纱厂等抗战财产损失

担负,至恳请钧长俯体商艰,予以经济协助,俾得早日恢复,以利生产。除将本公司空袭损失调查表1件呈请备核外,合将经济困难,请求协助各情并恳核示只遵！谨呈:

经济部工矿调整处兼处长翁、副处长张

附呈损失调查表1份

大川实业股份有限公司总经理　尹致中　谨呈

中华民国三十年八月十日

附:

大川实业股份有限公司8月9日空袭损失调查表

商号名称	主体人姓名	住址	损失情形 人 伤	损失情形 人 亡	损失情形 物 种类	损失情形 物 名称	损失情形 物 价值总额(国币元)	被炸日月	营业状况 未炸前	营业状况 被炸后	备考
大川实业公司	尹致中	黄沙溪榨坊沟33号	无	无	机器	1寸白铁管	3000.00	8月9日	最近几月虽受空袭及电力之影响,一月恒停工十余日,本公司损失虽巨,但本服务精神,仍照常工作	除针厂仍照常开工外,其他各厂仍本过去服务精神,正积极整理,以期尅日局部开工	120尺
						细钢丝	3840.00	8月9日			48斤

续表

商号名称	主体人姓名	住址	损失情形 人 伤	损失情形 人 亡	损失情形 物 种类	损失情形 物 名称	损失情形 物 价值总额（国币元）	被炸日月	营业状况 未炸前	营业状况 被炸后	备考
						紫铜丝	2040.00	8月9日			68斤
						天轴	4000.00	8月9日			1根
						砂纸	15000.00	8月9日			300打
						磅秤	1200.00	8月9日			1具
						风箱	1000.00	8月9日			3个
						铸件半成品	64000.00	8月9日			8吨
						电门表	400.00	8月9日			4个
						水胶	1600.00	8月9日			200斤
						3分铁板	54000.00	8月9日			机厂铺地用
					石棉厂机器	脚踏纺线车	10000.00	8月9日			20部
						手摇车	8000.00	8月9日			20部
						脚踏车合股线架	400.00	8月9日			20个

四、大川实业股份有限公司、大公铁工厂、郑州豫丰和记纱厂等抗战财产损失

续表

商号名称	主体人姓名	住址	损失情形				被炸日月	营业状况		备考
			人		物			营业状况		
			伤	亡	种类	名称	价值总额（国币元）		未炸前	被炸后	
					手摇车合股木盒	500.00	8月9日			20个
					脚踏车木盒	400.00	8月9日			20个
					石棉原料	40000.00	8月9日			5吨
					石棉半成品	18000.00	8月9日			1.5吨
					弹棉机	12500.00	8月9日			5部
				机器厂	5″熟铁老虎钳	3850.00	8月9日			7部
					5″生铁老虎钳	4050.00	8月9日			9部
					小平台	3000.00	8月9日			2部
					砧子	1600.00	8月9日			2部
					6′轻车床	108000.00	8月9日			8部
					6′重车床	13500.00	8月9日			1部
					8′重车床	90000.00	8月9日			3部
					16″牛头刨床	18000.00	8月9日			1部

续表

商号名称	主体人姓名	住址	损失情形 人 伤	损失情形 人 亡	损失情形 物 种类	损失情形 物 名称	价值总额（国币元）	被炸日月	营业状况 未炸前	营业状况 被炸后	备考
						2″落地钻床	36000.00	8月9日			2部
						万能铣床	65000.00	8月9日			1部
						平铣床	55000.00	8月9日			1部
						电焊机	25000.00	8月9日			1部
						砂轮机	1200.00	8月9日			1部
						鼓风机	3500.00	8月9日			1部
						小磨床	12500.00	8月9日			1部
						天轴	35000.00	8月9日			附吊挂及皮带轮
						制钉机	12000.00	8月9日			2部，系半成品
						石棉压板机	6750.00	8月9日			1部，系半成品
						2″落地钻床	48000.00	8月9日			4部，半成品

续表

商号名称	主体人姓名	住址	损失情形				被炸日月	营业状况		备考
^	^	^	人		物		^	未炸前	被炸后	^
^	^	^	伤	亡	种类	名称	价值总额（国币元）	^	^	^	^
						12″牛头钻床	72000.00	8月9日			6部，系半成品
						8′车床	37500.00	8月9日			3部，系半成品
						切钢机	24000.00	8月9日			2部，系半成品
						螺丝起子	40260.00	8月9日			2684把
					电料	石棉厂电料器材	8000.00	8月9日			
						机器厂电料器材	25000.00	8月9日			
						各部被震毁坏电料器材	11000.00	8月9日			
					文具	石棉厂印泥盒	5.00	8月9日			
						时钟	600.00	8月9日			2座
						机器厂时钟	600.00	8月9日			2座

续表

商号名称	主体人姓名	住址	损失情形				被炸日月	营业状况		备考
^	^	^	人		物		^	未炸前	被炸后	^
^	^	^	伤	亡	种类	名称	价值总额（国币元）	^	^	^	^
						制针厂时钟	600.00	8月9日			2座
						总仓库时钟	300.00	8月9日			1座
						办公室时钟	300.00	8月9日			1座
					家具	石棉厂木凳	800.00	8月9日			40个
						竹筛	800.00	8月9日			80个
						账桌	350.00	8月9日			1张
						记工牌	500.00	8月9日			50块
						木梯	200.00	8月9日			2把
						二层连铺	4000.00	8月9日			25张
						木盆	120.00	8月9日			3个
						木橱	200.00	8月9日			2个
						饭盘	100.00	8月9日			内有瓷碗20个
						花瓷盘	15.00	8月9日			15个

四、大川实业股份有限公司、大公铁工厂、郑州豫丰和记纱厂等抗战财产损失

续表

商号名称	主体人姓名	住址	损失情形 人 伤	损失情形 人 亡	损失情形 物 种类	损失情形 物 名称	价值总额（国币元）	被炸日月	营业状况 未炸前	营业状况 被炸后	备考
						茶水缸	20.00	8月9日			1个
						大木桶	100.00	8月9日			3个
						箩筐	80.00	8月9日			1个
						混机木架	70.00	8月9日			1个
						铁扳手	90.00	8月9日			3个
						货架	2000.00	8月9日			4个
					房屋	机器厂厂房	105000.00	8月9日			30间
						局部震毁机厂厂房	35000.00	8月9日			29个
						总仓库损坏库房	70000.00	8月9日			14大间
						石棉厂纺棉部草房	8400.00	8月9日			7间
						女工宿舍草房	9600.00	8月9日			8间
						压棉厂房	4500.00	8月9日			3间

续表

商号名称	主体人姓名	住址	损失情形 人 伤	损失情形 人 亡	损失情形 物 种类	损失情形 物 名称	价值总额（国币元）	被炸日月	营业状况 未炸前	营业状况 被炸后	备考
						弹棉厂房	3600.00	8月9日			3间
						石棉厂局部损坏厂房	7900.00	8月9日			17间
						针钉厂饭厂局部震毁	16000.00	8月9日			凡属局部损坏者系指窗门、瓦片、天花板等
						办公室局部震毁	17000.00	8月9日			
						员工宿舍局部震毁	15000.00	8月9日			全部房屋
						眷属宿舍局部震毁	30000.00	8月9日			附总经理房堡坎等
					其他	石棉厂工具	1865.00	8月9日			

续表

商号名称	主体人姓名	住址	损失情形					被炸日月	营业状况		备考
^	^	^	人		物			^	未炸前	被炸后	^
^	^	^	伤	亡	种类	名称	价值总额（国币元）	^	^	^	^
						总仓库其他损失	20000.00	8月9日			
						机器厂其他损失	35000.00	8月9日			
						石棉厂全体女工个人损失	8600.00	8月9日			
总计							1385405.00				

2. 大川实业股份有限公司为通报8月9日空袭损失整理及抵押品损失情形致交通银行文（1941年8月31日）

迳启者。本公司于八月九日下午空袭时，石棉厂中烧夷弹2枚，当即燃烧，经全体员工冒险抢救，但弹棉部、纺棉部、工友宿舍、储料室等各部均被毁。机器厂厂房中部中一重量炸弹，损失机器在半数以上。材料库因被震全部倒塌，该库器材略有损失。所有该厂库等善后事宜，经决定：石棉厂迁于本公司附属小学校内，补充机器工作；机器厂就原有剩余之厂房8间，再加修2间，整理毁余机器，赶速装置，均期尅日复工；材料库迁于防空洞内。针钉厂仅屋瓦受震，电力恢复，仍照常开工。统计此次损失约百万余元。至贵行所存抵押品，均存防空洞内，毫无损失。本公司此次遭此不可抗力之意外，损失虽重，但仍本过去服务之精神继续努力，俾增加后方生产，以供社会需要。惟本公司遭此损失后，一切工作当尤为艰难，现正积极整理，已次第复工，相应函请查照为荷！此致：

交通银行

大川实业股份有限公司
中华民国三十年八月三十一日

3. 大川实业股份有限公司为呈报1941年8月9日被炸损失清册请备案事致所得税处文（1942年1月17日）

迳启者。查敝公司于去年八月九日惨遭轰炸，机器厂、石棉厂等各处损失达80万元之巨，除分别呈报各有关机关备案并请求予以救济外，相应检同空袭损失清册1份，函奉贵处，即请察收备查为荷！此致：

所得税处

大川实业股份有限公司
中华民国三十一年一月十七日

附：

大川实业股份有限公司1941年8月9日被炸损失调查表
中华民国三十年八月十日，总经理：尹致中

部别	品名	数量	单位	单价	总值（国币元）	备考
总仓库	1寸白铁管	120	尺		3000.00	
	细钢丝	48	斤		3840.00	
	紫铜丝	68	斤		2040.00	
	$1\frac{1}{2}''$天柱	1	根		4000.00	
	砂纸	300	打		15000.00	
	1000市斤磅秤	1	具		1200.00	
	风箱	3	个		1000.00	
	铸件半成品	2	吨		12000.00	
	电门表	4	个		400.00	
石棉厂	脚踏纺线车	25	部		8000.00	
	手摇车	18	部		6000.00	
	脚踏车合股线架	20	个		100.00	
	手摇车合股木盒	20	个		200.00	
	脚踏车木盒	20	个		200.00	

续表

部别	品名	数量	单位	单价	总值(国币元)	备考
	石棉原料	3	吨		18000.00	
	石棉半成品	15	吨		18000.00	
	弹棉机	5	部		10000.00	
机器厂	5″熟铁老虎钳	5	部		2750.00	
	5″生铁老虎钳	7	部		3500.00	
	砧子	2	部		1600.00	
	6′轻车床	5	部		67500.00	
	8′重车床	2	部		60000.00	
	2″落地钻床	2	部		36000.00	
	万能铣床	1	部		25000.00	损坏一部分
	平铣床	1	部		15000.00	损坏一部分
	小磨床	1	部		12500.00	
	天轴				20000.00	附吊挂及皮带轮
	制钉机	1	部		12000.00	半成品
	石棉压板机	1	部		6750.00	成品
	2″落地钻床	4	部		36000.00	半成品
	2″牛头刨床	6	部		72000.00	半成品
	8′车床	3	部		18000.00	半成品
	切烟机	2	部		5000.00	半成品
石棉厂	电料器材				2000.00	
机器厂	电料器材				21000.00	
	各部被震损坏电料器材				8000.00	
石棉厂	印泥盒	1	个		5.00	
	时钟	2	座		600.00	
机器厂	时钟	2	座		600.00	
制针厂	时钟	2	座		600.00	
总仓库	时钟	1	座		300.00	
办公室	时钟	1	座		300.00	
石棉厂	木凳	40	个		520.00	
	竹筛	80	个		560.00	
	账桌	1	张		200.00	

续表

部别	品名	数量	单位	单价	总值(国币元)	备考
	记工牌	50	块		100.00	
	木梯	2	把		100.00	
	二屋连铺	25	张		2000.00	
	木盆	3	个		120.00	
	木橱	3	个		100.00	
	饭碗	70	个		60.00	内有瓷碗20个
	花瓷盘	15	个		15.00	
	茶水缸	1	个		20.00	
	大木桶	3	个		90.00	
	箩筐	1	个		80.00	
	混机木架	1	个		70.00	
	铁扳手	3	个		90.00	
	货架	4	个		1500.00	
机器厂	损坏厂房	22	间		77000.00	
	局部震坏厂房	37	间		40000.00	
总仓库	损坏库房	14	间		60000.00	
石棉厂	石棉纺线部草房	7	间		4900.00	
	女工宿舍草房	8	间		5600.00	
	压棉厂房	3	间		3000.00	
	弹棉厂房	3	间		2100.00	
	局部损坏房屋	17	间		2000.00	
办公室	局部震毁房屋				8000.00	
	针钉厂饭厂局部震毁房屋				8000.00	全部房屋
	员工宿舍局部震毁				8000.00	凡称局部损坏者系指门窗、瓦片、天花板等
	眷属宿舍局部震毁				15000.00	附总经理房堡坎等
其他	石棉厂工具			·	1865.00	

续表

部别	品名	数量	单位	单价	总值(国币元)	备考
	总仓库其他损失				10000.00	
	机器厂其他损失				23500.00	
	螺丝起子等损失				40260.00	
	石棉厂全体女工个人损失				6400.00	
合计					836885.00	

4. 大川实业股份有限公司为报告1944年采购之盘圆损失情形请准予转报办理事致迁川工厂联合会、中国全国工业协会文（1945年10月1日）

迳启者。查敝公司在青岛、香港及在后方设立工厂所受之各项损失，前经分别造具详细清册送请贵会办理在案。复查敝公司三十三年夏派员赴黔桂沿线采购制针原料，当购得盘圆23761斤，计费价款国币2978255.36元，旋因战事失利，未能运出，致全部损失。按，以国币20.00元折合美金1.00元，应为美金148912.77元。又，派去采购人李允甫君同时亦告失踪，迄无消息。用再填具调查表1份，报请贵会查照，准予分别列案呈报政府办理，以免损失，无任感荷！此致：

迁川工厂联合会、中国全国工业协会

大川实业股份有限公司启

中华民国三十四年十月一日

附：

大川实业股份有限公司损失调查表

厂名	大川实业股份有限公司	负责人姓名	尹致中	地址	原设	青岛利津路8号
					现设	重庆黄沙溪平安街37号
性质	民营			成立年	1939年12月	

续表

登记证	日期	经济部执照1943年11月30日	主要产品	工作母机、缝纫钢针、圆钉、纽扣、拉制金属细丝、石棉制品、波纹石棉瓦等		
	字号	股份有限公司新字第669号					

损失年月日	事件	地点	损失项目	购置年月	数量	价值		证件
						购置时价格（国币元）	折合当时美金价	
1944年11月	战事失利	金城江	盘圆	1944年6月	23761斤	2978255.36	148912.77	

5. 大川实业股份有限公司为填送抗战财产损失报告单请查照转呈致迁川桂工厂联合会上海办事处文（1947年9月12日）

贵处九月五日通知内开，略以"查本处前请填送之财产损失报告单，奉经济部饬该项报告单每栏均须填列，方符规定。查此案办理日久，惟大多数厂家迄来填送，即已送会者各栏亦多漏列，未符部令，殊难呈转。合再检空白报告单3份，请即查照办理"等由。查敝公司战时损失计有三次：

（一）二十九年在越南被敌人抢劫之物资（详清册），按当时价值为国币2996195.00元，按当时牌价国币3.30元折合美金1.00元计算，计合美金907937.88元。

（二）三十年八月九日曾被敌机轰炸损失之机器资产（详清册），按当时价值为国币1398905.00元，按当时牌价国币3.30元折合美金1.00元计算，计合美金423910.60元。

（三）三十三年十一月在金城江损失盘圆铁一批（详清册），按当时价值国币为2978255.36元，按当时牌价国币20.00元折合美金1.00元计算，计合美金148912.76元。

以上三次损失共计国币7373355.36元，计合美金1480761.24元。所有上列各案，前曾迭经造册送请迁川工厂联合会及工业协会重庆分会核转行政院暨外交部鉴核，各在案。兹准前由，相应将寄下之财产损失报告单3份逐栏填列，惟该单项目简单，故将三次损失分别造具清册合为1份，每单附送1份，

四、大川实业股份有限公司、大公铁工厂、郑州豫丰和记纱厂等抗战财产损失

以资详尽,即希查照转呈为荷。此致:

迁川桂工厂联合会上海办事处

附件如文

大川实业股份有限公司启
中华民国三十六年九月十二日

附表一：

大川实业股份有限公司1940年12月在越南被敌人抢劫损失之物资清册

事件:日本进攻

时间:二十九年十二月

填送日期:三十六年九月十一日

通信地址:重庆市黄沙溪平安街37#

地点	损失项目	购买年月	数量	价值(国币元) 购买时价值	损失时价值
越南高平	制针切条机	1939年2月	4部	48000.00	48000.00
越南高平	制针用工具钢	1939年2月	1139公斤	90000.00	90000.00
越南高平	制针磨光机件	1939年2月	4部	16000.00	16000.00
越南高平	制针用马口铁	1939年2月	180公斤	2880.00	2880.00
越南海防	制针用皮带	1939年2月	2525呎	37875.00	37875.00
越南海防	111P马达	1939年2月	1部	11000.00	11000.00
越南海防	牛头刨床	1939年2月	1部	18000.00	18000.00
越南海防	钻床	1939年2月	1部	18000.00	18000.00
越南海防	6′车床	1939年2月	1部	13500.00	13500.00
越南海防	磨光皂	1939年2月	3桶	4500.00	4500.00
隘口	金钢砂磨光皂	1939年2月	8桶	13000.00	13000.00
田州	制钉机	1939年2月	3部	75000.00	75000.00
田州	磅秤	1939年2月	2部	3000.00	3000.00
西贡	包针纸	1939年2月	12箱	120000.00	120000.00
越南海防	钻头	1939年2月	310个	4650.00	4650.00
越南海防	钻帽	1939年2月	□□	40.00	40.00
越南海防	□□□	1939年2月	□□	□□	□□
越南海防	□□	1939年2月	□□	□□	□□

续表

地点	损失项目	购买年月	数量	价值(国币元) 购买时价值	价值(国币元) 损失时价值
越南海防	锯条	1939年2月	□□	□□	□□
越南海防	油磨石	1939年2月	6块	300.00	300.00
越南海防	螺丝板子	1939年2月	11打	1320.00	1320.00
越南海防	圆头螺丝	1939年2月	30笱	1500.00	1500.00
越南海防	钢丝	1939年2月	6盒	480.00	480.00
越南海防	胶皮油	1939年2月	5打	600.00	600.00
越南海防	手锤	1939年2月	8个	320.00	320.00
越南海防	螺丝代帽	1939年2月	8笱	640.00	640.00
越南海防	剪子	1939年2月	7把	70.00	70.00
越南海防	漆皮子	1939年2月	9磅	1800.00	1800.00
越南海防	砂轮	1939年2月	4个	2800.00	2800.00
越南海防	砂布	1939年2月	90打	1800.00	1800.00
越南海防	皮带卡子	1939年2月	14盒	420.00	420.00
越南海防	皮带油	1939年2月	2打	100.00	100.00
越南海防	齿轮	1939年2月	50打	2500.00	2500.00
越南海防	铜刷子	1939年2月	2打	400.00	400.00
越南海防	摄子	1939年2月	10打	800.00	800.00
越南海防	扣子	1939年2月	7件	175000.00	175000.00
越南海防	钢针	1939年2月	125箱	1250000.00	1250000.00
越南海防	钢针	1939年2月	100箱	1000000.00	1000000.00
越南	运费、关费及签证手续等费用			68200.00	68200.00

附表二：

大川实业股份有限公司1941年8月9日日机轰炸损失之物资清册

事件：日机轰炸

时间：三十年八月九日

填送日期：三十六年九月十一日

通信地址：重庆市黄沙溪平安街37#

地点	损失项目	购买年月	数量	价值（国币元） 购买时价值	损失时价值
重庆	1″白铁管	1939年12月	120呎	3000.00	3000.00
重庆	细钢丝	1939年12月	48斤	3840.00	3840.00
重庆	紫铜丝	1939年12月	68斤	2040.00	2040.00
重庆	$1\frac{1}{2}$″天轴	1939年12月	1根	4000.00	4000.00
重庆	砂纸	1939年12月	3打	15000.00	15000.00
重庆	1000斤磅秤	1939年12月		1200.00	1200.00
重庆	风箱	1939年12月	2个	1000.00	1000.00
重庆	铸件半成品	1939年12月	8吨	64000.00	64000.00
重庆	电门表	1939年12月	4个	400.00	400.00
重庆	水胶	1939年12月	200斤	1600.00	1600.00
重庆	$\frac{3}{8}$″铁板	1939年12月		54000.00	54000.00
重庆	手踏纺线车	1939年12月	20部	10000.00	10000.00
重庆	合股线架	1939年12月	20个	400.00	400.00
重庆	手摇车	1939年12月	20部	8000.00	8000.00
重庆	合股木盒	1939年12月	20个	500.00	500.00
重庆	脚踏车木盒	1939年12月	20个	400.00	400.00
重庆	石棉原料	1939年12月	8吨	40000.00	40000.00
重庆	石棉半成品	1939年12月	1吨半	18000.00	18000.00
重庆	弹棉机	1939年12月	5部	12500.00	12500.00
重庆	5″熟铁老虎钳	1939年12月	7只	3850.00	3850.00
重庆	5″生铁老虎钳	1939年12月	9只	4050.00	4050.00
重庆	小平台	1939年12月	2部	3000.00	3000.00
重庆	砧子	1939年12月	2部	1600.00	1600.00
重庆	6′轻车床	1939年12月	8部	108000.00	108000.00

续表

地点	损失项目	购买年月	数量	价值(国币元) 购买时价值	价值(国币元) 损失时价值
重庆	6′重车床	1939年12月	1部	13500.00	13500.00
重庆	16″牛头刨	1939年12月	1部	18000.00	18000.00
重庆	8′重车床	1939年12月	3部	90000.00	90000.00
重庆	2″落地钻	1939年12月	2部	36000.00	36000.00
重庆	万能铣床	1939年12月	1部	65000.00	65000.00
重庆	平铣庆	1939年12月	1部	55000.00	55000.00
重庆	电焊机	1939年12月	1部	25000.00	25000.00
重庆	砂轮机	1939年12月	1部	1200.00	1200.00
重庆	鼓风机	1939年12月	1部	3500.00	3500.00
重庆	小磨床	1939年12月	1部	12500.00	12500.00
重庆	天轴	1939年12月	1部	35000.00	35000.00
重庆	制钉机	1939年12月	1部	12000.00	12000.00
重庆	石棉压板机	1939年12月	1部	6750.00	6750.00
重庆	2″落地钻	1939年12月	4部	48000.00	48000.00
重庆	16″牛头刨	1939年12月	6部	72000.00	72000.00
重庆	8′车床	1939年12月	3部	37500.00	37500.00
重庆	切烟机	1939年12月	2部	24000.00	24000.00
重庆	螺丝起子	1939年12月	2684把	40260.00	40260.00
重庆	石棉厂电料器材	1939年12月		8000.00	8000.00
重庆	机器厂电料器材	1939年12月		25000.00	25000.00
重庆	各部被炸毁电料器材	1939年12月		11000.00	11000.00
重庆	印泥盒	1939年12月		5.00	5.00
重庆	石棉厂时钟	1939年12月	2座	600.00	600.00
重庆	机器厂时钟	1939年12月	2座	600.00	600.00
重庆	制针厂时钟	1939年12月	2座	600.00	600.00
重庆	总仓库时钟	1939年12月	1座	300.00	300.00
重庆	办公室时钟	1939年12月	1座	300.00	300.00
重庆	木凳	1939年12月	40只	800.00	800.00
重庆	竹筛	1939年12月	80只	800.00	800.00
重庆	账桌	1939年12月	1张	350.00	350.00

四、大川实业股份有限公司、大公铁工厂、郑州豫丰和记纱厂等抗战财产损失

续表

地点	损失项目	购买年月	数量	价值(国币元)	
				购买时价值	损失时价值
重庆	记工牌	1939年12月	50块	500.00	500.00
重庆	木梯	1939年12月	2把	200.00	200.00
重庆	二层连铺	1939年12月	25张	4000.00	4000.00
重庆	木盆	1939年12月	2个	120.00	120.00
重庆	木橱	1939年12月	2个	200.00	200.00
重庆	饭碗	1939年12月		100.00	100.00
重庆	花瓷盘	1939年12月	15个	15.00	15.00
重庆	茶水缸	1939年12月	1个	20.00	20.00
重庆	木桶	1939年12月	3个	100.00	100.00
重庆	箩筐	1939年12月	1个	80.00	80.00
重庆	混机木架	1939年12月	1个	70.00	70.00
重庆	铁扳手	1939年12月	3个	90.00	90.00
重庆	货架	1939年12月	4个	2000.00	2000.00
重庆	机器厂厂房	1939年12月	30间	105000.00	105000.00
重庆	局部震毁机器厂厂房	1939年12月	29间	35000.00	35000.00
重庆	总仓库损坏库房	1939年12月	14间	70000.00	70000.00
重庆	石棉厂纺线部草房	1939年12月	7间	8400.00	8400.00
重庆	女工宿舍草房	1939年12月	8间	9600.00	9600.00
重庆	压棉厂房	1939年12月	3间	4500.00	4500.00
重庆	弹棉厂房	1939年12月	3间	3600.00	3600.00
重庆	石棉厂厂房局部损毁	1939年12月	17间	7900.00	7900.00
重庆	针钉厂局部震毁	1939年12月		16000.00	16000.00
重庆	办公室局部震毁	1939年12月		17000.00	17000.00
重庆	员工宿舍局部震毁	1939年12月		15000.00	15000.00
重庆	眷属宿舍局部震毁	1939年12月		30000.00	30000.00
重庆	石棉厂工具	1939年12月		1865.00	1865.00
重庆	总仓库其他损坏	1939年12月		20000.00	20000.00
重庆	机器厂其他损坏	1939年12月		35000.00	35000.00
重庆	石棉厂全部女工宿舍	1939年12月		8600.00	8600.00

附表三：

大川实业股份有限公司1944年11月在金城江损失盘圆铁资清册

    事件：日本进攻

    时间：三十三年十一月

    填送日期：三十六年九月十一日

    通信地址：重庆市黄沙溪平安街37#

地点	损失项目	购买年月	数量	价值(国币元) 购买时价值	价值(国币元) 损失时价值
金城江拔贡	盘圆铁	1944年6月	23761斤	2978255.36	2978255.36

6. 渝鑫钢铁厂经理为报呈10月25日被日机轰炸损失情形呈经济部钢铁管理处文（1940年10月26日）

博□司长吾见惠鉴：

  昨日来袭目的，虽围向豫丰电力房，而结果有大小20余弹投入本厂邻近豫丰之区，致电炉相近尺许落弹两枚。因基坐为坚实水泥混合土，故爆炸力十分强烈，炉壳搬移至3丈之外，炉架不知去向，升降马达投入5丈外之机房中，开关另件竟飞至兵工署纱厂河边，全厂受震无一完脊，可谓烈矣！所幸厂内职工安全无恙，河边包工因病无力入防空洞者，死7人，伤5人。本应刻日着手清理，以便修复，奈信托局及中证行迄今未来，以致不能搬动任何物件，致无从施工。电炉上之电表及方棚油皆须补充，今晨副处长丽门兄来厂时曾当面乞援，并同时派员四出寻觅铜板等其他另件以及砖瓦等物，惟所需水泥300桶当时漏列，尚恳吾兄转达，倘材料能应手，则于两月之内想能复工。除面告宋专员经过情形外，专此奉复。并祝健康！

经济部钢铁管理处李司长

              弟余○○[①]

              十月二十六日

---

① 即余名钰，下同。

7. 金城银行信托部重庆分部职员周德惠访问渝鑫钢铁厂被炸情形报告（1940年10月29日）

昨晨往渝鑫钢铁厂访问此次被炸损失情形，承余厂长予以会见，于百忙中略谈结果报告如次：

（一）厂房受损情形——该厂并无高建筑物可作目标，显系受附近裕丰纱厂水塔影响，厂中落弹30余枚，集中于工厂中心炼钢部分。此外，厂房外围建筑工人宿舍有两处着弹（参考附图），其他厂房，视离落弹地点远近，其损失有不同，但尚能勉强应用。该厂房屋保有兵险40万元，正交涉中。

（二）机器受损情形——炼钢厂主要机器电气炼钢炉两座全毁，此外，主要机器被毁者有120马力发电机及56马力发电机各一座，其他机器物料受损者极多，目下正在清理中，一时无法统计。上述机器均在中央信托局保有兵险，赔款固无问题，但各种机器市价均上涨极多，且如炼钢炉等机件在目下有钱亦难置备，故将来恢复大成问题。

（三）人员损失——死工人7人，其他员工无恙。

（四）厂之现状——目下即恢复工作者只有制钉厂及冷作室两处，其他各部尚难预定。第一步须修盖房屋，第二步须补办机器，第二步较第一步困难尤多。

附：职晤余厂长时，余极其忙碌，故仅得略况如上。如欲知其详细资产损失计算，只有函请厂方报告也。

职　周德惠　谨启
十月二十九日

8. 渝鑫钢铁厂股份有限公司为函送战事及轰炸损失清单请汇办事致全国工业协会、迁川工厂联合会文（1945年8月2日）

迳启者。查敝厂原为上海大鑫钢铁工厂股份有限公司迁渝改组而成，兹将大鑫钢铁工厂受战事损失及渝鑫钢铁厂在渝受轰炸及战事损失合并造具清单1份，随函附上，即希查收汇办为荷！此致：

全国工业协会

迁川工厂联合会

附清单1份

渝鑫钢铁厂股份有限公司

中华民国三十四年八月二日

附表一：

大鑫钢铁工厂受战时损失清单

地址：上海杨树浦齐物浦路730号

类别	损失项目	数量	备考
厂房	炼钢厂水泥钢骨	1座	计8间
厂房	办公室砖墙木料楼房	6间	
厂房	工场及堆栈砖墙木料高平瓦房	9间	
厂房	机器及翻砂工场砖墙木料楼房	8间	
厂房	机器及翻砂工场砖墙木料平房	25间	
自来水	全厂装置完全		
卫生设备	全厂装置瓷盆及淋浴抽水马桶完全装齐		
器具	写字台、椅子、沙发、台扇、吊扇、火炉		
炉房设备	1吨电炉	1座	连方棚、油开关、电表、自动开关
炉房设备	1吨电炉	1座	克伦方棚、油开关、电表、自动开关
炉房设备	电炉壳	3只	
炉房设备	1吨油炉	1座	
炉房设备	42尺化铁炉	1座	
炉房设备	30尺化铁炉	1座	
炉房设备	电烘炉	1座	
炉房设备	回火炉	1座	
炉房设备	烘炉	1座	
炉房设备	铁质烟囱	1座	
炉房设备	烟衢	全座	
炉房设备	鼓风机	1座	
炉房设备	冷邦	2座	
搬运设备	$1\frac{1}{2}$吨电动吊车	1座	
搬运设备	5吨电动吊车	1座	

四、大川实业股份有限公司、大公铁工厂、郑州豫丰和记纱厂等抗战财产损失

续表

类别	损失项目	数量	备考
搬运设备	$\frac{1}{2}$吨电动吊车	1座	
搬运设备	吊车马达	2只	
搬运设备	吊车路轨铁	200尺	直走400尺,环走500尺
化验设备	化验仪器及器具全齐		
机器设备	丈二车床	1部	
机器设备	6尺车床	9部	
机器设备	8尺车床	4部	
机器设备	螺丝车床	2部	
机器设备	6尺龙门刨床	1部	
机器设备	丈二龙门刨床	1部	
机器设备	20寸牛头刨床	1部	
机器设备	18寸牛头刨床	1部	
机器设备	各式钻床	7部	
机器设备	横胆钻床	1部	
机器设备	铡床	1部	
机器设备	两头车床	1部	
机器设备	剪刀机	3部	
机器设备	压迫机	1部	
机器设备	喷砂机	1部	
机器设备	水压机	1部	
机器设备	火石车	2部	
机器设备	整理机	1部	
机器设备	马达榔头	1部	
机器设备	手磨床	4部	
地轴	皮带		弹子培令全齐
地轴	车床轧头	1座	
地轴	锯床机	3部	
地轴	磨床	3部	
地轴	各式工具	全部	
地轴	冷气缸	1部	
地轴	大小葫芦	6只	

续表

类别	损失项目	数量	备考
地轴	直线尺	1付	
地轴	冷邦榔头	11只	
地轴	老虎钳	14只	
电动设备	大小马达	26只	计500匹
电焊设备	电焊割刀机	1部	
电焊设备	马达电焊机	3部	
电焊设备	风焊机	2套	连割刀
翻砂设备	碾砂机	1部	
翻砂设备	八角流车	3部	
翻砂设备	筛砂车	3部	
翻砂设备	拌砂车	1部	
翻砂设备	压砂车	14部	
翻砂设备	铁砂箱	250吨	
库存材料	锰铁	9吨	
库存材料	矽铁	4吨半	
库存材料	新生铁	80吨	
库存材料	铬铁	2吨半	
库存材料	镍铁	半吨	
库存材料	6″炭精	4吨	
库存材料	镁砖	450块	
库存材料	矽砖	800块	
库存材料	电炉盖、炉盖	17套	
库存材料	镁石	15吨	
库存材料	镁粉	1吨	
库存材料	废旧铁	950吨	
库存材料	600c氧气	50瓶	
库存材料	华铅粉	4吨半	
库存材料	红砂	150吨	
库存材料	白泥	15吨	
库存材料	磷钢	500公斤	即半吨
库存材料	氟石	3吨	

四、大川实业股份有限公司、大公铁工厂、郑州豫丰和记纱厂等抗战财产损失

续表

类别	损失项目	数量	备考
库存材料	灰石	8吨	
库存材料	镁铬砖	100块	
库存材料	焦炭	50吨	
库存材料	烟煤	30吨	
库存材料	水泥	120桶	
库存材料	磷石	2吨	
库存材料	玻璃沙	60吨	
库存材料	电石	10吨	
库存材料	弹簧钢	5吨	
库存材料	水流铁	8吨	
库存材料	圆铁	5吨	
库存材料	大小砂轮	50块	
库存材料	电焊丝	600根	
书籍	英美参考书籍	80余册	
书籍	英文打字机	2部	
书籍	大号照相机	1部	连镜头
运输	雪弗兰大卡车	1部	
运达广州沦陷机件如下			
	竹节钢	157吨	
	火车碰钩	1吨	
	木样	6箱	1吨
	铁样	1箱	1吨
	机器配件	10公斤	
	火车弹簧	6吨	
	冷气锤	2箱	100公斤
	压砂机	3部	4吨
	黑铁管	1吨半	
	冷气管	16吨	
	水矿流铁	10吨	
	弹簧钢条	3吨	200只
	锰铁	72吨	

类别	损失项目	数量	备考
	炭精	2吨	
	行车马达	2套	
	炉盖火砖	5吨	
	2″黑铁管	177根	
	$1\frac{1}{2}$″黑铁管		
	1″黑铁管	175根	
	$\frac{3}{4}$″黑铁管	200根	
	$\frac{1}{2}$″黑铁管	150根	
	弹簧钢	36捆	
	火车弹簧	30只	
	火车挽钩	5只	
	火车机件	5只	
运抵杭州沦陷材料			
	废铁	55吨	
	氟石	20吨	
运至蜡戍途中损失者			
	镁铬砖	60吨	
运至加尔各答途中损失者			
	炭精	3箱	未曾运出
	炭精	3箱	已装飞机,因该机失踪未曾运到
运至宜昌附近损失者			
	钢板铁料等	30吨	系英平差轮拆卸者
运至武汉预备建厂,在洪山购存建筑材料,旋即奉命迁渝无法搬出			
	木料	500根	
	转头	30000块	

附表二：

大鑫钢铁厂受战时被日寇杀害及炸死员工名单

姓名	职务	籍贯	被害时年龄	被害地点	被害年度
王渭哉	稽查	浙江镇海	35岁	上海本厂附近	1937年
钱渭年	稽查	安徽	41岁	上海本厂附近	1937年
柴良仁	稽查	浙江余姚	47岁	上海本厂附近	1937年
江金法	稽查	浙江镇海	28岁	上海本厂附近	1937年
施林富	稽查	江苏崇明	32岁	上海本厂附近	1937年
胡桂元	厨工	浙江慈北	50岁	上海本厂附近	1937年
周保康	业务员	浙江镇海		镇江	1937年
史云屏	机器技工	安徽		宜昌	1937年
王永康	翻砂技工	浙江镇海		重庆小龙坎本厂	
杜金元	冷作技工	江苏			1937年
警察1名	警卫				1937年
余立才	翻砂技工				1937年
陆登山	翻砂技工				1937年
曾本初	起重工				1937年
李金武	起重工				1937年
罗炳生	起重工				1937年
邓少成	木工				1937年
刘炳清	木工				1937年
□柏林妻	女性				1937年

9. 渝鑫钢铁厂股份有限公司财产直接损失汇报表（1945年12月8日）

事件：轰炸（第一次轰炸：二十九年五月二十七日，第二次轰炸：二十九年七月二十七日，第三次轰炸：二十九年十月二十五日，第四次轰炸：三十年三月十八日，第五次轰炸：三十年八月三十日）

日期：二十九年五月二十七日、七月二十七日、十月二十五日，三十年三月十八日、八月三十日

地点：小龙坎土湾

填报者：渝鑫钢铁厂

填报日期：三十四年十二月八日

分类	损失时价值(国币元)	重要物品项目及其他
共计		
建筑物	9500000.00	房屋180间
器具	15000000.00	65000件
现款	—	—
图书	105000.00	180册
仪器	—	—
文卷	—	—
医药用品	250000.00	卫生福利设备在内
衣物	850000.00	—
粮食	—	—
其他	—	—

注：

(1) 事件，即发生损失之事件，如"日机轰炸"、"日军进攻"；

(2) 日期，即事件发生之日期，如某年月日，或某年月日至某年月日；

(3) 地点，即事件发生之地点，包括某市某县某乡某镇某村；

(4) 文卷，文卷损失之价值，如难以估计，只须填入损毁及遗失文卷字数。

10. 渝鑫钢铁厂股份有限公司财产间接损失汇报表(1945年12月8日)

时间：二十六年七月至三十四年七月

填报者：渝鑫钢铁厂

填报日期：三十四年十二月八日

分类	实际价值共计(国币元)	摘要说明
共计		
迁移费	28500000.00	由上海迁渝
防空设备费	3500000.00	
疏散费	5800000.00	
救济费	500000.00	
抚恤费	158000.00	
生产减少	10000000.00	
盈利减少	164000.00	

11. 渝鑫钢铁厂股份有限公司为呈送财产损失报告单请鉴核存转呈经济部文(1945年12月)

案奉钧部三十四企字54411号通知,为敝厂所送抗战损失清单与规定表式不合,检发查报须知1份,饬依式另造一式2份报部,等因,奉此。自应遵办。兹依式填具财产损失报告单2份(共12页),敬乞鉴核存转。谨呈:

经济部

附呈损失报告单1份

渝鑫钢铁厂股份有限公司
中华民国三十四年十二月

附表一:

渝鑫钢铁厂股份有限公司1940年5月27日财产损失报告单(表式2)

事件	地点	损失项目	购买年月	数量	价值(国币元) 购置时价值	损失时价值
第一次轰炸	小龙坎土湾	卡车		1辆		11500.00
第一次轰炸	小龙坎土湾	轿车		1辆		6000.00
第一次轰炸	小龙坎土湾	厂房		10余间		26000.00
第一次轰炸	小龙坎土湾	工房		40余间		36000.00
第一次轰炸	小龙坎土湾	栈房		10余间		7200.00
第一次轰炸	小龙坎土湾	宿舍		5间		2000.00
第一次轰炸	小龙坎土湾	铸铁成品		3000余磅		2500.00
第一次轰炸	小龙坎土湾	工人		3名		

附表二:

渝鑫钢铁厂股份有限公司1940年6月27日财产损失报告单(表式2)

事件	地点	损失项目	购买年月	数量	价值(国币元) 购置时价值	损失时价值
第二次轰炸	小龙坎土湾	职工宿舍		2间		1500.00
第二次轰炸	小龙坎土湾	厨房		1间		100.00
第二次轰炸	小龙坎土湾	栈房		10余间		8000.00

附表三：

渝鑫钢铁厂股份有限公司 1940 年 10 月 25 日财产损失报告单（表式 2）

事件	地点	损失项目	购买年月	数量	价值（国币元） 购置时价值	损失时价值
第三次轰炸	小龙坎土湾	工房		3 间		1300.00
第三次轰炸	小龙坎土湾	宿舍		15 间		4500.00
第三次轰炸	小龙坎土湾	电炉		2 座		280000.00
第三次轰炸	小龙坎土湾	50 马力蒸汽电机		1 座		66000.00
第三次轰炸	小龙坎土湾	120 马力煤气电机		1 座		62600.00
第三次轰炸	小龙坎土湾	变压器		1 座		49000.00
第三次轰炸	小龙坎土湾	电焊机		1 座		9000.00
第三次轰炸	小龙坎土湾	炸死工人		2 名		

附表四：

渝鑫钢铁厂股份有限公司 1941 年 3 月 18 日财产损失报告单（表式 2）

事件	地点	损失项目	购买年月	数量	价值（国币元） 购置时价值	损失时价值
第四次轰炸	小龙坎土湾	翻砂炼钢工房		22 间		50000.00
第四次轰炸	小龙坎土湾	烘炉		2 座		2800.00
第四次轰炸	小龙坎土湾	工作机		数座		
第四次轰炸	小龙坎土湾	宿舍		20 余间		2000.00
第四次轰炸	小龙坎土湾	木工房		1 间		100.00
第四次轰炸	小龙坎土湾	行李电线				

附表五：

渝鑫钢铁厂股份有限公司1941年8月30日财产损失报告单(表式2)

事件	地点	损失项目	购买年月	数量	价值(国币元)	
					购置时价值	损失时价值
第五次轰炸	小龙坎土湾	机器房		28间		170000.00
第五次轰炸	小龙坎土湾	职员宿舍		24间		12000.00
第五次轰炸	小龙坎土湾	工人宿舍		35间		5500.00
第五次轰炸	小龙坎土湾	电器室		10间		3300.00
第五次轰炸	小龙坎土湾	8尺龙门刨床		1座		1400.00
第五次轰炸	小龙坎土湾	电机心子		1副		300.00
第五次轰炸	小龙坎土湾	一机厂地轴等				39500.00

附表六：

渝鑫钢铁厂股份有限公司1941年5月、8月财产损失报告单(表式2)

事件	地点	损失项目	购买年月	数量	价值(国币元)	
					购置时价值	损失时价值
1941年5月运输损失	加尔各答	炭精		3箱		150000.00
1941年8月运输损失	蜡戌	镁铬砖		60吨		650000.00

12. 抗战时期渝鑫钢铁厂遭受敌人损毁情形报告表(1945年)

厂名	渝鑫钢铁厂
厂址	小龙坎土湾
公司或商号	公司(股份有限)
资本	国币200万元
工厂登记号数	
遭受损毁年月及遭受何种损失	1940年5月27日,第一次中弹20余枚 1940年6月27日,第二次中弹2枚
损毁概况	第一次被炸毁卡车1辆,轿车1辆,厂房10余间,工房40余间,机房10余间,职员宿舍5间,铸铁成品3000余磅,死工人3名,损失约国币120000.00元 第二次被炸毁职员宿舍2间,厨房1间,机房10余间,无死伤,损失约15000.00元

续表

遭受损毁前每日平均生产能力	每日可铸生铁10000余磅,铸钢5吨,轧钢5吨,制造各种机器
遭受损毁后厂内制造情形	厂房即行修复,各部照常工作
预算复工时日	待电力恢复即行复工

附注：

(一)各地工厂不幸遭受敌人损毁应逐次随时填表呈报转部；

(二)厂址务须详细填载,其在各省者并应将所在地之省名及县名或市名填列；

(三)公司或商号栏其系公司组织者,应填公司名称及何种公司,其系商号者应填独资或合伙；

(四)资本一栏系填原有资本,以便与损毁程度比较,其资本损失者应呈请减资注册,其无法恢复不能续办者应呈请解散或废止注册；

(五)工厂登记号数栏其已登记者应填明号数,未登记者应载明未登记字样；

(六)损毁概况,应将遭受损毁实况,如厂屋、原动机、机器、货品、原料及其他设备等之损坏程度与价值(以国币元为单位),并员工伤亡等逐项分别详细填列；

(七)遭受损毁后制造情形,应将工作情形分别详细填具,如"仍旧全部开工"、"小部分停工"、"大部分停工"、"完全停顿"等,应载明何部分停工及停工之原因与救济恢复开工之办法。

13. 大公铁工厂1940年5月29日遭受敌人损毁情形报告表(1940年5月29日)

厂名	大公铁工厂
厂址	重庆小龙坎
公司或商号	公司
资本	50万元
工厂登记号数	新字第31号
遭受损毁年月日及遭受何种损毁	1940年5月29日上午10时1刻至下午3时半,厂房被震坏

续表

损毁概况	1940年5月29日，敌机袭小龙坎，本厂范围空地上计落弹20余枚，厂房被震坏，约损失4600.00余元
遭受损毁前每日平均生产能力	每日平均出工作机1部
遭受损毁后厂内制造情形	每月平均出工作机10部
预计复工时日	预计1星期后复工
附注	（一）各地工厂不幸遭受敌人损毁应逐次随时填表呈报转部； （二）厂址务须详细填载，其在各省者并应将所在地之省名及县名或市名填列； （三）公司或商号栏，其系公司组织者应填公司名称及何种公司，其系商号者应填独资或合资； （四）资本一栏系填原有资本，以便与损毁程度比较。其资本损失者应呈请减资注册，其无法恢复不能续办者应呈请解散或废止注册； （五）工厂登记□□栏，其已登记者应填明号数，未登记者应载明未登记字样； （六）损毁概况，应将遭受损毁实况如厂屋、原动机械、机器、货品、原料及□□设备等之损毁程度与价值（以国币元为单位），并员工伤亡等逐项分别详细填列； （七）遭受损毁后制造情形，应将工作情形分别详细填具，如仍旧全部开工及停工之原因与救济恢复开工之办法。

二十九年六月二十七日，填表人：林美□

14. 大公铁工厂1940年6月27日遭受敌人损毁情形报告表（1940年6月27日）

厂名	大公铁工厂
厂址	重庆小龙坎
公司或商号	公司
资本	50万元
工厂登记号数	新字第31号
遭受损毁年月日及遭受何种损毁	1940年6月27日，房屋略受震坏

续表

损毁概况	房屋瓦片被震坏,计损失约800.00元
遭受损毁前每日平均生产能力	每日平均出工作机1部
遭受损毁后厂内制造情形	每月平均出工作机10部
预计复工时日	预计3日内复工
附注	(一)各地工厂不幸遭受敌人损毁应逐次随时填表呈报转部; (二)厂址务须详细填载,其在各省者并应将所在地之省名及县名或市名填列; (三)公司或商号栏,其系公司组织者应填公司名称及何种公司,其系商号者应填独资或合资; (四)资本一栏系填原有资本,以便与损毁程度比较。其资本损失者应呈请减资注册,其无法恢复不能续办者应呈请解散或废止注册; (五)工厂登记□□栏,其已登记者应填明号数,未登记者应载明未登记字样; (六)损毁概况,应将遭受损毁实况如厂屋、原动机械、机器、货品、原料及□□设备等之损毁程度与价值(以国币元为单位),并员工伤亡等逐项分别详细填列; (七)遭受损毁后制造情形,应将工作情形分别详细填具,如仍旧全部开工及停工之原因与救济恢复开工之办法。

二十九年六月二十七日,填表人:林美□

15. 大公铁工厂1940年6月29日遭受敌人损毁情形报告表(1940年6月29日)

厂名	大公铁工厂
厂址	重庆小龙坎
公司或商号	公司
资本	50万元
工厂登记号数	新字第31号
遭受损毁年月日及遭受何种损毁	1940年6月29日上午12时,被敌机投弹,厨房被毁,全厂厂房略受震坏

续表

损毁概况	1940年6月29日上午12时,敌机来小龙坎轰炸,本厂厨房全被炸毁,全厂房屋略受震损,共约损失5000.00余元;防空洞上中重磅炸弹1枚,幸未伤人;次日(30日)晨,有慢性炸弹在被炸厨房附近忽然爆炸,计死工友1人,伤1人
遭受损毁前每日平均生产能力	每日平均出工作机1部
遭受损毁后厂内制造情形	每月平均出工作机10部
预计复工时日	预计1星期后复工
附注	(一)各地工厂不幸遭受敌人损毁应逐次随时填表呈报转部; (二)厂址务须详细填载,其在各省者并应将所在地之省名及县名或市名填列; (三)公司或商号栏,其系公司组织者应填公司名称及何种公司,其系商号者应填独资或合资; (四)资本一栏系填原有资本,以便与损毁程度比较。其资本损失者应呈请减资注册,其无法恢复不能续办者应呈请解散或废止注册; (五)工厂登记□□栏,其已登记者应填明号数,未登记者应载明未登记字样; (六)损毁概况,应将遭受损毁实况如厂屋、原动械、机器、货品、原料及□□设备等之损毁程度与价值(以国币元为单位),并员工伤亡等逐项分别详细填列; (七)遭受损毁后制造情形,应将工作情形分别详细填具,如仍旧全部开工及停工之原因与救济恢复开工之办法。

二十九年六月二十九日,填表人:林美□

16. 郑州豫丰和记纱厂原动股为转报该股6月27日被炸员工损失清单请察核救济呈厂长文(1940年8月13日)

敬呈者。查六月二十七日厂中被炸,工房多有焚毁。属股机工宋坤林、高七保①,帮工蔡茂文,小工萧有福、萧有贵、朱小岚等6人均有损失(宋坤林、高七保住轻油厂侧高地;蔡茂文住物料课后工棚;萧有福、萧有贵、朱小岚住

---

① 原呈文为"高七宝",但附后之损失清单为"高七保",清单系损失者手笔,应以此为准。

翻砂间旁物料课栈房内。宋坤林津贴已发过,其余5人每人发80.00元)。谨将各工损失清单转请察核<原文中只有宋坤林、高七保两人之损失清单,编者按>,以救危困,深为公便！谨呈：

厂长郑　钧鉴

原动股谨呈

八月十三日

附表一：

郑州豫丰和记纱厂原动股宋坤林1940年6月27日被炸损失清单(1940年6月27日)

名称	数量	名称	数量
箱子	5只	男女骆驼绒袍子	5件
大衣	2件	男女绸灰袍子	5件
雨衣	2件	女羊皮短袄	1件
帐子	3顶	女羊皮旗袍	2件
汗衫	2打	男皮袍子	3件
单被	11条	男女绸短衫	4件
绒毡	2条	男女绸短衫裤	5套
线毡	3条	女香云纱长衫	1件
帽子	5只	大小台钟	3只
男女皮鞋	4双	白米	2石
棉花被头	5条	大小脚盆	3只
男女单短衫裤	7套	面盆	3只
男女绒线衫	5件	大小锅子	3只
男女卫生衫裤	4套	3磅热水瓶	1只

四、大川实业股份有限公司、大公铁工厂、郑州豫丰和记纱厂等抗战财产损失

附表二：

郑州豫丰和记纱厂原动股高七保1940年6月27日被炸损失清单（1940年7月3日）

名称	数量	名称	数量
帐子	2顶	被盖	3条
棉袍子	2件	男女棉衣服	3套
男女夹衣服	3套	绒线衫	3件
男女单衣服	6套	卫生衫	3套
骆驼绒袍子	2件	衬衫	3件
府绸衫裤	3套	纺绸单衫	3套
夏布衣服	2套	白布	1匹（90.00元）
箱子	3只	闹钟	1只
白米	2石	热水瓶	1只
男女皮鞋	3双	铁锅子	2只
钢钟锅子	2只	洋风炉	1套
男女鞋子	10双	水缸	2只
大小脚盆	2只	面盆	2只
金边碗	50只	呢帽	2顶

17. 郑州裕丰和记纱厂重庆分厂为呈报3月18日被炸损失情形请存转批示呈重庆市政府文（1941年4月5日）

案奉通行凡遭受敌机轰炸损失应即查填损失报告单呈报核办，等因，业经遵照办理在案。兹本年三月十八日午，敌机窜入本厂上空抛掷炸弹，计在本厂附近沟溪河边空地共掷弹10余枚，内有一弹适落中本厂临时第一纺厂，计毁厂屋6大间，损坏纺机6部，共计厂屋修理损失44220.00元，纺机损失204873.00元，机器整理损失10676.00元，三共损失259769.00元整，理合分列损失报告单2份呈请鉴核，俯赐分别存转，并批示只遵，实为公便。谨呈：
重庆市市政府
计附呈损失报告表3份各一式二纸

郑州裕丰和记纱厂重庆分厂
中华民国三十年四月五日

附表一：

郑州裕丰和记纱厂重庆分厂财产损失报告单

事件：敌机轰炸

日期：民国三十年三月十八日

地点：重庆土湾

填送日期：三十年四月五日

损失项目	数量	单价	价值（国币元）
瓦房连屋架（厂房）	18英方（6大间）	2400.00	43200.00
围墙（连砖墩）	6丈	170.00	1020.00
共计			44220.00

附表二：

郑州裕丰和记纱厂重庆分厂财产损失报告单

事件：因敌机轰炸

日期：民国三十年三月十八日

地点：重庆土湾

填送日期：三十年四月

损失项目	数量	单价	价值（国币元）
龙脊	11节		21780.000
车面	12节		17400.00
车脚	11只		8800.00
小车头	4只		4400.00
罗拉	184节		14720.00
罗拉凳子	32只		2744.00
叶子板	9节		3465.00
钢领板	22块		8360.00
半脚杆	21根		630.00
横档	9只		2520.00
挂脚	15只		975.00
滚筒	8节		3840.00
滚筒扁担	8只		1600.00
弹子壳	8只		1160.00

四、大川实业股份有限公司、大公铁工厂、郑州豫丰和记纱厂等抗战财产损失

续表

损失项目	数量	单价	价值(国币元)
120FS.K.F弹子培林	7只		3010.00
隔纱板	16节		1520.00
锭脚	370只		7955.00
锭胆	347只		1735.00
锭子	413只		11564.00
锭带	64根		160.00
木锭	721根		721.00
细纱筒管	1420只		3550.00
粗纱筒管	714只		2499.00
大钢辊	625只		15625.00
小钢辊	718只		8616.00
皮辊	783对		36018.00
系钩	823只		2469.00
导纱牙	5只		1425.00
导纱杆	6根		480.00
粗纱杆	8根		560.00
粗纱杆脚	11只		88.00
粗纱木板	19块		475.00
大筒管箍	14只		560.00
小筒管箱	6只		180.00
花衣箱	4只		260.00
铝丝篓	12只		540.00
锭带盘	108只		864.00
锭带盘秤砣	613只		630.00
锭带盘架	95只		1330.00
乌龟秤砣	8只		1200.00
千斤脚	13只		364.00
三角铁	5根		800.00
钢领(连座)	341只		682.00
大木棍	87根		261.00
小木棍	79根		158.00

续表

损失项目	数量	单价	价值（国币元）
秤砣	141只		282.00
共计			204873.00

附表三：

郑州裕丰和记纱厂重庆分厂财产损失报告单

事件：因敌机轰炸

日期：民国三十年三月十八日

地点：重庆土湾

填送日期：三十年四月五日

损失项目	数量	单价	价值（国币元）
人工	450工		2250.00
砂皮	20打		480.00
火油	220磅		1320.00
锭油	100磅		2000.00
车油	45磅		675.00
牛油	50磅		900.00
回丝	120磅		960.00
刀砂	10块		550.00
光粉	45磅		1125.00
瓷漆	15磅		270.00
洋灰	1桶		160.00
锯条	12根		42.00
锉刀	6把		144.00
共计			10676.00

18. 郑州豫丰和记纱厂重庆分厂为送呈历年被敌机轰炸次数及损失情形详细表请出具证明事致第一区纺织业同业公会文（1947年4月25日）

迳启者。敝厂在战时历年被敌机轰炸，所受损失甚大，现在亟应详报政府，以便向日本索取赔偿。惟查报损失调查办法规定，凡送报损失者应附具证明文件，如证明文件遗失，则由同业公会等出具证明，兹特附上敝厂历年被敌机轰炸次数及损失情形详细表，至希出具证明为荷！此致
第一区纺织业同业公会
附表1份

豫丰和记纱厂重庆分厂启
三十六年四月二十五日

附：

豫丰纱厂历年被敌机轰炸次数及损失情形

时间	落弹数量及种类	损失情形	备注
1940年5月27日	爆炸弹22枚	被毁细纱机6000余锭，钢丝车22部，条子车20眼，粗纱车10部，摇纱车64部，并线车一部，机油34大桶；房屋计临时一、二分厂全部，正式大厂被炸毁71间，震损157间，临时物料库房及第一临时女工房饭厅全部被焚，清花间花纱库被炸坍墙	
1940年5月29日	爆炸弹3枚	被震毁宿舍房屋40余间	
1940年6月27日	爆炸弹20枚、烧夷弹4枚	毁摇纱车30部，粗纱车2部，钢丝车4部，又大厂物料库、花纱库职员住宅工人宿舍等房屋300余间全部被毁，清花间尘塔半座、喷水池底炸穿，五金物料、食米、料场木料及机包棉一部分计50余件全部被焚，其余被震抖坏房屋不计其数	
1940年6月29日	爆炸弹1枚、烧夷弹8枚	毁钢丝车2部，细纱车2部，大厂女工宿舍、职员住宅、警卫室等被炸毁40间，被震受损25幢	
1940年10月25日	爆炸弹19枚	被毁锅炉邦浦水管一部分，输电间全部，喷水池一部分，木料20余根	
1941年8月30日	爆炸弹21枚	毁细纱车12台，粗纱车2台及水塔进水管、全厂电线、职员住宅3幢(14间)、大厂30余间，其余被震损者100余间	

19. 郑州豫丰和记纱厂重庆分厂为送呈1937年由郑州迁川及海防沦陷等之损失详细清单请出具证明事致第一区纺织业同业公会文（1947年4月28日）

迳启者。敝厂在战时历年被敌机轰炸所受损失，业经抄列详细表送请贵会出具证明在卷。兹敝厂尚有二十六年奉政府命由郑州迁厂入川所遭受之损失，以及存海防、河内、上海等地因沦陷损失之物料，特造具详细清单附奉，至希合并出具证明，以便向日本索取赔偿为荷！此致：

第一区纺织业同业公会

附清单<原缺>

郑州豫丰和记纱厂重庆分厂启
三十六年四月二十八日

20. 第一区机器棉纺织工业同业公会关于裕丰纱厂在抗战期间被敌人侵害损失事给该厂的证明书（1947年5月）

查本会会员豫丰纱厂于抗战期间先后被敌人侵害，损失颇重，迭经本会调查该厂损失详情（附表）<原缺>，共计损失折合美金3153409.46元，系属确实，特给予证明书，以资证明。此证。右<上>给：

会员豫丰纱厂收执

理事长　萧伦豫　代
中华民国三十六年五月

21. 豫丰纱厂战时损失报告书①（1948年2月27日）

本厂于民国八年一月创设于河南郑县豆腐寨，抗战军兴，于二十七年二月奉命内迁重庆土湾，二十八年一月复工。又因不堪受敌机轰炸，于二十九年十月在合川东津沱筹设分厂，同时为谋配合纱厂修配机件之需，在余家背设立机器厂。兹将本厂因抗战而受之损失以及对国家之贡献与目前困难情形分述于左<下>：

---

① 此文节选自潘仰山为《大公报》编辑之关于豫丰纱厂筹设、迁移、目前状况等之材料。

(一)迁厂时之损失

1. 抗战前向国外订购之各种机物料计运存海防、河内两地未及内运致陷敌手者,约值美金144300.00余元。在上海购存之机物料未及内运致陷敌手者,约值美金14500.00余元。

2. 郑厂无法搬迁之全部厂屋以及一部分生财、机器陷敌焚毁者,约值美金166600.00余元。

3. 迁厂费用及沿江木船触礁沉没机器,约值美金213100.00余元。

4. 自二十七年二月起至二十八年八月止,在此时期因系拆迁安装机器未能生产,而一切开支均属照常,所受营业上之损失约合美金236600.00余元。

(二)被敌机轰炸之损失

1. 渝厂(即土湾重庆分厂)二十九年至三十年间共受13次轰炸,计烧毁房屋、机器及施救费等,约合美金1737200.00余元。

2. 合厂(即合川东津沱支厂)二十九年被炸一次,计损失约合美金82400.00余元。

(三)筹办合支厂

二十九年十月,因渝厂历被轰炸,不得不设法疏散,遂择定合川东津沱筹设支厂,将渝厂机器拆往安装,计用拆迁、搬运、安装等费约合美金938200.00余元。

以上损失共合美金3632900.00余元。除(一)项2、3两款外,均于三十四年九月呈报经济部有案。

(四)管制时期之损失

本厂迁渝后,时值抗战严重时期,二十九年所有产品(棉纱)以半数按成本加少数利润供军需署征购。至三十年春物资局成立,棉纱均由该局管制,纱价亦由该局评定。斯时产品勉能顾及成本,毫无利润可得。至三十年八月一日物资局撤销,花纱布管制局成立,所有产品全数由该局征购,按成本加给百分之二十利润。三十二年八月,该局又改行以花易纱办法,当时本厂存棉7500余担,由该局以发价每担2760.00元悉数征购。当时市<价>为每担10000.00

元,计每担吃亏7240.00元,共计损失5430余万元,且征购时该局并未付款。三十四年十一月该局撤销时,将以前征购之棉仅按六成发还,品质甚次之棉四成按发价每担11万元发给代金。当管制时期,除未能获得应得利润其损失无法计算外,即存棉征购一项之损失,按当时汇率约合美金270余万元。

(五)对国家之贡献

本厂在抗战时期,始终拥护国策,尽量设法增加生产,即二十八年八月草草开工之时,约年产纱在5000件以上,至二十八、二十九年间,有时整日受敌机轰炸,犹复屡毁屡修,日夜相继,迄未有所顾虑而稍存松懈之意。厥以渝厂逼近市郊,为避轰炸目标保存生产实力计,即在合川东津沱建筑支厂,将渝厂纱机拆往安装,至三十年以后每年产纱恒在35000件以上,此于军民衣着,不无裨益,于抗战救国,实为贡献。

(六)目前困难

本厂内迁以来,始受物资之损失,中受管制之严厉,终受时局之影响,不但郑县旧厂无法复业,即维持现状亦因物价高涨,甚感资金不敷周转,欲谋自振,心余力绌,使政府能体谅本厂过去之艰苦,畀以发展之机会,则继续努力,当更有加无已也。

22. 裕华纺织公司渝厂1940年8月23日被炸房屋勘估报告书（1940年9月10日）[①]

建筑述要	被炸概况	部分	说明	数量	单价（元）	计值（元）	残料及计值（元）
（一）大厂部分							
四围15″×20″砖柱，10″砖墙，中木柱木架，洋瓦屋面，瓦板桁条，白灰平顶，玻璃摇窗，铁器栓锁，水泥地，水泥地（水泥地有2行，计36间未做）。共计10行，合180间。	全部中燃烧弹被焚，所遗四围砖墙虽未全部倒塌，但砖俱被焚煅，须全部拆去重做。	砖柱	15″×20″×3010″	56个	180.00	10080.00	残砖1630.00
^	^	砖墙	10″厚	335.40平方	280.00	93912.00	残砖28200.00
^	^	木柱		153根	40.00	6120.00	焚毁
^	^	木架		170排	350.00	59500.00	焚毁
^	^	屋面	180间	1263.60平方	255.00	322218.00	残瓦6000.00
^	^	平顶	180间	1166.40平方	55.00	64152.00	焚毁
^	^	玻摇窗	710″×1210″	360堂	255.00	91800.00	焚毁
^	^	玻窗	410″×510″	23堂	95.00	2185.00	焚毁
^	^	保险门	木质白铁包铁葫芦移动	8堂	450.00	3600.00	残剩3堂及残铁2000.00
^	^	铁件	木架用	5000个	3.30	16500.00	残剩3堂及残铁8250.00
^	^	水泥地		1142平方	120.00	137052.00	残余及未做2行85000.00
全屋现值估计807119.00元，实际损失675989.00元		合　　计				807119.00	131130.00

[①] 本表在尊重原文的基础上进行了一定的修改，编者。

续表

建筑述要	被炸概况	部分	说明	数量	单价（元）	计值（元）	残料及计值（元）
（二）清花间部分							
砖柱墙,1:2:4钢筋水泥混泥〔凝〕土柱梁,洋瓦屋面,瓦板桁梁,平顶,玻摇窗,水泥地。共计51间,又3间及走道。	中一燃烧弹,未爆焚,损伤屋面,平顶,玻窗,砖墙,水泥地。中一小型爆炸弹,炸坍屋面3间,水泥柱1根,梁架1品,玻窗1排,及砖墙。	屋架柱梁	水泥混泥〔凝〕土炸塌	156方	1500.00	2340.00	
		屋架柱梁	钢筋扎丝损失				
		屋架柱梁	水泥混泥〔凝〕土修补				3000.00	
		水泥沟及水落炸损	10″厚炸塌				1200.00	
		架上砖壁		159平方	320.00	538.80	
		屋面炸穿4间		27平方	255.00	6885.00	残料600.00
		平顶炸穿4间		24.84平方	55.00	1366.20	
		平顶炸损	修理	80.00平方	30.00	2400.00	
		屋面炸损	修理,填洋瓦	337.50平方	70.00	23625.00	
		玻摇窗炸毁	连玻璃	8堂	255.00	2040.00	残料600.00
		玻摇窗炸损	修理	25堂	45.00	1575.00	
		广片玻璃	修理	8527方尺	4.50	38373.75	
		铁栅玻窗	修理	18堂	84.00	1512.00	
		保险门	修理	3堂	150.00	450.00	
		单扇木门	修理	1堂	50.00	50.00	
		双扇木门	修理	3堂	140.00	420.00	
		砖墙	弹孔及炸损修补				6000.00	
		粉刷	修补				4000.00	
		水泥地	修补				1600.00	
全屋现值估计300000.00元,实际损失100675.75元			合　计			101875.75	1200.00

四、大川实业股份有限公司、大公铁工厂、郑州豫丰和记纱厂等抗战财产损失

续表

建筑述要	被炸概况	部分	说明	数量	单价（元）	计值（元）	残料及计值（元）
(三)一号栈房部分							
砖柱墙，水泥屋顶平台，上有白铁棚小屋，玻窗，木门	碎片弹损水泥平台及白铁等	屋顶水泥平台	修补			600.00	
		屋顶白铁天沟				300.00	
全屋现值估计200000.00元，实际损失900.00元		合　　计				900.00	
(四)二号栈房部分							
砖柱墙，木架洋瓦，屋面，灰平顶，玻窗，木门	碎片弹损屋瓦灰平顶等	屋面洋瓦添补及屋顶修理		150.40方	60.00	9024.00	
		平顶	修补			750.00	
全屋现值估计180000.00元，实际损失9774.00元		合　　计				9774.00	
(五)三号栈房部分							
砖柱墙，木架洋瓦，屋面，灰平顶，玻窗，木门	碎片弹损屋瓦灰平顶等	屋面洋瓦添补及屋顶修理		150.40方	55.00	8272.00	
		平顶	修补			1000.00	
全屋现值估计180000.00元，实际损失9272.00元		合　　计				9272.00	
总共计(除扣残料作价外实计损国币)796610.75元(市价涨落随时增减)　　土木工程师——宋竹梅							

23. 裕华纺织公司渝厂JB工场1940年8月23日机器被炸损失堪估报告表(1940年9月)①

机件名称及数量	估值	损失情况	损失估计	废料种类及价值	实损估计	备注
Asa Lccls 纺纱机4180锭						JB工场
清花机1套	116900.00元					清花机全套估价137900.00元,除三道弹花机1部21000.00元
拆色机1部	4900.00元	焚毁送花竹帘连$2\frac{1}{2}''$皮带2道、刺板;炸碎滚筒1套、墙板1块	3360.00元	铁308.00元	3052.00元	
乱刀斩花机1部	6300.00元	焚毁送花竹帘连$2\frac{1}{2}''$皮带3道、刺木棍;炸损主轴轮、松花钢刺滚筒1只、塔巢式斩刀1组、压紧滚筒3只	4600.00元	铁270.00元	4330.00元	
喂棉机1部	11200.00元	焚毁橡皮送花道、硬木钢钉滚筒;炸毁给棉行动钢板、机墙板	7400.00元	铁560.00元	6840.00元	

①本表在尊重原文的基础上进行了一定的修改,编者。

续表

机件名称及数量	估值	损失情况	损失估计	废料种类及价值	实损估计	备注
拌和机1组	11200.00元	煅毁离心钢皮、旋转座、80齿轮3只；炸损双槽绳子盘2只、墙板2块	7520.00元	铁1720.00元	5800.00元	
除尘匣1组	4200.00元	炸毁匣身1只、隔尘板全组；炸烧3′平白铁棉花输送道	3271.50元	次铁45.00元	3226.50元	
吸送鼓风机1座	2100.00元	焚损马达托座、风叶、钢珠轴领2只、高低风道	1225.80元	次铁110.00元	1115.80元	
筛笼1部	4900.00元	炸裂脱砂钢丝布（纺织专用）圆筒及调节轴、钢皮罩	3819.40元	铁216.00元	3603.40元	
头道弹花机		炸碎钢丝布圆筒4只、墙板3块				
高行凹凸机		炸断滚筒11根、齿轮、拐轴				
二道弹花机		炸失牛油杯、调节器、指示针及附件				
皮棍压棉机	58100.00元	焚毁竹帘连3″皮带、皮棍、英皮棍胶	32600.00元	铁1872.00元	30728.00元	包括以上3栏之总值
垃圾车	7000.00元	炸损传动链60-120斜齿轮、脱砂钢丝布圆筒及鼓风顺逆翻板	5960.00元	铁417.00元	5543.00元	

续表

机件名称及数量	估值	损失情况	损失估计	废料种类及价值	实损估计	备注
纱头机	7000.00元	炸断滚筒8根、墙板1块、钢丝布圆筒4只、皮带盘6只、快慢开关	4487.50元	铁501.00元	3986.50元	
梳棉机20部	430000.00元	焚毁laylindor钢针布	44580.00元		44580.00元	
		焚毁qaffer钢针布	33900.00元		33900.00元	
		焚毁钢盖条、钢针布条2200条	71060.00元		71060.00元	盖系弯曲1562条,针布全毁,盖条修理
		断裂钢盖条传动链$1''\times\frac{3}{4}''\times\frac{3}{16}''$	4750.00元	铁160.00元	4590.00元	
		炸断钢盖条638条	19140.00元	铁1076.00元	18064.00元	
		炸碎大滚筒$24''\times44''$4只	20000.00元	铁2400.00元	17600.00元	
		炸碎小滚筒6只	24000.00元	铁2100.00元	21900.00元	
		煅裂钢铸钉刺滚筒20只	13000.00元	铁1200.00元	11800.00元	
		炸失进棉roller3根	1200.00元		1200.00元	
		炸弯进棉roller8根	496.00元		496.00元	
		炸碎进棉板13块	6825.00元	铁1073.00元	5752.00元	
		焚毁猪棕刷20条	1400.00元		1400.00元	

续表

机件名称及数量	估值	损失情况	损失估计	废料种类及价值	实损估计	备注
		焚损硬铝婆顶27只	1890.00元		1890.00元	
		炸碎墙板8块	3200.00元	铁2119.00元	1081.00元	
		炸碎考伯令12只	2160.00元	铁485.00元	1675.00元	
		炸碎油箱7只	2800.00元	铁135.00元	2665.00元	
		炸焚炉底形20副	4500.00元	铁、铜1820.00元	2680.00元	
		炸失左右盖条螺丝3520只	10560.00元		10560.00元	
		炸失往复刷棉轴曲柄11只	165.00元		165.00元	
		炸碎吐棉龙头变换牙9只	495.00元	铁45.00元	450.00元	
		炸碎罐形牙、传运旋动牙27只	1841.40元	铁81.00元	1760.40元	
		炸碎17t过桥牙6只	360.00元	铁18.00元	342.00元	
		炸碎双线传动worm牙8只	480.00元	铁40.00元	440.00元	
		炸失六角调整螺丝327只	5395.50元		5395.50元	
		焚断压紧弹簧40只	328.00元	次铁4.00元	324.00元	
		炸碎110t齿轮29只	2174.40元	次铁145.00元	2029.40元	
		炸碎吐棉龙头内罩12只	675.00元	次铁96.00元	579.00元	
		炸碎角尺牙20-36t64只	1920.00元	次铁515.00元	1405.00元	

续表

机件名称及数量	估值	损失情况	损失估计	废料种类及价值	实损估计	备注
		炸碎快慢 roller 牙20-22t12只	360.00元	次铁36.00元	324.00元	
		炸碎花卷 roller 牙48t15只	1000.50元	次铁105.00元	895.50元	
		炸碎滑竿 slippc-ss48只	2784.00元	次铁576.00元	2208.00元	
		炸碎棉节绳索盘17只	827.90元	次铁85.00元	742.90元	
		炸失方牙专用螺丝28只	112.00元		112.00元	
		炸失梢子19只	76.00元		76.00元	
并条机3部	25350.00元	炸碎焚毁钢铁变质、脆弱	24082.50元	铁6942.00元	17140.50元	
头道粗纱机3部	67200.00元	炸焚断裂退火粗纱roller9统根	5400.00元	铁258.00元	5142.00元	
每部80锭		炸焚炸失弯断粗纱锭子190套	7980.00元	铁176.00元	7804.00元	
		炸焚、碎曲roller盖板106块	1537.00元	铁318.00元	1219.00元	
		炸焚碎断锭壳240只	6000.00元	铁729.00元	5271.00元	
		煅脆碎断锭座连脚240只	4800.00元	铁1200.00元	3600.00元	
		焚毁皮棍、皮套全部3部	14400.00元		14400.00元	
		炸失碗形瓷垫240只	144.00元		144.00元	
		焚毁车面硬木板3部	2700.00元		2700.00元	
		炸损龙脊2条	1240.00元	铁218.00元	1022.00元	

续表

机件名称及数量	估值	损失情况	损失估计	废料种类及价值	实损估计	备注
		炸损重翻铸、roller重锤8只	79.20元		79.20元	
		炸损电焊、车身板2块	189.50元		189.50元	
		炸损电焊、纱架洋元21条	126.00元		126.00元	
		焚毁大纱管240只	960.00元		960.00元	
		焚毁红合纸筒30只	900.00元		900.00元	
		炸损电焊车头齿轮7只	420.00元		420.00元	
二道粗纱机3部 每部126锭		炸焚弯断退火纺纱roller9统根	5400.00元	铁272.00元	5128.00元	
		炸毁弯断锭子287套	12054.00元	铁248.00元	11806.00元	
		炸失roller盖板61只	884.50元		884.50元	
		炸损修理锭壳378只	3780.00元		3780.00元	
		炸焚锭座连脚378只	7560.00元	铁2365.00元	5195.00元	
		炸焚皮棍皮套3部	22680.00元		22680.00元	
		炸毁roller凳子11只	418.00元	铁9.00元	409.00元	
		炸毁车面硬木板3部	2700.00元		2700.00元	

续表

机件名称及数量	估值	损失情况	损失估计	废料种类及价值	实损估计	备注
		炸毁碗形瓷垫378只	226.80元		226.80元	
		炸毁墙板3块	1800.00元	铁412.00元	1388.00元	
		炸毁托脚7只	280.00元	铁35.00元	245.00元	
		炸毁百脚牙4条	240.00元	铁28.00元	212.00元	
		炸毁大纱管378只	1512.00元		1512.00元	
		炸毁红合纸筒30只	900.00元		900.00元	
精纺机11部 每部380锭	332640.00元	炸焚松裂退火 $\frac{5}{8}$″、1″roller66条	33000.00元	铁2970.00元	30030.00元	
		炸失锭子817套	24510.00元		24510.00元	
		炸毁锭子1488套	44640.00元	铁1512.00元	43128.00元	High speed
		炸损弯曲退火锭子1875套	7500.00元		7500.00元	钳工、磨工、沾火，每套400.00元
		炸碎断失叶子板、虾米螺丝16块	768.00元		768.00元	钳工、电焊
		炸焚脆毁fin roller连法甘33节	4636.00元	铁730.00元、次铁121.00元	3785.00元	
		炸损车尾段8块	1528.00元		1528.00元	电焊、钳工、车工、刨工
		炸碎铝隔纱板4180只	6270.00元	铝340.00元	5930.00元	
		炸失钢领卷477只	7441.20元		7441.20元	每只15.60元

续表

机件名称及数量	估值	损失情况	损失估计	废料种类及价值	实损估计	备注
		炸碎钢领卷1056只	16473.60元	铁105.00元	16368.60元	
		焚损钢领卷2647只	2647.00元		2647.00元	
		炸失钢领板35块	5250.00元		5250.00元	整理、抛亮
		炸断碎钢领板78块	11700.00元	铁435.00元	11265.00元	
		炸失钢领座520只	1561.00元		1561.00元	
		炸碎钢领座978只	2934.00元	铁135.00元	2799.00元	
		焚损钢领座2715只	1357.50元		1357.50元	整理、抛亮
		炸毁锭带盎连衬1045只	10032.00元	铁2090.00元	7942.00元	
		焚毁皮棍套11全部	21846.00元		21846.00元	
		焚毁大木棍500根	1500.00元		1500.00元	
		焚毁小木棍500根	500.00元		500.00元	
		炸失roller凳子120只	5472.00元		5472.00元	
		焚毁全机硬木车板11部	5500.00元		5500.00元	
		焚碎碗形瓷垫4180只	2508.00元		2508.00元	
		炸失back top roller 225只	3483.00元		3483.00元	

续表

机件名称及数量	估值	损失情况	损失估计	废料种类及价值	实损估计	备注
		炸失指纹形 middle roller 752 只	5800.00元		5800.00元	
		焚毁锭子□托脚2633套	23949.00元	铁2789.00元	21160.0元	
		炸失 平衡锤 $\frac{7}{16}$ 螺丝 204 只	102.00元		102.00元	
		炸失小羊脚25只	100.00元		100.00元	
		煅断损脆 30″× $\frac{3}{8}$″纱架及支柱 159 支	2289.60元	铁954.00元	1335.60元	
		断损内外系钩连弹簧2916根	5832.00元		5832.00元	修理、换簧、配零件及电焊
		断损粗纱筒880只	1760.00元		1760.00元	
		断损细沙筒2090只	4180.00元		4180.00元	
大成色机1部	17260.00元	炸焚断裂主支柱、快慢齿□、滑道、炸焚煅脆压紧条板、拼紧弹簧卷	9391.60元	铁694.00元	8697.60元	
小成色机2部	4750.00元	炸焚并道退火弹簧脆弱	1962.70元		1962.70元	修理、电焊、配弹簧及零件

四、大川实业股份有限公司、大公铁工厂、郑州豫丰和记纱厂等抗战财产损失

续表

机件名称及数量	估值	损失情况	损失估计	废料种类及价值	实损估计	备注
磨盖板、色盖板器3部，磨刺毛棍器1部，色盖板条器1部，色钢针布器1部，磨锡林器长短磨棍1部，皮棍裁装、较准器9件	30000.00元	炸焚主要旋转轴裂脆，又加配附件及电焊，各器尚可用机件$\frac{3}{10}$	22700.00元	机件9000.00元、铁217.00元	13483.00元	
皮棍溶浇制作品1套	11500.00元	炸焚毁碎柚木、大理石、铜、铁	11500.00元	铜336.00元、铁91.00元	11073.00元	
摇纱车40架	48000.00元	炸碎煅毁	48000.00元	铁1200.00元	46800.00元	
22HP马达1只	7920.00元	焚毁钢珠轴领、线卷	2472.80元	铜75.00元、铁2.00元	2395.80元	
10HP马达2只	7200.00元	焚毁整理矽铁皮、换隔电料	1782.00元	铜75.00元、铁2.00元	1705.00元	
电阻器2只	1120.00元	焚毁全毁	1120.00元	铁118.00元	1002.00元	
7HP马达3只	7560.00元	焚毁钢铁轴领、线卷、隔电料、矽铁	2778.00元	铜90.00元、铁6.00元	2682.00元	
5HP马达7只	12600.00元	焚毁钢铁轴领、线卷、隔电料、矽铁	5177.00元	铜186.00元、铁14.00元	4977.00元	
3HP马达2只	2808.00元	焚毁钢铁轴领、线卷、隔电料、矽铁	1672.00元	铜42.00元、铁2.00元	1628.00元	

续表

机件名称及数量	估值	损失情况	损失估计	废料种类及价值	实损估计	备注
2HP 马达 2 只	1872.00元	焚毁钢铁轴领、线卷、隔电料、矽铁	1384.00元	铜 36.00 元、铁 2.00 元	1326.00元	
$1\frac{3}{4}$HP 马达 20 只	20800.00元	焚毁钢铁轴领、线卷、隔电料、矽铁	10908.00元	铜 210.00 元、铁 12.00 元	10686.00元	
$\frac{1}{2}$HP 马达 3 只	2040.00元	焚毁钢铁轴领、线卷、隔电料、矽铁皮	1276.80元	铜 21.00 元、铁 3.00 元	1246.00元	
12HP 马达 1 只	4320.00元	焚毁钢铁轴领、线卷、隔电料、矽铁	1600.00元	铜 54.00 元、铁 2.00 元	1544.00元	
22HP 磁力开关 1 只	3440.00元	炸焚石板破裂,内丝绞坏,传电钢条倾裂,炸失电木柄	2106.00元	铜 54.00 元	2052.00元	
12HP 磁力开关 1 只	3040.00元	炸焚石板破裂,内丝绞坏,传电钢条倾裂,炸失电木柄	1734.40元	铜 48.00 元	1686.40元	
马达开关 10 只	1920.00元	炸焚石板破裂,壳碎线断	1219.70元		1219.70元	
二用开关 12 只	3072.00元	焚煅石板破裂,壳碎线断	2334.50元		2334.50元	
马达总线 11 卷	40832.00元	煅脆 9 卷	33408.00元	铜 1312.00 元	32096.00元	
马达支线 26 卷	7904.00元	煅脆 18 卷,重色纱 8 卷	5822.00元	铜 984.00 元	4848.00元	

续表

机件名称及数量	估值	损失情况	损失估计	废料种类及价值	实损估计	备注

附注：

（一）JB工场机器装就者只十之一二，余尚有散放及未曾开箱者，致勘估困难而工作稽延；

（二）该工厂系直接中烧夷弹、爆炸弹多枚，建筑全部焚毁，其机器应"沾火退火"之件经受高度煅烧及消防水浸之损害，致本质变性，显有脆硬状态，依照机械原理恢复不易；

（三）本表所列之各项机件名称均采取该厂习俗名词沿称之。

机械技师——焦孝源　浙大机械系大隆铁工厂设计师——宋乙鸣　技士——乐逸

技术员——蔡炜

24. 裕华纺织公司渝厂JA工场1940年8月23日机器被炸损失堪估报告表[①]（1940年9月）

机件名称及数量	估值	损失情况	损失估计	废料种类及价值	实损估计	备注
Asa leis 纺纱机11020锭	2975400.00元	少清花机1套137900.00元，少梳棉机20台430000.00元，计估价2407500.00元				大成己机2部、小成己机2部、皮磨机等无损未列入，估值83540.00元
精纺机29部	876960.00元	炸损、压损弹片伤、水渍				
Roller174根		炸断、脱节24根	12000.00元	铁216.00元	11784.00元	
钢领板		炸断52块	7800.00元	铁1040.00元	6760.00元	
钢领卷11020只		炸碎1474只，炸失238只	26707.20元	铁147.50元	26559.70元	

[①] 本表在尊重原文的基础上进行了一定的修改，编者。

续表

机件名称及数量	估值	损失情况	损失估计	废料种类及价值	实损估计	备注
钢领座11020只		炸碎882只,炸失73只	28650.00元	铁220.50元	28429.50元	
锭子11020套		炸断1320套,炸失714套	61020.00元	铁1280.00元	59740.00元	
锭带盖		炸裂319只	127.60元		127.60元	
皮棍套		浸水,鼓胀,3724只应换皮胶,内心可用	29233.40元		29233.40元	英制三猫牌小羊皮
锭带1102条		断松2078条	2078.00元		2078.00元	
指纹形roller		炸失392只	2744.00元		2744.00元	
大压纱棍		炸失407只	6105.00元		6105.00元	
铝隔纱板		炸碎1336只	2004.00元		2004.00元	
叶子板连导纱钩		弯曲24根,修理	720.00元		720.00元	
硬本车板		破裂合4部	2000.00元		2000.00元	
碗形瓷垫		碎失1520只	912.00元		912.00元	
支柱纱架		弯断98全根	1411.20元	铁500.00元	911.20元	
扎钩及弹簧		松损1427根	2857.00元	铁162.00元	2695.00元	
粗纱管		裂碎2113只	4226.00元		4226.00元	
细纱管		裂碎3028只	6056.00元		6056.00元	
合纸棉筒		裂碎256只	4608.00元		4608.00元	
2″天轴		弯曲8根,纠正,修理	1200.00元		1200.00元	钳工,车工
考伯令		碎4只,电焊	240.00元		240.00元	钳工,车工
3″双层英皮带		断碎70呎	735.00元		735.00元	
精纺机28部		整理,纠正,材料,工资,每部500.00元	14000.00元		14000.00元	
梳棉机40部	860000.00元					每部21500.00元

四、大川实业股份有限公司、大公铁工厂、郑州豫丰和记纱厂等抗战财产损失

续表

机件名称及数量	估值	损失情况	损失估计	废料种类及价值	实损估计	备注
大小滚筒钢针布		炸损,弹片,洞穿8台,射破多洞,补配大小滚16只	6400.00元		6400.00元	
大滚筒		弹片打穿5只(穿洞)21眼,(未穿)14眼,嵌补,钳工,磨工	1500.00元		1500.00元	修理,当地铁工厂无此设备,难于保证
小滚筒		弹片打破3只,未穿7洞	245.00元		245.00元	
喂棉滚筒		弹片打损12只	4800.00元	铁300.00元	4500.00元	
斜棘滚筒		弹片打损18只,修理,电焊	4500.00元		4500.00元	
盖条托脚		震断损80只	3160.00元	铁320.00元	2840.00元	
110T齿轮		压损,打碎29只,每只64.40元	1867.60元	铁203.00元	1664.60元	
前盒板铰链		并损,震裂17只,每只48.00元	816.00元	铁136.00元	680.00元	
20T角尺牙		碎裂38只,每只32.40元	1231.20元	铁304.00元	927.20元	
吐棉龙头轴承		炸碎7只,每只35.60元	249.20元	铁14.00元	235.20元	
龙头里罩		炸碎7只,每只76.50元	472.50元	铁56.00元	416.50元	
快慢牙20T-24T		炸碎42只,每只38.00元	1596.00元	铁126.00元	1470.00元	
牛油杯		炸碎71只	426.00元	铁5.00元	421.00元	

续表

机件名称及数量	估值	损失情况	损失估计	废料种类及价值	实损估计	备注
进棉板		弹片打穿8块,电焊,钳工	312.50元		312.50元	
外内托脚		碎脆64只	2188.80元	铁192.00元	1996.80元	
圆盒8"D		片穿12只	678.00元	铁60.00元	618.00元	
双索绳盒		片穿17只	147.80元	铁51.00元	96.80元	
梳棉面25部		整理,拆装,材料,工资,另件,每部300.00元	7500.00元		7500.00元	
再纺机11部	264000.00元	弹片打损,压伤,水渍				每部24000.00元
roller 33根		压损Roller 3根	1620.00元	铁30.00元	1590.00元	
锭子1386套		片损,锭190套	7980.00元	铁142.00元	7838.00元	
罗拉盖板		片损,锭138块	1932.00元	铁35.00元	1897.00元	
锭壳		片损,锭392只,修理	3920.00元		3920.00元	
木纺纱棍		片损,锭471根	471.00元		471.00元	
计算表		炸失4只	200.00元		200.00元	
再纺机6部		整理,纠正,材料,工资,每部400.00元	2400.00元		2400.00元	
棉条机6部	50700.00元	炸失,炸毁,压损,水渍				
条子沙棍		炸毁176套	5280.00元	铁457.00元	4823.00元	
2"油倍令		炸毁18只	2043.00元	铁270.00元	1773.00元	
8"D110 T齿轮		弹片,压损12只	1104.00元	铁264.00元	840.00元	
半角		压断10块	180.00元	铁20.00元	160.00元	
棉条专用白呢		浸水,涨碎,损坏96连	2375.00元		2375.00元	
螺丝		炸失7只	210.00元		210.00元	
传动牙		炸损12只	192.00元	铁36.00元	156.00元	

四、大川实业股份有限公司、大公铁工厂、郑州豫丰和记纱厂等抗战财产损失

续表

机件名称及数量	估值	损失情况	损失估计	废料种类及价值	实损估计	备注
管形弹簧		震松240只,修理	144.00元		144.00元	
长调节螺丝		震断80只	640.00元	铁13.00元	627.00元	
棉条机6部		整理,拆装,材料,工资,每部300.00元	1800.00元		1800.00元	
头道粗纱6部	134400.00元	炸震剧烈,机松零件受损,须修理,整理,配零件	7200.00元		7200.00元	每部22400.00元
清花机1套	137900.00元	炸震剧烈,机松零件受损,须修理,整理,配零件	6895.00元		6895.00元	
摇纱车120架	144000.00元	压损37架	44400.00元	铁2960.00元	41440.00元	每部1200.00元
5HP马达33只	59400.00元	受水湿潮,烘,加隔电料,整理,工资	1650.00元		1650.00元	每只360.00元
3HP马达2只	2160.00元	受水湿潮,烘,加隔电料,整理,工资	60.00元		60.00元	每只360.00元
7HP马达6只	15120.00元	受水湿潮,烘,加隔电料,整理,工资	420.00元		420.00元	每只360.00元
10HP马达30只	108000.00元	受水湿潮,烘,加隔电料,整理,工资	3000.00元		3000.00元	每只360.00元
10HP马达2只	7200.00元	全毁	7200.00元	铁148.00元、铜90.00元	6962.00元	每只360.00元

续表

机件名称及数量	估值	损失情况	损失估计	废料种类及价值	实损估计	备注
12HP 马达 1 只	4320.00元	受水湿潮,烘,加隔电料,整理,工资	120.00元		120.00元	每只 360.00元
22HP 马达 1 只	7920.00元	受水湿潮,烘,加隔电料,整理,工资	220.00元		220.00元	每只 360.00元
$1\frac{3}{4}$HP 马达 42 只	43680.00元	受水湿潮,烘,加隔电料,整理,工资	840.00元		840.00元	每只 1040.00元
$\frac{1}{2}$HP 马达 1 只	680.00元	受水湿潮,烘,加隔电料,整理,工资	10.00元		10.00元	
马达开关 75 只	14400.00元	受水湿潮,65只损坏10只	2245.00元		2245.00元	每只 192.00元
总线 8 卷	29696.00元	断损潮湿25%	7424.00元	铜 291.00元	7133.00元	每卷 3712.00元
支线 48 卷	14592.00元	断损潮湿50%	7296.00元	铜 1152.00元	6144.00元	每卷 304.00元

机械技师——许锦庆　技士——乐逸　电气技士——华中平　技术员——蔡炜

25. 裕华纺织股份有限公司为呈报抗战期间损失情形请予以证明致第一区棉纺织工业同业公会公函（1947年4月15日）

案查关于填报抗战损失一案，必须取得当地同业公会之书面证明方便办理。兹查敝公司抗战损失如次：

——重庆南岸窍角沱渝厂于二十九年八月及三十年八月被日机轰炸两次，厂房及职员工友宿舍等建筑计损失原值3402000.00元，运输工具计损失90000.00元。

——敝厂器材5000余吨由汉迁渝，计迁移费5000000.00元。

——防空设备费6000000.00元。

——原棉及机物料、疏散费6000000.00元。

——被炸受伤职工救治费5000000.00元。

——被炸受伤职工抚恤费2000000.00元。

——因机器被炸，生产每年约减少500包，此项盈利减少损失50000000.00元。

敬祈赐给证明文件，以凭申报为荷。此致：

第一区棉纺织工业同业公会

裕华纺织股份有限公司
中华民国三十六年四月十五日

26. 申新第四纺织公司为呈报8月11日被炸损失情形请查勘备案致直接税局重庆分局文（1941年8月12日）

迳启者：

敝厂于本月十一日下午一时半被袭，当时有敌机两批共23架在厂址及四周投弹数十枚，敝厂新村住宅震毁4幢，木工间、料房间半圮，其余全厂房屋无一不受损伤，且炸后疾风暴雨，致机房机器及机面花纱以及栈房花纱粉麦受损甚重。敝厂以秋雨无常，故连日不惜重资鸠工抢修，以防损失加重。务请连委执事先生亲至敝厂（南岸猫背沱）查勘备案为盼。此致：

直接税局重庆分局

申新第四纺织公司谨启
中华民国三十年八月十二日

附直接税局重庆分局批示：登记；被炸属实，损失详数待核，十月八日。

27. 中国毛纺织厂股份有限公司财产损失报告单（1942年7月）

事件：日机轰炸

日期：二十九年八月二十日

地点：重庆中正路262-3号

填报日期：三十一年七月

损失项目	数量	价值（国币元）
双人写字台	3张	159.00
单人写字台	2张	64.00
写字台	11张	312.70
漆皮公文箱	1只	7.50
白皮公文箱	2只	29.00
藤椅	44把	331.20
桌子	1张	6.00
凳子	4只	6.00
椅子	2只	6.00
三抽桌	12张	92.60
单人床	24张	228.20
茶几	2个	9.62
大写字台	2张	105.20
靠椅	2把	7.00
圆桌	1张	25.60
方凳	10只	15.00
长板凳	10只	16.80
圆桌面	2只	34.10
方桌	5只	46.65
竹茶几	2只	11.40
信柜	4只	109.19
书柜	1只	50.00
挂钟	1只	20.40
银箱	1只	144.00
木床	4张	21.60
合计		1858.76

四、大川实业股份有限公司、大公铁工厂、郑州豫丰和记纱厂等抗战财产损失

续表

损失项目	数量	价值（国币元）
附注：1.本公司办事处原设陕西街国货银行三楼，另租职员宿舍于中正路262-3号民房，1940年6月，国货银行三楼迭次空袭受震大加修理，所有公司办事处全部生财器具均暂移职员宿舍内办公，突于8月20日遭敌机炸毁一空，损失如上数； 2.本公司股本总额为国币1200万元，内经济部股本150万元，商股1050万元，总计部股占股本总额12.50%，商股占股本总额87.50%，依照部股与商股成分分摊损失：部股应摊232.34元，商股应摊1626.42元。		

1）中国毛纺织厂股份有限公司财产间接损失报告表

分类		数额（国币元）
可能生产额减少		—
可获纯利额减少		—
费用之增加	拆迁费	—
	防空费	—
	救济费	8855.90
	抚恤费	442.80
附注：1.本公司职员宿舍在渝市中正路262-3号，于1940年8月20日被敌机炸毁一空，职员工人物件尽遭损失，分别给予津贴如上数，另附细表一纸； 2.本公司股本总额为国币1200万元，内经济部股本150万元，商股1050万元，总计部股占股本总额12.50%，商股占股本总额87.50%，依照部股与商股成分分摊损失：部股应摊1106.99元，商股应摊7748.91元。		

2）职员宿舍员工衣物损失酌给津贴费清单

姓名	金额（国币元）	姓名	金额（国币元）
盛叔荇	500.00	李华	400.00
蒋竹溪	500.00	罗梦赏	300.00
邵拥城	555.90	胡培元	300.00
钱萃农	400.00	李晓珊	400.00
罗洪	400.00	王国梁	400.00
王镜湖	1000.00	陈顺祥	200.00
刘少谋	500.00	董其方	100.00

续表

姓名	金额(国币元)	姓名	金额(国币元)
江尚清	500.00	于柏林	100.00
陈仰贤	500.00	陈汉骐	100.00
张仲巽	500.00	王梅生	200.00
李世迈	400.00	胡顺成	150.00
蒋式荣	400.00	陈嫂	50.00
总计	国币8855.90元		

3）中国毛纺织厂股份有限公司财产间接损失报告表

填报日期：三十一年七月

分类		数额(国币元)
可能生产额减少		—
可获纯利额减少		—
费用之增加	拆迁费	—
	防空费	—
	救济费	11291.60
	抚恤费	564.58

附注：1.本公司自备车在腊成抢运机件，派技工刘丰卿、徐小君随车押运，于1941年12月18日至昆明，突被敌机炸射，二人身受重伤，当送昆明惠滇医院治疗，渐愈，所有医药院费如上数（另附细表）；

2.本公司股本总额为国币1200万元，内经济部股本150万元，商股1050万元，依照部股与商股成分分摊损失：部股应摊损失1411.45元，商股应摊损失9880.15元。

4）中国毛纺织厂股份有限公司技工刘丰卿等在惠滇医院治疗费用清单

项目	金额(国币元)	项目	金额(国币元)
住院费	5563.00	手术费	800.00
药费	1137.60	爱克斯光费	580.00
注射费	1528.00	麻药费	400.00
化验费	35.00		1246.00
挂号费	2.00		
合计	国币11291.60元		

28. 中国毛纺织厂股份有限公司为呈报抗战损失情形请鉴核登记呈财政部川康直接税局重庆分局文(1943年3月22日)

敬启者：

窃查本公司前向国内外各埠购进之机器、汽车及五金材料等件陆续运送来渝时，经过海防仰光、腊戍等处，不幸适值发生战事之际，抢运不及，或被轰炸，或被遗失，损失綦重。兹谨将损失各项器材价值、数目开列如下：

（一）机器价值国币483680.07元。

（二）仪器价值国币7690.83元。

（三）生财价值国币1084.93元。

（四）汽车零件价值国币41662.30元。

（五）材料价值国币156983.12元。

（六）事务用品价值国币8069.09元。

（七）汽车价值国币1680603.00元，共计国币2379773.34元。

以上损失各项器材之详细清单及凭证，除俟缴纳营业税时再行送请检验外，用特先行具文呈请钧局鉴核，俯予登记，不胜感祷待命之至。谨呈：

财政部川康直接税局重庆分局

中国毛纺织厂股份有限公司总经理 刘鸿生

林森路成德里59号内3号

中华民国三十二年三月二十二日

29. 大明纺织染公司北碚工厂战争破坏状况损失表（1947年10月[①]）

部分	间别	房屋建筑	房屋尺寸	面积间数	平方	破坏情形	单价（国币元）	总值（国币元）	备注
一、房屋									
织部	布机间	砖墙、木架、瓦顶	12⊥×18$\frac{1}{2}$⊥	12	26.64	炸毁后起火焚烧	800000.00	21312000.00	现已重建
	经纬间	砖墙、木架、瓦顶	12⊥×18$\frac{1}{2}$⊥	6	13.32	炸毁	800000.00	10656000.00	现已重建
	整理间	砖墙、木架、铁顶	16⊥×18⊥	8	23.04	炸毁	800000.00	18432000.00	现已重建
原动部	锅炉间	砖墙、木架、瓦顶	28⊥×44⊥	1	12.32	炸坏屋面及大部砖面	700000.00	8624000.00	现已重建
染部	整理间	砖墙、木架、瓦顶	12⊥×24⊥	6	17.28	炸毁	800000.00	13824000.00	现已重建
总部	经理宅	砖墙、木架、瓦顶	12⊥×23⊥	3	8.28	炸毁	1000000.00	8280000.00	现已重建
	工友饭厅	砖墙、木架、瓦顶	12⊥×24⊥	6	17.28	炸毁	800000.00	13824000.00	现已重建
建筑部	建筑间	砖墙、木架、瓦顶	12⊥×20⊥	6	14.40	炸毁	700000.00	10080000.00	现已改建
合计								105032000.00	
二、机器									
织部	布机	48台	完全炸毁			无可再用，已废	2500000.00	120000000.00	
织部	布机	76台	炸坏大部分			经修理后仍在应用	2500000.00	190000000.00	
织部	80锭碗形梭输车	6台	完全炸毁			无可再用，已废	3800000.00	22800000.00	
织部	经纱车	2台	炸坏大部分			经修理后仍在应用	8000000.00	16000000.00	

[①] 此时间系编者根据同批次损失表考证而来。

续表

部分	间别	房屋建筑	面积 房屋尺寸	间数	平方	破坏情形	单价（国币元）	总值（国币元）	备注
织部	12HP马达	3只				炸毁 无可再用,已废	1200000.00	3600000.00	
染部	5道平型洗布机	1部				大部炸坏 无可再用,已废	80000000.00	80000000.00	
染部	6B轧光机	1部				滚筒炸坏1只 经修理后仍在应用	50000000.00	50000000.00	
原动部	8⊥×18⊥锅炉	1部				受炸全部管子震坏 损坏过巨不能应用	30000000.00	70000000.00	
合计								552400000.00	
三、纱布燃料器材									
织部	布机间	半制品棉纱	86件			炸毁焚烧	2500000.00	215000000.00	
织部	布机间	半制品棉布	425匹			炸毁焚烧	95000.00	40375000.00	
织部	整理间	半制品棉布	850匹			炸毁焚烧	95000.00	80750000.00	
染部	整理间	染制成品布及半制品	1980匹			炸毁焚烧	120000.00	237600000.00	
染部	染料间	海昌蓝燃料	750公斤			炸毁焚烧	120000.00	90000000.00	
染部	染料间	阴丹士林燃料	380公斤			炸毁焚烧	500000.00	190000000.00	
染部	染料间	各种直接性燃料	1050公斤			炸毁焚烧	100000.00	105000000.00	
染部	染料间	烧碱助染剂	1560公斤			炸毁焚烧	5000.00	7800000.00	
染部	燃料间	化验间器材	1组			炸毁焚烧		15000000.00	

续表

部分	间别	房屋建筑	面积 房屋尺寸	面积 间数	面积 平方	破坏情形	单价（国币元）	总值（国币元）	备注
建筑部	木料栈	柏木材料	450根			炸时飞散	50000.00	22500000.00	
合计								1001505000.00	

30. 中央电工器材厂重庆办事处为呈报该处购置之菜园坝库房6月29日被炸损失情形请鉴核备查致资源委员会文稿（1940年7月31日）

查本处前以本厂成品甚多，无处存储，经商得新电厂工程处同意将该处菜园坝库房1所价让使用。价款业已付清，不意六月二十九日敌机袭渝，菜园坝被炸甚巨，致该库房亦遭波及，尽付焚如。惟本处以该库房基土松裂，不能存储笨重及取燥器材，正拟谋其它方法，故幸无成品损失，仅焚去空屋1所，损失购置费1400.00元，理合备之呈报，敬祈鉴核备查。谨呈：

资源委员会

（全衔）主任　许○○

中华民国二十九年七月三十一日

31. 中央电工器材厂重庆办事处为函报该处送修之圆形挂钟被炸损毁请鉴核备案事致该厂总经理文稿（1940年8月31日）

查本处以办公室中缺乏时计，爰于七月下旬向渝市大西洋钟表行购买图形挂钟1只，价款计国币250.00元。数日后，发觉该钟时间不准，乃于八月二日送往该行免费修理校验。不意送往以后，连□空袭，该行意竟被炸，致将本处修理之钟同被炸毁。该钟为本处财产之一，遭此损失，自应函报。用特检取修钟回票1纸附奉，即请鉴核备案为祷。此上：

总经理

附1纸<原缺>

(处戳)上

二十九年八月三十一日

32.中央电工器材厂重庆办事处为呈送菜园坝库房被炸之财产损失报告单请查核事呈总经理文稿(1941年2月12日)

巴计字第30-28号函敬悉。嘱填菜园坝库房被炸案之财产损失报告单,自应遵办。兹特填具该单1式共5份,送呈查核。此上:

总经理

附财产损失报告单4纸

(处戳)

三十年二月十二日

附:

中央电工器材厂重庆办事处财产损失报告单

事件:敌机轰炸

日期:二十九年六月二十九日

地点:重庆菜园坝库

填送日期:三十年二月

损失项目	单位	数量	价值(国币元)
竹篱	丈	50	225.00
车房	座	1	739.10
门房	间	2	227.00
土地整理			208.20
合计			1400.00

33.中央电瓷制造厂沅陵分厂为呈报该厂重庆办事处被毁公物财产损失报告单请鉴核存转致总厂文(1942年5月11日)

谨签呈者。案准重庆办事处渝(30)总字第3865号函略开:查本处被毁公物因轰炸受震不能修复情形,经代电呈奉总厂,转奉大会去年11月14日资

(30)工字第13661号指令,准予报废,饬即呈送抗战损失表,以凭转呈备核,等因,相应填具财产损失报告单1份,函请盖章后迳呈总厂核转,等由,准此。复查原填财产损失报告单内列各物均为沅厂所有,该处呈请报废时,事前未经函知沅厂,且查报告单内所填列数量及价值核与原有数量及价值多不相符。准函前由,理合将财产损失报告单依式另填具一式5份,分别盖章,备文赍呈,敬请鉴核存转。谨呈:

总经理任

附赍呈财产损失报告单5份

全衔　沈○

中华民国三十一年五月十一日

附:

中央电瓷制造厂沅陵分厂财产损失报告单

事件:敌机轰炸

日期:三十年七月六日

地点:重庆两路口金城别墅10号

损失项目	数量	价值(国币元)
三抽办公桌	3张	27.00
椅子	4张	7.57
木凳	2张	4.25
木凳	3张	13.50
藤沙发	1张	31.50
藤茶几	2张	15.00
藤茶几	1张	10.00
小木床	2张	22.00
半装床	2张	22.00
脚踏车	1辆	105.00
热水瓶	1只	42.00
白茶壶	1只	6.00
藤圈椅	1张	5.10
木凳	4张	3.20
木凳	1张	1.70
合计		315.82

34. 中央电瓷制造厂沅陵分厂为呈报财产损失报告单请鉴核存转给总厂的签呈(1942年6月11日)

谨签呈者。案奉钧厂2071、5282电令,均敬悉,遵将二十九年所报空袭损失依照电示四项重行填就财产损失报告单及财产直接损失、财产间接损失各报告表各一式5份,共计单表40份,理合备文赍呈,敬请鉴核存转。谨呈:
总经理任
附呈财产损失报告单、表,共计40份

全衔　沈○
中华民国三十一年六月十一日

附表一:

中央电瓷制造厂沅陵分厂财产损失报告单

事件:日机轰炸

日期:二十八年八月二十一日

地点:沅陵本厂

损失项目	数量	价值(国币元)
三人宿舍	5间	550.00
第三工房	1栋	455.00
传达警卫室	1栋	280.00
收发报机	1具	1653.00
五门电话机	1具	195.00
家具		495.00

附注:1. 本厂资本225000元,经济部资源委员会股本三分之二,交通部股本三分之一;

2. 此项损失总计3628.00元,按股本分摊,经济部资源委员会损失2418.67元,交通部损失1209.33元。

附表二：

中央电瓷制造厂沅陵分厂财产直接损失汇报表

事件：日机轰炸

日期：二十八年八月二十一日

地点：沅陵本厂

分类	价值（国币元）
共计	3628.00
厂房	1285.00
现款	—
制成品	—
原料	—
机械及工具	2343.00
运输工具	—
其它	—

附表三：

中央电瓷制造厂沅陵分厂1939年度财产间接损失报告表

分类		数额（国币元）
可能生产额减少		350000.00
可获纯利额减少		100000.00
费用之增加	拆迁费	90000.00
	防空费	12670.00
	救济费	1158.50
	抚恤费	200.00

附注：1.本厂资本总额225000元，经济部资源委员会股本三分之二，交通部股本三分之一；

2.此项损失共计554028.50元，按照股本分摊，经济部资源委员会损失369352.33元，交通部损失184676.17元。

附表四：

中央电瓷制造厂沅陵分厂1940年度财产间接损失报告表

分类		数额（国币元）
可能生产额减少		150000.00
可获纯利额减少		50000.00
费用之增加	拆迁费	—
	防空费	4430.00
	救济费	2669.00
	抚恤费	60.00
附注：1. 本厂资本总额400000元，经济部资源委员会与交通部各占股本二分之一；
2. 此项损失共计207159.00元，按照股本分摊，计经济部资源委员会损失103579.50元，交通部损失103579.50元。

附表五：

中央电瓷制造厂沅陵分厂财产损失报告单

事件：日机轰炸

日期：二十九年六月二十九日

地点：重庆菜园坝

损失项目	数量	价值（国币元）
成品机	1台	924.00
家具		57.00
附注：1. 本厂资本总额400000元，经济部资源委员会与交通部各占股本二分之一；
2. 此项损失共计981.00元，按股本分摊，计经济部资源委员会损失490.50元，交通部损失490.50元。

附表六：

中央电瓷制造厂沅陵分厂财产直接损失汇报表

事件：日机轰炸

日期：二十九年六月二十九日

地点：重庆菜园坝

分类	价值（国币元）
共计	981.00
厂房	924.00
现款	一
制成品	一
原料	一
机械及工具	57.00
运输工具	一
其它	

附表七：

中央电瓷制造厂沅陵分厂财产损失报告单

事件：日机轰炸

日期：二十九年九月九日

地点：沅陵本厂

损失项目	数量	价值（国币元）
成品机	2台	1843.00
厕所	1间	450.00
竹笋		79.00
成品		5014.00
材料	1具	3334.00
家具		729.00

附注：1. 本厂资本总额400000元，经济部资源委员会与交通部各占股本二分之一；

2. 此项损失共计11449.00元，按股本分摊，计经济部资源委员会损失5724.50元，交通部损失5724.50元。

附表八：

中央电瓷制造厂沅陵分厂财产直接损失汇报表

事件：日机轰炸

日期：二十九年九月九日

地点：沅陵本厂

分类	价值（国币元）
共计	11449.00
厂房	2372.00
现款	—
制成品	5014.00
原料	3334.00
机械及工具	2343.00
运输工具	729.00
其它	—

35. 重庆中华制革厂总经理为支店于8月9日被炸损失甚巨暂停营业事请存查呈重庆社会局文（1940年8月14日）

窃于本月九日午后二钟三十分寇机袭渝时，民厂小梁子二支店隔壁落一巨弹，即将民二支店门面、楼房、墙壁全部震塌，所有货物、家具及应用器物等悉行埋殁，计存革鞋、皮鞋、皮包、皮带等货共值法币12300.00余元。又，货架、玻盒、家具等品值法币3200.00余元。及店员应用衣物等件值法币900.00余元。综计前项损失，全值法币16400.00余元。惟民厂区微小本之手工业，突然遭此重大损失，前途实堪危殆，该支店营业即暂告停止。所有被炸损失情形，理应据实报呈钧局鉴核，伏乞存案备查，批示谨遵！此呈：

重庆市社会局

具呈商民　重庆市中华制革厂总经理　杨作霖

住林森路66号

中华民国二十九年八月十四日

36. 重庆中华制革厂为呈报该厂8月13日被炸损失及停工情形请存案备查致重庆市社会局文（1940年9月）

窃民厂住南岸玛瑙溪48号，于本月十三日午刻敌机临空时俯冲投弹，民厂落爆裂弹3枚，全部房屋悉行倒塌，计损失员工之衣物等件与厂存之生熟材料、已未成之货品及家具、房屋等，约值法币14000.00余元。而厂房既经倒塌，于宿食及工作场所已成瓦砾，所有员工均无立锥之地可住，不得不暂行分散，停止工作，一俟将厂房设法迁建成功之后，方克再行召集复工也。至所有被炸损失及停止工作情形，理合据实具词呈请钧局鉴核，恳予存案备查，实为德便。此呈：

重庆市社会局

具呈请人　中华制革厂经理　杨作霖
中华民国二十九年九月

37. 重庆中华制革厂总经理为该厂厂址及营业点等8月20日被炸损失惨重暂停营业事请备查呈重庆市社会局文（1940年9月）

窃商厂于本年八月二十日遭敌机轰炸，先后投弹将商厂址玛瑙溪房屋全部震毁，倒塌已至三分之一，内计损失原料物资8150.00余元。同时，商之分厂及临售处（附设于商厂上首观音桥附近）亦皆中弹，房屋等项悉行炸毁，损失机器2500.00余元，物资、货品计洋5500.00余元，厂工衣物500.00余元。是日，县庙街商厂原设之营业总店亦中[弹]燃烧，焚毁馨尽。除房屋毁化之外，损失货品5450.00余元，家具等项计洋1100.00元，同人衣服行李1500.00余元。上项损失，统计24700.00余元。商乃小本经营，哪能受此重大损失，似此情形，前途何堪设想？用特呈请暂行停止营业外，伏乞钧局批示只遵，以备存查。谨呈：

重庆市社会局

具呈人　中华制革厂经理　杨作霖
中华民国二十九年九月

38. 大中建筑股份有限公司复堪中央信托局保险部保户汉口裕华纺织公司渝厂1940年8月23日被炸受损房屋报告书之第二、三号堆栈炸前估值(每座)单(1941年7月8日)

名称	数量	单价(国币元)	复价(国币元)	备注
占地面积	135.52英平方			
基脚	48.40英立方	180.00	8712.00	
石板地坪	135.50英平方	110.00	14905.00	
钢筋混凝土	67.80英立方	4300.00	291540.00	
15″砖墙	81.50英平方	420.00	34230.00	
10″砖墙	86.74英平方	300.00	26022.00	
洋瓦屋面	148.50英平方	310.00	46035.00	
双扇大门	5道	400.00	2000.00	
木板窗	43台	95.00	4085.00	
百叶出气洞	48台	25.00	1200.00	
杂项工程			4000.00	
共计			432729.00	

39. 大中建筑股份有限公司复堪中央信托局保险部保户汉口裕华纺织公司渝厂1940年8月23日被炸受损房屋报告书之第一号堆栈炸前估值单(1941年7月8日)

名称	数量	单价(国币元)	复价(国币元)	备注
占地面积	161.70英平方			
基脚	51.80英立方	180.00	9324.00	
石板地坪	161.70英平方	110.00	17787.00	
钢筋混凝土	76.80英立方	4300.00	330240.00	包括楼梯在内
15″砖墙	88.06英平方	420.00	36985.20	
10″砖墙	93.24英平方	300.00	27972.00	
洋瓦屋面	177.17英平方	310.00	54922.70	
双扇大门	4道	400.00	1600.00	
木板窗	47台	95.00	4465.00	

续表

名称	数量	单价(国币元)	复价(国币元)	备注
百叶出气洞	52台	25.00	1300.00	
杂项工程			4500.00	
共计			489095.90	

40. 大中建筑股份有限公司复堪中央信托局保险部保户汉口裕华纺织公司渝厂1940年8月23日被炸受损房屋报告书之清花间炸前估值单(1941年7月8日)

名称	数量	单价(国币元)	复价(国币元)	备注
占地面积	340.00英平方			
基脚	69.58英立方	180.00	12524.40	
水泥地坪	340.00英平方	120.00	40800.00	
10″砖墙	312.00英平方	300.00	93600.00	
钢筋混凝土	40.80英立方	4300.00	175440.00	
屋面	374.00英平方	310.00	115940.00	
气楼摆窗	42台	255.00	10710.00	
双扇大门	8台	400.00	3200.00	
单扇洋门	4台	130.00	3520.00	
铁栅及木窗	18台	195.00	3510.00	
全部广片玻璃	8527.50方英尺	4.50	38373.75	
杂项工程			8000.00	包括明沟出风洞水落等
共计			502618.15	

41. 大中建筑股份有限公司复堪中央信托局保险部保户汉口裕华纺织公司渝厂1940年8月23日被炸受损房屋报告书之新厂炸前估值单(1941年7月8日)

名称	数量	单价(国币元)	复价(国币元)	备注
砖柱	56个	180.00	10080.00	
10″砖墙	335.40英平方	280.00	93912.00	

续表

名称	数量	单价（国币元）	复价（国币元）	备注
木柱	153根	40.00	6120.00	
木架	170排	447.00	75990.00	
屋面	1263.60英平方	255.00	322218.00	
平顶	1166.40英平方	55.00	64152.00	
玻璃摇窗	360台	255.00	91800.00	玻璃未装
玻璃窗	23台	95.00	2185.00	玻璃未装
保险门	8台	450.00	3600.00	
水泥地	1142.10英平方	120.00	137052.00	
共计			807118.00	

42. 陪都机器锯木厂为函报该厂5月9日、10日被炸损失及设法复工情形致迁川工厂联合会文（1941年5月11日）

敬启者。五月九日敌机袭渝，属厂被中1弹，办公室、号房及大门围栅尽毁。十日复来轰炸，离厂附近落弹10余枚，弹片波及，属厂机房等处损失至大，除召开股东会设法修理继续复工外，谨此奉闻。此上：

迁川工厂联合会

陪都机器锯木厂　谨启
中华民国三十年五月十一日

43. 刘祥顺机器厂为该厂屡遭轰炸损失甚巨资金缺乏无力复业请转呈工矿调整处予以扶助事致迁川工厂联合会文（1941年5月11日）

敬启者。敝厂于五月三日厂房被炸，机器受创，损失甚巨，计约10000.00元之额。敝厂屡遭不测，一再被炸，种种艰难，而今促在生活高昂之下，实难以应付一切。机器迁乡，又感受无电之困，再因营运资金缺乏，际以无力复业，恳请贵会扶济厂艰，转工矿调整处协助资金为敝厂复工次用等费，务希查照办理为感！此致：

迁川工厂联合会鉴

会员　刘祥顺机器厂　启

中华民国三十年五月十一日

44. 合成机器厂、精华机器厂为报呈该厂等7月8日被敌机轰炸全部炸毁请转函中央信托局尽速赔偿事呈迁川工厂联合会文（1941年7月14日）

迳呈者。七月八日敌机狂炸渝市，商厂等全部机器、原料、工具、房屋炸烧全毁。商厂等原向中央认托局保有陆地兵险，详单号码另抄附奉。查商厂等经此次被炸，全部损失过重，数厂职工餐风宿露，生活困难，欲思复业，则整理无力，迫不得已，用特具函，恳祈贵会大力赞助转函中央认托局尽速处理赔款，俾得着手复业而维数厂职工生活，不胜迫切特命之至。此呈：

迁川工厂联合会钧鉴

合成机器厂、精华机器厂

中华民国三十年七月十四日

45. 重庆天府营造厂股份有限公司为呈报8月8日被炸损失柏木□板等材料恳请派员勘验并援例照价补给事致重庆市防空洞工程处文（1941年8月12日）

迳启者。查商厂承修钧处第143号防空洞改善工程，应需柏木□板早经运到该洞应用，并经报请验收在卷，乃本月八日敌机袭渝时该防空洞不幸被炸倒塌，所有储于该洞柏木□板炸毁暨掩埋共93节。按照商厂迭次承办市工务局各项工程合同之规定，凡人力不能抗免之灾害概由业主负担，用特填具材料损失报告表1份，送请钧处查核，派员勘验，并希援照市工务局惯例照价补给，实为德便。此上：

重庆市防空洞工程处

附送材料损失报告表1份

天府营造厂股份有限公司经理　杨作藩

民国三十年八月十二日

附：

天府营造公司No.143防空洞材料损失表

材料名称	原数	损失数	备考
柏木□板	190节	93节	该洞系8月8日被炸毁,现奉王工程师面嘱停止安撑

46. 上海永丰翻砂厂为报呈该厂8月份多次被炸损失惨重请转函工矿调整处扶助复工并救济全体工人事呈迁川工厂联合会文稿(1941年8月16日)

迳启者。敝厂于八月九日、十一日被敌机投弹(附近),将办事处门口震毁,电流炸断。十四日又被敌机投弹(厂内),全部厂房炸去三分之二,一时难于修复,全部职工八九十名生活(负担)费用浩大,请求转(函)呈(请)经济部工矿调整处拨借款项扶助迁地工作,增强后方生产,并救济全体职工(人等)生活,俾维治安,实为公便。此呈:
迁川工厂联合会

上海永丰翻砂厂启

中华民国三十年八月十六日

47. 馥记铁工厂为函报8月12日被炸损失情形请备案致迁川工厂联合会文(1941年8月28日)

迳启者。查八月十二日敌机空袭,敝厂办公楼、机器厂、翻砂厂及职员宿舍等房屋均被炸损坏,除检同该管警察第八分局化龙桥派出所证明公函具呈财政部川康直接税局重庆分局请予备案外,相应函请贵会准予备案为荷。此致:
迁川工厂联合会

馥记铁工厂　谨启

中华民国三十年八月二十八日

48. 美艺钢器公司为呈报该公司陕西路门市部被炸及损失修理等情形请备案并请转呈直接税局备案事致迁川工厂联合会文（1941年9月9日）

谨呈者。属厂陕西路169号门市部于本年七月三十日因敌机竟日袭渝并轰炸市区,不幸弹落隔壁,同时对面民生公司起火,致被波及销毁全部门面外,所有生财、器具、陈设、制成品等均亦被毁坏,是以共计损失修理费国币7394.30元整,附上损失细单一式两份,相应呈请钧会备案,并恳转文财政部直接税局重庆分局备案,俾得年终结账可予报销,至为公便。此呈：

迁川工厂联合会钧鉴

美艺钢器公司　呈
中华民国三十年九月九日

附：

美艺钢器公司7月30日被炸损失清单

名称	数量	金额(国币元)	备考
修理门面图样费		100.00	
修理全部门面门市		3400.00	一心营造厂
漆补门窗工料		240.00	
拍被炸后门面		70.00	
大写字台	1只	60.00	
双人写字台	1张	40.00	
圆桌	1张	13.00	大
圆桌	1张	6.00	小
洗面架	1只	7.00	
方凳	18只	16.30	
12″台风扇	1把	100.00	
圆桌	1只	28.00	小
平秤	1杆	50.00	
修理损坏银箱费		513.20	
陈设、银箱加漆		1486.80	
赔职员铺盖费		400.00	

四、大川实业股份有限公司、大公铁工厂、郑州豫丰和记纱厂等抗战财产损失

续表

名称	数量	金额(国币元)	备考
茶役厨役铺盖费		200.00	
木床	4张	24.00	
木床	1张	8.00	
木床	1张	14.00	
文具皮箱	2只	13.00	
人力包车	1辆	200.00	
吊风扇	1只	240.00	
16″台风扇	1只	120.00	
椅子	4把	44.00	
合计		7394.30	

49. 洪发利机器营造厂8月11日被炸损失单(1941年)

类别	损失金额(国币元)	附记
房屋	39099.80	
机器工具	201221.20	
材料	94335.20	
损失合计	334656.20	

1)洪发利机器营造厂8月11日炸毁机器房1间损失单(房屋类)

品名	尺寸	数量	单价(国币元)	总价(国币元)	附注
8″杉木柱子	30′长	6根	90.00	540.00	
八字梁房架		5品	350.00	1750.00	
青瓦屋面连桁条桷子	45′×55′	24.75英方	260.00	6435.00	
青瓦屋面震毁重盖	40′×55′	22.00英方	140.00	3080.00	
东面土墙	45′×25′	11.25英方	98.00	1102.50	
东面土墙上壁斗墙	45′×10′	4.50英方	210.00	945.00	
与材料房隔间斗墙	35′×30′	10.50英方	210.00	2205.00	
机器零件间5′砖墙	25′×40′	10.00英方	120.00	1200.00	
机器零件间杉木地板	18′×21′	3.78英方	220.00	831.60	
机器零件间楼板	18′×21′	3.78英方	230.00	869.40	

续表

品名	尺寸	数量	单价(国币元)	总价(国币元)	附注
双扇玻窗		2堂	140.00	280.00	
单扇玻窗		1堂	60.00	60.00	
洋门	3′×7′	1堂	120.00	120.00	
洋门	2′×6′6″	1堂	85.00	85.00	
平顶	18′×21′	3.78英方	75.00	283.50	
共计				19787.00	

2)洪发利机器营造厂8月11日炸毁材料房1间损失单(房屋类)

品名	尺寸	数量	单价(国币元)	总价(国币元)	附注
青瓦屋面连桁条椽子	55′×42′	23.10英方	260.00	6006.00	
东面土墙	42′×30′	12.60英方	98.00	1235.80	
杉木楼板	20′×35′	7.00英方	230.00	1610.00	
杉木楼板修补	15′×20′	3.00英方	60.00	180.00	
板壁	10′×25′	2.50英方	90.00	225.00	
板壁修理	55′×12′	6.60英方	35.00	230.00	
双扇门		1堂	200.00	200.00	
屋顶平台震毁拆除重做		1座		2350.00	
全部房屋瓦震毁添补翻盖		65英方	85.00	5525.00	
清理物料彻除渣子				1750.00	
共计				19312.80	

3)洪发利机器营造厂8月11日炸毁20′-0″车床(中国出品)零件损失单(工具类)

品名	数量	单价(国币元)	总价(国币元)	损失百分比	损失金额(国币元)	附记
车床面	1座	28000.00	28000.00	20.10%	5600.00	
车头架	1座	3000.00	3000.00	20.00%	600.00	
车头心子	1根	800.00	800.00	10.00%	80.00	
车头心子轴枕	2副	600.00	1200.00	10.00%	120.00	
慢盘牙轮	1全副	1020.00	1020.00	20.00%	204.00	
宝塔轮	2件	200.00	400.00	10.00%	40.00	

四、大川实业股份有限公司、大公铁工厂、郑州豫丰和记纱厂等抗战财产损失

续表

品名	数量	单价（国币元）	总价（国币元）	损失百分比	损失金额（国币元）	附记
平滑板	1副	1400.00	1400.00	20.00%	280.00	
车刀架滑板	1全套	960.00	960.00	20.00%	192.00	
五柱头	1套	400.00	400.00	10.00%	40.00	
花盘	1全套	1200.00	1200.00	10.00%	120.00	
车头轴转动牙轮	1个	200.00	200.00	20.00%	40.00	
三星浮轮	1套	360.00	360.00	20.00%	72.00	
牙轮架	1套	1800.00	1800.00	10.00%	180.00	
大小牙轮	1全副	2600.00	2600.00	20.00%	520.00	
领径螺丝杆	1根	1400.00	1400.00	10.00%	140.00	
领径螺丝挂脚砣枕	2副	80.00	160.00	10.00%	16.00	
平滑板牙箱	1套	1200.00	1200.00	20.00%	240.00	
搁脚	4件				60.00	人工费
中心架	1套	400.00	400.00	30.00%	120.00	
上挂脚皮带轮	1全套	1000.00	1000.00	10.00%	100.00	
皮带开关	1套	160.00	160.00	40.00%	64.00	
平滑板摇手柄	1套	20000	20000	10.00%	20.00	
车刀架摇手柄	1套	120.00	120.00	10.00%	12.00	
共计					8860.00	

4）洪发利机器营造厂8月11日炸毁14′-0″车床（德国出品）零件损失单（工具类）

品名	数量	单价（国币元）	总价（国币元）	损失百分比	损失金额（国币元）	附记
车床面	1座	9600.00	9600.00	20.00%	1920.00	
车头架	1座	2800.00	2800.00	20.00%	560.00	
车头心子	1根	1800.00	1800.00	20.00%	360.00	
车头轴枕	2副	170.00	340.00	20.00%	68.00	
慢盘牙轮	1全套	600.00	600.00	30.00%	180.00	
宝塔轮	2件	300.00	600.00	10.00%	60.00	
平滑板	1副	1400.00	1400.00	30.00%	420.00	
车刀架滑板	1全套	600.00	600.00	20.00%	120.00	

续表

品名	数量	单价（国币元）	总价（国币元）	损失百分比	损失金额（国币元）	附记
五柱头	1套	200.00	200.00	20.00%	40.00	
花盘	1套	1600.00	1600.00	10.00%	160.00	
车头轮转动牙轮	1个	160.00	160.00	20.00%	32.00	
三星浮轮	1套	400.00	400.00	10.00%	40.00	
活动牙轮架	1套	300.00	300.00	10.00%	30.00	
大小牙轮20-127止	1全套	2400.00	2400.00	20.00%	480.00	
领径螺丝杆	1根	1000.00	1000.00	20.00%	200.00	
领径螺丝杆挂脚轮枕	2副	100.00	200.00	20.00%	40.00	
平滑板牙箱	1套	1600.00	1600.00	20.00%	320.00	
搁脚	4件	140.00	560.00		56.00	
中心架	1套	400.00	400.00	20.00%	80.00	
上挂脚皮带轮	1全套	1000.00	1000.00	10.00%	100.00	
皮带开关	1套	140.00	140.00	10.00%	14.00	
平滑板摇手柄	1根	120.00	120.00	20.00%	24.00	
车刀架摇手杆	1套	100.00	100.00	20.00%	20.00	
平面走架	1套	160.00	160.00	20.00%	32.00	
共计					5356.00	

5）洪发利机器营造厂8月11日炸毁12′-0″车床（中国出品）零件损失单（工具类）

品名	数量	单价（国币元）	总价（国币元）	损失百分比	损失金额（国币元）	附记
车床面	1座	7000.00	7000.00	20.00%	1400.00	
车头架	1座	1500.00	1500.00	20.00%	300.00	
车头心子	1根	600.00	600.00	10.00%	60.00	
车头轴枕	2副	280.00	560.00	10.00%	56.00	
慢盘牙轮	1全套	380.00	380.00	10.00%	38.00	
宝塔轮	2件	200.00	400.00	10.00%	40.00	
平滑板	1副	1600.00	1600.00	20.00%	320.00	
车刀架滑板	全套	360.00	360.00	10.00%	36.00	
五柱头	1套	120.00	120.00	10.00%	12.00	

续表

品名	数量	单价（国币元）	总价（国币元）	损失百分比	损失金额（国币元）	附记
花盘夹头	1套	800.00	800.00	10.00%	80.00	
车头轴转动牙轮	1个	100.00	100.00	10.00%	10.00	
三星浮轮	1套	200.00	200.00	20.00%	40.00	
活动牙轮架	1套	180.00	180.00	10.00%	18.00	
大小牙轮20-127止	1全套	1600.00	1600.00	20.00%	320.00	
领径螺丝杆	1根	1000.00	1000.00	10.00%	100.00	
领径螺丝挂脚轴枕	2副	300.0	600.00	10.00%	60.00	
平滑板牙箱	1套	1200.00	1200.00	10.00%	120.00	
搁脚	3件					
中心架	1套	150.00	150.00	20.00%	30.00	
上挂脚轴枕皮带轮	全套	600.00	600.00	10.00%	60.00	
皮带开关	1套	160.00	160.00	10.00%	16.00	
平滑板摇手丝杆	1根	500.00	500.00	20.00%	100.00	
车刀架摇手丝杆	1根	100.00	100.00	20.00%	20.00	
大小手摇柄	3件	20.00	60.00	10.00%	6.00	
共计					3242.00	

6）洪发利机器营造厂8月11日炸毁10′-0″车床（中国出品）零件损失单（工具类）

品名	数量	单价（国币元）	总价（国币元）	损失百分比	损失金额（国币元）	附记
车床面	1座		5000.00	20.00%	1000.00	
车头架	1座		1400.00	20.00%	280.00	
车头心子	1根		360.00	10.00%	36.00	
车头轴枕	2副		460.00	10.00%	46.00	
慢盘牙轮	1全套		1600.00	10.00%	160.00	
宝塔轮	2件	150.00	300.00	10.00%	30.00	
平滑板	1副		1400.00	20.00%	280.00	
车刀架滑板	1全套		500.00	10.00%	50.00	
五柱头	1套		160.00	10.00%	16.00	
花盘夹头	1套		560.00	10.00%	56.00	

续表

品名	数量	单价（国币元）	总价（国币元）	损失百分比	损失金额（国币元）	附记
车头轴转动牙轮	1个		40.00	10.00%	4.00	
三星浮轮	1套		300.00	10.00%	30.00	
活动牙轮架	1套		100.00	10.00%	10.00	
大小牙轮20-127止	1全套		1400.00	20.00%	280.00	
领径螺丝杆	1根		600.00	10.00%	60.00	
平滑板牙箱	1套		720.00	20.00%	144.00	
领径螺丝挂脚轴枕	2副	180.00	360.00	10.00%	36.00	
搁脚	3件					
中心架	1套		160.00	10.00%	16.00	
上挂脚轴枕皮带轮	全套		320.00	10.00%	32.00	
皮带开关	1套		60.00	10.00%	6.00	
平滑板摇手柄	1套		100.00	10.00%	10.00	
车刀架摇手柄	1套		36.00	10.00%	3.60	
共计					2585.60	

7) 洪发利机器营造厂8月11日炸毁8尺车床（德国出品）零件损失单（工具类）

品名	数量	单价（国币元）	总价（国币元）	损失百分比	损失金额（国币元）	附记
车床面	1座	6000.00	6000.00	20.00%	1200.00	
车头架	1座	1600.00	1600.00	20.00%	320.00	
车头心子	1根	1000.00	1000.00	10.00%	100.00	
车头轴枕	2副	200.00	400.00	10.00%	40.00	
慢盘牙轮	全套	800.00	800.00	20.00%	160.00	
宝塔轮	2件				20.00	清理人工
平滑板	1副	1600.00	1600.00	20.00%	320.00	
车刀架滑板	1套	300.00	300.00	20.00%	60.00	
五柱头	1套	60.00	60.00	10.00%	6.00	
花盘夹头	1套	200.00	200.00	20.00%	40.00	
车头轴传动牙轮	1个	40.00	40.00	10.00%	4.00	
三星浮轮	1个	100.00	100.00	30.00%	30.00	

续表

品名	数量	单价（国币元）	总价（国币元）	损失百分比	损失金额（国币元）	附记
活动牙轮架	1套	100.00	100.00	10.00%	10.00	
大小牙齿轮20-129止	全套	1200.00	1200.00	20.00%	240.00	
领径螺丝杆	1根	600.00	600.00	10.00%	60.00	
领径螺丝杆轴枕挂脚	2副	80.00	160.00	10.00%	16.00	
平滑板牙箱	1套	800.00	800.00	10.00%	80.00	
搁脚	2件					
中心架	1套	300.00	300.00	20.00%	60.00	
随刀架	1套	100.00	100.00	10.00%	10.00	
上挂脚轴枕皮带轮	1套	200.00	200.00	20.00%	40.00	
皮带开关	1套	100.00	100.00	20.00%	20.00	
慢盘牙罩	1套	20.00	20.00	全毁	20.00	
大小手柄	3件	2.00	6.00	全毁	6.00	
共计					2862.00	

8) 洪发利机器营造厂8月11日炸毁6尺车床(本厂出品)零件损失单(工具类)

品名	数量	单价（国币元）	总价（国币元）	损失百分比	损失金额（国币元）	附记
车头架	6座	2000.00	12000.00	10.00%	1200.00	
车头心子	6根	—	—	—	—	
车关轴枕	12副	—	—	—	—	
慢盘牙轮	6套	800.00	4800.00	20.00%	960.00	
宝塔轮	12件	—	—	—	20.00	清理人工
平滑板	6副	100.00	600.00	20.00%	120.00	
车刀架滑板	6套	160.00	960.00	20.00%	192.00	
五柱头	6套	100.00	600.00	20.00%	120.00	
花盘夹头	6套	160.00	960.00	10.00%	96.00	
车头轴传动牙轮	6个	16.00	96.00	40.00%	38.40	
三星浮轮	6套	70.00	420.00	20.00%	84.00	
活动牙轮架	6套	60.00	360.00	10.00%	36.00	

续表

品名	数量	单价（国币元）	总价（国币元）	损失百分比	损失金额（国币元）	附记
大小牙齿轮20-129止	6套	2400.00	14400.00	20.00%	2880.00	
领径螺丝杆	6根	—	—		—	
领径螺丝杆挂脚轴枕	12副	90.00	1080.00	20.00%	216.00	
平滑板牙箱	6套	200.00	1200.00	10.00%	120.00	
搁脚	12件				100.00	清理人工
中心架	6套	—	—		—	此件未翻成
随刀架	6套	—	—		—	此件未翻成
上挂脚轴枕皮带轮	6套	200.00	1200.00	10.00%	120.00	
慢盘牙罩	6套					此件未翻成
大小手柄	18件	—	—		—	此件未翻成
共计					6302.40	

9) 洪发利机器营造厂8月11日炸毁6′-0″原动刨床（中国出品）零件损失单（工具类）

品名	数量	单价（国币元）	总价（国币元）	损失百分比	损失金额（国币元）	附记
刨车座	1座	—	—	—	160.00	清理人工
刨车面子	1座	3200.00	3200.00	10.00%	320.00	
龙门架子	1套	1000.00	1000.00	10.00%	100.00	
横刀盒子	全副	1800.00	1800.00	20.00%	360.00	
刀盒子伸缩螺丝	2套	200.00	400.00	10.00%	80.00	
转动刨床面及牙轮	1套	—	—		120.00	清理人工
倒顺牙轮伸缩拐	1套	1000.00	10000.00	20.00%	200.00	
倒顺牙轮坐铁架	1件	400.00	400.00	10.00%	40.00	
共计					1380.00	

10) 洪发利机器营造厂8月11日炸毁原动流头刨床（德国出品）零件损失单（工具类）

品名	数量	单价(国币元)	总价(国币元)	损失百分比	损失金额(国币元)	附记
刨床座	1座	—	—	—	120.00	清理人工

续表

品名	数量	单价(国币元)	总价(国币元)	损失百分比	损失金额(国币元)	附记
刨床座上流头滑板	1套	1100.00	1100.00	10.00%	110.00	
拨动流头滑板器	1套	—	—	—	40.00	清理人工
转动牙轮	1副	1000.00	1000.00	10.00%	100.00	
宝塔轮	1件				10.00	清理人工
手摇伸缩拐	1套	140.00	140.00	10.00	14.00	
伸缩角牙滑板	1套	—	—	—	20.00	清理人工
流头架刀盒子	1套	400.00	400.00	20.00%	80.00	
生铁造件箱	1套	—	—	—	20.00	清理人工
伸缩高低滑板	1套	—	—	—	20.00	清理人工
上挂脚宝塔轮	1套	300.00	300.00	10.00%	30.00	
皮带盘及带开关	1套	60.00	60.00	10.00%	6.00	
共计					570.00	

11) 洪发利机器营造厂8月11日炸毁钻床(德国出品)零件损失单(工具类)

品名	数量	单价(国币元)	总价(国币元)	损失百分比	损失金额(国币元)	附记
钻床座子	1座	—	—		100.00	清理人工
钻床身架	1件				40.00	清理人工
钻床花架	1件	—	—		10.00	清理人工
钻床花盘平口钳	1件	400.00	400.00	20.00%	80.00	
钻床花盘架	1件	1000.00	1000.00	10.00%	100.00	
钻床花盘架螺丝杆	1根	500.00	500.00	20.00%	100.00	
钻床心子	1根	200.00	200.00	10.00%	20.00	
钻斗心子套筒	1件	120.00	120.00	10.00%	12.00	
保护钻斗心子架	1套	16.00	16.00	全毁	16.00	清理
保护斗上梯步牙	1件	140.00	140.00	10.00%	14.00	
拨动钻斗螺轮牙	1套	60.00	60.00	10.00%	6.00	
拨动钻斗套齿轮	1个	30.00	30.00	10.00%	3.00	
拨动钻斗套心子	1套	20.00	20.00	20.00%	4.00	

续表

品名	数量	单价（国币元）	总价（国币元）	损失百分比	损失金额（国币元）	附记
钻斗角尺轮	1副	180.00	180.00	30.00%	54.00	
横转动轴轴枕	1套	40.00	40.00	10.00%	4.00	
上下宝塔轮皮带轮	全套	—	—	—	10.00	清理人工
垫重链条及砣	1套	—	—	—	2.00	清理人工
开关	1套	8.00	8.00	40.00%	3.20	
共计					578.20	

12) 洪发利机器营造厂8月11日炸毁原动钻床（中国出品）零件损失单（工具类）

品名	数量	单价（国币元）	总价（国币元）	损失百分比	损失金额（国币元）	附记
钻床座	1座	1400.00	1400.00	10.00%	140.00	
钻床身架	1座	1200.00	1200.00	10.00%	120.00	
钻床花盘	1件	—	—	—	16.00	清理人工
钻床花盘架	1件	300.00	300.00	10.00%	30.00	
钻床花盘架梯步齿轮	1件	80.00	80.00	50.00%	40.00	
钻床拨动梯步齿螺轮	1套	16.00	16.00	全毁	16.00	
钻床心子	1套	600.00	600.00	30.00%	180.00	
横转动轴及轴枕	1套	500.00	500.00	30.00%	150.00	
皮带宝塔轮	1套	—	—	—	20.00	清理人工
拨动钻斗螺轮	1套	500.00	500.00	10.00%	50.00	
角尺牙轮	1副	100.00	100.00	30.00%	30.00	
皮带开关	1副	10.00	10.00	20.00%	2.00	
共计					796.00	

13) 洪发利机器营造厂8月11日炸毁人力摇床（中国出品）零件损失单（工具类）

品名	数量	单价（国币元）	总价（国币元）	损失百分比	损失金额（国币元）	附记
刨车座	1座	—	—	—	100.00	清理人工
刨车面子	1座	1400.00	1400.00	20.00%	280.00	

四、大川实业股份有限公司、大公铁工厂、郑州豫丰和记纱厂等抗战财产损失

续表

品名	数量	单价（国币元）	总价（国币元）	损失百分比	损失金额（国币元）	附记
龙门架子	1套	1000.00	1000.00	10.00%	100.00	
横刀盒子	全副	1200.0	1200.00	20.00%	240.00	
刀盒子伸缩螺丝	2套	—	—	—	—	
转动刨床面及牙轮	1套	—	—	—	150.00	清洗人工
摇手柄	2只	200.00	400.00	10.00%	10.00	
共计					910.00	

14)洪发利机器营造厂8月11日炸毁原动铣机(德国出品)零件损失单(工具类)

品名	数量	单价（国币元）	总价（国币元）	损失百分比	损失金额（国币元）	附记
铣床身架	1座	1200.00	1200.00	20.00%	240.00	
铣床心子	1件	400.00	400.00	10.00%	40.00	
铣床曲轴	1根	1000.00	1000.00	10.00%	100.00	
飞轮	1件	—	—	—	20.00	清洗人工
转动铣心惠而盘	1套	700.00	700.00	20.00%	140.00	
活动接杆	1套	560.00	560.00	10.00%	56.00	
漏板	1套	160.00	160.00	10.00%	16.00	
共计					612.00	

15)洪发利机器营造厂8月11日炸毁德国造100hp立式柴油引擎零件损失单

品名	数量	单价（国币元）	总价（国币元）	损失百分比	损失金额（国币元）	附记
引擎座	1座	6000.00	6000.00	30.00%	1800.00	
曲轴	1根	12000.00	12000.00	40.00%	4800.00	
硬铝轴枕	3副	400.00	1200.00	40.00%	480.00	
汽缸	2个	5000.00	10000.00	30.00%	3000.00	
披士登	2个	2000.00	4000.00	30.00%	1200.00	
联杆	2根	800.00	1600.00	20.00%	320.00	
联杆硬铝轴枕	2副	400.00	800.00	40.00%	320.00	

续表

品名	数量	单价（国币元）	总价（国币元）	损失百分比	损失金额（国币元）	附记
披士登销子	2支	290.00	580.00	20.00%	116.00	
披士登弹簧	10道	60.00	600.00	60.00%	360.00	
汽缸盖头	2个	2000.00	4000.00	60.00%	2400.00	
燃烧头	2个	100.00	200.00	30.00%	60.00	
燃烧头罩	2个	160.00	320.00	40.00%	128.00	
机油进油器	1套		3600.00	60.00%	2160.00	
机油进油器紫铜管	10件	180.00	1800.00	80.00%	1440.00	
柴油喷油器	2套	300.00	600.00	50.00%	300.00	
柴油进油泵浦	1套		2400.00	80.00%	1920.00	
柴油进油紫铜管	1根		240.00	70.00%	168.00	
柴油柜	1个		500.00	40.00%	200.00	
柴油进油效率器	1套		3600.00	50.00%	1800.00	
泵浦灯	2个	500.00	1000.00	全毁	1000.00	
飞轮	1个				120.00	清理费
汽缸风门下罩	2个	1500.00	3000.00	40.00%	1200.00	
回汽缸	1个	1600.00	1600.00	20.00%	320.00	
汽缸验汽考克	2个	40.00	80.00	全毁	80.00	
进水泵浦	1套	1600.00	1600.00	40.00%	640.00	
出汽水管	8节	20.00	160.00	50.00%	80.00	
进冷汽瓦罗	1个	120.00	120.00	60.00%	72.00	
冷风泵浦	1部	6000.00	6000.00	20.00%	1200.00	
冷风缸	1个	4000.00	4000.00	20.00%	800.00	
冷风表	1个	400.00	400.00	全毁	400.00	
油表	1个	560.00	560.00	全毁	560.00	
共计					29444.00	

16) 洪发利机器营造厂8月11日炸毁德国造15HP立式柴油引擎零件损失单

品名	数量	单价（国币元）	总价（国币元）	损失百分比	损失金额（国币元）	附记
卧式引擎座	1座	4000.00	4000.00	30.00%	1200.00	

续表

品名	数量	单价（国币元）	总价（国币元）	损失百分比	损失金额（国币元）	附记
曲轴	1根	3000.00	3000.00	20.00%	600.00	
轴枕	2副	300.00	600.00	20.00%	120.00	
引擎风罩	1座	300.00	300.00	30.00%	90.00	
汽缸	1个	1000.00	1000.00	40.00%	400.00	
披士登弹簧	1套	900.00	900.00	20.00%	180.00	
联杆	1套	600.00	600.00	20.00%	120.00	
联杆轴枕	1副	400.00	400.00	20.00%	80.00	
汽缸盖头	1个	1000.00	1000.00	30.00%	300.00	
燃烧头	1个	120.00	120.00	50.00%	60.00	
喷油器	1个	360.00	360.00	30.00%	108.00	
喷油器紫铜管	1根	240.00	240.00	20.00%	48.00	
柴油进油泵浦	1套	500.00	500.00	40.00%	200.00	
滑机器进油器	1套	800.00	800.00	60.00%	480.00	
飞轮	2个				100.00	清理人工
进油效率器	1套				50.00	清理人工
进油管子	4根	40.00	160.00	30.00%	48.00	
来油管子	1根	160.00	160.00	70.00%	112.00	
柴油柜	1个	60.00	60.00	30.00%	18.00	
放气考克	1个	30.00	30.00	全毁	30.00	
泵浦灯	1个	300.00	300.00	全毁	300.00	
共计					4644.00	

17）洪发利机器营造厂8月11日炸毁德国造8HP立式柴油引擎零件损失单

品名	数量	单价（国币元）	总价（国币元）	损失百分比	损失金额（国币元）	附记
引擎座	1座	1200.00	1200.00	10.00%	120.00	
曲轴	1根	2000.00	2000.00	10.00%	200.00	
曲轴硬铝轴枕	2副	120.00	240.00	20.00%	48.00	
汽缸连风门罩	1套	600.00	600.00	20.00%	120.00	
汽缸盖头	1个	1000.00	1000.00	30.00%	300.00	

续表

品名	数量	单价（国币元）	总价（国币元）	损失百分比	损失金额（国币元）	附记
燃烧头	1个	160.00	160.00	20.00%	32.00	
燃烧罩子	1个	180.00	180.00	50.00%	90.00	
披士登弹簧	1套	800.00	800.00	30.00%	240.00	
披士登销子	1件	200.00	200.00	10.00%	20.00	
联杆	1套	460.00	460.00	20.00%	92.00	
联杆轴枕	1副	300.00	300.00	10.00%	30.00	
柴油喷油器	1套	360.00	360.00	30.00%	108.00	
柴油喷油器紫铜管	1根	160.00	160.00	20.00%	32.00	
柴油泵浦	1套	240.00	240.00	30.00%	72.00	
柴油来油紫铜管	1根	180.00	180.00	20.00%	36.00	
滑机油进油器	1套	400.00	400.00	20.00%	80.00	
滑机油分油紫铜管	4节	45.00	180.00	10.00%	18.00	
柴油进油效率器	1套	300.00	300.00	20.00%	60.00	
飞轮	2只				40.00	清理人工
柴油柜	1个	20.00	20.00	50.00%	10.00	
抽水泵浦	1套	160.00	160.00	30.00%	48.00	
出进水管	2节	100.00	200.00	20.00%	40.00	
水柜	1个	1200.00	1200.00	20.00%	240.00	
泵浦灯	1个	360.00	360.00	全毁	360.00	
废汽缸	1个				100.00	清洗人工
共计					2536.00	

18) 洪发利机器营造厂8月11日炸毁德国造7HP立式柴油引擎零件损失单

品名	数量	单价（国币元）	总价（国币元）	损失百分比	损失金额（国币元）	附记
引擎座连发电座	1座	1600.00	1600.00	30.00%	480.00	
汽缸连风门罩	1套	1200.00	1200.00	30.00%	360.00	
披士登弹簧	1套	700.00	700.00	20.00%	140.00	
联杆	1套	200.00	200.00	20.00%	40.00	

续表

品名	数量	单价（国币元）	总价（国币元）	损失百分比	损失金额（国币元）	附记
联杆硬铝轴枕	1副	160.00	160.00	30.00%	48.00	
曲轴	1根	1700.00	1700.00	30.00%	510.00	
曲轴硬铝轴枕	2副	150.00	300.00	20.00%	60.00	
飞轮	1个				56.00	清理人工
喷油器	1套	360.00	360.00	30.00%	108.00	
进油泵浦	1套	320.00	320.00	40.00%	128.00	
进油管子	1根	160.00	160.00	20.00%	32.00	
滑机油进油器	1套	350.00	350.00	30.00%	105.00	
滑机油管子	5节	24.00	120.00	40.00%	48.00	
带进机油器帐子	1套	60.00	60.00	20.00%	12.00	
接连曲轴上校率器	1套	300.00	300.00	20.00%	60.00	
进炉缸水泵浦	1套	140.00	140.00	30.00%	42.00	
出进水管	4节	40.00	160.00	10.00%	16.00	
5千瓦发电机	1部	10000.00	10000.00	40.00%	4000.00	
废汽缸	1个	380.00	380.00	10.00%	38.00	
泵浦灯	1个	400.00	400.00	全毁	400.00	
共计					6683.00	

19）洪发利机器营造厂8月11日炸毁德国造15HP电动马达天条轴枕零件损失单

品名	数量	单价（国币元）	总价（国币元）	损失百分比	损失金额（国币元）	附记
15HP马达	1座	6000.00	6000.00	20.00%	1200.00	
地轴	1根				250.00	清理人工
钢珠轴枕	6副	350.00	2100.00	20.00%	420.00	
大小皮带轮	12件				100.00	清理人工
共计					1970.00	

20) 洪发利机器营造厂8月11日炸毁卧式锅炉零件损失单

品名	数量	单价（国币元）	总价（国币元）	损失百分比	损失金额（国币元）	附记
锅炉壳炉胆	1个	26000.00	26000.00	20.00%	5200.00	
锅炉汽包	1套	1400.00	1400.00	20.00%	280.00	
压气保险	1套	600.00	600.00	50.00%	300.00	
炉门	1套	500.00	500.00	20.00%	100.00	
矮墙	1套	400.00	400.00	20.00%	80.00	
炉耙	1副	1400.00	1400.00	30.00%	420.00	
玻璃管	1根	40.00	40.00	全毁	40.00	
水晶考克	1套	160.00	160.00	全毁	160.00	
蒸汽表	1个	600.00	600.00	全毁	600.00	
进炉水反耳	1套	160.00	160.00	50.00%	80.00	
放炉水考克	1套	120.00	120.00	70.00%	84.00	
手扎	1套	60.00	60.00	30.00%	18.00	
搁炉架	2件				30.00	清理人工
共计					7392.00	

21) 洪发利机器营造厂8月11日炸毁铁质煮皂锅零件损失单

品名	数量	单价（国币元）	总价（国币元）	损失百分比	损失金额（国币元）	附记
煮皂锅身板	1座	4000.00	4000.00	20.00%	800.00	
煮皂锅口箍	1道	1000.00	1000.00	10.00%	100.00	
煮皂锅腰箍	1道	1400.00	1400.00	10.00%	140.00	
内外撑头角铁	10道	60.00	600.00	10.00%	60.00	
铁搁脚板	2块	200.00	400.00	20.00%	80.00	
放皂油门	1个	160.00	160.00	20.00%	32.00	
蒸汽盘香管	1套	1000.00	1000.00	20.00	200.00	
出进蒸汽瓦罗	1个	240.00	240.00	全毁	240.00	
共计					1652.00	

22）洪发利机器营造厂8月11日炸毁纱机零件损失单

品名	数量	单价（国币元）	总价（国币元）	损失百分比	损失金额（国币元）	附记
粗纱六角滚筒机	60件	14.40	864.00	全毁	864.00	
粗纱单层纱板脚	365件	11.20	4088.00	全毁	4088.00	
粗纱机披士	195件	2.64	514.80	全毁	514.80	
粗纱短开关柄	150件	18.00	2700.00	全毁	2700.00	
粗纱板下托脚	75件	16.80	1260.00	全毁	1260.00	
粗纱六角滚筒脚	12件	8.00	96.00	全毁	96.00	
粗纱六角滚筒脚	36件	10.80	388.80	全毁	388.80	
粗纱杆卡拉	15件	2.40	36.00	全毁	36.00	
粗纱架脚	375件	26.00	9750.00	全毁	9750.00	
粗纱拖脚	12件	13.00	156.00	全毁	156.00	
粗纱板中拖脚	105件	24.80	2604.00	全毁	2604.00	
粗纱检定纱板脚	12件	13.00	156.00	全毁	156.00	
粗纱杆绕头	50件	3.60	180.00	全毁	180.00	
粗纱杆筒	105件	19.60	2058.00	全毁	2058.00	
粗纱皮带开关	27件	27.60	745.20	全毁	745.20	
粗纱脚架	125件	9.40	1175.00	全毁	1175.00	
粗纱杆梢披士	60件	13.60	816.00	全毁	816.00	
粗纱车头架脚	12件	12.00	144.00	全毁	144.00	
粗纱架脚	105件	8.00	840.00	全毁	840.00	
粗纱车尾纱脚架	12件	13.00	156.00	全毁	156.00	
粗纱架脚	75件	11.20	840.00	全毁	840.00	
粗纱开关脚	340件	17.60	5984.00	全毁	5984.00	
粗纱长开关	96件	38.40	3686.40	全毁	3686.40	
粗纱皮带开关	27件	28.00	756.00	全毁	756.00	
锭胆	1216支	8.00	9728.00	全毁	9728.00	
共计					49721.80	

23）洪发利机器营造厂8月11日炸毁各种机件清单

品名	数量	单价（国币元）	总价（国币元）	损失百分比	损失金额（国币元）	附记
其异交流电风扇	2把	350.00	700.00	全毁	700.00	
华生交流电风扇	3把	250.00	750.00	全毁	750.00	
6.5英寸三角夹头	2个	750.00	1500.00	30.00%	450.00	
8.3英寸三角夹头	1个	900.00	900.00	30.00%	270.00	
12英寸三角夹头	1个	1400.00	1400.00	20.00%	280.00	
2分手摇泵浦	1个	300.00	300.00	60.00%	180.00	
2分吸水管子莲蓬头	1套	500.00	500.00	60.00%	300.00	
手摇小摇钻	3部	400.00	1200.00	全毁	1200.00	
千斤顶	1个	1200.00	1200.00	30.00%	360.00	
管子老虎钳	2个	150.00	300.00	50.00%	150.00	
立式冲眼机	1部	8000.00	8000.00	30.00%	2400.00	
手摇钻床	1部	500.00	500.00	50.00%	250.00	
小手摇钻床	2部	125.00	250.00	70.00%	175.00	
6英寸老虎钳	12把	140.00	1680.00	40.00%	672.00	
4英寸老虎钳	4把	125.00	500.00	20.00%	100.00	
活动手摇电钻	3把	1200.00	3600.00	全毁	3600.00	
人力铣机	4部	1000.00	4000.00	20.00%	800.00	
老虎钳凳	2个	300.00	600.00	全毁	600.00	
螺丝车床	1部	4000.00	4000.00	30.00%	1200.00	
管子钢板	1副	1800.00	1800.00	80.00%	1440.00	
活动式管子钢板	1副	2500.00	2500.00	70.00%	1750.00	
活动螺丝钢板	2副	1500.00	3000.00	70.00%	2100.00	
活动螺丝钢板	1副	650.00	650.00	全毁	650.00	
钻床零件	3部	1500.00	4500.00	20.00%	900.00	
螺丝车床零件	3部	1000.00	3000.00	20.00%	600.00	
3分皮带	408呎	5.50	2244.00	50.00%	1122.00	
2分皮带	460呎	3.80	1748.00	70.00%	1223.60	
45号皮带扣	4盒	96.00	384.00	50.00%	192.00	
25号皮带扣	4盒	78.00	312.00	50.00%	156.00	
木质玻璃工具柜	1座	800.00	800.00	全毁	800.00	

续表

品名	数量	单价（国币元）	总价（国币元）	损失百分比	损失金额（国币元）	附记
平水尺	1只	150.00	150.00	全毁	150.00	
100英尺皮尺	1只	180.00	180.00	全毁	180.00	
蒸汽汽达	152叶	165.00	25080.00	全毁	25080.00	
蒸汽泵浦	1部	2800.00	2800.00	50.00%	1400.00	
手摇电话	2部	600.00	1200.00	全毁	1200.00	
磅秤	1座	2500.00	2500.00	全毁	2500.00	
坐磅秤	1座	380.00	380.00	全毁	380.00	
汽灯	3盏	200.00	600.00	全毁	600.00	
全厂电灯	58盏	18.00	1044.00	全毁	1044.00	
全厂电线	500码	5.00	2500.00	全毁	2500.00	
钢砂	1盒	25.00	25.00	全毁	25.00	
办公写字台	4张	60.00	240.00	全毁	240.00	
办公椅子	6张	15.00	90.00	全毁	90.00	
厂钟	1架	250.00	250.00	全毁	250.00	
绘图台子	1张	120.00	120.00	全毁	120.00	
绘图板子	1块	28.00	28.00	全毁	28.00	德国产
绘图仪器	1套	180.00	180.00	全毁	180.00	德国产
绘图丁字尺	1把	50.00	50.00	全毁	50.00	德国产
绘图三角板	1副	15.00	15.00	全毁	15.00	法国产
办公文具	4套	20.80	83.20	全毁	83.20	
共计					61085.80	

24) 洪发利机器营造厂8月11日炸毁各种材料清单

品名	数量	单价（国币元）	总价（国币元）	损失百分比	损失金额（国币元）	附记
生铁电焊丝	3760支	5.00	18800.00	全毁	18800.00	
红色电焊丝	2420支	2.80	6776.00	全毁	6770.00	
灰色电焊丝	400支	1.40	560.00	全毁	560.00	
黑色电焊丝	700支	2.50	1750.00	全毁	1750.00	
14号电焊丝	478支	1.80	860.40	全毁	860.40	

续表

品名	数量	单价 （国币元）	总价 （国币元）	损失百分比	损失金额 （国币元）	附记
10号电焊丝	600支	3.00	1800.00	全毁	1800.00	
生铁电焊丝	500支	6.00	3000.00	全毁	3000.00	
12号长电焊丝	648支	4.00	2592.00	全毁	2592.00	
粗电焊丝	115支	2.00	230.00	全毁	230.00	
细电焊丝	125支	2.00	250.00	全毁	250.00	
细电焊丝	417支	2.50	1042.00	全毁	1042.00	
10号白电焊丝	100支	3.00	300.00	全毁	300.00	
9号灰电焊丝	1100支	4.00	4400.00	全毁	4400.00	
9号红电焊丝	500.00	2.00	1000.00	全毁	1000.00	
白瓷漆	24听	4.00	96.00	全毁	96.00	
绿瓷漆	5听	38.00	190.00	全毁	190.00	
绿瓷漆	4听	4.20	16.80	全毁	16.80	
红瓷漆	4听	4.20	16.80	全毁	16.80	
白油	3听	36.60	109.80	全毁	109.80	
灰瓷漆	5听	40.00	200.00	全毁	200.00	
$\frac{3}{8}$″木钻花	16支	6.90	110.40	50.00%	55.20	
$\frac{1}{2}$″木钻花	24支	9.20	220.80	50.00%	110.40	
$\frac{5}{8}$″木钻花	18支	11.50	207.00	50.00%	103.50	
$\frac{3}{4}$″木钻花	13支	13.80	179.40	50.00%	89.70	
$\frac{7}{8}$″木钻花	4支	17.00	68.00	50.00%	34.00	
1″木钻花	19支	18.40	349.60	50.00%	174.80	
白铁塞头	143只	1.00	143.00	50.00%	71.50	
$\frac{3}{4}$″白铁塞头	6只	1.30	7.80	50.00%	3.90	
1″白铁塞头	54只	1.50	80.60	50.00%	40.30	
$1\frac{1}{2}$″白铁塞头	8只	2.50	20.00	50.00%	10.00	
$\frac{1}{2}$″白铁法兰	14只	3.00	42.00	50.00%	21.00	

四、大川实业股份有限公司、大公铁工厂、郑州豫丰和记纱厂等抗战财产损失

续表

品名	数量	单价（国币元）	总价（国币元）	损失百分比	损失金额（国币元）	附记
$\frac{3}{4}$″白铁法兰	20只	3.50	70.00	50.00%	35.00	
白铁法兰	68只	4.00	272.00	50.00%	136.00	
$1\frac{1}{4}$″白铁法兰	1只	5.20	5.20	50.00%	2.60	
$1\frac{1}{2}$″白铁法兰	4只	6.00	24.00	50.00%	12.00	
内丝接头	2只	1.00	2.00	50.00%	1.00	
$\frac{3}{4}$″内丝接头	90只	1.30	117.00	50.00%	58.50	
1″内丝接头	38只	4.50	171.00	50.00%	85.50	
$1\frac{1}{2}$″内丝接头	30只	6.00	180.00	50.00%	90.00	
$1\frac{1}{4}$″内丝接头	32只	5.00	160.00	50.00%	80.00	
$\frac{1}{2}$″外丝接头	91只	0.80	72.80	50.00%	36.40	
$\frac{3}{4}$″外丝接头	67只	0.90	60.30	50.00%	30.15	
1″外丝接头	20只	1.00	20.00	50.00%	10.00	
$1\frac{1}{4}$″外丝接头	18只	1.50	27.00	50.00%	13.50	
$1\frac{1}{2}$″外丝接头	18只	2.00	36.00	50.00%	18.00	
$\frac{1}{2}$″×$\frac{3}{4}$″中小天	2只	4.80	9.60	50.00%	4.80	
$\frac{1}{2}$″三路天	5只	5.60	28.00	50.00%	14.00	
$\frac{1}{2}$″×1″三路天	2只	6.00	12.00	50.00%	6.00	
1″三路天	69只	5.50	379.50	50.00%	189.75	
$\frac{3}{4}$″三路天	211只	4.60	970.60	50.00%	485.30	
1″十字弯	45只	8.00	360.00	50.00%	180.00	
$\frac{3}{4}$″十字弯	38只	10.00	380.00	50.00%	190.00	
1″十字弯	17只	12.00	204.00	50.00%	102.00	
$1\frac{1}{4}$″十字弯	6只	16.00	96.00	50.00%	48.00	
$1\frac{1}{2}$″十字弯	10只	18.00	180.00	50.00%	90.00	

续表

品名	数量	单价（国币元）	总价（国币元）	损失百分比	损失金额（国币元）	附记
$1\frac{1}{2}''\times\frac{3}{4}''$卜申	34只	1.80	61.20	50.00%	30.60	
$\frac{1}{2}''$铜几耳	62只	8.00	496.00	50.00%	248.00	
$\frac{3}{4}''$铜几耳	33只	10.00	330.00	50.00%	165.00	
3″铜几耳	2只	24.00	48.00	50.00%	24.00	
$\frac{1}{2}''$由任	4只	8.00	32.00	50.00%	16.00	
$\frac{3}{4}''$由任	57只	10.00	570.00	50.00%	285.00	
1″由任	2只	12.00	24.00	50.00%	12.00	
$1\frac{1}{4}''$由任	19只	14.00	266.00	50.00%	133.00	
$1\frac{1}{2}''$由任	15只	16.00	240.00	50.00%	120.00	
$\frac{1}{2}''$龙头	10只	10.00	100.00	50.00%	50.00	
$\frac{3}{4}''$龙头	47只	16.00	752.00	50.00%	376.00	
1″龙头	11只	20.00	220.00	50.00%	110.00	
$1\frac{1}{4}''$龙头	6只	26.00	156.00	50.00%	78.00	
$1\frac{1}{2}''$龙头	6只	30.00	180.00	50.00%	90.00	
3″铁插销	78套	0.60	46.80	全毁	46.80	
4″铁插销	52套	0.80	41.60	全毁	41.60	
5″铁插销	76套	1.60	136.80	全毁	136.80	
6″铁插销	30套	3.00	90.00	全毁	90.00	
8″铁插销	20套	4.80	96.00	全毁	96.00	
10″铁插销	3套	6.00	18.00	全毁	18.00	
16″铁插销	4套	9.60	39.20	全毁	39.20	
铜弹簧插销	1178套	1.20	1413.60	全毁	1413.60	
3″铜插销	17套	2.50	42.50	全毁	42.50	
5″铜插销	17套	3.00	51.00	全毁	51.00	
6″铜插销	19套	3.50	66.50	全毁	66.50	
818#古铜门锁	24把	14.00	336.00	全毁	336.00	

续表

品名	数量	单价（国币元）	总价（国币元）	损失百分比	损失金额（国币元）	附记
811#古铜门锁	14把	14.00	196.00	全毁	196.00	
813#古铜门锁	12把	13.50	161.00	全毁	161.00	
208#古铜门锁	121把	14.50	1740.00	全毁	1740.00	
606#古铜门锁	17把	14.00	238.00	全毁	238.00	
箭牌古铜门锁	19把	25.00	475.00	全毁	475.00	
克罗光古铜门锁	1把	26.00	26.00	全毁	26.00	
磁头古铜门锁	3把	12.00	36.00	全毁	36.00	
$2\frac{1}{2}$″风钩	60套	0.30	18.00	全毁	18.00	
3″风钩	1060套	0.35	371.00	全毁	371.00	
$3\frac{1}{2}$″风钩	2415套	0.40	966.00	全毁	966.00	
4″风钩	95套	0.50	47.50	全毁	47.50	
5″风钩	50套	0.55	27.50	全毁	27.50	
6″风钩	60套	0.60	36.00	全毁	36.00	
8″风钩	10套	1.00	10.00	全毁	10.00	
1″铁铰链	18块	0.50	9.00	全毁	9.00	
$1\frac{1}{2}$″铁铰链	5盒半	18.00	99.00	全毁	99.00	
$2\frac{1}{2}$″铁铰链	2盒	25.00	50.00	全毁	50.00	
3″铁铰链	100盒	40.00	4000.00	全毁	4000.00	
4″铁铰链	20盒	60.00	1200.00	全毁	1200.00	
3″单弹簧铰链	40块	3.00	120.00	全毁	120.00	
6″弹簧铰链	12块	4.00	48.00	全毁	48.00	
3分铜铰链	120块	4.00	480.00	全毁	480.00	
$\frac{1}{2}$″白铁角弯	40只	4.00	160.00	50.00%	80.00	
$\frac{3}{4}$″白铁角弯	139只	5.00	695.00	50.00%	347.50	
1″白铁角弯	8只	8.00	64.00	50.00%	32.00	
$1\frac{1}{4}$″白铁角弯	3只	12.00	36.00	50.00%	18.00	

续表

品名	数量	单价（国币元）	总价（国币元）	损失百分比	损失金额（国币元）	附记
白铁角弯	2只	14.00	28.00	50.00%	14.00	
4″白铁角弯	1只	32.00	32.00	50.00%	16.00	
白瓷西式便斗	2只	210.00	420.00	全毁	420.00	
白瓷西式小便池	2只	90.00	180.00	全毁	180.00	
搪瓷电灯罩	351只	1.00	351.00	50.00%	175.50	
3″×6″白瓷砖	163块	0.50	81.50	全毁	81.50	
2.5″×4″花瓷砖	125块	0.80	100.00	全毁	100.00	
6″白瓷砖	239块	1.00	239.00	全毁	239.00	
$3\frac{3}{4}$″×6″白瓷砖	200块	0.80	160.00	全毁	160.00	
3″各种瓷砖	235块	0.50	117.50	全毁	117.50	
亚礼被水浆	10听	50.00	500.00	全毁	500.00	
瓷保险盒	343只	1.50	517.50	全毁	517.50	
瓷平顶	265只	1.50	397.50	全毁	397.50	
$1\frac{1}{2}$″×1″大小头	18只	4.00	72.00	50.00%	36.00	
$1\frac{1}{2}$″×$1\frac{1}{4}$″大小头	13只	6.00	78.00	50.00%	39.00	
$\frac{3}{4}$″×$1\frac{1}{4}$″大小头	28只	5.00	140.00	50.00%	70.00	
$\frac{1}{2}$″×$1\frac{1}{2}$″大小头	26只	4.50	117.00	50.00%	58.50	
$\frac{3}{4}$×1″大小头	35只	4.20	147.00	50.00%	73.50	
1″×$1\frac{1}{4}$″大小头	11只	5.50	60.50	50.00%	30.25	
$\frac{3}{4}$″×$1\frac{1}{2}$″大小头	23只	5.00	115.00	50.00%	57.50	
$\frac{1}{2}$″×$1\frac{1}{4}$″大小头	54只	4.50	243.00	50.00%	121.50	
$\frac{1}{2}$″×1″大小头	97只	4.00	388.00	50.00%	194.00	
$\frac{1}{2}$″×$\frac{3}{4}$″大小头	250只	2.70	725.00	50.00%	362.50	

四、大川实业股份有限公司、大公铁工厂、郑州豫丰和记纱厂等抗战财产损失

续表

品名	数量	单价（国币元）	总价（国币元）	损失百分比	损失金额（国币元）	附记
$\frac{1}{4}$″白铁螺丝	4篓	20.00	80.00	全毁	80.00	
$\frac{3}{8}$″3号木螺丝	15篓	7.00	105.00	全毁	105.00	
$\frac{1}{2}$″4号木螺丝	9篓	750	6750	全毁	6750.00	
$\frac{1}{2}$″5号木螺丝	5篓	8.00	40.00	全毁	40.00	
$\frac{5}{8}$″5号木螺丝	15篓	9.00	135.00	全毁	135.00	
$\frac{3}{4}$″6号木螺丝	21篓	10.00	210.00	全毁	210.00	
$\frac{7}{8}$″7号木螺丝	3篓	10.50	31.50	全毁	31.50	
1″7号木螺丝	5篓	11.00	55.00	全毁	55.00	
1″8号木螺丝	5篓	11.00	55.00	全毁	55.00	
1″9号木螺丝	4篓	11.50	46.00	全毁	46.00	
1″10号木螺丝	4篓	12.00	48.00	全毁	48.00	
$1\frac{1}{4}$″7号木螺丝	9篓	12.50	112.50	全毁	112.50	
$1\frac{1}{4}$″8号木螺丝	1篓	13.00	13.00	全毁	13.00	
$1\frac{1}{4}$″9号木螺丝	1篓	13.50	13.50	全毁	13.50	
$1\frac{1}{2}$″9号木螺丝	5篓	14.00	70.00	全毁	70.00	
$\frac{1}{4}$″×$\frac{1}{2}$″圆头螺丝	18篓	16.00	288.00	全毁	288.00	
$\frac{1}{4}$″×$\frac{1}{2}$″平头螺丝	21篓	19.00	399.00	全毁	399.00	
米圆亮瓦	725块	1.50	1087.50	全毁	1087.50	
广片玻璃	36箱	504.00	18144.00	全毁	18144.00	
花玻璃	1箱	844.00	844.00	全毁	844.00	
土片玻璃	6箱	172.80	1036.80	全毁	1036.80	
$\frac{1}{2}$铜木制	51只	7.00	357.00	50.00%	178.50	

续表

品名	数量	单价（国币元）	总价（国币元）	损失百分比	损失金额（国币元）	附记
6号莲蓬头	28只	18.00	504.00	50.00%	252.00	
5号螺丝川	1笋	10.00	10.00	全毁	10.00	
26号白铁瓦	66张	100.00	6600.00	20.00%	1320.00	
$\frac{5}{8}''$元〔圆〕钉	61斤	5.00	305.00	全毁	305.00	
3″元〔圆〕钉	4桶	300.00	1200.00	20.00%	240.00	
1″元〔圆〕钉	65斤	4.40	286.00	全毁	286.00	
$1\frac{1}{4}''$元〔圆〕钉	2桶	300.00	600.00	20.00%	120.00	
$1\frac{1}{4}''$元〔圆〕钉	39斤	4.40	171.60	全毁	171.60	
$1\frac{1}{2}''$元〔圆〕钉	1桶	286.00	286.00	20.00%	57.20	
$1\frac{1}{2}''$元〔圆〕钉	56斤	4.40	246.40	全毁	246.40	
$2\frac{1}{2}''$元〔圆〕钉	1桶	300.00	300.00	20.00%	60.00	
$2\frac{3}{4}''$元〔圆〕钉	35斤	4.00	140.00	全毁	140.00	
3″元〔圆〕钉	6桶	315.00	1890.00	20.00%	378.00	
$3\frac{1}{2}''$元〔圆〕钉	6桶	300.00	1800.00	20.00%	360.00	
4″元〔圆〕钉	40斤	3.60	144.00	全毁	144.00	
$4\frac{1}{2}''$元〔圆〕钉	4桶	270.00	1080.00	20.00%	216.00	
5″元〔圆〕钉	50斤	3.60	180.00	全毁	180.00	
$1\frac{3}{4}''$元〔圆〕钉	3桶	286.00	858.00	20.00%	171.60	
$1\frac{3}{4}''$元〔圆〕钉	35斤	4.40	154.00	全毁	154.00	
2″元〔圆〕钉	1桶	300.00	300.00	20.00%	60.00	
2″元〔圆〕钉	44斤	4.40	193.60	全毁	193.60	
3″元〔圆〕钉	88斤	4.00	352.00	全毁	352.00	
$3\frac{1}{2}''$元〔圆〕钉	42斤	4.00	168.00	全毁	168.00	

品名	数量	单价（国币元）	总价（国币元）	损失百分比	损失金额（国币元）	附记
$4\frac{1}{2}''$元〔圆〕钉	50桶	3.60	180.00	全毁	180.00	
6″元〔圆〕钉	1桶	260.00	260.00	20.00%	52.00	
总计					94335.20	

25）洪发利机器营造厂房屋被炸损失清单

地址：中三路138—140号

时间：1941年5月16日

名称	尺寸	数量	单价（国货币）	总价（国货币）
屋面翻盖漆新青瓦	93′8″×40′4″	37.72方	165.00	6223.80
新做青砖外墙	35′4″×11′	3.88方	498.00	1932.24
修理前面板条墙连毛洋灰粉刷	93′8″×9′6″	8.89方	370.00	3289.30
修理檐口连粉刷	2′	94.00呎	11.00	1034.00
修理侧面竹编墙连粉刷	40′4″×20′	8.06方	130.00	1047.00
修理外后面板条墙连粉刷	35′4″×11′	3.88方	150.00	582.00
修理头二层平顶粉刷	$1\frac{1}{2}$×938″×40′4″	56.58方	48.00	2715.84
修理头二层内部板条墙连粉刷		24间	85.00	2040.00
新做玻窗	3′×4′6″	14堂	108.00	1512.00
修理玻窗	3′×4′6″	28堂	26.00	728.00
新做单扇洋门	3′×7′	6堂	189.00	1134.00
修理单扇洋门	3′×7′	10堂	45.00	450.00
新做双扇大门	6′×8′	1堂	480.00	480.00
修理木地板		2.50方	250.00	625.00
总计		23792.98元		

26）洪发利机器营造厂第一次（6月16日）第二次（6月24日）被炸损失清单

名称	数量	单价（国币元）	总价（国币元）
房屋部分			55000.00
五金材料部分			93574.00
飞利浦150支电泡	1000只	9.00	9000.00
亚司令200支电泡	1000只	9.00	9000.00
反光磁灯	4盏	200.00	800.00
冷气表	12只	700.00	8400.00
热气表	12只	500.00	6000.00
YHLE门锁	3打	1200.00	3600.00
CALU门锁	3打	900.00	2700.00
CMC门锁	5打	600.00	3000.00
康元门锁	5打	300.00	1500.00
各种古铜门锁	14打	120.00	1680.00
$2\frac{1}{2}''$风钩	60套	0.50	30.00
3″风钩	500套	0.60	300.00
4″风钩	80套	0.70	56.00
8″风钩	10套	1.00	10.00
6″风钩	60套	0.80	48.00
1″铁铰链	10块	0.50	5.00
$1\frac{1}{2}''$铁铰链	3盒	20.00	60.00
$2\frac{1}{2}''$铁铰链	5盒	30.00	150.00
3″铁铰链	30盒	40.00	1200.00
4″铁铰链	10盒	60.00	600.00
奇异16″台扇	6只	350.00	2100.00
瓷面盆	2只	400.00	800.00
抽水马桶	1只	480.00	480.00
3″□花瓷砖	120块	0.50	60.00
6″□白瓷砖	210块	1.00	210.00
花玻璃	1箱	800.00	800.00
广片	30箱	500.00	15000.00
土片玻璃	5箱	150.00	750.00

续表

名称	数量	单价(国币元)	总价(国币元)
亮瓦	200块	1.00	200.00
白铁皮	30张	70.00	2100.00
美孚机油	40听	200.00	8000.00
生铁电焊丝	2000支	5.00	10000.00
红色电焊丝	1500支	2.50	3750.00
灰色电焊丝	500支	1.50	750.00
$\frac{1}{2}$P白瓷漆	10听	5.00	50.00
$\frac{1}{2}$P绿瓷漆	15听	4.00	60.00
5P绿瓷漆	5听	35.00	175.00
5P白漆	5听	30.00	150.00
生装部分：			10579.00
256#一楼西式柜台	4连	300.00	1200.00
256#一楼办公桌	5张	40.00	200.00
256#一楼写字台	4张	100.00	400.00
256#一楼转椅	2把	50.00	100.00
256#一楼凳子	20只	10.00	200.00
256#一楼茶几	4只	10.00	40.00
256#一楼痰盂	4只	10.00	40.00
256#一楼茶壶茶杯	全套		50.00
256#一楼台灯	2盏	75.00	150.00
256#一楼写字台玻璃板	2块	50.00	100.00
256#一楼挂钟	1只	400.00	400.00
256#一楼食堂圆桌	1张	50.00	50.00
256#一楼凳子	8只	5.00	40.00
256#一楼条桌	1张	25.00	25.00
256#一楼椅子	4把	15.00	60.00
256#一楼会客室沙发	2把	200.00	400.00
256#一楼茶几	2只	20.00	40.00
256#一楼椅子	2把	25.00	50.00
256#一楼小圆桌	1张	30.00	30.00

续表

名称	数量	单价(国币元)	总价(国币元)
256#一楼凳子	2张	5.00	10.00
256#一楼痰盂	2只	15.00	30.00
256#二楼大沙发	1张	300.00	300.00
256#二楼沙发椅	2只	150.00	300.00
256#二楼茶几	2只	20.00	40.00
256#二楼冰箱	1只	200.00	200.00
256#二楼卧房木器	1堂	1200.00	1200.00
256#二楼写字台	1只	120.00	120.00
256#二楼椅子	2把	20.00	40.00
256#二楼台钟	1只	200.00	200.00
256#二楼台灯	1只	60.00	60.00
256#二楼痰盂	2只	10.00	20.00
256#二楼瓷便斗	1只	30.00	30.00
258#一进一楼办公桌	2张	30.00	60.00
258#一进一楼椅子	2把	20.00	40.00
258#一进一楼凳子	8只	8.00	64.00
258#一进一楼茶几	4只	10.00	40.00
258#一进一楼茶具	1套	50.00	50.00
258#一进一楼台灯	1只	60.00	60.00
258#一进一楼木床	8只	40.00	320.00
258#一进一楼桌椅凳	3堂	100.00	300.00
256#边屋办公室绘图桌	2只	60.00	120.00
256#边屋台灯	35盏		1050.00
256#边屋华生吊扇	2只	600.00	1200.00
256#边屋奇异16″台扇	4只	250.00	1000.00

50. 嘉阳煤矿公司为函报抗战损失财产目录表请查照转报事给资源委员会的函(1941年9月2日)

案准贵会本年6月24日资〔30〕秘字第7232号公函,以奉经济部令转饬填报抗战损失一案,所有各机关二十九年十二月以前所受之损失尚未填报者应速补报转达查照办理,等由。准此,自应照办。查本公司前于二十八年一月开办时,自湖南湘潭购运各项机料来川,途经宜昌,因遭敌机轰炸,设法抢运结果损失材料一批,按照当时购进价值,计损失共国币53336.97元。准函前由,相应依式造具抗战损失财产目录表2份随函奉达,即希查照转报为荷。此致:

经济部资源委员会

附抗战损失财产目录表2份

嘉阳煤矿公司
三十年九月二日

附:

抗战损失财产目录表

机关名称:嘉阳煤矿公司

损失原因:轰炸抢运

损失时间:二十八年

损失地点:宜昌

编制日期:民国三十年七月二十一日

损失项目	单位	数量	损失价值(国币元)
圆铁	公斤	5520	2944.16
扁铁	公斤	16859	9015.60
圆铁	公斤	680	448.14
三角铁	公斤	760	377.29
铁板	公斤	4941	3070.78
槽铁	公斤	4565	2893.60
白铁瓦	张	6	55.86
铅丝	公斤	1709	1027.13
八角钢	公斤	4779	6517.56
圆钢	公斤	291	651.60
方钢	公斤	191	698.91
钢丝	公斤	1455	1109.10
黄圆铜	公斤	213.50	806.85
紫铜块	公斤	80	227.65

续表

损失项目	单位	数量	损失价值(国币元)
车轮硬铅	公斤	37	182.81
紫铜元	公斤	96	319.53
螺丝(各种)	公斤	1512	1253.63
铆钉	公斤	2038	1681.40
道枕木	块	21	73.50
麻花钻	只	19	38.43
粗扁锉	只	9	36.13
细扁锉	只	21	59.11
细半圆锉	只	2	6.12
细方锉	只	1	0.96
细三角锉	只	18	23.45
刨刀	只	14	19.60
铁剪	只	2	3.60
洋钉	公斤	120	113.63
Yale.3锁	只	6	5.93
铜丝布	呎	3	2.10
坠铊	只	1	5.20
铜铊	只	2	35.00
煤镐	只	253	204.01
铁管	呎	14373	13057.97
月弓弯	只	144	405.37
四通	只	1	20.79
弯头	只	66	1453.93
大小头	只	9	6.00
接箍	只	48	80.71
三通	只	22	390.04
锁箍	只	30	277.20
放水门	只	1	26.25
水门	只	1	35.00
汽门	只	42	2700.90
铜管	根	2	35.00

续表

损失项目	单位	数量	损失价值(国币元)
电铃	只	1	3.50
保险盒	只	1	0.87
瓷灯帽	只	6	10.50
刀闸电门	只	1	8.75
三闸电门	只	2	52.50
胶皮线	盘	1	57.75
普通机油	公斤	200	146.30
绳油	公斤	189	141.23
瓷灯油	公斤	420	399.11
皮带扣	只	6	2.41
油盅	只	2	10.50
汽灯	只	1	70.00
绝缘板	块	2	35.00
共计			53336.97

51. 嘉阳煤矿公司为检报财产损失报告单及直接损失汇报表请查收核转事给资源委员会的复函(1942年2月20日)

案准贵会本年1月20日资〔31〕秘字第739号函,以本公司前报抗战损失财产目录经转呈,奉经济部指令以不合规定者分别指示抄附核示各节,嘱查照办理,等由,自应遵办,相应检同财产损失报告单及直接损失汇报表各3份,复请查收核转为荷。此致:

资源委员会

附财产损失报告单及直接损失汇报表各3份

嘉阳煤矿公司　启

三十一年二月二十日

附表一：

国营事业财产直接损失汇报表

事件：轰炸抢运

日期：民国二十八年

地点：宜昌

分类	价值（国币元）
共计	53337.00
房屋	—
器具	—
矿坑	—
现款	—
矿产品	—
机械及工具	部股成分 18401.27
	商股成分 34935.73
运输工具	—
其他	—

附表二：

财产损失报告单

事件：轰炸抢运

日期：二十八年

地点：宜昌

损失项目	单位	数量	损失价值（国币元）
圆铁	公斤	5520	2944.00
扁铁	公斤	16859	9015.00
工铁	公斤	680	448.100
三角铁	公斤	760	377.00
铁板	公斤	4941	3070.00
槽铁	公斤	4565	2893.00
白铁瓦	张	6	55.00
铅丝	公斤	1709	1027.00
八角钢	公斤	4779	6518.00

续表

损失项目	单位	数量	损失价值(国币元)
圆钢	公斤	291	652.00
方钢	公斤	191	699.00
钢丝	公斤	1455	1109.00
黄圆铜	公斤	213.50	807.00
紫铜块	公斤	80	228.00
车轮硬铅	公斤	37	183.00
紫铜元	公斤	96	320.00
螺丝（各种）	公斤	1512	1254.00
铆钉	公斤	2038	1681.00
道枕木	块	21	74.00
麻花钻	只	19	38.00
粗扁锉	只	9	36.00
细扁锉	只	21	59.00
细半圆锉	只	2	6.00
细方锉	只	1	1.00
细三角锉	只	18	23.00
刨刀	只	14	20.00
铁剪	只	2	4.00
洋钉	公斤	120	114.00
Yale.3锁	只	6	7.00
铜丝布	呎	3	2.00
坠铊	只	1	5.00
铜铊	只	2	35.00
煤镐	只	253	204.00
铁管	呎	14373	13058.00
月弓弯	只	144	405.00
四通	只	1	21.00
弯头	只	66	1454.00
大小头	只	9	6.00
接箍	只	48	81.00
三通	只	22	390.00
锁箍	只	30	277.00

续表

损失项目	单位	数量	损失价值(国币元)
放水门	只	1	26.00
水门	只	1	35.00
汽门	只	42	2701.00
铜管	根	2	35.00
电铃	只	1	4.00
保险盒	只	1	1.00
瓷灯帽	只	6	11.00
刀闸电门	只	1	9.00
三闸电门	只	2	53.00
胶皮线	盘	1	58.00
普通机油	公斤	200	146.00
绳油	公斤	189	141.00
瓷灯油	公斤	420	399.00
皮带扣	只	6	2.00
油盅	只	2	11.00
汽灯	只	1	70.00
绝缘板	块	2	35.00
共计			53337.00

附注：嘉阳煤矿部股与商股成分

部股部分—资源委员会—690000.00—含34.5%—应摊损失额18401.00元；

商股部分—商股—1310000.00—含65.5%—应摊损失额34936.00元。

52. 求新制皮厂财产直接、间接损失表(1945年7月)

事件：日机轰炸

日期：民国二十九年八月二十日

地点：重庆林森路119号

分类	价值(国币元)
财产直接损失汇报表	
共计	38900000.00
建筑物	30000000.00

续表

分类	价值(国币元)
财产直接损失汇报表	
器具	5000000.00
现款	—
图书	—
仪器	—
文卷	—
医药用品	—
原料	—
产品	2400000.00
其他	水电设备1500000.00
财产间接损失报告表	
共计	35186375.00
迁移费	1200000.00
防空设备费	3716375.00
疏散费	800000.00
救济费	970000.00
抚恤费	—
可能生产额减少	20000000.00
可获纯利额减少	8500000.00

53. 申申皮件厂财产直接、间接损失表(1945年7月)

事件:被日机所炸

日期:民国二十九年七月二十九日

地点:中一路245号

分类	价值(国币元)
财产直接损失汇报表	
共计	42000.00
建筑物	3000.00
器具	3000.00
现款	10000.00

续表

图书	1000.00
仪器	—
文卷	—
医药用品	—
原料	3000.00
产品	20000.00
其他	2000.00

附注：本号于二十九年牌名为"中一皮鞋店"，忽于是年7月29日被敌机炸弹，中一号完全被灾，上数为本号直接之损失。

财产间接损失报告表	
共计	17500.00
迁移费	1500.00
防空设备费	2000.00
疏散费	1000.00
救济费	—
抚恤费	—
可能生产额减少	10000.00
可获纯利额减少	3000.00

附注：二十九年七月二十九日，本号招牌为"中一皮鞋店"，是日被敌机轰炸间接之损失。

54. 汉口舒永昌鞋厂财产直接、间接损失表（1945年7月25日）

地点：重庆林森路135号

分类	价值（国币元）
财产直接损失汇报表	
共计	52100000.00
建筑物	5000000.00
器具	5000000.00
现款	5000000.00
图书	200000.00
仪器	1000000.00
文卷	200000.00

续表

医药用品	200000.00
原料	10000000.00
产品	10000000.00
其他	20000000.00
财产间接损失报告表	
共计	55000000.00
迁移费	10000000.00
防空设备费	500000.00
疏散费	500000.00
救济费	2000000.00
抚恤费	2000000.00
可能生产额减少	20000000.00
可获纯利额减少	20000000.00

55. 瑞华企业股份有限公司玻璃制造厂为函报抗战损失资料请汇转致重庆市玻璃商业同业公会文(1946年4月8日)

敬复者。本月7日,接奉大会〔35〕波字第233号通知,嘱将抗战损失资料限期详细填报,以凭汇转一案,兹已填具详表1份函送大会,敬烦汇转为感。此致：

重庆市玻璃商业同业公会

附：抗战损失调查表1份

瑞华企业股份有限公司玻璃制造厂　谨启

中华民国三十五年四月初八

附：

瑞华企业股份有限公司玻璃制造厂抗战损失调查表

民国三十五年四月八日填送

厂矿名称	瑞华企业公司玻璃制造厂	现在地址	重庆化龙桥正街18号
事件	日机轰炸		
日期	民国三十年农历六月二十一日午后三时		
地点	重庆化龙桥正街18号		
分类	损失时价值(国币元)	重要物品项目及其数量	
直接损失类			
建筑物	805000.00	厂房1栋、炉灶2座、烘灶4座、烟囱1根、坩埚45只	
器具	269000.00	压机2部、冷气机1部、倒口机1部、吹筒48根	
现款	92000.00	留存厂内开支	
图书	62000.00	损失图书5415本	
仪器	—	—	
文卷	141卷	毁损及遗失文卷	
医药用品	62345.00	医药室设备及各种中西药	
衣物	—	—	
粮食	—	—	
其他	879020.00	包括损失之成品、半制品及原料	
间接损失类			
迁移费	265000.00	二十七年由上海迁渝运输等计	
防空设备费	983400.00	开凿防空洞及各项设备用	
疏散费	534600.00	疏散原燃材料及存货力资用	
救济费	321500.00	被炸受灾职工救济金	
抚恤费	264000.00	炸死4人及受伤职工抚恤金	
生产减少	43500000.00	受空袭影响	
盈利减少	13500000.00	受空袭影响	

56. 民兴实业股份有限公司为该公司被炸请给予证明给重庆市土布工业同业公会的函（1946年8月16日）

本公司于民国二十八年成立于江北菜什字12号，并设立办事处于重庆米花街25号及大阳沟积庆里2号，曾先后于民国二十八年五月十二日暨二十九年八月十九、二十日被敌机轰炸，蒙受损失至钜〔巨〕。兹奉中国全国工业协会、迁川工厂联合会本年七月十四日渝分〔35〕字第0035号会衔函，并附战时损失调查表1份，嘱依式填具检同证件迳寄上海本会汇转抗战损失调查委员会等语，前来。

查本公司该项战时损失调查表业经填就，按当时物价计损失财产与货物5879000.00元，折合当时美金价格计1620333.29元，特请贵会给予证明，俾资证实，无任感荷！此致

重庆市土布工业同业公会

经理　刘景文
厂址：江北三山庙巷2号
中华民国三十五年八月十六日

附：

证明书

兹据本会民兴实业公司本年八月十六日函陈，略以该公司前于民国二十八年五月十二日及二十九年八月十九、二十日，于江北菜什字12号、渝米花街25号暨大阳沟积庆里2号先后被敌机轰炸，损失财产、货物以当时之购置价格估置计国币5879000.00元，折合当时美金计1620333.29元，请予发给证明等语，前来。经查，该公司所报损失数目与原前所报表列尚无虚报，合行发给证明，以资证明。此证。

理事主席
中华民国三十五年八月十七日

57. 晶精玻璃厂抗战财产直接、间接损失表（1946年4月29日）

民国三十五年四月二十九日填送

厂矿名称	晶精玻璃厂	现时所改换新地址	厂址设江北水月巷10号；批发处设中正路380号
事件：日机轰炸 日期：制造厂二十八年五月十二日下午六时；批发处二十九年八月二十日 地点：厂设江北水月巷街10号；批发处设渝城大梁子51号（即现时中正路380号）			
直接损失类			

分类	损失时价值（国币元）	重要物品项目及其数量
建筑物	8109000.00	厂房1栋、炉灶4座、烘灶12座、烟囱2根；批发处四层楼房1栋
器具	702100.00	家具全堂及用具、木塞10大包、制造部冷气机3部、倒口机5部、吹筒150根、铁模及工具等
现款	78790.00	批发处收入款及开支与厂务开支留存金
图书	—	—
仪器	—	—
文卷	—	—
医药用品	191200.00	厂中预防职工疾病及医务室之设备仪器及贵重药品
衣物	103200.00	全厂职工及批发处职工之衣物损失
原料	—	—
其他	309000.00	包括原料及杂料
合计	9493290.00	

间接损失类

分类	实际价值（国币元）	摘要说明
迁移费	293560.00	二十八年由渝迁至乡间及职工遣散迁移费等、批发处之职工遣散
防空设备费	807000.00	开凿防空洞及购防空用具等
疏散费	378510.00	疏散职工家眷至乡间避难及燃料力资等之用
救济费	257000.00	被炸职工生活、救济其眷属金
抚恤费	382518.00	被窒息死亡职工5人之家眷抚恤金
生产减少	67000000.00	因空袭妨碍生产
盈利减少	14800000.00	因空袭妨碍生产
合计	83918588.00	

58. 胜锠五金机器厂财产损失调查表(1945年10月)

厂名	胜锠五金机器厂	负责人	刘华卿	地址	原设中二路58号
					现设中山二路68号
性质	五金机器工厂			成立年月	民国三十年一月
发证日期	日期	二十九年六月		主要产品	五金机器制造电器翻车等件
	字号	渝字第116号			

事件:被日机轰炸一空

日期:三十年五月三日

地点:中二路58号

损失项目	购置日期	数量	购置时价值(国币元)
铺面二进三楼	1940年12月建造成功	1栋	120000.00
生财家具	1940年12月	全店生财等	11000.00
工具(钢板、螺丝、虎钳)	1940年12月		30000.00
店主家属及工友11人衣箱	1940年12月	11人衣箱	40000.00
合计			201000.00

事件:被日机投燃烧弹

日期:三十年八月十四日

地点:中二路58号

铺面	1941年7月建造	1栋	160000.00
生财家具	1941年8月	全店生财等	16000.00
工具	1941年8月	制造机件物	45000.00
店主家属及工友10人衣箱	1941年8月	10人衣箱	35000.00
合计			256000.00
共计			457000.00

59. 上海鼎丰制造厂财产损失调查表（1945年10月14日）

厂名	鼎丰制造厂	负责人	沃鼎臣	地址	原设上海
					现设重庆黄沙溪
性质	机器制造工业		成立年月		二十六年四月
登记证	日期	二十八年六月		主要产品	测绘、理化仪器及兵工器材
	字号	工字第88号			

事件：被日机轰炸

日期：三十年八月九日下午

地点：黄沙溪

损失项目	数量	价值	
		购置时价格（国币元）	折合当时美金价格
房屋	10间	60000.00	3000.00
库房	2间	150000.00	7500.00
职员办公室	2间	10000.00	500.00
职员寝室	4间	15000.00	750.00
工务室	2间	30000.00	1500.00
厨房	1间	10000.00	500.00
机器房全部被震（间接损失）	10间	30000.00	1500.00
停工（间接损失）	45天	750000.00	37500.00
合计（系民国三十年的物价）		1055000.00	52750.00

当时被灾后，由经济部工矿调整处林组长继庸亲来调查。

五、复兴面粉股份有限公司、统一面糊公司等抗战财产损失

1. 复兴面粉股份有限公司为呈报8月4日被炸损失麦船情形请备查呈重庆市政府文(1939年8月10日)

窃商公司经营机制面粉,设厂于市区牛角沱,所需面料均由长江大小河上游派人设庄采购,交由木船装载运渝。近日,曾有多艘麦船告〔靠〕岸,正待起卸,突于本月四日夜遭空袭厂岸投案,致将麦船邓银成、李海清、袁海廷、冉海云等4艘炸沉,共载黄麦1915石9斗,实值麦本与水脚运费计法币13282.67元整。为此,理合据实呈请钧府俯予备查,实为公便。谨呈:
重庆市政府

复兴面粉股份有限公司
中华民国二十八年八月十日

2. 重庆市社会局第二科科员熊珊关于复兴面粉股份有限公司7月31日被炸损失情形的调查报告(1940年8月3日)

□□□查复兴面粉一、二两厂七月三十一日被炸情形,遵于本月二日前往调查。是日行至中途,适遇警报,至解除后继续前往为时已晚,只及察勘一厂。当本日复往调查二厂,兹将调查结果列报于后。

第一厂损失情形(牛角沱):

(一)面粉部房屋被破片击中,震毁网筛1只、机械1部分,损失约20000.00余元(系以时价估计,以下均同);

（二）职员宿舍5间被破片击毁，损失约10000.00余元；

（三）厂房各部（包括办公室、锅炉房、机器房、厨房、仓库）被炸损失约10000.00余元（以上均保有兵险）；

（四）□□□船3只（该厂自制木船）被炸沉没，损失约七八千元；

（五）煤船1只（木船船主吴云超刻正要求赔偿）被炸沉没，泊牛角沱溪口，载煤47吨，每挑价5.50元，计损失约3600.00元；

（六）麦船1只（木船船主李双和刻正要求赔偿）被炸沉没，泊牛角沱，载麦800余石，每石45.00元，计损失约35000.00元；

（七）□□□只（木船船主赵海元刻正要求赔偿）被炸沉没，泊董家溪，载麦700余石（价同前），计损失约30000.00元（以上未保兵险）。

第二厂仅全部房屋被震毁，损失约三四千元。以上奉派调查情形，理合报请□□。谨呈：

□□　转呈

□□　转呈

□□　包

附呈复兴面粉厂来函1件<原缺>

科员　熊瑚

八月三日，于第二科

3. 重庆市社会局第二科实习员王懋关于该科处理复兴面粉股份有限公司7月31日被炸损失事及遵办批示情形等的报告（1940年8月17日）

□□□□复兴面粉有限公司七月三十日来函，以敌机袭渝，□□震毁甚剧，损失颇大，函请派员查勘等由，奉□□谕："由科召集该厂负责人洽商公卖处包销该厂出品及协助该厂恢复办法。"等因。遵于本月十五日下午四时，由科函约该厂负责人来科谈话，届时该厂营业主任王□□□□谈商，当由职宣示本局对厂方关怀殷切之意及恢复办法□□□□□□。王君声称，此次呈请纯系备案性质，所炸损失虽大，但于□□方面，则无大碍，若公卖处乐意承销，亦所欢迎等语。查该厂被炸损失虽巨，但可由保险赔偿金项下补偿，且所炸又均与直接生产销售无关，似此情形，除将被炸损失情形准予备查外，其余似无容议必要。如何之处？理合连同复兴面粉公司损失货船表及公司损失情形一览表一并随文呈请鉴核。谨呈：

□□□

□□□

附呈复兴面粉公司被炸损失货船表1份、复兴面粉公司空袭损失情形1份

实习员　王懋

八月十七日

附表一：

复兴面粉股份有限公司7月31日被炸损失货船表（1940年8月15日）

□□	种类	载□总数	单价（国币元）	总值（国币元）	船价（国币元）	失事地点	备注
□□	小麦	746石	45.00	33570.00	3000.00	董家溪	
□□	□□	815石	45.00	36675.00	3500.00	牛角沱	
□□	炭	658挑	4.50	2961.00	160.00	牛角沱	
□□	□□				806.00	牛角沱	
				73206.00	7466.00		

附注：面粉部筛子1只、机械1部震坏；职员宿舍5间及厨房各处震毁，俟□□修理完工后始能计算，再为补报。

附表二：

复兴面粉股份有限公司7月31日空袭损失情形一览表

事件	板主	数量	损失价值（国币元）	船价（国币元）	地点	备考
炸沉麦船1艘	超海泉	746石	33570.00	3000.00	董家溪	
炸沉麦船1艘	李双和	815石	36675.00	3500.00	牛角沱	
炸沉炭船1艘	陈洪钧	657挑	2956.50		牛角沱	
炸沉运输船3艘				806.00	牛角沱	
面粉部箩筛1只、机械1部						

4. 复兴面粉股份有限公司为呈报8月8日香国寺第二制造厂被炸损失情形请派员查勘呈财政部川康区直接税局重庆分局文（1941年8月9日）

本年八月八日午后二时许，敌机来袭，商公司香国寺第二制造厂机器房损失部分，五金杂件库及麦仓全部被焚，宿舍厨房震塌，合计损失约法币100余万元。其中详细情形除自行加紧清理外，理合具文呈请钧处派员临地查勘，以明真相，是为至盼。谨呈：

财政部川康区直接税局重庆分局

具呈人：复兴面粉股份有限公司

中华民国三十年八月九日

5. 复兴面粉股份有限公司为呈报8月8日第二制造厂房舍机械损失清册请鉴核备查呈财政部川康区直接税局重庆分局文（1941年9月5日）

窃查本年八月八日，商公司香国寺第二制造厂被炸情形曾于同月九日报请派员查勘在案，兹经将各部损失详细情形清查竣事，特缮就"第二制造厂房舍机械损失清册"1份，随文呈请钧局鉴核备查示遵。谨呈：

财政部川康区直接税局重庆分局

具呈人：复兴面粉股份有限公司

中华民国三十年九月五日

附：

复兴面粉公司第二制造厂房舍、机器、材料、什物损失清册

名称	损失状况	价值金额（国币元）	损失估计数（国币元）	备考
机器房房屋	房盖、门窗震毁一部被焚,麦灰仓全毁,楼上望板焚毁,屋檐一部被焚,后砖墙一部倒塌	80000.00	21500.00	盖房须〔需〕瓦9万匹,墙壁、望板需石灰约300挑,麦灰仓需砖1000匹,门窗、椅子、楼梯需木料1200元、纸筋200元、泥工500个、木工400个,合计该款如上数
机器房机器	圆筛4部,筛绢破裂,筛心被石击经,筛门震毁;麸皮车2部,外壳及钢丝布震毁;磨子零件及盖壳震毁;皮带39根全部被震断;粉筒有十分之六震毁;灰筒震毁;平筛筛绢损失约30余码;风箱2个叶子板损毁;打麦车及麦筛零件震毁	580000.00	195600.00	
生财	挂钟1架;桌椅1堂;木床7间;写字台4张;日用器具多件(茶杯痰盂)	10000.00	1800.00	
制成品及原料	粉筒破坏损失筒中麦粉计头粉3袋、二粉41袋、粗麸604石;小麦全部焚毁,计4303石6斗,损失如下<右>数	1035524.00	1016483.00	

续表

名称	损失状况	价值金额（国币元）	损失估计数（国币元）	备考
物料	大口袋24270根；麻布袋2500根；小口袋7587根；煤炭30320斤；麦机铜板22根；各种圆条18根；绒布2匹；小凡尔盘10□□；地轴心4根；大克丝钉27盒；马口铁28张；皮带扣23副；其他各种应用物料	125136.90	125136.90	物料仓库全部烧毁，总计损失如上<左>数
办事房（即仓库）	全部焚毁，计16间	180000.00	180000.00	
杂项	食米5石3斗；绿豆2石	1126.94	1126.94	
职工损失	工厂职工14人，损失如下<右>数	1970.40	1970.40	
	公司职工宿舍全屋而倒被焚，门窗、屋盖全部震毁，楼幅炸断，厨房烧毁，墙壁震塌，职工损失如下<右>数	53000.00	29500.00	
合计		2066758.24	1573117.24	

6. 统一面糊公司经理叶树清为呈报8月20日被炸损失情形请救济呈重庆市政府市长文（1940年9月18日）

具呈人：叶树清，年30岁，本市半边街第262号统一面糊公司经理。

窃氏在渝创办统一面糊公司垂30余年，系仿西法制造，故能不燥不臭，专供各机关法团暨各银行商号使用，早著信誉。因关社会公益，故虽值轰炸期间，犹复努力奋斗。不意本年八月二十号，敌机肆虐，投下烧夷弹，意将氏厂房烧毁，计损失面粉20袋，每袋价洋20.00元，共合洋400.00元。此系买自陈老太婆转购于复新面粉厂者，尚未给价。此外，一切家具、设备、锅炉、衣被等项不下2000.00元，亦俱荡然无存。除另觅地赊货供给社会需要，不敢稍涉懈怠外，惟以损失浩大，又当货款追逼、工人数十嗷嗷待哺，氏以一介女流，又值孀居子幼，点金乏术，避债无台，万不获已，惟有呈恳我钧府俯予查核，设法救济，以解倒悬，衔感不忘。谨呈：
重庆市政府市长吴钧鉴

叶树清
中华民国二十九年九月十八日，炮台街26号

7. 惠中股份有限公司为呈报8月20日被炸损失情形及损失清册呈财政部所得税重庆区分处文（1940年12月12日）

窃商公司自本年二月一日在千厮门行街22号开始筹备，当已收足股本10万元，本应立向钧处办理住商登记手续，惟因委请会计师办理公司注册，尚未完备，业务亦未正式展开，致无从遵办。嗣先后在宜昌、乐山等地采购之土布、洋钉、凡士林及土牛皮纸等运渝销售，均经照临时行商办法，觅具铺保在案，正拟遵章办理登记手续中，公司地址即遭敌机炸毁，乃暂移望龙门18号临时办公。旋宜昌失陷，公司分处之损失情况尚待清理。

八月二十日，渝市被炸大火，公司复遭全部焚毁，所有存货账据，因抢救不及被焚罄尽，业务遂陷停顿状态。彼时虽积极清厘资产负债数目及损失确数，以凭报请备案，但以空袭频仍，进行颇感困难，稽延迄今，始告完竣，已在林森路234号暂时办公。兹谨将损失详数列具清册，备文呈请批示分期提拨抵清，实沾德便。谨呈：
财政部所得税重庆区分处

惠中股份有限公司经理　彭向真
中华民国二十九年十二月十二日

附：

惠中股份有限公司损失清册

科目		金额(国币元)	备注
存货	面粉	14400.00	计600袋,于宜昌失陷时被焚
	洋钉	4250.00	计17桶,在渝被焚
	土纸	320.00	10令,在渝被焚
	道林纸	3200.00	4令,在渝被焚
	新闻纸	2200.00	10令,在渝被焚
	米色土报纸	3500.00	100令,在渝被焚
存出保证金	房押	1000.00	
培修	房屋修整	3600.00	
器具	木床	52.00	2架
	竹床	54.00	9架
	办公桌	150.00	5张
	铜盆	30.00	3只
	木凳	31.00	20个
	钟	55.00	1架
	藤椅	48.00	12把
	三人椅	38.00	2把
	文件箱	26.00	2口
	铜壶	15.00	1只
	竹凳	32.00	16个
	电料	1000.00	约值如上<左>数
	厨房用具	381.00	
	文具	410.00	
合计		35242.59	

8. 重庆岁丰面粉股份有限公司为呈报5月3日被炸损失情形请鉴核备查呈直接税局文(1941年6月5日)

五月三日正午,敌机袭渝,商公司营业处(住民权路38号)中空中爆炸弹,房屋全折,器物全毁,并被高墙倒塌压毁楼房数间,砖土碎木横积如陵,培建至今甫堪容□。理合将培修费及毁损器物所值价金共数19866.98元开明如后，即祈鉴核备查。倘钧局如有怀疑之处，并请派员查勘，以明真相。合并陈明，敬候批示只遵。此呈：

直接税局公鉴

附呈被炸房屋货件修整工资及各种开支损失单

重庆岁丰面粉股份有限公司呈
中华民国三十年六月五日

附表：

重庆岁丰面粉股份有限公司5月3日被炸损失详单

名称	数量	金额（国币元）
生洋布		8724.00
修房木料		1552.97
木工	75个	750.00
洋钉	65斤	516.00
泥工	22个	220.00
挑渣子		900.00
厨房用具		略1000.00
木器		略2000.00
衣物		略300.00
小器材		略1200.00
共计		略19866.98

附件：

直接税局崔永树、沈耀邦关于重庆岁丰面粉股份有限公司5月3日被炸情形的调查签呈

查民权路岁丰面粉公司呈报称，五月三日敌机袭渝时，该公司营业处中空中爆炸弹，将生财、布料等物毁坏等情，且报有损失达19860.98元。兹经往查，悉被炸毁为事实，惟所报损失中有伙员衣物等贴补3000.00元应减除；各项生财应减折旧；生洋布等物尚可有毁后之剩余价值；其他各杂项开支应于年底报上开支项中故据，估计应得为10000.00元左右。特以结果签条，谨请

鉴核。职崔永树、沈耀邦合签。七月十七日。

9. 蜀益烟草股份有限公司为呈报8月20日被炸情形呈重庆市社会局文（1940年8月21日）

窃本公司办公室兼材料储藏所铁板街2至4号不幸于昨20日被敌机投下烧夷弹，全部炸毁，损失情形正整理中，理合报请备查。谨呈：
重庆市社会局

蜀益烟草股份有限公司经理　邓起人　呈

中华民国二十九年八月二十一日

10. 蜀益烟草股份有限公司为呈报6月12日及8月20日被炸损失清册请备案存查呈重庆市社会局文（1940年9月）

窃本公司书院街制造厂及铁板街原料储蓄所先后于本年六月十二日及八月二十日轰炸燃烧，均经当时呈报有案。综计两次损失总数共253299.88元之巨，上项损失正由兵险承保人中央认托局委任益中公证行整理清查中。兹特分别抄列损失表册2份随文赍呈钧局，恳予备案存查，至沾德便。除分呈外，谨呈：
重庆市社会局
附损失表2份

蜀益烟草股份有限公司经理　邓起人　呈

中华民国二十九年九月

附表一：

蜀益烟草股份有限公司被炸损失清单

时间：1940年6月12日

地点：书院街制造厂

科目	损失总数（国币元）	残余作价（国币元）	损失净额（国币元）	备考
零件	34179.59	2104.20	32075.39	

续表

科目	损失总数（国币元）	残余作价（国币元）	损失净额（国币元）	备考
工具	7670.00	793.90	6876.10	
原料成品	159074.72	49297.94	109776.78	
锅炉机器修复	33592.00		33592.00	
合计	234516.31	52196.04	182320.27	

时间：1940年8月20日

地点：铁板街2至4号

品名	数量	单价（国币元）	合计（国币元）	备考
许叶	10750斤	1.70	18275.00	
泉叶	8612斤	0.80	6889.60	
渠叶	7473斤	0.70	5231.10	
锡纸	9箱	600.00	5400.00	
小商标	13令半	750.00	10125.00	铁鸟55000张，金钱318100张，合13令半，足60磅，道林纸连印工每令750.00元
夹连泗	2件	1100.00	2200.00	
甘草	1446斤	2.65	2858.91	内有力资13.50元，净重1446斤，每斤2.65元，合洋2845.41元
生财文具及私人什物			20000.00	
合计			70979.61	

附表二：

蜀益烟草股份有限公司零件清理一览表

名称	数量	单价（国币元）	合计（国币元）	备考
7寸元〔圆〕刀	41把	20.00	820.00	
8寸元〔圆〕刀	24把	20.00	480.00	
粗钩子皮带	121尺1寸	6.00	726.60	
细钩子皮带	147尺5寸	8.00	1180.00	

续表

名称	数量	单价(国币元)	合计(国币元)	备考
金粉刷子	8只	1.50	12.00	
橡胶辘子	48只	2.00	96.00	
电烙铁心子	9支	10.00	90.00	
糊浆盘	3支	25.00	75.00	
钢过桥	2只	9.00	18.00	
牛角	41块	1.00	41.00	
钢钉	1盒	40.00	40.00	
钢梳	12张	10.00	120.00	
大电烙铁	4只	50.00	200.00	
大电烙心子	5支	20.00	100.00	
胶轮模子	2只	50.00	100.00	
胶轮心子	7支	20.00	140.00	
钢套筒及轴	10只	22.00	220.00	
14寸螺丝刀	1把	14.00	14.00	
纯橡皮管	2只	20.00	40.00	
铁板	45斤	3.20	144.00	
16寸钢锉	2把	136.00	272.00	每寸8.50元,每把16寸
□砖	6块	6.00	36.00	
□铁烟刀架子	1套	280.00	280.00	
铜浆糊螺丝	1只	50.00	50.00	
生铁浆糊架子	1套	35.00	35.00	
钢皮尺	1把	8.00	8.00	
6寸螺丝刀	1把	7.20	7.20	
大小麻花钻	18颗	3.60	64.80	每颗平均3.60元
圆垫子	113块	2.50	282.50	
螺丝帽	58只	0.15	8.70	
洋式械	6块	2.00	12.00	
烘筒□□	1只	500.00	500.00	
镪水	2瓶	5.00	10.00	
烘缸华螺丝	1只	140.00	140.00	
排笔	1把	1.00	1.00	
烟枪	2支	150.00	300.00	

续表

名称	数量	单价(国币元)	合计(国币元)	备考
花线	18码	0.60	10.80	
红油	21斤	8.00	168.00	
花油	54斤	1.20	64.80	
黄油	40.5斤	7.00	283.50	
马达油	3斤	13.00	39.00	
焊锡	15刀	0.50	7.50	
纱布	41张	1.00	41.00	
纸板	半张	540.00	270.00	
秤砣	1只	5.00	5.00	
连花头	1只	30.00	30.00	
千斤顶	1只	150.00	150.00	
圆条铁	23斤6两	2.80	65.45	
三角铁	14斤8两	4.20	60.90	
扁铁	24斤6两	3.00	73.12	
牙刷	5把	1.50	7.50	
牛油拌根	2磅	13.50	27.00	
拌根	3尺	12.00	36.00	
磅秤弹子	4只	40.00	160.00	
烂铁	32斤	2.00	64.00	
生胶	14斤	2.00	28.00	
口丝	2斤	2.50	5.00	
7寸帆布袋	23尺5寸	0.65	182.65	每寸0.65元,每尺12寸
圆皮带	102尺5寸	3.50	358.75	
螺丝钉	686颗	0.65	445.90	
1寸白铁管子	18尺	12.00	216.00	
6分白铁管子	53尺	10.00	530.00	
2寸白铁管子	37尺2寸	18.00	669.60	
1寸半白铁管子	18尺8寸	14.00	263.20	
1寸白铁管子	5尺	12.00	60.00	
丁字弯	29只	4.00	116.00	
角弯	84只	5.00	420.00	
喷水鼎	1只	135.00	135.00	

续表

名称	数量	单价(国币元)	合计(国币元)	备考
法轮盘	1只	45.00	45.00	
管箍	10只	3.50	35.00	
凡而	4只	45.00	180.00	
龙头	1只	6.00	6.00	
凡而沙	1盒	15.00	15.00	
挨板钳	10把	8.00	80.00	
小道门	1只	45.00	45.00	
玻管	2节	15.00	30.00	
纸白线	2卷	75.00	150.00	每卷5磅,每磅15.00元
烟枪接头	5只	30.00	150.00	
□□角钢子	1只	42.00	42.00	
□□箱子□	2只	50.00	100.00	
钢轴座	6只	32.00	192.00	
□□□□□	4只	42.00	168.00	
钢印	1付	80.00	80.00	
缏条模子	1付	240.00	240.00	
千层纸	2磅	260.00	520.00	
电烙千层	7张	30.00	210.00	
冲头	1只	30.00	30.00	
□子	28颗	1.20	33.60	
缏条	20尺	8.00	160.00	
□板	433块	1.20	519.60	
□□□□□	8付	40.00	320.00	
半寸方刀	6把	130.00	780.00	
□□□梭板	1套	2000.00	2000.00	2分至1寸,系美国货
皮带接头	43支	2.20	94.60	
3寸胶布皮带	66尺8寸	7.80	521.04	
5寸胶布皮带	5尺	13.00	65.00	
4寸帆布带	41尺	10.40	426.40	
□□黑皮线	46码	0.45	7.20	
磁夹	42付	0.04	1.68	
灯泡	21只	2.50	52.50	

续表

名称	数量	单价(国币元)	合计(国币元)	备考
保险丝	1圈	10.00	10.00	
煤精	3节	20.00	60.00	
锯条	312张	2.50	782.50	
煤铲	2把	30.00	60.00	
火扦	2个	62.00	124.00	
火把	1个	86.00	86.00	
火钩	1个	86.00	86.00	
□□□□□	48支	2.00	2456.00	
□□砂轮	3根	200.00	600.00	
□□□□□	1根	100.00	100.00	
寒暑表	2只	20.00	40.00	
□□烟房	水管木架□		10068.00	
电□材料			752.00	
总计			34179.59	

附表三：

蜀益烟草股份有限公司收益中公证行各种零件一览表

名称	数量	单价(国币元)	总金额(国币元)	备考
布带	12根	0.40	4.80	
扁铁	27斤	3.00	81.00	
三角铁	12斤	4.20	50.40	
火砖	6块	6.00	24.00	计完收4块，每块6.00元，损坏2块不算
6分水管	124尺		1284.00	
1寸水管	144尺			
1寸半水管	25尺			
2寸水管	16尺		160.00	
旧炉条、杂铁	340斤	500.00	500.00	
杂零件	2小堆			
坏皮带	1箩			
总计			2104.20	

附表四：

蜀益烟草股份有限公司工具清理一览表

名称	数量	单价(国币元)	总金额(国币元)	备考
8人坐包烟桌子	20张	76.00	1520.00	
6人坐包烟桌子	16张	59.00	944.00	
4人坐糊盒桌子	7张	24.00	168.00	
账桌	3张	76.00	228.00	
木凳	150个	3.00	450.00	
竹凳	120个	1.50	180.00	
提烟木盒	320个	1.00	320.00	
篾笿	330.00	2.00	660.00	
烘烟盆	800只	3.00	2400.00	
烘烟盆篾摺	1000.00	0.80	800.00	
总计			7670.00	

附表五：

蜀益烟草股份有限公司收益中公证行交来工具清册

名称	数量	单价(国币元)	总金额(国币元)	备考
8人坐包烟桌子	6张	76.00	228.00	系作5折计算
6人坐包烟桌子	3张	59.00	88.50	系作5折计算
4人坐糊盒桌子	3张	24.00	50.40	系作7折计算
账桌	2张	76.00	76.00	系作5折计算
木凳	20个	3.00	60.00	
竹凳	14个	1.50	21.00	
提烟木盒	30个	1.00	30.00	
篾笿	120个	2.00	240.00	
总计			793.90	

附表六：

蜀益烟草股份有限公司烟叶、原料、成品清册

名称	数量	单价(国币元)	总金额(国币元)	备考
□□□□	749盆	320.00	23968.00	
布带	273根	0.40	109.20	
蓝墨膏	23筒	11.00	253.00	
黄墨膏	135筒	14.00	1890.00	
红墨膏	4筒	12.00	48.00	
□□	3磅	30.00	90.00	
□□	21磅	32.00	672.00	
西米	1斗	14.00	14.00	
红番白	60块	2.70	162.00	
甘油	379磅	2.09	792.11	
水糖	1575斤半	3.50	5514.25	
红□	836斤半	2.001	673.00	
甘草	315斤4两	2.40	756.60	
香精	46斤11两	440.00	20542.50	
古□林	2磅	32.00	64.00	
老□酒	101磅	4.00	404.00	
甘酒	55斤	1.00	55.00	
量药盆	2只	2.00	4.00	
□皮带	1令	450.00	450.00	
麻绳	156根	1.00	156.00	
树胶	99磅	12.00	1188.00	
汽水带	111盆	2.50	277.50	
凡刘水	1听	2.00	2.00	
红墨	288筒	18.00	5184.00	
蓝墨	121筒	18.00	2178.00	
黑墨	64筒	14.00	896.00	
白墨	30筒	12.00	360.00	
翻板墨	3筒	24.00	72.00	
铜板	55块	60.00	3300.00	
纸皮	3块	10.00	30.00	

续表

名称	数量	单价(国币元)	总金额(国币元)	备考
道林纸	20令	590.00	11800.00	
□油纸	380张	0.80	304.00	
□油纸	80张	0.80	64.00	
衬纸	20码		2400.00	
玻璃纸	43令	150.00	6450.00	
锡纸	16箱	300.00	4800.00	
益字商标	42000张	60.00	252.00	
广告	15720张	80.00	125.76	
白矾	20斤	1.40	28.00	
灰面	38斤	0.50	19.00	
洋钉	491斤	4.00	1964.00	
制成品铁鸟	1845条	5.60	10332.00	
胜利	2641条	7.10	18751.10	
胜利	1100条	6.53	7183.00	在制品
铁鸟	400条	5.03	2012.00	
大盒子	7300个	0.65	474.50	每1000个65.00元
小商标	60000份	35.00	2100.00	每1000份35.00元
小商标	100000份	35.00	3500.00	每1000份35.00元
衬纸	30码		3600.00	
许叶	11650斤	0.70	8155.00	
泉叶	7848斤	0.40	3139.20	
渠叶	1720斤	0.30	516.00	
总计			159074.72	

附表七：

蜀益烟草股份有限公司收益中公证行损坏各件一览表

名称	数量	单价(国币元)	总金额(国币元)	备考
零□□	280盘	32.00	2688.00	系作3折计算
锡纸	4箱	300.00	600.00	系作5折计算
黑墨	22听	14.00	154.00	系作5折计算
黄墨	4听	14.00	28.00	系作5折计算

续表

名称	数量	单价(国币元)	总金额(国币元)	备考
蓝墨	1听	11.00	5.50	系作5折计算
红墨	10听	18.00	90.00	系作5折计算
零(整)米糖	460斤	3.50	1288.00	系作8折计算
火油桶	13个	1.00	13.00	
挂钟	1只	10.00	10.00	
香精空桶	1个	2.00	2.00	
电表	1个	10.00	10.00	
零包香烟	51背箩			
零支香烟	10背箩			
零支香烟	20盆			
50盒装香烟	400条			
空盒	30箩	2500.00	2500.00	系以上6项之和
许叶	10750斤	0.70	7525.00	
泉叶	6348斤	0.40	7294.84	系作7折计算
渠叶	1120斤	0.30		
总计			22208.34	

附表八：

蜀益烟草股份有限公司收益中公证行完好各件一览表

名称	数量	单价(国币元)	总金额(国币元)	备考
□□圈	319盘	32.00	10208.00	
锡纸	12箱	300.00	3600.00	
油墨	1箱	17.70	3186.00	计180个,每个17.70元
□□	620斤	2.00	1240.00	
□□	1件	150.00	3450.00	计21令,每令150.00元
黑墨	32听	14.00	448.00	
黄墨	77听	14.00	1078.00	
蓝墨	30听	18.00	540.00	
红墨	11听	18.00	198.00	
甘草	299斤	2.40	717.60	

续表

名称	数量	单价（国币元）	总金额（国币元）	备考
油纸	11把	8.00	88.00	
洋钉	420斤	4.00	1680.00	
柴油	1桶	500.00	500.00	
火炉	1个	100.00	100.00	
甘油空桶	1只	50.00	50.00	
算盘	3架	2.00	6.00	
总计			27089.60	

附表九：

蜀益烟草股份有限公司锅炉机器修复损失金额表

名称	数量	单价（国币元）	总金额（国币元）	备考
锅炉修复	1座	26500.00	26500.00	
配制卷机钢中盖	1只	120.00	120.00	
配制布带罗而	1只			
修理烘筒紫铜盘肠管	1根	80.00	80.00	
修理地轴	全部	400.00	400.00	
配制20寸木皮带盘	1只	40.00	40.00	
机器房工具			6452.00	
总计			33592.00	

11. 芜湖三友实业社驻渝慎昌永公司为呈报10月25日被炸损失情形及迁移地址请备案呈重庆市社会局文（1940年10月26日）

谨呈者。窃本公司开设本市陕西街75号，前奉钧局指定为非常时期日用品供应商店，当谨遵谕示无论在任何情形之下均经照常营业，并未间断。乃于本月二十五日下午一时，敌机轰炸本市市区，本公司房屋不幸落中烧夷弹，铺面生财及一应货物全部被毁，损失约计2万余元。所幸前遵钧局训示，经将本公司生财部分向中央认托局投保战时陆地兵险3700.00元，尚获稍事弥补。现本公司暂迁南岸五桂石16号,当本既往迁川复业百折不回之精神,正积极筹建临时房舍,期于最短期内力图恢复营业,用副钧局指定供应商店之厚意。除向中信局申请迅予赔偿生财部分兵险保款并分呈市警察局第一分局请予备案外,理合具文呈请鉴核,准予备案,实为公便。谨呈:

重庆市社会局局长包

京湖三友实业社慎昌永公司经理　何纪昌谨呈

通讯处:南岸五桂石16号

中华民国二十九年十月二十六日

12. 芜湖三友实业社驻渝慎昌永公司为呈报复业请鉴核备案呈重庆市社会局文(1940年12月19日)

谨呈者。窃敝公司于十月二十五日惨被敌机投中烧夷弹,以致全部焚毁,损失惨重,敝公司曾将被灾经过沥陈钧局备案在前。兹敝公司本政府抗建意志,敌人虽摧毁吾人物质,实不足动摇吾人抗建精神,爰即鸠工营建铺面房屋业已完竣,谨于本月十九日就原址新屋复业,理合具文呈请鉴核备案,并恳钧局随时指导以资遵循,实为感便。谨呈:

重庆市社会局

三友实业社慎昌永公司经理　何纪昌谨呈

中华民国二十九年十二月十九日

13. 生生农产制贮股份有限公司为呈报6月2日被炸损失情形及损失详表呈财政部川康直接税局重庆分局文(1941年6月17日)

窃三十年六月二日,敌机袭渝,公司在城内鸡街口门牌第五号开设之营业总部亦遭波及,当毁房屋半间,其他货品、家具所有均有严重损失。经督饬经手人员上紧清厘,并雇工修理完竣继续营业,综计此次损失总额共值国币5234.30元整,理合造具详表1份具文赍请钧局俯赐备查,批示只遵。谨呈:

财政部川康直接税局重庆分局

计呈鸡街口营业总部空袭损失详表1份

生生农产制贮股份有限公司经理　唐熙文
地址：重庆牛角沱生生花园内
中华民国三十年六月十七日

附：

生生公司鸡街口营业总部6月2日遭受空袭损失表

中华民国三十年六月十五日

损失名称	数量	单价(国币元)	金额(国币元)	备注
一、成品				
橘子水	175瓶	1.80	315.00	
橘子酒	4瓶	8.00	32.00	
橘酒精	2瓶	6.00	12.00	
超瓶酱油	1瓶	4.20	4.20	
胡豆瓣	2罐	2.50	5.00	
二、原料				
白糖	1包(354斤)	1.63	594.50	内加力资17.50
橘汁玻瓶	152只	0.80	121.60	
瓶盖	300只	0.10	30.00	
橘汁原料	15斤	8.00	120.00	
三、生财家具				
小水缸	3口	57.00	171.00	
大水缸	2口	81.00	162.00	
大锅	1口	105.00	105.00	
小锅	1口	42.00	42.00	
大炉桥	1付	54.00	54.00	
小炉桥	1付	18.00	18.00	
甑子缸钵			150.00	
大灶	1口	200.00	200.00	
小灶	1口	70.00	70.00	
水桶	2担	14.00	28.00	
四、房屋				
房屋	半间	3000.00	3000.00	
总计			5234.30	

14. 中胜汽车服务公司为呈报6月5日被炸损失情形请鉴核备案呈财政部川康直接税局重庆分局(1941年6月)

查商公司七星岗总站于本年六月五日晚遭敌机轰炸焚毁,除房屋系巴县车路公司拨用不计外,所有存站器皿、工具、燃料、职工行李等均蒙损失,理合缮具损失清单备文呈报,仰祈鉴核,俯准备案。谨呈:

财政部川康直接税局重庆分局

附呈损失清单1份

中胜汽车服务公司经理　薛迪功
中华民国三十年六月

附表:

中胜汽车服务公司三十年六月五日被炸损失清单

类别	损失情形	价值(国币元)	备注
办公室家具、器皿	全部焚毁	2281.90	
修理工具	全部焚毁	6092.42	
燃料	炼油86加仑	1565.20	每加仑合7市斤,每斤价2.60元,合每加仑价18.20元
	黑油1听	550.00	
	机油5加仑	550.00	
职工行李	全部焚毁	2820.00	职工行李损失由本公司酌量损失之轻重分别发款补偿,上项总值即公司付出之补偿数
合计		13859.52	

附件:

财政部川康直接税局重庆分局杨曙关于中胜汽车服务公司6月5日被炸情形的调查签呈

查七星岗总站中胜汽车服务公司报六月五日被炸损失家具、器皿、工具、燃料、职工行李13859.52元整,经职兹往讯查,除职工行李2820.00元不准列支外,经查其损失较报之数稍异,经核定9000.00元之谱,否当？理合签请鉴核。职杨曙,九月十六日。

15. 民生实业公司代总经理魏文翰为呈报七月陷日被炸损失情形请救助事给重庆市警察局的代电(1941年7月30日)

重庆市警察局钧鉴：

窃商公司陕西路第167号办公及宿舍地址于七月陷日午前十钟许敌机空袭时中燃烧弹1枚,由四楼射入斜穿底楼地上,因而起火,当经本市及附近各街消防队施救,商公司防护团及职工等于敌机甫过后亦驰往施救,奈本日适因自来水停止供给,而敌机又复继续临空袭击,灌救既难,复经中断,终致无法将火扑灭,延至午后一钟,遂成燎原之势,全部焚毁,惟赖消防队施救得力,延烧之处尚不甚广。窃查此址系商公司向人租佃,并未保险,所有公司及各职工之一切损失一俟清理完竣,当另文呈报,尚祈按照本市空袭被灾规定赐予救助,不胜沾感之至。谨此电达,即祈垂察为祷。

民生实业公司代总经理　魏文翰
中华民国三十年七月三十日

附重庆市警察局的批复：批复迳呈救委会核办,八月四日。

16. 民生实业公司董事会为函告8月23日海星轮被炸及处置经过致康心如函(1941年8月28日)

迳启者：

查迩来敌机迭次轰炸水上交通工具,本公司民元、民风两轮相继炸沉之后,民俗轮复于民国三十年八月二十二日在青石洞上驶行进途中被敌机追袭炸沉。值兹军运紧急,后方交通困难之际,本公司迭次遭受损失,关系綦重,而水上交通亦受重大打击。总公司正将该轮被炸经过及炸后之紧急处置并拟具善后方案及今后维持下游交通办法呈请各军事机关及主管官署批准执行中,乃于八月二十三日接巴东办事处梗电称"海星养12时38分被敌机轰炸命中4弹,梗晨仍继续下沉"等字。查海星轮系本公司于本年向海关标购,更名民众，尚未着手修理忽又遭此事变，殊出人意料之外。除已由总公司快邮代电各军事机关及主管官署立予救济勉维生机外，知关廑注，特函奉闻。此致：
康董事心如

民生实业公司董事会启
八月二十八日

17. 民生实业公司董事会为函告民宪、民政等轮被炸情形及处置经过致康心如函（1941年9月5日）

迳启者：

查本公司民俗、民众两轮被敌机炸沉前经函告，谅蒙鉴察。陷晚，总公司复接万县分公司电称"陷晨，民宪离万，在避空袭行进途中距万县下游30里牌溪地方被敌机3架低飞扫射，前后投弹20余枚，登时全船燃烧，船员死伤10余人，旋即沉没。又，民政泊万县徐沱修理，被敌机6架投弹炸沉；民泰泊明镜滩亦前后中5弹炸沉，船员伤亡情形俟详查电告"等字。窃敌人近日袭击我后方水上交通工具日益凶残，本公司民宪、民政、民泰三轮均系行驶长江最优秀之船只，今又遭敌摧毁，除已由总公司快邮代电各军事机关及主管官署签请迅予设法维护国家仅有之水上交通实力并请将前拟具之维持后方水上交通办法立赐核办及对本公司速为设法救济外，知关锦注，用特函达。此致：
康董事心如

民生实业公司董事会启
九月五日

18. 金山公司总店为呈报该店8月13日被炸损失情形请备案呈财政部川康直接税局重庆分局文（1941年8月14日）

窃金山公司总店于本年八月十三日上午十时敌机袭渝中弹起火，货物、生财焚毁，理应备文呈请钧处备案。谨呈：

财政部川康直接税局重庆分局

　　　　　　　　　　　　　金山公司总店　黄正先
　　　　　　　　　　　　　三十年八月十四日

附：

财政部直接税处江淼、王承琨关于金山公司8月13日被炸损失调查的签呈

窃员奉查中一路金山公司空袭损失，经实查结果，该公司中弹起火全部货物受损属实。据称共计损失约万元之谱，现另移住址从事复业。特此签请鉴核。谨呈：主任王。职江淼、王承琨谨呈，十月三日。

19. 重庆中国国货股份有限公司为呈报该公司民权路支店被炸损失情形请鉴核备案呈财政部川康直接税局重庆分局文（1941年8月25日）

窃商公司在民权路9号设有支店一所，不幸于本年六月二日敌机空袭时中弹被毁，所有货物、房屋装修、生财等全部遭损。兹经查明，计货物损失国币9840.57元，房屋损失国币5665.00元，装修损失国币1403.54元，生财损失国币7842.24元，总共损失国币24751.35元，理合备文报请鉴核备案。

又，本年六月七日、二十九日及七月五日敌机空袭时，商公司民权路新屋亦因周围地点中弹受震，屋面、墙壁及生财、器具均被损毁，现正在整修中，损失确数一俟整修完毕容再呈报，合并陈明。谨呈：

财政部川康直接税局重庆分局

　　具呈人　重庆中国国货股份有限公司
　　　　　　　　　　　　　经理　周承模
　　　　　　　　　　　　　地址　民权路
　　　　　　　　　　　　　中华民国三十年七月十六日

附：

财政部川康直接税局重庆分局杨曙关于重庆中国国货股份有限公司6月2日被炸情况调查的签呈：

查民权路9号中国国货公司据报于六月二日遭受敌机狂炸，所报货物、

修理、生财、器具等项损失计国币24751.35元，经职前往讯查，该公司房屋全面被炸，准予列支。理合签请鉴核。职杨曙，九月四日。

20. 重庆中国国货股份有限公司为呈报该公司民权路新屋被炸损失确数请鉴核备案呈财政部川康直接税局重庆分局文（1941年8月25日）

窃商公司民权路新屋先后于本年六月七日、二十九日及七月五日敌机空袭时被震，损毁屋面、墙壁及生财、器具等，经于本年七月十六日呈报在案。惟以前项被损房屋、生财、器具，当时尚在整修中，损失确数未能具报。兹已整修完竣，修理费用总计国币15981.10元，业经划作战时损失，理合再行备文报请鉴核备案。谨呈：

财政部川康直接税局重庆分局

具呈人　重庆中国国货股份有限公司
代理经理　周承模
地址　民权路
中华民国三十年八月二十五日

21. 馥记营造厂重庆分厂为呈报1941年历次被炸损失情形请鉴核备案呈直接税局重庆分局文（1941年9月12日）

窃查本年五月及七、八两月间，敌机数度袭渝，而嘉陵新村及李子坝一带均遭被炸。商厂坐落于李子坝正街9号，所有办公房屋，均遭震损甚烈，旋经屡修屡毁，损失颇重，经由重庆市警察局第八分局李子坝派出所历次派员查勘有案。理合检同该局证明书附呈，送请鉴核，仰祈准予备案，实为公便！谨呈：

直接税局重庆分局

附证明书1件

馥记营造厂重庆分厂谨呈
中华民国三十年九月十二日

附：

证明书

查本年五月九、十两日，及七月三十日、八月二十二日，敌机袭渝，本管李子坝正街9号馥记营造厂重庆分厂所有办公房屋均遭震毁，损失颇重，特证明是实。

重庆市警察局第八分局李子坝派出所启

三十年九月十日

22. 重庆西川企业股份有限公司为呈报民族路支店6月7日被炸损失情形请鉴核备查呈重庆市社会局文（1941年9月25日）

窃查本年六月七日，本市敌机肆虐，本公司民族路支店波及，遭受损失，当时业经呈请中央认托局派员调查在案。兹遵章补具损失单，理合备文呈请，仰祈鉴核备查，实为公便！谨呈：

重庆市社会局

计附呈损失单1纸

具呈人　重庆西川企业股份有限公司副经理李丽明

中华民国三十年九月二十五日

附：

重庆西川企业股份有限公司6月7日民族路支店被炸损失单

名称	数量	金额（国币元）	备注
被单	2条	170.00	
玻璃柜		500.00	
墙边货柜		200.00	
共计		870.00	

23. 重庆振兴饼干厂为呈报资本增额及空袭损失情形请备案呈财政部川康直接税局重庆分局文（1941年11月4日）

窃敝厂资本原额为69682.43元，二十九年度结算，股本年息纯益，合并为7636.30元，在本年申报上年决算时，已曾声请钧局将该数并为资本额在案。兹以物价增值，原有资本不敷分配，于本年九月二十九日，由原有股东增资43640.00元，合计资本额为120958.73元，此应陈明者一。

再，敝厂在本年六月迭遭敌机轰炸，损失颇巨。六月四日，中华路123号工厂侧中弹，将厂前部炸塌，全部震毁，损坏装修、设备、用具、家具、原料、制成品，合并11264.80元。六月七日，中华路122号二支店全部遭炸，损失生财家具、房屋装修、制成品、货物等，计6138.70元。同日，民族路160号一支店附近遭炸，震毁损坏门面装修、橱窗、货柜、玻璃等，计913.20元，共计受损失18316.70元（详表附呈），应请在本年度决算中开支项下支除，此应陈明者二。

理合具文呈请钧局俯赐鉴核，准予备案，实沾德便！谨呈：
财政部川康直接税局重庆分局局长孙

具呈人　振兴饼干厂经理人彭文安

住址　中华路123号

中华民国三十年十一月四日

附：

重庆振兴饼干糖果厂空袭被炸损失数目表

品名	数量	单价（国币元）	小计（国币元）	备考
一、6月4日，工厂				
木料			1070.80	
洋钉			109.60	
石灰			285.40	
泥瓦			1141.80	
木工			357.70	
泥工			362.00	
蜜樱桃	500斤	5.00	2500.00	计3缸
玫瑰花	105斤	5.50	577.50	计1缸

续表

品名	数量	单价(国币元)	小计(国币元)	备考
豆沙	200斤	3.60	720.00	计1缸
猪油	150斤	5.20	780.00	计1缸
生油	300斤	2.62	786.00	计2缸
鸡蛋	2000个	0.233	466.00	
芝麻	8斗	13.50	108.00	
饼干	260斤	5.00	1300.00	
瓦缸	8口	25.00	200.00	
零碎家具			11264.80	
合计				
二、6月7日,民族路一支店				
石灰			209.50	
泥工			37.00	
洋钉			22.20	
木料			161.50	
泥木工			208.00	
玻璃			275.00	
合计			913.20	
三、6月7日,中华路二支店				
石灰纸筋			236.66	
木料			416.80	
洋钉			51.80	
泥瓦			20.50	
木工			125.00	
泥工			175.00	
装修电灯零件			91.60	
货架、货柜			1220.00	
玻璃瓶等			112.60	
玻璃			515.00	
点心盘			50.00	
各项用具			146.50	
制成品等			2977.24	

续表

品名	数量	单价(国币元)	小计(国币元)	备考
合计			6138.70	
总结			18316.70	

附记：本表所列各项均有账目单据稽查。

24. 华丰地产股份有限公司为呈报1940年度空袭损失报告表请鉴核备查呈财政部川康直接税局重庆分局文（1941年11月14日）

案查商公司应缴二十九年度第一类营利事业税额一案，前经钧局于本月三日复查结果，饬补造二十九、三十两年度因空袭被炸材料房屋等损失清册，以凭查核，等因，自应遵办。查商公司二十九、三十两年度所有因空袭被炸损失财产，业经于被炸后跟即开列损失清单，报请各该被炸地方主管警所证明损失取据在卷。嗣后再有因空袭损失情事，除仍报请主管警所予以证明外，自当并报钧局备查。所饬补造二十九、三十两年度空袭损失报告表，除三十年度损失报告表俟缮造完竣再行另文呈送外，理合先行检同二十九年度空袭损失报告表1册，备文赍呈钧局，伏乞鉴核批示只遵。谨呈：

财政部川康直接税局重庆分局

附二十九年度空袭损失报告表1册

华丰地产股份有限公司启
中华民国三十年十一月十四日

附表一：

华丰地产股份有限公司1949年度敌机袭渝所受损失一览表

敌机袭渝		本公司产业被炸地点	损失产业品名	备注
月	日			
5	26	化龙桥	德丰公司租用沿河堆栈、国民公报租用房屋及龙隐路房屋木料等	附件1号，共4纸
5	27	北碚新村及工厂	乙种住宅1、2、3号，丙种住宅4、5、6、8、9、10号，甲种住宅12号	附件2号，共7纸

续表

敌机袭渝 月	敌机袭渝 日	本公司产业被炸地点	损失产业品名	备注
6	11	化龙桥、两路口	德丰公司租用丁栈、新闻检查所及两路口地带内房屋10幢并楠木料等,及曾家院子房屋	附件3号,共11纸
6	16	双溪沟	桷板、石条、玻璃窗	附件4号,共7纸
6	24	双溪沟	办公处厨房及泽门框子等	附件5号,共3纸
6	24	北碚新村	乙种住宅1、2、3号,丙种住宅泽门,办公处房屋等	附件6号,共3纸
6	26	新生路	职员宿舍、厨房及铁锅等	
6	28	新民街	办公处厨房材料职员衣物等,及丁丑房屋两幢	附件7号,共1纸
6	29	两路口	大市跳板、桷板、桷子等	附件8号,共2纸
6	29	菜园坝	桷子、夹心、跳板、桷板等	
7	8	双溪沟	黄花园街133号旧有房屋,临时办公室厨房、福州枋杉木,公私家具物品	附件9号,共6纸
7	31	菜园坝	7′跳板、大市跳板	附件10号,共1纸
8	11	南岸丁家嘴	跳板	附件11号,共4纸
9	12	菜园坝王家坡	跳板、单桷、大市跳板	附件12号,共2纸
10	6	领事巷	2号房屋	附件13号,共4纸
10	10	北碚新村	乙种1、2、3号房屋,山墙基石,7、8号屋面	附件14号,共9纸
10	17	双溪沟	杉木、大市跳板、楼板、窗合子	

附表二:

华丰地产股份有限公司1949年度敌机袭渝产物损失数字总表

序号	项目	金额	备注
1	房屋损失	合国币77469.76元	
2	建筑材料损失	合国币13787.13元	
3	其他损失	合国币550.50元	

续表

序号	项目	金额	备注
补：黑皮线2卷，单价45.00元		合国币90.00元	
育婴堂房屋震坍木工资		合国币33.10元	
□炸赔偿守料工人食米		合国币32.00元	
□泥桥工人被炸受伤抚恤		合国币4.00元	
总计		合国币91966.49元	

附表三：

华丰地产股份有限公司1949年度敌机袭渝房屋所受空袭损失估价表

被毁日	被毁月	房屋名称	被毁情形	成本金额（国币元）	损失金额（国币元）
5	26	德丰甲栈	瓦面略损	2626.57	250.00
5	26	德丰乙栈	瓦面略损	1348.37	100.00
5	26	德丰丁栈	瓦面略损	3832.14	350.00
5	26	国民公报社杂件工场	约毁三分之二	5912.45	3941.64
5	26	化龙桥工厂办公室	瓦面约损	6124.66	200.00
5	26	化龙桥工厂厨房	全毁		1200.00
5	27	北碚工厂办公室	瓦面略损	2913.19	600.00
5	27	北碚新村1号	约毁三分之一	8800.00	3000.00
5	27	北碚新村2号	约毁三分之二	8800.00	5900.00
5	27	北碚新村3号	约毁三分之二	8800.00	5900.00
5	27	北碚新村4号	约毁三分之二	8400.00	5600.00
6	11	曾家院子	瓦面土墙地板略损		2800.00
6	11	新闻检查所	瓦面竹片墙门窗略损	17317.56	1500.00
6	28	两路口房屋10幢	全毁	28780.00	28780.00
6	28	新民街房屋2幢	全毁	9748.12	9748.12
10	6	领事巷2号	约毁三分之一	22897.80	7600.00
总计				136300.86	77469.76

续表

被毁		房屋名称	被毁情形	成本金额	损失金额
日	月			（国币元）	（国币元）

附注：(1)损失金额依照成本金额视被毁之轻重估计被毁部分对于全部建筑之比数计算之。

(2)德丰甲乙丁栈、国民公报社、杂件工场、新闻检查所、新民街等处之成本金额系根据会计科目。

(3)北碚新村1、2、3、4号房屋成本系根据原合同。

(4)两路口房屋成本系根据营业组报告。

(5)曾家院子、化龙桥办公室及厨房、北碚工厂等之损失金额系参酌修理情形及所支修理工料费列入。

(6)领事巷2号房地总价查会计组账目为31428.80元，全部地面为85.49平方，以当时市价每平方100元估计，地价占8594.00元，其余之22897.80元作为房价。

附表四：

化龙桥材料厂1940年5月26日材料被炸损失表

品名	数量	成本单价（国币元）	总值（国币元）	备考
16′夹心福州枋	92块	4.55	418.60	查杉木条子89根，虽炸断成为16′及12′等，尚可应用
16′福州枋	26块	4.00	104.00	
14′夹心跳板	16块	2.20	35.20	
14′夹心桷子	275块	0.85	233.75	
杉木条子	89根	12.58	1119.62	20′×40″（见9月11日报告）
泥满条子	2捆	11.32	22.64	
青砖	3000块	每万240.00	72.00	
机制脊瓦	116块	0.50	58.00	
领子	10根	3.00	30.00	
合计			2093.81	

附表五：

化龙桥材料厂1940年6月11日材料被炸损失表

品名	数量	成本单价（国币元）	总值（国币元）	备考
省楠木寸板	6块	3.76	157.42	合41.868立方尺（见9月11日报告）

附表六：

化龙桥曾家院子1940年6月11日材料被炸损失表

品名	数量	成本单价（国币元）	总值（国币元）	备考
14′福州枋	42块	2.31	97.02	
14′大市跳板	70块	1.91	133.70	
14′桷板	165块	1.18	194.70	
14′桷子	405块	0.71	287.55	
土瓦	40370匹	140.00	565.18	
2″洋钉	2桶	232.30	464.60	
磁竹	8担	4.20	33.60	
合计			1776.35	

附表七：

双溪沟材料厂1940年6月16日材料被炸损失表

品名	数量	成本单价（国币元）	总值（国币元）	备考
单扇洋门	15堂	26.76	401.40	附工料计算法
洋门框子	35堂	9.36	327.60	附工料计算法
玻璃窗框子	60堂	6.93	415.80	附工料计算法
14′福州枋	8匹	2.31	18.48	
14′大市跳板	105匹	1.90	199.50	
12′大市跳板	22匹	1.90	36.10	扣合14′19块
14′夹心跳板	31匹	2.20	68.20	
12′夹心跳板	25匹	2.20	47.30	扣合14′215块
马货大市跳板	20匹	1.90	38.00	以丈四大市跳板计算
7′跳板	32匹	1.90	30.40	扣合14′16块

续表

品名	数量	成本单价(国币元)	总值(国币元)	备考
14′桷子	130匹	0.70	91.00	
10′桷子	67匹	0.70	33.60	扣合14′48块
青洋瓦	3899块	0.30	1169.70	
小连二青石	150条	0.67	100.50	
合计			2977.58	

附表八：

双溪沟材料厂1940年6月24日材料被炸损失表

品名	数量	成本单价(国币元)	总值(国币元)	备考
洋门框子	15堂	9.36	140.40	
小连二青石	50条	0.67	33.50	
14′福州枋	3匹	2.31	6.93	
12′夹心跳板	2匹	2.20	3.30	扣合14′1.5块
马货大市跳板	5匹	1.90	9.50	以14′大市跳板计算
12′桷板	2匹	1.17	1.75	扣合14′1.5块
12′大市桷子	15匹	0.70	9.10	扣合14′13块
合计			204.48	

附表九：

新民街工厂1940年6月28日材料被炸损失表

品名	数量	成本单价(国币元)	总值(国币元)	备考
柏木	4根	20.00	80.00	
门枋	48根	0.40	19.20	
大市跳板	20匹	1.90	38.00	
杉木	62根	20.00	1240.00	按：此项条木未证明尺码本不能计算，后参照工程部报来领料单据，仅知其长为20′—30′，当经商定以20′—29′×4″杉条计算之

续表

品名	数量	成本单价(国币元)	总值(国币元)	备考
木条	7根	0.30	2.10	
福州枋	35根	2.31	80.85	14′(见8月20日胡慈报告)
夹心跳板	4根	2.20	8.80	14′(见8月20日胡慈报告)
方铜锁	2把	11.00	22.00	按:此锁系由领事巷剩余转来,名叫三叶门锁
石条	60根	0.80	48.00	
青砖	27000块	240.00	648.00	
青瓦	55000块	120.00	660.00	
合计			2846.95	

附表十:

菜园坝材料厂1940年6月29日材料被炸损失表

品名	数量	成本单价(国币元)	总值(国币元)	备考
14′大市跳板	58匹	1.90	110.20	
14′桷板	20匹	1.17	23.40	
12′桷子	266匹	0.70	159.60	扣合14′288块
14′大市跳板	143匹	1.90	271.70	
7′单桷	12匹	0.70	4.20	扣合14′6块
12′桷子	35匹	0.70	21.00	扣合14′30块
14′夹心跳板	20匹	2.20	44.00	
12′桷板	50匹	1.17	50.31	扣合14′43匹
14′大市跳板	3匹	1.90	5.70	
14′桷板	10匹	1.17	11.70	
合计			701.81	

附表十一:

双溪沟材料厂1940年7月8日材料被炸损失表

品名	数量	成本单价(国币元)	总值(国币元)	备考
16′福州枋	152块	4.00	608.00	

续表

品名	数量	成本单价(国币元)	总值(国币元)	备考
杉木	300根		1977.60	
合计			2585.60	

附注：杉木300根之作价根据高傲霜先生之9月11日报告分为15′×3″以上者220根，20′×4″者80根，分别估算计：

(1) 20′×4″者80根，成本单价为7.67元，总价618.60元；

(2) 15′×3″者220根，成本单价为6.20元，总价1364.00元。

附表十二：

菜园坝材料厂1940年7月31日材料被炸损失表

品名	数量	成本单价(国币元)	总值(国币元)	备考
14′大市跳板	50块	1.90	95.00	
7′跳板	5块	1.90	4.75	
合计			99.75	

附表十三：

1940年8月11日本公司运往袁家花园木料在海棠溪被炸损失表

品名	数量	成本单价(国币元)	总值(国币元)	备考
夹心跳板	42根	2.20	92.40	以14′计算

附表十四：

王家坡材料厂1940年9月12日材料被炸损失表

品名	数量	成本单价(国币元)	总值(国币元)	备考
大市跳板	14块	1.90	26.60	14′
大市跳板	7块	1.90	13.30	14′
跳板	2块	1.90	1.90	7′扣合14′1块
单桷	25匹	0.70	17.50	14′
单桷	10匹	0.70	5.95	12′扣合14′8.5块
单桷	12匹	0.70	5.95	10′扣合14′8.5块

续表

品名	数量	成本单价(国币元)	总值(国币元)	备考
单桷	10匹	0.70	4.90	10′扣合14′7块
单桷	9匹	0.70	5.25	12′扣合14′7.5块
单桷	14匹	0.70	9.80	14′
合计			91.15	

附表十五：

王家坡材料厂1940年9月12日材料被炸损失表

品名	数量	成本单价(国币元)	总值(国币元)	备考
杉木	（以12′—22″×3″—4″代）17′—0″×3″至断处2根	4.51	9.02	全断1根,伤1根
杉木	（以20′×4″代）16′—0″×3″至断梢6根	7.66	45.96	全断3根,伤3根
14′大市跳板	11匹	1.91	21.01	全断4匹,伤7匹
企口楼板	15′5匹	41.396	26.08	系伤怀
窗合子(根据工务部估价)	(3′×5′—6″)8个	7.22	57.76	全不能用5个,伤3个
合计			159.83	

附表十六：

1940年度公司因空袭灾害清理被毁材料、赔偿员工衣物、奖励员工等损失费表

空袭		被灾地点	清理被毁材料	赔偿员工衣物损失费	奖励员工费	备考
月	日					
6	28	新民街工厂		邱伯馨领200.00元		
7	8	双溪沟材料厂	202.50元	赵俊儒领70.00元	长工领30.00元	

续表

空袭		被灾地点	清理被毁材料	赔偿员工衣物损失费	奖励员工费	备考
10	6	领事巷2号			胡慈及长工领48.00元	
合计			202.50元	270.00元	78.00元	

25. 华丰地产股份有限公司为呈报木料损朽情形请鉴核备查呈财政部川康直接税局重庆分局文（1942年12月3日）

谨呈者：

　　窃查商公司为自建房屋曾于民国二十八年购入杉橔一批，堆存化龙桥厂地，嗣以轰炸频仍，中止进行。该项杉橔除售出一小部分外，尚余2749立方呎，因堆置日久，几全部腐烂。此次商公司将残余材料择其未充分腐烂者雇工改锯，计成板料141匹、枋料117块，新旧材料两相比较约计损失2000余立方呎。本年度材料盘存账面变动相当巨大，惟恐钧局于明年审核账目时不易明瞭，兹特陈明损失情形，并检附改锯材料详细表，呈请鉴核备查。至剩余废料，现仍堆置原存厂地，并请派员查勘，以资证实。谨呈：

财政部直接税局重庆分局

附表1份<原缺>

华丰地产股份有限公司谨呈
地址：重庆中正路171号
中华民国三十一年十二月三日

26. 上川实业股份有限公司为证明兴中贸易行于6月1日被炸事实给重庆市直接税局的函（1941年12月）

　　查临江路16号兴中贸易行确于民国三十年六月一日遭受敌机轰炸，直接中弹，全部房屋、生财、货物均遭损失。商等比邻而居，见闻均实，特为证明。此上：

重庆市直接税局

上川实业股份有限公司谨上

中华民国三十年十二月

27. 重庆天府酿造厂经理曾玉章为补报被炸损失请鉴核备案呈财政部川康区重庆直接税局文（1941年4月）

窃商店设立市区保安路85号，二十九年八月二十日敌机滥肆轰炸，保安路一带（大阳沟）延烧烬尽。商店一切家具、货品、账册全遭焚毁，全部损失，约在1万元以上。嗣于九月间多方筹措，再备资金6000元搭盖临时房屋、购办家具等件，直至九月十四日方开始复业，前后损失实属不赀。惟被焚货品账册已失，无法开列清单，且不谙法令规定，当时未及摄制照片备文呈报，最近始闻传说，凡遇遭受轰炸及一切意外损失应呈报备查，方有根据，理合备文呈请钧所俯赐鉴核备案。谨呈：

财政部川康区重庆直接税局

天府酿造厂经理　曾玉章

中华民国三十年四月

28. 公记渝号为呈报6月1日被炸损失情形及证明请鉴核存查呈财政部直接税局重庆分局文（1942年1月8日）

窃商号原在本市临江路16号营业，不幸于三十年六月一日敌机袭渝时，所住房屋连中数弹，不独生财、家具全部炸毁，存号货物亦损失净尽，经已缮具清单呈报钧局在案。兹复遵令检同同屋居住之上川实业公司及比邻广孚化学工业公司、重庆市第三区寨家桥镇第一保办公处证明书一份，再行呈请钧长鉴核，俯予存查，实为德便。谨呈：

财政部直接税局重庆分局

计呈被炸证明书1件

具呈人　公记渝号

经理　艾龙斋

住址　中正路新门牌271号

中华民国三十一年元月八日

附：

证明

兹证明公记渝号确于三十年六月一日遭遇空袭，房屋中弹，货物、生财全部损失。证明人比邻而居，见闻确切，证明如上。

上川实业股份有限公司重庆市区办事处

广孚化学工业股份有限公司

重庆市第三区寨家桥镇第一保办公处

元月七日

后 记

　　《重庆大轰炸档案文献》系《中国抗战大后方历史文化丛书》的重要组成部分。该档案文献初步计划编辑出版10册500万字,并根据其内容分为"重庆大轰炸之轰炸经过与损失概况"(内又分"人员伤亡"与"财产损失"两大部分)、"重庆大轰炸下重庆人民之反空袭措施"、"重庆大轰炸之附录(区县部分)"三编,每编又根据其档案数量的多少分卷成册,并根据其内容确定书名。

　　在编辑《重庆大轰炸档案文献》的过程中,我们对馆藏40余万卷抗战历史档案进行了全面查阅,重点查阅收集了馆藏有关"重庆大轰炸"的档案4000余卷30000余页;除此之外,我们还到有关档案馆查阅补充了部分档案,收集了现重庆市行政区域内各区县档案馆馆藏的"日机轰炸"档案,其总字数多达1500余万字,现正加紧编辑校对,渐次出版。

　　《重庆大轰炸档案文献》是在中共重庆市委抗战工程办公室的指导下,由重庆市档案馆负责编辑,重庆市档案馆档案编研处具体实施。在编辑过程中,重庆市档案局、馆原任局、馆长陆大钺,现任局、馆长况由志及各位副局、馆长,对此项工作给予了高度重视和支持;局、馆相关处室也给予了大力协助。唐润明负责全书总体规划及编辑方案的拟定、分类的确立和最后的统稿工作,并与编研处全体同仁一道,共同完成了该档案文献的收集与编辑、校核工作。在此,谨向所有关心、支持此项工作并为之付出辛勤劳动的单位和个人,表示诚挚的谢意!

编　者

2013年2月